高等学校计算机专业规划教材

企业信息化规划

信江艳　编著

清华大学出版社
北 京

内 容 简 介

本书真正从企业自身管理角度出发,用大量实例和图解说明企业信息化规划应该具备的核心内容,从不同层面反映企业特别是企业集团的信息化管理需求及需要关注的功能。

全书共 19 章,内容包括企业信息化规划导论、企业信息化规划策略、企业信息化规划基础工作、基础设施平台规划、系统平台规划、DCS 和 SIS 规划、集控调度中心规划、协同办公系统规划、ERP 系统概述、财务管理、项目管理、人力资源管理、生产管理、采购管理、库存管理、销售管理、EAM、电子商城、安全保障体系,涵盖企业大部分的业务活动。

本书适合作为高校计算机(信息)、热控、测量、自动化、财务管理、工程管理、项目管理、人力资源管理、制造、安全生产、物资管理、市场营销、电子商务、物流管理等专业本科生和研究生的相关课程教材,也可供企业信息化管理人员、信息化项目实施人员、咨询人员和软件开发技术人员等参考使用。

图书在版编目(CIP)数据

企业信息化规划/信江艳编著. —北京:清华大学出版社,2017(2024.2重印)
(高等学校计算机专业规划教材)
ISBN 978-7-302-45300-0

Ⅰ. ①企… Ⅱ. ①信… Ⅲ. ①企业信息化-规划 Ⅳ. ①F270.7

中国版本图书馆 CIP 数据核字(2016)第 261662 号

责任编辑: 龙启铭　战晓雷
封面设计: 何凤霞
责任校对: 时翠兰
责任印制: 杨　艳

出版发行: 清华大学出版社
　　　　网　　址: https://www.tup.com.cn, https://www.wqxuetang.com
　　　　地　　址: 北京清华大学学研大厦 A 座　　　　**邮　　编:** 100084
　　　　社 总 机: 010-83470000　　　　**邮　　购:** 010-62786544
　　　　投稿与读者服务: 010-62776969, c-service@tup.tsinghua.edu.cn
　　　　质量反馈: 010-62772015, zhiliang@tup.tsinghua.edu.cn
　　　　课件下载: https://www.tup.com.cn, 010-83470236

印 装 者: 天津鑫丰华印务有限公司
经　　销: 全国新华书店
开　　本: 185mm×260mm　　　**印　　张:** 30.5　　　**字　　数:** 704 千字
版　　次: 2017 年 4 月第 1 版　　　**印　　次:** 2024 年 2 月第 5 次印刷
定　　价: 59.00 元

产品编号:062008-01

序

本书是一本关于企业信息化规划的实务书籍，其目的是使广大读者对企业信息化有更加全面的了解，达到启迪思想、开阔眼界的目的，并帮助从业者快速融入企业文化中。

全书共19章，涵盖企业信息化规划策略、平台规划、应用系统规划和安全保障体系规划4部分内容。

（1）企业信息化规划策略部分包括信息化规划导论、企业信息化规划策略、企业信息化规划基础工作，主要讲解企业信息化规划的重要作用，以及规划原则、规划内容、规划方法和规划过程中的现状评估、需求分析、业务流程分析、信息资源规划、信息化建设应用费用规划等。

（2）平台规划部分包括基础设施平台规划、系统平台规划，主要讲解企业网络、综合布线、机房建设，以及服务器、存储设备、网络设备、操作系统和数据库的选择。这些基础设施平台和系统平台是企业信息化技术架构的基础。

（3）应用系统规划部分包括DCS和SIS规划、集控调度中心规划、协同办公系统、ERP系统概述、财务管理、项目管理、人力资源管理、生产管理、采购管理、库存管理、销售管理、EAM、电子商城，主要讲解DCS、SIS、集控调度中心、协同办公系统、ERP、EAM和电子商城所需数据的编码标准、分类标准、主要功能、典型流程和图表分析等，让读者掌握企业信息化规划的核心与精髓。

（4）安全保障体系规划部分，虽然只有一章，却是很关键的部分，包括安全保障体系规划原则、基本框架、安全风险管理、物理与网络（含区域边界网络）安全保障、应用系统和数据（含数据接口）安全保障以及运维安全保障。企业安全保障体系的基本框架包括技术框架、管理框架和运维框架三部分，其目的是保证网络、信息及业务处理安全。

企业信息化规划是企业信息化建设的蓝图。成功的企业信息化规划是企业信息化建设的一个良好开端，它能约束企业的信息化建设在规范框架下进行，并为企业信息化深化应用打下坚实的基础。让制度化、标准化和流程化的理念潜移默化地影响企业用户，从而减轻企业信息化实施和应用的压力，进一步提升企业的竞争力。

2017年1月

前言

写书应该不是我的强项，因我从小就严重偏科，数学好，语文差。我在1970年春节后上了小学，三年级一年加在一起上学不到一个月、以后便进入了上学、辍学的循环时期。上小学期间有三次半年以上的辍学，中间虽因年龄大跳级，但到1978年夏季升初中时，我已在给我一生幸福的学校——河北唐山滦县茨榆坨小学上了八年半的小学。最丢人的是，我在滦县一中上初一时，我小学一年级的同学上高一，每次在一中校园内遇见他时，我都感觉无地自容。

我最幸运的是上了滦县一中和东北电力学院（现东北电力大学），教过我的老师和同学没有一个嫌我家境贫寒，我在校一直担任学生会和班级干部，并于1984年11月成为光荣的学生党员。可以说，学校生活是我一生最美好的乐章。学校老师不仅传授我知识，也教会我如何做人。所以，老师的期盼是我能够忍耐寂寞而坚持写书的最大动力，虽然我目前无力为学校添砖加瓦，但我不想给学校和恩师丢脸。

本书的起草要追溯到18年前（1998年），最初写的是关于计算机网络系统的主题，大约在1999年完成，但当时不知道找谁出版。到2005年出版《企业资产管理系统（EAM）设计与实施》后，一直感觉这本书不成体系。2009年开始我有了一些想法，但那时还不太成熟，工作忙时就放下了。我写书的动机其实很简单，就是想证明自己并不是一无是处。这种想法在遇到困难时愈发强烈——自己如果在最不行的方面（比如写作）能有点成就，那说明自己在其他方面也能行。所以为了写作本书，我三年没去逛公园和看电影，周末和节假日除回老家看望老人和孩子外，基本上都贡献给我孕育了十年的孩子——《企业信息化规划》。本书在学习、编写、修改中反复了多次，终于在2015年11月有了初步结果。

其实，写书和做人是一样的道理，只有先付出才会有收获，坚持在波折中不断前行。回顾自己经历的人生旅途，获得了很多感悟：

年轻时的挫折不一定是坏事，或许能激发你的潜能，成为你一生的财富。

遇到挫折时，不要轻易气馁，软弱无法改变你的现状，无助的眼泪只能留给自己。

趁年轻可尝试自己喜欢做的事，前提是自己有能力获得面包，而不啃老。

喜欢做的事要坚持、专注，坚持能够前行，专注能够成就未来。

奋斗不只在最美的年华，应当视为一生的追求。但需要强调的是奋斗不能以身体为代价，身体垮了，再美好的愿望也只是笑谈。而适当的奋斗可延年益寿，因为它能摒弃不利于健康的杂念。

学会感恩并有责任感是你留给晚辈的最大财富。

当上帝为你关闭一扇窗时，你要自己打开另一扇窗！

感谢清华大学出版社！感谢滦县茨榆坨小学、滦县一中、东北电力大学，感谢中国大唐集团公司、大唐国际发电股份有限责任公司、陡河发电厂。没有清华大学出版社，本书无法高质量地面世；没有我就读学校各位恩师的关爱和教诲，我最多是一个农村的管家婆；没有中国大唐集团公司、大唐国际发电股份有限责任公司、陡河发电厂给我就业机会，我无法养家糊口，无法从事非本专业的信息化工作，更无法激发我的潜能。这是出版社、学校和企业给我的恩赐。

感谢恩师朴风初、刘宗吉、赵振君、李宝树、黄英敏、吴丽贤、蔡宝、裴秀英、张臣、赵海成、岳立春、宋春喜、赵海文、杨继田、王贵才、宋长秀；感谢清华大学出版社的龙启铭、战晓雷老师；感谢对编写本书提供帮助的陈拓晗、方晓、安宏光、佟义英、方占岭、谢卫江、吴凤林、朱明江、谢宝东、刘兴国、杨戈、刘晓建、王晓娟、江凤英、陈代川、陈河南、贺军、丁罕、仲光明、安博、陈代英、孟丽、李秀、霍海江；感谢在我遇到各种困难时给予无私帮助的张琳、荆玉竹、罗晓华、叶青、李雅婷、齐晓莉、陶俭、吴景文、徐炳富、高洪、邸秋荣、于秀珍、刘绍梅、陈艳春、范晓飞、刘秀芬、赵世民、章文江、许以芳、李秀山、欧阳占民等同学；感谢好朋友张久晨、马立军、克彩玲、张月欣、边丽霞、盛晓轩、王晓辉、李淑莉、王新、李颖、吕立军、赵玉萍、居芳、钱建华等挚友。感谢我的亲人。

如果本书对读者有所裨益，将是我最大的幸福！

信江艳

2017 年 1 月于北京

目录

第1章

企业信息化规划导论

　　企业特别是企业集团在信息化方面的投入越来越多,决策者对信息化重视的程度越来越高,信息化对企业的贡献也越来越大。很难想象,如果企业集团停用所有信息系统,将会给企业造成什么后果。

　　当然,目前企业的信息化建设仍存在诸多隐患和错误观念而导致的浪费,例如不考虑企业实际需求,不考虑设备和信息系统的利用率、使用效果和效益,崇尚购置高端的设备和信息系统等,这样,就会导致信息系统沦为短命的形象工程的工具,成为烧钱的黑洞。究其根源,往往是没有进行符合企业发展远景的、统一的信息化规划所造成的。

1.1　什么是企业信息化规划

　　企业信息化规划是企业信息化建设的纲领和向导,是信息系统设计和实施的前提和依据。企业信息化规划应以企业的发展目标、发展战略和需求为基础,并结合企业所在行业信息化建设的实践和对信息技术发展趋势的掌握,规划企业信息化的远景、目标和发展战略,以实现消除信息孤岛和共享标准的、及时的、有价值的信息资源的目标。

1.2　我国企业信息化现状分析

　　20世纪末,我国企业集团呈爆炸式崛起,以央企为主的一批企业集团开始拓展新业务,不断扩张版图。但这些企业集团是在政府提出加强实施大集团、大公司的战略后成立的,也就是说先有子公司,再合并成立企业集团,成立之初仍带有很强的计划痕迹。因此,以这种方式成立的企业集团,运作初期的信息化规划还处于初级规划或实施阶段,或规划刚完成,远没有达到预期的深化应用效果。这样就容易形成集团公司与分支机构和下属基层企业之间的信息不对称,集团公司职能部门之间信息不对称。后果直接表现为:集团公司统一实施某方面的应用软件不是基层企业必需的,或者同类软件已经在一些基层企业投入使用且效果良好,但还要使用新版本重做一次;集团统一推广的软件很好,也是基层企业所需要的,但因推广力度的原因,有些基层企业却不清楚,自己又组织实施和开发;集团公司和分支机构或不同部门重复购买含有相同功能的软件等。

　　另一方面,信息技术的迅速发展促进了企业经营管理模式变革和生产技术的发展,我国企业特别是大、中型企业的信息化水平不断提高,已从单纯的业务需求驱动的独立软件系统发展到实施大型ERP、EAM和集控调度中心等软件系统,使信息化成为企业集团提高工作效率和降低运营成本的主要手段。

当然,目前我国企业集团信息化工作还存在一些问题和困难,主要表现为以下几个方面。

1. 认识问题

国内企业集团大多数是从 20 世纪 90 年代初开始致力于信息化建设的。建设初期,一些企业领导对信息化规划和信息化建设的认识参差不齐,致使企业集团层面的职能部门在信息化政策制定、理解和执行上认识不一,准备不足,技术规范缺位,严重损害了政策的规范性、权威性和公信力。忽视基层单位的真实感受,政策所营造的"拟态环境"——信息塑造的环境与基层所体验的真实情况不相符,很容易被基层企业认为是一种失实的、难以操作的政策或制度,公信力自然会降低。没有专职的 CIO,对信息从业人员的培养和重视不够,信息人员没有话语权,致使企业内部业务流程改造和信息系统相脱节,导致在信息系统使用过程中才发现许多问题,甚至信息系统无法使用等。

另一个认识问题就是:一些人认为好的网络架构和硬件部署等于信息化规划,这些人习惯以"眼见为实"作为衡量成果的指标,漂亮的机房、先进的服务器和网络产品放在大家面前就万事大吉,认为有了网络和设备这一高速公路,上面跑什么车都没问题,下一步随便上一些软件系统就可以了。实际上,网络和硬件的规划只是信息化规划的一部分,而不是全部,重要的还是应用,是对企业集团的信息系统及其架构进行规划。

2. 信息孤岛问题

尽管人们对信息孤岛有了越来越深刻的认识,消除信息孤岛也成为企业实施大型综合信息系统的理由,但在职能部门条块分割意识较为严重的企业,虽然消除了所管业务从集团公司本部到分公司再到基层企业纵向上的信息孤岛,却存在不同部门之间的横向业务数据孤岛。

3. 管理问题

企业信息化项目具有建设周期长、见效慢,风险高的特点。相对而言,企业领导更关心企业的效益,没有立竿见影的效果,企业领导都会有所保留。其次,一些企业管理基础薄弱,没有科学的管理业务流程和管理理念,要规划实施大型管理软件(如 ERP、EAM 等)需要较大的变革,阵痛强,风险大,不敢轻易冒险。而另一个极端就是管理思想激进,盲目崇洋媚外,没有好好考虑企业的实际需求和员工的承受能力,为政绩和面子上大而全的系统,甚至拔苗助长,结果使系统胎死腹中或没有发挥应有的作用,成为吃钱的黑洞。

4. 初级规划问题

许多企业特别是大中型企业信息化规划已经起步,通常作为企业规划的一部分,规划期限 3 年或 5 年。到目前为止,有一部分企业信息化规划做得比较成功,但仍有小部分属于初级阶段,主要表现为以下几点:

- 企业业务战略与信息化之间缺乏清晰的关联框架,信息化愿景目标缺乏细化的支撑框架。
- 信息化支撑企业业务与管理提升的关键点不明确,难以评估企业信息化的投资收益。
- 在规划中更侧重于网络建设规划,在网络建设方案和设备选型等方面进行了细致的规划,而在信息资源开发、利用等方面则比较粗疏。

- 缺乏明确的信息资源整合目标,缺乏整合"信息孤岛"的措施,导致数据中心建设和数据集中管理等规划缺乏可操作性。
- 缺少业务流程重组优化和总结提升的先进管理策略,缺少如何集成已有应用系统的办法,在新应用软件系统选型方面描述过细,或形成了"信息化＝网络＋ERP(或 EAM)"的错误模式。
- 应用系统覆盖的业务范围以及系统之间的边界划分模糊,没有明确的系统间集成与接口定义,使新、旧应用系统之间难以集成。
- 规划没有考虑企业的实际需求和基础信息标准化,致使不同应用系统中数据的唯一性无法保证,只是为了应付领导检查,所以没有多少指导意义。

5. 安全问题

其实安全问题也是管理和认识方面的问题,人们对设备和网络架构的安全越来越重视,但对信息安全的重视程度还远远不够,没有形成自觉的防范意识。例如,在接受咨询公司调研的过程中,企业人员按着咨询顾问提供的格式填写信息,有时会使企业规划的内容和一些核心业务数据等机密信息在规划咨询或实施及应用过程中被无意或有意泄露,或者被一些竞争对手通过企业管理上的漏洞恶意获取等。

6. 人员素质问题

人员素质问题包括两个方面,一是企业内部的人员素质;二是外聘咨询顾问的素质。人员的素质直接影响到企业信息化规划的质量。

企业内部负责信息化规划的人员一般没有经过专业训练,主要通过信息技术人员起草。如果信息技术人员业务知识面很窄,只懂信息技术,不懂项目管理、企业业务流程和企业的战略发展方向,而且负责审核规划的领导对信息技术也不熟悉,那么信息化规划可能只是一堆计划预算的罗列。

近几年顾问公司如雨后春笋般大量出现,从另一个侧面反映了企业在这方面人才的奇缺。顾问公司的迅猛发展导致本来就储备不足的专业人员缺口更大。顾问公司的水平也良莠不齐,一些顾问公司除一两个有专业背景外,大多聘用的是新毕业的学生,他们刚进入社会,尚无咨询企业的行业知识背景,最初只能充当简单的记录员,或照本宣科地套用标准的模板,没有任何建设性意见或建议。这样的咨询公司提供的信息化规划方案其水准可想而知。

7. 企业集团业务复杂性问题

大型和特大型企业集团因其业务范围地域广、经营范围大、涉及行业多、企业文化多元化等因素,形成了企业内部的业务复杂性、信息化水平差异性、流程管理局部性的基本现状。这种复杂性会增加规划、实施时间及相关费用,同时风险也很高。

8. 评价问题

在企业信息化规划、实施、应用过程中没有建立一套科学的、完整的、量化的、可执行的评估评价体系,无法形成相应的约束机制,容易走入只有投入,无法看到产出(实际应用效果)的恶性循环误区。通俗地说,信息化规划中如果没有可量化的、科学的愿景,也就没有未来发展可遵循的方案,只能走一步看一步,不知道发展到哪里,甚至这样做的价值何在、风险何在都不清楚,这样的规划和信息化建设实际上是在烧钱。

总体来讲,我国目前的企业集团信息化规划还处在发展阶段,虽然不缺少有效的理论指导,但理论与实际有效地结合还有很长一段路要走。

1.3 企业信息化规划的重要作用

企业信息化建设是否能够对企业发展和管理起到支撑作用,取决于规划、开发、实施、应用等多方面因素,理想情况是几个方面都能做到尽善尽美,相辅相成,这是所有人都期盼的结果。但实际上,因企业财力和技术等方面的原因,还不可能面面俱到。好的规划是企业信息化建设的良好开端,这是因为企业信息化规划有以下重要作用。

1. 摸清家底,总结经验,确定信息化目标

企业信息化规划的首要任务是了解现状与需求。由于人员变动或体制改革,大家只关心现有的投入,对原有的家底不是很清楚。借助信息化规划可以彻底盘点信息化资产,使信息化建设不再是一笔糊涂账。在此基础上吸取教训,总结经验,明确地描述信息化规划愿景,明确信息化建设的方向、框架体系、业务流程和总体目标。

2. 统一认识,减少阻力

信息化规划最明显的作用就是统一企业内部的认识,避免变革中的内乱。现在一些企业集团总部职能部门主导实施的应用系统很多,各部门都认为自己很重要,强调的重点往往不同,这样就造成重复开发和浪费比较多,基本上开发一个就增加一个信息孤岛。而信息化规划就是要打破这种总公司与分公司之间、分公司与基层单位之间以及同级职能部门之间的壁垒,形成一个超越小集体利益的、立足于整个企业实际需求和发展要求的、被大家认同的总体方案,减少信息化建设的阻力。

3. 节约成本,提高效率

信息化规划的另一个作用就是节约资金和时间,提高建设信息系统的效率。如果不进行信息化规划,企业会逐渐遗留繁多的应用系统,信息孤岛林立,信息共享困难,系统集成工作量大,导致反复投资。通过信息化规划,不仅可以节约不必要的开支,而且可以理清实施信息系统的障碍和难点,对实施过程及进度有比较准确的把握,对实施过程的障碍有充分的思想准备。

4. 使企业信息化建设有章可循,拉近期望与现实的距离

信息化规划使企业能够自顶向下地进行系统建设和统筹考虑,既突出重点,以点带面,又考虑历史数据的继承与再利用,成为信息化建设的实施指南。信息化规划使企业信息化建设有章可循,不再随意而为,真正避免重复建设和资源浪费。信息化规划重点解决当前存在的企业经营战略、管理思想、业务运作模式和信息系统之间脱节的问题,拉近期望与现实的距离。

5. 推动企业标准化建设

信息化规划涉及企业信息资源规划、业务流程重组和信息化标准(包括基础平台建设标准、信息采集标准、系统实施标准、维护管理标准和评价标准)等多个方面。信息化标准是企业标准化的重要组成部分,它对处于发展中的企业标准化建设起到积极的推动作用。

另外,企业信息化标准的制定和实施推广将有助于企业信息化健康、稳定地发展,从根本上解决信息编码、数据定义不统一的问题。定义出系统之间信息共享的方式,实现信息系统的集成和互操作,真正消灭信息孤岛,彻底解决影响信息化建设的瓶颈问题,最终完成从企业信息化到信息化企业的飞跃。

1.4 企业信息化规划原则

有了规划的愿望是一个良好的开端,但也不能盲目进行,为了追求速度随便选一个咨询公司,做一个不能实施的规划空架是最大的浪费,而且后患无穷。所以,为保证信息化规划的权威性和可操作性,企业信息化规划应该遵循以下原则。

1. 基于需求

规划要从企业的实际需求出发,要从解决企业发展的迫切问题入手,不断适应企业和社会责任日益提高的实际需求。有计划、有步骤地推进信息化建设,走低成本、高效益的信息化发展道路,立足经济实用,避免盲目建设、重复建设和铺张浪费,积极发展实用高效的信息系统。具体地说,除考虑企业的主营业务对信息系统的需求外,也要兼顾辅助业务或新拓展业务的需求,规划要适合企业的规模发展,与企业总体规划和企业中长期发展战略之间保持协调一致,不能好高骛远,与实际脱节。

注意:一定要将信息化规划纳入到企业本身的发展战略中,并与企业未来的业务发展和管理发展充分结合。只有这样,才能够真正指导企业信息化发展,保证企业整体的发展方向。

2. 统筹规划,资源共享

信息化规划不是否定以前的所有工作,规划也是对前面工作的一个总结。针对原有的方案应该取其精华、去其糟粕,最大限度地利用已有的硬件设备、网络和数据资源,采取有效措施尽可能将已有的资源集成到新的系统中去,以避免资源的浪费。同时要统筹规划,合理布局,突出重点,打破分/子公司、职能部门之间的条块分割,整合网络、信息资源,树立信息资源是重要战略资源的观念,促进信息资源共享,推动企业信息资源的开发利用。

3. 可扩展性

信息化规划不是一次性的、一成不变的,应随着信息技术的发展与企业内、外部环境的变化相应调整,适应 IT 技术的快速发展和企业管理模式与业务模式的相继变更。这就要求信息化规划具备较好的扩展性。因此,要认真分析企业的战略与信息化支撑之间的影响度,并合理预测环境变化可能给企业战略带来的偏移,在规划时留有适当余地,做务实的牵引,不能追求大而全。也就是说,信息化规划不应成为企业信息化建设的死框框,企业要能根据新的情况适当调整信息化规划,可以根据需要增加或减少子系统,但对企业信息化整体进程不能产生负面影响。

4. 实用性

信息化规划要处理好信息技术先进性和实用性之间的关系,既不能因循守旧,墨守成规,也不能贪大求全,过分强调技术的先进性,而忽略其是否成熟、稳定。要在保证先进性和系统性的基础上,让信息化规划按计划得以有效实施,不能让规划成为花架子,好看不能用。

注意:信息化规划一定要以改善企业管理、提高企业竞争力为目标。坚持少花钱,多办事的实用性原则。

5. 安全性

信息化规划要从管理、技术和运维三个层面来保证企业信息系统建设、运行和使用的安全性。一是要明确网络与信息安全应急管理部门,负责企业信息安全应急工作的管理和督察,并具体负责企业信息安全突发事件的应急处置工作;二是要制定信息保密和信息系统安全管理制度,制定网络与信息安全应急预案,贯彻落实国家有关网络与信息安全应急处置的法规、规定;三是从技术上保证网络、基础设施、应用系统与核心数据的安全。

信息化规划如果能做到以上五点,其系统性和集成性就能得到保证,在这里重点强调的是规划的可操作性。如果企业有相应的技术和资金储备,先进性是必需的,但不能与企业实际脱节,太超前不仅浪费,也不容易实现,使规划的效果大打折扣。

第2章
企业信息化规划策略

2.1 谁是企业信息化规划的主人

信息化规划涉及企业管理与信息技术两大学科,需要对这两块内容都非常熟悉的人才能做好信息化规划,但目前企业这种复合型人才奇缺。所以,咨询公司、软件开发/实施公司大打口水战,都攻击对方的薄弱点,认为自己才是救世主。实际上,只靠咨询公司或软件公司规划成功的案例有多少呢?这里并不否认咨询公司和软件公司的作用,技术力量雄厚的咨询公司和软件公司对企业信息化建设起到了极大的推动作用。

资深的咨询公司在管理上具有明显的优势,能够理解企业的真正需求,但在信息技术方面存在一些缺陷,不了解技术的可行性,有可能使规划报告头重脚轻,企业老总很满意,但没有可操作性。而专业软件公司在企业管理方面相对较弱,其优势在软件开发,由软件公司做的信息化规划有可能与企业整体战略规划有偏差。但请他们做规划的好处就是旁观者清,他们不受企业固有的条条框框约束,容易发现企业管理和信息化方面存在的问题。

实际上,企业信息化规划的真正主人还应该是企业自己。从长远打算,企业应该培养自己的专业队伍和CIO。可以把聘请专业公司的费用用来培养自己的专家,让专家具备企业管理和信息技术的双重背景知识。只要是想长期在企业工作的员工,不会对企业不负责任。

如果企业目前没有这方面的实力,就聘请有实力的专业咨询公司和一两家有实力的软件公司来配合企业做信息化规划。

注意:实力不是靠宣传而得的,必须有过硬的本领和行业背景,它能从繁杂的需求中提炼出企业需要规划的主线路图;能够找出企业当前业务流程的症结,并进行梳理和优化等;专业咨询公司不能只充当记录员和汇总员的身份,或找一些通用的制造行业的需求表格让你填来填去。

当然,对于有实力的专业咨询公司,企业要放下甲方的架子,真心学习,把信息化规划做好,并实现知识转移。因为无论你自己做还是聘请专业公司帮忙做,最后的主人都是你(图2.1)。信息化规划也是企业无形资产的一部分,不能被合作伙伴牵着鼻子走。

图 2.1　企业是信息化规划的主人

2.2　企业信息化规划内容

　　信息化规划涉及企业的业务管理与信息技术等多个学科,内容包含三个方面。一是信息化战略规划,这方面内容主要是在深入研究企业发展愿景和战略的基础上,制定适合企业发展的信息化愿景、使命、目标和战略,帮助企业把主要针对个别应用项目、个别基层企业或某个部门的相互分离的业务处理应用系统统一成为一个整体,以实现对企业经营战略目标的强有力支撑。建成既能满足企业当前需求,又具有可持续发展能力,功能强大的、几个层面的信息系统(如 DCS、集控调度中心系统,ERP 和电子商城系统等),解决企业信息化的整体方向性问题。二是信息化发展步骤,是对企业、特别是企业集团信息化建设的具体指导,解决的是企业信息化的发展速度和关键点问题。三是企业信息化费用规划,它是企业信息化建设费用预算的基础,能让决策者清楚信息化建设所需要的投入,依据企业实际的财务状况,控制信息化费用的有序支出,避免形成投入黑洞。

　　企业信息化战略规划的核心是企业架构(Enterprise Architecture,EA),它承接企业业务战略与信息系统之间的桥梁与标准接口框架,主要由以下四种相互关联的架构组成:

- 业务架构(Business Architecture)。
- 数据架构(Data Architecture)。
- 应用架构(Application Architecture)。
- 技术架构(Technology Architecture)。

1. 业务架构

　　企业业务架构描述了企业的业务策略、管理模式、组织结构和关键业务流程,即业务架构是企业关键业务战略及其对业务功能和流程影响的表达,它定义了企业如何创造价值以及企业内外部的协作关系,将高层次的业务目标转换成了可操作的业务模型。从总体架构设计的角度来看,数据架构和应用架构等都是由业务架构推导出来的,业务架构是企业架构设计的基础,并通过数据架构、应用架构和技术架构来实现。

2. 数据架构

企业数据架构是通过企业业务架构建立企业的数据标准、数据元素、数据模型,构成数据库和数据仓库的企业数据运行环境,并与联机事务处理(OLTP)、联机分析处理(OLAP)、联机挖掘处理(Online Mining Processing,OLMP)等手段相结合,建立关键信息流模型,来描述业务事件的关键输入、输出信息,实现从业务模型向功能模型的转换。业务架构向数据架构的映射,为企业应用架构提供数据支撑。

3. 应用架构

应用架构描述了支持企业运作所需应用系统的蓝图,以及与核心业务流程之间的作用和关系,包括应用层次、功能、实现方式和建设标准等。即应用架构主要研究企业应用系统间的交互关系、应用与企业核心业务的对应关系,是企业总体框架研究的重点。应用架构可实现企业各个业务流程的信息化和自动化,并使各个应用系统间的集成成为可能。企业应用架构可以包括原有企业信息系统中对企业仍有战略价值、对企业业务仍有影响的遗留部分,如软件包、分布式系统等,也可以包括经过确认的满足新需求的应用功能或系统。

4. 技术架构

企业信息化技术架构是实现企业应用架构的底层技术基础结构,通过软件平台技术、硬件技术、网络技术、信息安全技术之间的相互作用来支撑企业应用系统的正常运转。它通过提供满足企业各种用户需求的技术平台将应用架构、业务架构和数据架构连在一起。也就是说,技术架构是用来描述支持业务、数据、应用服务部署的基础设施能力。技术架构定义了企业信息化的技术路线、技术标准、技术选择和技术组件等。完整的企业技术架构涉及数据架构、应用架构和基础设施的各个层面。中型及大型企业的信息化应用架构和技术架构如图 2.2 所示。

企业信息化战略规划的总体应用架构和技术架构包括基础设施平台、硬件系统平台、系统软件支持平台、安全保证体系、应用系统支撑体系、运行维护与管理体系。其中应用系统支撑体系是企业信息化的结果展现,其他的体系或平台都是为它保驾护航的。当然,它还只是一个大的框架,具体的平台、安全保证体系和支撑系统等还要视企业的性质、规模、效益等具体情况而定。

以企业信息化应用架构和技术架构总体框架为核心,信息化战略规划内容主要包括以下几个方面:

- 需求分析。
- 信息资源规划。
- 基础设施平台规划。
- 硬件系统平台规划。
- 系统软件平台规划。
- 应用支撑体系规划。
- 安全保证体系规划。
- 风险控制规划。

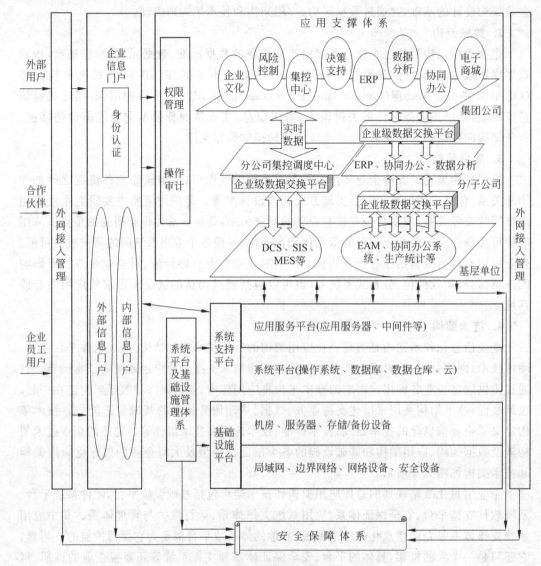

图 2.2　企业信息化应用架构和技术架构总体示意图

- 组织体系规划。
- 运行维护与管理体系规划。

企业信息化规划支撑内容包括以下几个方面：

- 信息化规划总体实施计划。
- 分阶段实施计划。
- 信息化投资预估与效益分析。
- 项目资源配置。
- 项目组织建设。
- 实施方案。

2.3　企业信息化规划方法

企业信息化规划是一个过程,是企业信息化和管理的沟通、冲突、统一的过程。其基本目的是正确规划企业近期、中期和远期所需求的网络、设备和应用系统等。这些需要人、财、物三个基本要素做支撑,因此,要做好信息化规划首先要成立一个企业信息化规划项目组织。

1.　建立企业信息化规划项目组织

企业信息化规划组织一般由两级组成,一是信息化规划领导小组;二是信息化规划工作小组。组织架构如下:

(1) 企业信息化规划领导小组:

- 组长:企业集团一把手(或主管信息化的副总经理、CIO 等)。
- 成员:各分公司和基层单位一把手,如果是基层单位的信息化规划,则为各职能部门的负责人;外聘咨询公司经理。
- 职责:把握信息化规划方向与企业发展战略规划方向的一致性;进行阶段和最终文档的评审;负责协调项目执行过程中的各种问题和配置所需的各种资源(人、财、物);负责企业信息化规划工作小组的工作考评。

(2) 企业信息化规划工作小组:

- 组长:企业集团公司本部信息中心负责人(项目经理)。
- 成员:企业集团各部门(或每专业)出一名业务骨干,信息中心技术人员,外聘咨询公司项目经理和顾问等。
- 职责:负责制定信息化规划项目整体计划,信息化规划需求分析,制定访谈及问卷调查内容;负责业务流程分析与优化;规划企业信息化未来建设的架构;编写企业信息化规划阶段性报告和最终报告提交领导小组审核。

通常企业外聘的咨询公司自己也有一个项目团队,采用项目经理负责制,为了保证企业信息化规划项目的顺利实施,企业和咨询公司双方要在合同中明确责任和义务以及要达成的目标,特别要强调人员素质和队伍的稳定性问题。

企业信息化规划工作小组的人员配备人数比例一般如下:

- 10 000 人以上的大型企业:企业内部 10～20 人;咨询公司 5～8 人;软件公司5 人。
- 10 000 人以内、1000 人以上的中型企业:企业内部 5～10 人;咨询公司 4 人;软件公司 3 人。
- 1000 人以内的小企业:企业内部 3～7 人;咨询公司 3 人;软件公司 2 人。

如果企业的信息化管理人员和计算机技术人员水平很高,可适当减少咨询公司和软件公司的人数,甚至不用。

2.　分阶段规划方法

企业信息化规划一般采用统一规划、分步实施的方法,即将信息化规划过程分为多个阶段,但到底需要多少个阶段才合适,需要根据企业的具体情况具体分析,规模比较小的企业一般分为 3～5 个阶段比较合适,规模大的集团型企业则划分得细一点,可以分为 7～10 个阶段。大型企业集团信息化规划的阶段如下:

(1)项目启动。信息化规划项目的启动时机是成功的关键,是否是最佳的启动时间需要从多方面来评估,主要有三个条件:首先必须得到企业决策层的高度重视和全力支持;其次企业文化基础扎实,员工容易接受一些新鲜事物;三是有人员和资金储备等。项目启动的主要目的是广而告之,让领导和员工知道信息化规划的意义和目的,同时宣布信息化规划项目整体计划,让需要配合的部门有所准备。

(2)现状评估。包括外在环境和企业自身两个方面。外在环境主要评估企业所在行业的发展现状、现行政策、上游供应商和下游销售商等关联企业的现状。这是粗线条的评估,目的是弄清楚企业现在对哪些外在条件利用得好,哪些还没利用。企业内部的评估要更详细,主要包括企业特点、管理模式、现在运行的应用系统、基础设施平台、组织机构、标准体系等,分析企业的业务能力现状和企业信息化的程度及现状。该阶段的结果是要形成现状评估报告。

(3)需求分析。在现状评估基础上,结合企业发展战略,提出企业部门级的信息化需求,再汇总整理成企业级的、能够描述或量化的信息化需求,然后形成企业需求分析报告。企业需求分析报告是对企业需求分析阶段的工作总结,是企业信息化总体规划和实施的主要依据。需求分析和需求规划提升了企业信息化对企业管理的价值,并能明确某个应用系统对企业价值贡献的多少。

(4)业务流程分析与优化。分析企业目前正在使用的业务流程,哪些流程比较顺畅,哪些流程需要优化或改进,哪些需要去掉。分析流程优化给企业造成的冲击,探讨解决方法,并从中找出能够使企业获得竞争力的关键流程,使其和信息系统相融合。然后,进行企业关键业务流程的整合与优化,提交流程优化报告,并获企业批准。

(5)信息化战略的制定。在企业信息化需求分析的基础上,明确企业信息化的愿景和使命,定义企业信息化的发展方向和企业信息化在实现企业战略目标过程中应起的作用;起草为提高企业信息化能力而提出的基本的准则和指导性的方针。然后是制定信息化目标,绘制企业信息化蓝图。企业信息化战略规划可以打消企业高管对信息化的各种顾虑,在规避信息化风险方面有着非常重要的作用。

(6)确定信息化的总体构架和标准。以企业信息化战略方针为指导,从系统功能、信息架构和系统体系等几个方面对网络、信息、应用系统等进行规划,确定信息化体系结构的总体架构,拟定信息化技术标准,使企业信息化具有良好的可靠性、实用性、兼容性、扩展性、灵活性、先进性和一致性。它是企业信息化规划的核心成果。

(7)信息化保障分析。针对每个信息化项目进行保障性分析。即按重要性排列优先顺序,进行准备度评分,并根据评分结果做出初步取舍,形成企业信息化的路标规划。然后对项目进行财务分析,再根据公司财力决定取舍。

(8)信息化项目分解。企业信息化规划涉及的项目不可能同时实施,要分步进行。为了使企业信息化规划具有很强的操作性,依据信息化保障分析结果,定义每一个项目的范围、功能、收益、优先次序和接口标准,以及预计的时间、成本和资源等;并对项目进行分派和管理,选择每一项目的实施负责部门或小组,确定对每一项目进行监控与管理的原则、过程和手段。最终形成企业信息化建设总体实施计划和分步实施计划。

（9）形成企业信息化规划报告。根据企业的资金情况和经营特点，总结以上各阶段的成果，形成企业信息化规划报告，提交信息化规划领导小组审核批准。批准后的信息化规划报告即为纲领性文件，要以正式文件的形式告知企业内部的相关部门。

（10）企业信息化规划实施评估与规划修正。为了保障信息化规划能够按计划实施，原则上每年对企业信息化规划落实情况进行一次评估，发现问题及时修正。另外，由于外界环境的影响或内部条件的变更，信息化规划也需做适当调整，但不能改动太大，否则原始规划可能有问题。企业集团可以对分/子公司规划落实情况进行评比，并进行奖惩考评。从长远来看，企业信息化规划应该是一个滚动的过程，任何一个规划都无法预测三年或五年后的情况，因此合理的、可行的规划应该以三年为期限，采取"按需微调，三年滚动"的规划策略。

分阶段规划方法就是用科学的分解来理顺、细化复杂任务的方法，它有利于企业信息化规划成果的展示，因为这种方法有框架，有细节；有起点，也有终点。

2.4　企业信息化规划实施的必要条件

企业信息化规划和信息化建设一样都是有门槛的，如果条件不具备时硬要实施，只能成为一个没有任何意义的花架子，也是不负责任和极大的浪费。通常企业信息化规划实施的必要条件如下：

- 企业管理规范程度和标准化水平较高。
- 企业规模达到一定程度。
- 企业有合适的信息技术人员和 CIO。
- 企业领导重视。
- 有资金计划。
- 企业员工有一定的计算机知识和操作水平。
- 企业有信息化规划的需求。

第3章

企业信息化规划基础工作

信息化规划的核心原则是基于需求和实用性,重点解决信息化建设与业务需求的断层问题。目前在企业规划缺失的信息化建设中,一边是信息部门兢兢业业,一边是业务部门埋怨不断,于是很多应用系统成为摆设,业务部门在重复手工作业的同时还增加应用系统录入的"负担";或虽然甩掉了手工作业,却要在多套应用系统中重复操作的现象普遍存在;或业务部门的员工没有重复工作,但因接口太多,性能低,维护工作量大,浪费大,出现问题不容易解决。

3.1 企业信息化现状评估

企业信息化规划的切入点就是摸清家底,掌握需求。而摸清家底的前提就是自我剖析,即现状评估是整个规划的基础。如果现状评估不准确,会导致信息化规划脱离实际,可操作性差。

3.1.1 现状评估内容

现状评估包括外在环境和企业两个方面,外在环境主要评估国际和国内宏观环境、IT技术的发展方向,企业所在行业的发展现状、现行政策、上游供应商和下游销售商、竞争对手和协作单位等关联企业的现状,以及企业自身具有的优势与劣势、面临的发展机遇与威胁等。这是粗线条的评估,目的是弄清楚企业目前对哪些外在条件利用的好,哪些还没利用,如何更好地利用。

企业内部的评估是详细评估,主要从两个方面入手,一是企业的业务能力现状,二是企业的信息化现状。具体分析如下:

- 企业的业务能力现状分析。主要是针对企业目前的业务与管理活动的特征、企业各项业务活动的运作模式、业务活动对企业战略目标实现的作用进行分析,揭示现状与企业远景之间的差距,确定关键问题,探讨改进方法。通俗地讲,该阶段的核心工作是业务流程分析,由于业务流程分析的内容较多,将在3.3节重点说明。
- 企业的信息化现状分析。企业信息化现状分析就是诊断企业信息化的当前状况,首先要明确企业的性质是已生产的企业还是在建企业等,重点关注的是企业有没有信息化投入,如果信息化项目还没有开展,就像一张白纸,信息化规划更容易一些,可根据实际需求直接规划。如果是已投产企业、一些信息化项目也投入运行,则企业内部的评估要详细,主要包括企业特点、管理模式、现在运行的应用系统、基础设施平台、组织机构、标准体系等,分析企业的业务能力现状和企业信息化的程度及现状。该阶段的结果要形成现状评估报告。

1. 确定调研访谈计划

调研访谈是现状分析和需求分析的重要手段,常用的方法有问卷(含表格)、访谈、讨论等多种形式,为了保证访谈的质量,要制定详细的访谈计划(如表 3.1 所示)。调研访谈计划的格式和内容一般如下:

表 3.1　××××企业的信息化能力和现状分析访谈计划表

序号	访谈部门	访谈对象	访谈地点	访谈时间	访谈大纲	结果记录	记录人	审核人
1	信息中心	张三	信息中心会议室	2015 年 7 月 25 日	应用系统(调查表)	详细结果见应用系统调查表	吴迪	织锦
					数据库			
					…			
		李四	信息中心会议室	2015 年 7 月 26 日	网络架构		吴迪	织锦
					网络设备			
					…			
2	设备部	王五	王五办公室	2015 年 7 月 26 日	设备管理系统		李野	费子
					点检系统			
					…			
		…						
3	物资部	李六	物资部会议室	2015 年 7 月 28 日	物资管理系统		李野	费子
					CRM 系统			
					…			
		…						
		…						

- 访谈目的:详细掌握企业的信息化能力和现状。
- 访谈组织:企业信息化规划工作小组。
- 访谈范围:三级企业领导,总部各部门,分公司各部门,基层企业各部门。
- 访谈对象:企业信息化规划领导小组、企业信息化规划工作小组和各级部室主管领导和主要用户。企业信息化规划领导小组成员和企业信息化规划工作小组成员可能要身兼数职,需要角色转换,有时是记录人员,有时是被访问对象。访谈过程中,人员角色有重叠部分。
- 访谈形式:集中访谈、一对一访谈、远程问卷访谈等。
- 访谈阶段划分及分工。
- 访谈提纲。
- 访谈实施,访谈记录、资料收集。

- 资料甄别,汇总整理。
- 编制现状分析评估报告。
- 现状分析评估报告确认批准。

2. 调研访谈计划的实施

访谈计划的落实需要很扎实的基本功。首先,要保证需要被访谈人员的到位情况;其次,访谈时不能跑题;最后,访谈记录整理要能抓住主线,找到重点。访谈计划的实施要掌握以下技巧:

- 为了保证访谈人员能够在规定的时间内到达访谈地点,访谈计划要提前以文件的形式下发到各单位主管领导及被访谈人员,并在访谈前电话确认。
- 访谈提纲可根据访谈人员的变动做适当修改,并经企业信息化规划工作小组组长批准,但不能做大的修改。访谈大纲把需要当场确认的内容放到前面,需要填写的表格和问卷作为附件放在后面。
- 访谈时要和大家讲清楚本次访谈的目的,必须讲清楚问卷和表格如何填写、回收时间等等,填写完的问卷和表格要经部门领导同意签字,防止有遗漏或有出入。
- 当采用头脑风暴法进行访谈时,访谈主持人要积极引导,不要让话题与提纲偏离太多,要有能力去除不需要的信息,提炼总结话题的主线,同时善于发现提纲之外的重要信息,作为例外补充到访谈结果记录中。
- 一次没有讨论清楚的内容,一定要跟踪讨论明白,不能模棱两可。当讨论结果与预期出入很大时,要及时报告企业信息化规划领导小组,调整调研大纲。
- 能够在讨论中说清楚的问题,表格和问卷中就不要再出现,但说清楚的人要签字,既是一种责任,也是一种荣誉,最后讲评时要考虑进去。
- 先按专题分类总结评估结果,需要跨多个专题的,首先要把结合部分说清楚,再汇总整理成企业信息化现状分析评估报告初稿,初稿由企业信息化规划工作小组完成。
- 企业信息化现状分析评估报告初稿要提交给企业信息化规划领导小组讨论、审核、修订、签字后,才能成为最终的企业信息化现状分析评估报告。企业信息化现状分析评估报告原件要封存一份。

3.1.2　调查问卷中常用的图表

调查问卷是企业信息化规划项目进入实质性启动的重要的文件之一,它的作用为引导用户在项目范围内充分考虑并描述企业信息化的现状和信息化的需求。调查问卷中用到的主要图表包括组织架构及分布区域调查表、网络调查表、设备调查表、应用系统调查表等。

1. 组织架构及分布区域表

组织架构及分布区域表如表3.2所示,包括组织代码(没有代码的不填)、组织名称、机构所处企业集团的层次、总部地址、业务类型和业务覆盖区域。

企业组织机构是企业战略实施的保证,通常从企业的组织机构设置上能大略清楚该企业的战略意图和经营模式,并了解该企业的业务所覆盖的区域。

表 3.2　组织架构及分布区域表

序号	组织代码	组织名称	层次	总部地址	业务类型	业务覆盖区域
1	720931109	××集团公司总部	1	北京市西城区××号	发电、煤业、航运、商贸物流等	中国、东南亚地区

现代企业集团组织模式多为事业部与母子公司兼而有之的混合形式,主要表现为母子公司架构为主,事业部为辅的组织形式。

通过详细的组织机构调查分析,可以发现目前组织机构的合理部分和存在的问题。如集团总部、子公司责任分工不清,经营和管理职能并存等问题。总之,过于简单直接或过于庞大臃肿的组织机构就好像一件不合体的衣服,不但使企业行动不便,甚至会摔得很重。

2. 网络调查表

企业集团网络一般包括视频网络、实时网络、管理信息网络和边界网络等,调查表的内容包括网络名称、网络架构、起始点、运营方式、业务类型、覆盖区域、主管单位、维护单位和使用年限等。

当然,网络调查不只包含表格,还要有网络架构图,限于篇幅,这里只举例说明企业边界网络架构图,如图 3.1 所示。

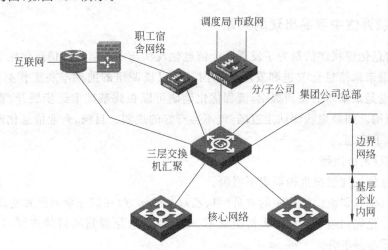

图 3.1　××××企业边界网络架构图

除网络架构图以外,还应了解和掌握企业光缆配线、布线、核心交换机的光口电口使用情况、VLAN 划分以及网络设备的命名规则等。

3. 设备调查表

企业集团的设备很多,包括机房设施设备、服务器、网络设备和客户端设备等,设备调查表一般包括企业机房设施调查表、服务器调查表、网络设备调查表、客户端设备调查表和安全设备调查表等。

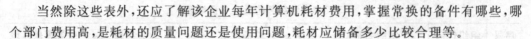

当然除这些表外,还应了解该企业每年计算机耗材费用,掌握常换的备件有哪些,哪个部门费用高,是耗材的质量问题还是使用问题,耗材应储备多少比较合理等。

4. 应用系统调查表

应用系统调查表内容如下:

- 应用系统名称。
- 主要功能。
- 系统使用情况(含使用部门、使用人数、使用频率、使用年限和访问方式等)。
- 运行平台(操作系统、数据库和中间件等)。
- 软件厂商/实施公司。
- 维护是否外包/维护公司。
- 维护方式(远程、现场、其他)。
- 软件维护费/年。
- 安全保护等级。
- 软件费用。
- 实施费用。
- 初期投资总费用。
- 升级/耗材累积费用。
- 应用系统负责人。

除此之外,还要统计已淘汰的应用系统,并说明淘汰的原因,以防止浪费。

3.1.3 现状评估中容易出现的问题

企业信息化现状评估是为了发现企业信息化现状与业务需求和信息化愿景之间的差距,从而明确未来信息化改进和发展的方向。所以说调研的前期准备工作必须细致、充分,调查问卷是最基本的调研提纲,流程优化调研可以在此基础上逐步展开,直至覆盖整个项目的范围。如果现状评估走过场,就不会有好的规划。目前,企业信息化现状评估时容易出现以下问题。

1. 组织/人员问题

- 信息化规划组织机构职责不明确。
- 信息化规划组织机构中的成员(甲、乙双方或多方)在规划期间经常变动。
- 信息化规划组织机构中人员组成不合理,对信息化规划的目的理解不一致,人员素质参差不齐。
- 没有建立良好的沟通渠道,当组织内的成员对某一事物理解不一致时不能及时、有效地沟通。
- 甲方和乙方以及第三方对自己的工作范围理解不一致,各方工作边界方面的问题扯皮现象严重。
- 各方组织成员中,有的人沟通能力、理解能力和表达能力欠缺,往往会造成工期延误或重复工作。

2. 访谈体系建设和内容整理方面的问题

- 访谈体系内容设置不合理,在访谈人员熟悉的方面过于细致,不熟悉的地方很粗糙。
- 访谈时间、访谈对象不能提前确定,没有计划,与预期的访谈效果误差太大,针对统一访谈内容容易形成多次访谈而效果不佳的现象。
- 访谈主持人不能控制访谈节奏和访谈内容,使访谈时间无限延长。
- 访谈记录能力差,不能反映访谈的真实情况。
- 访谈记录整理能力差,不能抓住核心问题。
- 访谈主持人业务素质低,对企业工作流程不熟悉,没有能力判断业务流程描述人员叙述的内容是否正确,如果参加业务流程讨论的企业员工再对企业业务流程了解不全面,这时业务流程的访谈结果可想而知:既不能真实反映企业目前业务流程的现状,优化的结果也不可能满足企业的要求。
- 访谈周期过长,容易淡化企业的注意力,削弱企业的原始动力。
- 访谈期间,企业决策者没有时间真正参与,使访谈结果不能达到决策者的预期,返工现象严重。

3. 访谈期间的信息安全和管理问题

- 访谈人员的信息安全意识淡薄,访谈文件没有专人管理,随意放置,或被咨询公司带到外面,容易造成企业核心内容的外泄。
- 没有建立信息安全监督机制,访谈记录随意修改,没有监督。
- 没有形成定期问责机制,对工期的随意延误没有考核。
- 淡化部门之间的壁垒,不能真实描述职能部门对资源的垄断,给流程的梳理造成人为的黑洞。
- 不能正确认识变更对现状评估各方产生的影响,以及给今后的项目实施带来的风险。
- 现状评估变更的信息不能及时公布,使项目的所有干系人不能在最短的时间内获得变更的信息,从而让变更得不到有效的执行。

3.2　企业信息化需求分析

　　实际上,现状评估、业务流程分析与优化、需求分析这三项工作没有明显的界线,有交互的地方,并且从广义上讲,需求分析应该包括业务流程分析。也就是说企业信息化的需求不是各个部门对信息化软件功能的简单罗列,而是一个系统的、多层次的、各层次之间具有清晰的结构关系的、用无二义性的方式(如数据流图、流程图、表格等)表达的语义网络。信息化需求包含了企业的战略层、管理层和运作层三个层面的需求,以及信息化技术层面的要求,它是制定信息化规划的第一步。

　　简单地说,信息化需求分析是信息化规划的出发点,是在现状评估的基础上找出理想与现实的差距,指出企业信息化规划需要达到的目标。

3.2.1　如何进行企业信息化需求分析

　　需求分析就是分析来源于企业用户的一些"需要",即在现状评估的基础上,分析这些"需要",然后确定哪些应该保留,哪些应该改进,哪些应该摒弃,最后形成完整的文档,该文档详细说明了每个产品"必须或应当"做什么。也就是说企业需求是产品的根源,需求工作的优劣对产品选择或开发影响最大。

　　需要强调的是,企业的信息化现状评估和需求分析是一个渐进的过程,为了获取准确有用的信息,需求调研小组要做好扎实的基础工作,按不同的对象确定调研大纲及时间安排。采用人员层次、内容层次和时间的三维架构来进行企业的信息化需求分析和管理,如图3.2所示。

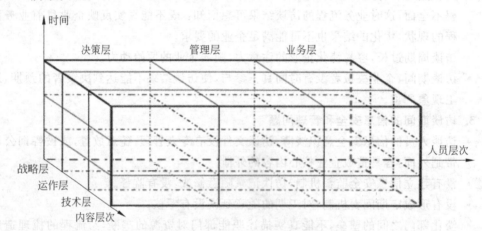

图3.2　企业信息化需求分析三维架构

1. 企业信息化需求分析三维架构

　　企业信息化需求分析三维架构中的第一要素是人员层次。人包括两部分:一部分是企业内部人员,另一部分是实施公司和/或咨询公司。这两部分人均分为三个层次。首先,企业内部人员分为顶层(决策层)、中间层(管理层)和基层(业务层),针对这三个级别的需求分析是一个循环渐进的过程,最有效的方法是从顶层开始,到顶层结束。具体过程为顶层→中间层→基层→中间层→顶层的一个循环过程。顶层的决策者初期可能只是给定一个模糊的轮廓,或有明确的定义但可能与实际有些脱节,所以要经过后两层的需求分析来完善补充整体的需求分析。其次,实施公司和/或咨询公司分为项目经理、资深顾问、项目工程师三个层次,其中资深顾问要有渊博的行业知识和实施经验,能够和企业的各层人员进行有效沟通,并能提炼、提高企业的管理思想。三个层次的实施人员要全程参与,责任到位。

　　三维架构中的第二要素是内容层次。内容是需求分析的核心,它包括企业未来发展的需求、企业管理需求、员工自我成长需求、企业文化建设需求和信息技术需求等,这些需求不是企业级、部门级和个人对信息化软件功能的简单罗列,而是一个系统的、多层次的、各层次之间具有清晰的结构关系的层级需求。这些层级需求通常分为战略层、运作层和技术层三个层面。其中战略层的需求主要是指抗击外部压力和提升企业竞争力的需求以及企业未来发展的需求;运作层面的需求主要是基于业务流程的功能需求和岗位职责需求;技术层的需求包括基础设施平台、系统平台、信息安全、应用系统等需求。这三个层次所获取的需求并不是相互孤立的,有着内在的联系和相互依存关系。

三维架构中的第三要素是时间。时间最好采用最终截止时间倒推的方式来安排,确定了总体结束时间后,按内容层次分阶段安排需求分析,每一阶段首先要确定决策层的时间安排,然后确定管理层和业务层的时间。最后将需求分析的时间计划形成正式文档,经批准后以文件形式下发到所有项目干系人。一个重要的经验是,需求分析最好不要跨年度或时间更长,否则企业容易产生疲劳感。

总之,如果在做信息化需求分析以及信息化规划时忽视时间这个要素,注定要为此付出很大的代价。

2. 企业信息化需求分析的操作过程

采用三维架构做需求分析的最终目的是"让恰当的人,在恰当的时间,得到恰当的信息"。为了达到这一目的,项目经理要在现状评估的基础上,深入浅出地引导大家以流程为主线,以时间为控制点,以功能模块为核心进行需求分析。通俗地讲,优秀的企业信息化规划是建立在优秀的需求分析基础之上的,而优秀的需求源于规划项目组织与企业之间有效的交流和合作。

比较实用的需求分析操作过程通常需要以下几个步骤:

(1) 宣讲和贯彻。针对企业内部三个级别的人员层次逐级宣讲和贯彻,让每个层级的人都非常清楚需求分析的意义和目的、内容、过程、时间和人员要求等,也明白自己的责任和义务,理清思路,开始准备与自己相关的需求,为最终需求分析结果的认可打下良好基础。

(2) 了解并掌握决策层的战略需求,主要包括以下几方面:

- 企业应对外部压力和竞争的需求。
- 企业自身发展的管理需求。包括支撑企业管理模式从粗放到精细化管理的变革,能够支撑企业迅速扩张和快速复制的需求。
- 组织机构调整的需求,并针对新的组织结构、岗位设置和职责定义,从功能上区分有多少个应用系统,划分系统的大致范围,明确系统的目标。
- 信息化规划的成本投入、信息化建设的资金预算等方面的需求。
- 时间的需求。信息化建设分几个阶段,每个阶段的开始时间和结束时间,能够交叉进行的阶段。

(3) 了解并掌握运作层的需求,主要包括以下几方面:

- 流程优化的需求。确定流程中哪些处理环节起到了增值的作用,这些增值节点的流程流转一定要流畅。
- 描述每个工作流程的功能与处理规则,将需要穿透多个应用系统的流程梳理出来,以便定义系统之间的接口方式和内容。
- 描述主要应用系统的实现方式,应该具备的软件功能、报表、显示图和提醒方式等。
- 配套的相关企业标准需求(如技术标准、管理标准和工作标准),基础信息收集、标识、存储、展现和传输标准,软件产品必须遵从的标准、规范和约束等方面的需求。

- 用户访问频度和业务发生频度的需求，包括平均频度和高峰期的频度需求。

（4）了解并掌握系统集成的需求，主要包括以下几方面：

- 系统集成工具的选择需求。
- 数据同步工具的选择需求。
- 数据传输的内容和频度需求，是否存在大数据量（块）传输。
- 数据一致性检查和传输安全方面的需求。
- 对应用系统变化和硬件设备变更的适应能力的需求。
- 老系统如何利用的需求。

（5）了解并掌握技术层的需求，主要包括以下几方面：

- 网络平台、服务器、存储架构和安全保证设备的需求。
- 操作系统、数据库和应用系统的需求。
- 安全、容灾和备份方面的需求。
- 数据中心部署、应用系统部署架构方面的需求。
- 系统维护方面的需求。
- 非功能性的需求，包括系统的性能、可靠性、可维护性和可扩充性等。

（6）划分需求的优先级。由于各个层次的信息化需求之间存在着内在联系，因此，在对信息化需求进行分析时，必然要分析清楚需求间的逻辑关系，对所获取的需求进行优先级的排列，然后按需求的优先级、资金状况、筹备能力、总体时间要求和实施周期来确定每个系统实施的优先级。同时注意在时间和资源的限制下，分析每项需求实施的可行性与相关联的风险，最后按需求的优先级来绘制企业信息化建设总体实施计划图。

（7）对需求变更加以控制：

- 在合同中约束需求变更不能超过合同项目的比例、变更时间限制、可以接受的变更范围等。
- 建立需求变更审批流程。
- 评估各种需求变更对项目的影响，如工期、成本、质量和其他风险等。
- 对于不是急用的零星变更要集中研究，批量处理。
- 确认各方是否接受变更的代价。
- 每项已确认的变更项目各方都要签字确认。

（8）编制需求分析报告。需求分析报告是需求分析过程的最终产物，它阐述一个企业信息化对业务流程、应用体系、网络架构、安全保障体系和维护等方面的需求，以及它所要考虑的限制条件等。

（9）需求审核与确认。需求分析报告是在进行充分的需求分析基础之上，针对企业现有的管理模式、业务流程和管理活动中存在的问题，以及企业发展、安全生产和管理、员工能力提升等诸方面的改善需求，并按一定格式形成的。需求分析报告切忌一锤定音，要经过项目各方反复讨论，让大家共同找出需求报告中不合理的、有歧义的、不完善的、遗漏的问题等。具体地说：针对需求分析报告的审核要关注以下几个方面：

- 需求分析报告中对企业的分析是否客观。
- 企业的需求如何落地。要求不好高骛远，又有前瞻性。

- 建议规划的方案是否合理、可行。
- 规避风险的方案是否可行。
- 需求分析报告要获得项目各方特别是企业的认可。

需求分析报告经过各方的认可后,要有一个认可仪式,即项目各方在需求分析报告上要共同签字确认,这不仅是一个仪式,而且是需求分析过程结束的标志行为,它意味着需求分析报告是以后规划方案讨论的基线,进一步的变更可在此基线上通过项目定义的变更过程来进行。

3.2.2　需求管理和需求分析过程中的注意事项

信息化规划需求管理主要目的就是促使项目成功,降低失败的风险,最终达到信息化规划与需求保持一致。

1. 需求管理

目前信息化规划及后续项目的实施百分之百成功的经验并不很多,究其原因,大多与需求相关,主要是用户的需求总在变化,加上没有好的需求管理,导致需求失控。所以为了防止出现需求分析和信息化规划"两张皮"的尴尬局面,对需求分析的全过程要加强管理。需求管理的主要内容如图 3.3 所示。

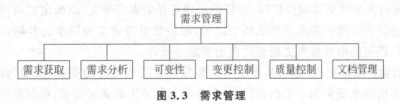

图 3.3　需求管理

需求管理的主要内容如下:

(1) 需求获取。分析需求间的逻辑关系,找出关键问题产生的需求;找出信息化最容易发挥作用点产生的需求;对所获取的需求进行优先级排队。

(2) 需求分析。采用穷举、归纳、总结等方法,先穷举出所有的需求,然后用归纳、总结的方法分析原有的哪些信息化项目是浪费的,失败的原因是什么,哪些原有的资源可以利用;新增哪些项目及实施的优先级;各系统之间的接口要求。

(3) 需求的可变性。资本结构的变化(如企业并购);组织结构的变化(如主要领导发生调动、组织机构调整);业务重组和拓展。

(4) 变更控制。变更诊断;定义变更方式和变更时间;成本控制;工期控制;确定变更后需求的稳定性和连续性。

(5) 质量控制。人员素质、结构及团队稳定性控制;需求整理的表达方式规范;项目干系人之间理解的差异处理方法;需求分析报告的审查。

(6) 文档管理。合同;需求分析的会议纪要;访谈记录;调研报告;流程分析报告;变更控制报告;使用的标准;需求分析报告。

需求管理直接关系到企业信息化规划的最终架构,它使我们能够确定企业的真实需求是什么,满足企业需求的最佳解决办法有哪些。简而言之,需求管理包括在需求分析中维持需求约定的集成性和精确性的所有活动。

2. 需求分析过程中的注意事项

需求分析过程中应该注意以下几个方面：

（1）尽量不要跨年度实施企业信息化规划的需求分析，如果这样做，会由于年终工作多和假期多，无形中加大需求分析的周期。

（2）最好不要在领导的变迁过程中实施企业信息化规划的需求分析，因为一旦临阵换将，会引发一系列的工作流程等需求发生重大变化，再加上领导换届过渡期往往需要几个月时间，这样容易使规划的终结遥遥无期。

（3）分析人员要有很强的专业素质，要使用符合企业用户语言习惯的表达方式和专业术语。在与用户交流的过程中，应该用流程将所有的内容串起来，如业务、信息、组织结构、处理规则等，这样便于交流沟通，符合用户的思维习惯。

（4）各组分析人员要明确职责分工，相互沟通，同一个问题在项目组成员内部要理解一致，加强对需求理解差异的控制。

（5）要有足够用户参与并充分讨论，获得真实需求，既不能像柏拉图式的爱情那样只注重精神没有实质内容，也不能像"挤牙膏"一样一点一点往外挤。

（6）要杜绝产生大量的不明确、模棱两可的需求或标新立异的需求。

（7）进行需求变更影响分析时，应评估每项选择的需求变更，以确定它对规划架构和其他需求的影响。维护需求变更的历史记录，记录变更需求文档版本的日期以及所做的变更、原因，还包括由谁负责更新和更新的新版本号等。

（8）衡量需求稳定性，记录基准需求的数量和每周或每月的变更（添加、修改、删除）数量。过多的需求变更是一个报警信号，意味着问题并未真正弄清楚，项目范围并未很好地确定下来，或是政策变化较大。应该明确这样一个观念：过多的需求变更是需求分析的失败。

（9）要充分考虑未来企业需求的变化，防患于未然，增加需求的健壮性和可控性。

（10）加强需求质量控制，避免产生过于精简的需求分析；加强资金控制，避免规划资金不可控。

以上可以说是需求分析的十条金玉良言，如果大家能把这十条做好，将来的规划就成功了一半。

优秀的需求分析具有以下特性：

- 完整性。每一项需求都必须将所要实现的功能描述清楚，以使规划人员获得规划和实现这些功能所需的所有必要信息。

- 正确性。每一项需求都必须准确地陈述其要实现的功能。做出正确判断的参考是需求的来源，如用户或高层的系统需求规格说明等。

- 可行性。每一项需求都必须是在已知系统和环境的权能和限制范围内可以实施的。为避免不可行的需求，最好在获取需求（收集需求）过程中始终有一位对当前主流的企业管理软件系统非常熟悉的成员参与，由他负责检查技术可行性。

- 必要性。每一项需求都应把企业真正所需要的和最终系统所需遵从的标准记录下来。必要性也可以理解为每项需求都是用来授权你编写文档的"根源"。要使每项需求都能回溯至某项客户的输入，如使用实例或别的来源。给每项需求、特性或使用实例分配一个实施优先级以指明它在特定产品中所占的分量。如果把所有的需求都看作同样重要，那么项目管理者就会在规划中丧失控制自由度。

- 无二义性。需求分析对所有读者都只能有一个明确、统一的解释，由于自然语言极易导致二义性，所以应尽量把每项需求用简洁明了的用户性的语言表达出来。

3.3　业务流程分析

企业的运行可以看作是一些业务过程，这些业务过程最能代表整个企业的实质。那么是否可将业务过程理解为工作流呢？为了统一人们的认识，工作流管理委员会（Workflow Management Coalition，WfMC）制定了工作流领域的术语标准：

- 工作流。根据既定的规则集，部分或全部实现一个流程的自动化。在这个过程中，文档、信息或者任务在参与者之间传递。
- 工作流管理系统（WfMS）。定义、创建、执行和监控工作流的系统。

企业的实际业务流程，其生命周期和工作范围各不相同，有的业务流程只需几分钟到几天，有的要经过一个月甚至更久；有的业务流程只涉及一个工作组的工作范围，有的则要覆盖整个企业。当然不管是简单的还是复杂的业务流程，基本上都要包含四个功能：工作流定义（预定义）、工作流创建（流程模板）、工作流执行和工作流监控。流程管控的目的是控制工作流过程，降低工作流周转时间，提高工作流效率。

3.3.1　工作流层次结构

1. 工作流层次结构

一个企业的日常活动在全局上看应该是一个大的网络状的事务。在该事务中，存在具体子事务环节处理的串行和并行过程。所以，采用工作流思想构造应用系统在宏观上可以理解为面向过程，而在微观上则是面向对象。其层次结构如图 3.4 所示。

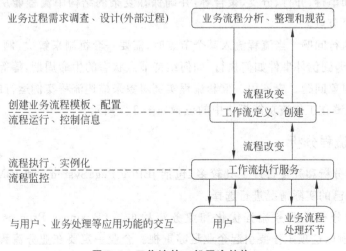

图 3.4　工作流的一般层次结构

工作流的体系结构是对早期传统应用系统体系结构的冲击和挑战,传统结构的应用系统在全局上可以看作是树形的菜单结构,系统的各个主要模块或子系统之间存在着树形的支配和被支配关系。而在工作流设计思想中已看不到这种模块间的树状支配关系,取而代之的是网状关系,即主要业务处理模块之间没有从属和支配关系,只有前驱和后继关系。在这种环境下,用户不必关心自己完成任务后由谁接着做的问题,只关心自己要处理的业务,业务处理过程的先后顺序及流转则由工作流系统完成。

在工作流设计方案中,对系统结构的划分以业务过程为单位,以事务过程的处理节点为过程控制的基本单元,只有这样才能使工作流架构具有较强的柔性和伸展性,使其功能和结构更容易调整和灵活定制。

对于工作流功能的设计可以从以下三个方面进行评价:
- 流转路径的智能化。
- 流转过程中的信息跟踪与监控。
- 与其他业务处理模块的结合能力。

这三部分是工作流功能必须提供的重要元素,单把业务处理事件从一个节点或用户移向另一个节点或用户,并不能构成工作流。只有按照预先定义的规则和过程进行流转,并能够记录流转过程中的信息变化,同时能自然地切入到相关业务功能模块,才能称之为工作流。

2. 工作流引擎

工作流引擎是驱动实体按流程定义从一个参与者流向下一个参与者的机制,主要是实现业务流程的规则抽象、模型建立、解释以及为流程实例提供运行环境,并解释执行流程实例。工作流引擎可分布在多种计算机平台上,用来处理跨地域的操作过程。

需要注意的是工作流引擎不能忽视以下几个问题:
- 流程定义问题。如何用一个模型和对象来诠释流程。
- 流程调度问题。提供什么样的机制,可以确保流程能够处理复杂的"流程图结构",如串行、并行、分支、聚合等,并确保在复杂的结构中流程能从一个节点流向另一个节点。
- 流程执行问题。当流程流入某个节点时,需要一套机制来解决,例如,是否执行此节点,遇到例外事件如何执行,如何维持节点状态的生命周期,等等。
- 实例对象问题。应该用一整套流程实例对象来描述流程实例运行的状态和结果。

工作流引擎在工作流功能模块中的位置如图 3.5 所示。

3.3.2 业务流程分析

业务流程分析和开发管理工具较多,包括 jBPM、PegaSystems 和 IBM BPMN 7 等,企业可根据自己的实际情况进行选择。

业务流程分析是业务流程优化和业务流程再造(Business Process Improvement,BPI)的基础,所以这项工作要引起企业足够重视。企业一定要在业务流程分析的基础上完成业务流程优化和再造,当然业务流程优化和再造并不是一次性行为,因为持续改进的

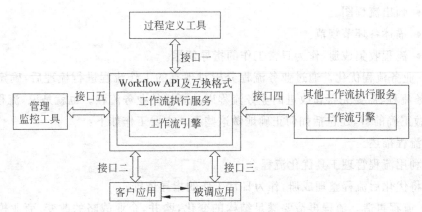

图 3.5 工作流引擎在工作流功能模块中的位置

机制比完美的流程更重要。但在实际运作中,很多企业在首次谈到业务流程优化和再造的时候,希望一次性地对所有的业务流程进行全面改进或重组。这是一个误区,这样的状况经常会造成资源的极大浪费、员工的抵触心理和管理层对流程优化信心的降低。业务流程优化是一个周而复始、持续前进的循环,企业要依靠自己的能力和机制来保证这个循环的持续运作,当然也要避免频繁更改,短期内的频繁更改说明业务流程初期设计有问题。

企业在进行业务流程分析前,首先要明确参加业务流程分析的人员结构,这包括规划分析顾问和企业的专业人员及决策者。其中规划分析顾问要能引导、领会专业人员叙述的要点,找出流程流转不畅的症结,给出问题的解决方案;企业的专业人员要能很清晰地描述目前的业务流程,特别是各专业之间的结合部分,并能提出自己的期望;而决策者要对设计后的流程进行审核确认。所以确定业务流程分析的人员结构非常重要,如果参加人员专业面太窄、能力不济或责任心不强,流程分析就会偏离现实,设计出的流程也不可能对企业有帮助,甚至会走向反面。

确定了合适的业务分析人员组织之后,可按以下步骤执行:

(1) 制定业务流程分析计划。业务流程分析计划应该包括分析方式、地点、时间、参加人员和具体的分析内容及要求等,是分析过程的纲领性文件。

(2) 业务流程分析。流程分析的目的是了解各个业务流程的过程,明确各个部门之间的业务关系,明确每个业务处理的意义,为业务流程的合理化改造提供建议,为系统的数据流变化提供依据。业务流程分析是要将企业目前具体的业务活动过程(业务活动名称、内容、步骤、涉及的部门和岗位等)描述出来,为下一步的业务流程优化及再造打下良好基础。业务流程分析的主要工作如下:

- 流程调研。
- 确定流程梳理范围。
- 流程描述。
    - ◆ 明确流程的目标及关键成功因素。

◆ 画出流程图。

◆ 描述各环节规范。

◆ 流程收集成册,作为日常工作的指导依据。

（3）业务流程优化。通过业务流程分析对现有的工作流程进行梳理后,确定需要保留的业务流程、需要完善和改进的业务流程以及新增的业务流程。也就是说,流程优化不仅仅指做正确的事,还包括如何正确地做这些事。主要工作如下:

• 流程描述。

• 利用流程管理工具优化流程。

• 将优化后流程整理成册,作为日常工作的指导依据。

（4）流程再造。流程再造要满足结构的变化,购并,企业战略的改变,商业模式发生变化,新技术、新工艺、新产品的出现,新市场的出现等需求。依据流程调研结果完成以下工作:

• 确定再造的流程范围。

• 确立标杆。

• 新流程设计、检验,与预定改造目标比较分析,对不足之处进行修正改善。

• 确定流程管理方法与工具。

（5）确定双方认可的业务流程。经分析提炼后,设计出的业务流程要经双方签字认可,否则无效,避免一厢情愿的设计和想象,减少今后工作的扯皮现象。经双方确认的业务流程文档是一个小的里程碑文件,不经双方同意,任何一方不能擅自修改。

（6）形成标准的配置报告。经过确认的业务流程要想在应用软件中清楚地定义,应该形成标准的配置报告,该报告要包括哪些流程要在哪个软件中实现、版本号、配置分类（如基础配置、流程配置和安全配置等）以及与功能画面和角色相关的具体内容等。配置报告是今后实施和优化软件系统的基本驱动,也将成为软件系统的核心功能。

（7）软件业务流程实现。企业规划人员、实施顾问等依据标准配置报告在相应的软件中具体配置角色和每个用户的使用权限,包括菜单、报表、功能画面、流程模板、系统筛选以及某个字段和 KPI 等。如果多个软件系统的实施战线过长,建议分阶段在不同的软件系统中配置。例如,先配置 EAM 和协同办公系统中的工作流程,再配置运行优化系统和生产统计系统的流程等等。这不能一概而论,原则上哪个系统能先实施,就先配置哪个系统的业务流程。

（8）业务流程测试及修订。软件业务流程配置完成后,要找相关的业务人员进行测试,测试通过后方能上线。如果测试有问题,要对流程、配置报告和软件配置进行修正,并更新版本号,这个过程需反复执行,直到测试通过为止。

业务流程分析是对业务功能分析的进一步细化。业务流程分析的目的是:形成合理、科学的业务流程。通过分析,在现有业务流程的基础上进行业务流程重组,产生更为合理的新业务流程。

3.4　信息资源规划

　　企业信息化是一个多年的沉淀和积累过程,初期的信息化建设基本上以满足部门级的业务需求为主,往往是聚焦微观,忽略宏观;面向局部,忽略整体。这样做带来的问题是企业数据不少,但缺少完整性,没有人工参与就无法进行综合分析和跨业务部门的数据共享,更不用说企业集团级的数据分析和共享。要实现企业集团级的数据分析和信息共享,首先要做的就是信息资源规划。因为企业的信息资源来自企业运营中的原始数据,只有对这些原始数据加以控制、管理、处理和利用,才能发挥其应有的作用。

3.4.1　信息资源规划方法

　　实际上,目前企业集团应用和数据分离的技术复杂度很高,实现起来也比较困难。当然难点不仅存在于技术层面,还有安全及大量的基础工作等方面。所以目前国际、国内各大型企业几乎没有完全实现应用和数据完全分离的技术架构。比较传统的做法是,请专业的咨询公司对企业集团的管理现状进行一次翻箱倒柜的梳理与分析,对企业集团、基层企业的一级业务流程和子流程及风险控制点进行诊断,然后确定主要数据项的标识方法、集中存储方法和访问控制,这样,基层单位的标准数据通过基层单位到分/子公司再到集团公司的网络安全有效地传送给集体公司的数据仓库,然后通过数据交换和分析平台来为整个企业集团服务。

1. 信息资源规划方法

　　企业集团信息资源规划应采用上下结合的方法,既要考虑集团公司本部所要获得的信息资源,又要考虑基层单位的实际需求,不能一味地马上废掉老系统,要考虑资金和可操作性及历史数据的挖掘和应用等因素。具体步骤如下:

　　(1) 信息资源规划需求分析。

　　(2) 业务功能需求分析。

　　(3) 业务数据分析。

　　(4) 系统功能建模。

　　(5) 数据标准:数据元、信息分类及编码。

　　(6) 系统数据建模。

　　(7) 系统体系结构建模。

　　(8) 系统元库管理。

　　(9) 数据仓库。

　　(10) 用户视图。

　　企业内部员工在信息资源规划需求分析、业务功能需求分析、业务数据分析和数据标准这四项上的能力会比其他建模等内容的能力强,参与程度高。这些工作应以企业自己为主,咨询公司积极协助,并在企业信息化需求分析基础上抽取、总结信息资源规划的相关内容。总之,企业信息资源规划是企业信息化规划的基础,二者不能相互脱节,否则不仅规划不能落地,还会给企业造成巨大的浪费,甚至使企业倒闭,国内外这种失败的案例不少。另外需要强调的是,对于企业集团,这些需求和资源规划都是分层级的,集团级的数据覆盖范围广,但对于每个具体的基层企业抽取的数据量少;基层企业数据密度高,分析更精细。

对于系统数据建模、系统体系结构建模、系统元库管理、数据仓库、用户视图,则需要依赖专业的咨询公司和数据仓库系统等来完成,这方面的书籍比较多,这里不再赘述。但需要提醒的是,企业对这些工作不要袖手旁观,要行使建议权,避免与企业的需求背道而驰。

2. 明确信息资源规划范围和信息资源存储管理方式

企业信息资源规划要依据企业信息化规划来确定实施范围,将规划新建的、准备整合的和继续保留的信息系统所需信息资源梳理出来,再考虑未来的需要划定一个范围,并让参与企业信息资源规划的项目各方代表签字确认。企业信息资源规划范围经签字确认后不能盲目扩大和任意缩减,避免造成信息资源规划和信息化规划的内容不一致,最终无法实施。为确保企业信息资源规划与信息化规划的一致性,要从三个方面进行控制:

(1) 控制规模。企业信息资源规划的目标和边界依据企业信息化规划来确定,确定后不要在分析和实施过程中不适当地膨胀。

(2) 控制细化程度。系统功能建模、数据建模和数据标准要细化到哪一层,要在信息资源规划的文件中有明确定义。结合今后的应用,分解与细化要适当,不能与系统的逻辑设计相混淆,处理好分解与集结、粗与细的关系。

(3) 控制一致性。认真执行统一的规范和标准,凡不符合规范和标准的要及时纠正;规范和标准有问题要认真研究,统一解决。另外,标准不能轻易变动,如确实需要变动,要以文件形式及时告知参与信息资源规划的项目各方及所有干系人,同时在变更文档中备案。

如果说基础设施、网络等是信息化规划的硬基础,则信息资源规划是信息化规划的软基础。硬基础看得见,摸得着,因此往往受到重视,而软基础无法立竿见影地显现效果,容易受到轻视,轻视的后果会在应用阶段逐渐显露出来,如企业集团各分支机构之间同样的数据因标示标准不统一,无法顺利分析比较,只得再做接口转换等工作,会造成极大的浪费。

信息资源范围确定后,要提前谋划信息资源存储管理方式,因为它决定了应用系统的选择。从计算机系统进入企业以来,信息资源的管理模式经历了四个发展阶段。

第一阶段是数据文件(data file)管理模式,即没有使用数据库管理系统,而是根据大多数应用的需要,由系统分析员和程序员分散地设计各种数据文件。这种模式的特点是简单,容易实现。但随着应用程序增加,数据文件数目剧增,导致很高的维护费用;应用上的微小变化都将引起连锁反应,使修改又慢又贵,并且很难进行。这时的信息资源还不能称为资源,只是为某一系统使用的数据文件。

第二阶段是应用数据库(application data base) 管理模式。它使用了数据库管理系统,但没达到第三阶段的数据环境那种共享程度。分散的数据库为分散的应用而设计。实现起来比第三阶段的数据环境简单。像数据文件管理模式一样,随着应用的扩充,应用数据库也在剧增。而且维护费用较高,有时甚至高于数据文件的维护费,没有发挥使用数据库的主要优越性。

注意：以上两个阶段容易造成数据冗余,同样的数据可能在多个数据文件中重复出现。

第三阶段是主题数据库(subject data base)管理模式。这个阶段所建立的一些数据库与一些具体的应用有很大的独立性,数据经过设计,其存储的结构与使用它的处理过程是独立的。各种业务数据,如设备、物资、产品、订单和员工等,通过一些共享数据库被联系和体现出来。这种主题数据库的特点是：经过严格的数据分析,建立模型,需要花费时间,但其后的维护费用较低。此时已实现数据在不同应用系统中的共享以及数据的逻辑结构和物理结构分离。

第四阶段是信息检索系统(information retrieval system)管理模式。一些数据库被组织得能保证信息检索和快速查询的需要,而不是大量的事务管理。软件系统采用了模糊查询技术,新的字段可随时动态地加入数据结构中,比传统的数据库有更大的灵活性和动态可变性。对这种管理模式进行技术支持的是数据仓库(data warehouse)。

第一种管理模式已成为历史；第二种管理模式因实现周期短,在一些小型企业还有一定的市场份额；第三、四种管理模式已在企业集团广泛应用,但应用效果和应用深度差别很大。

除此之外,企业信息资源的生命周期管理和安全管理也很重要。

3.4.2　信息资源相关标准规划

除明确信息资源规划范围和信息资源存储管理方式外,还要明确数据是企业信息资源的核心内容,所以数据标准的制定非常关键。数据标准的制定通常涉及以下内容：

(1) 数据标准。
- 数据标准结构规范描述。
- 数据标准结构与内容。
  - ◆ 数据集、数据子集、数据项分类与分层结构。
  - ◆ 数据集定义、属性描述。
  - ◆ 数据子集定义、属性描述。
  - ◆ 数据项定义、属性描述、权限描述。

(2) 代码标准。
- 代码编制原则。
- 标准代码定义与说明。
  - ◆ 国家标准代码。

◆ 部委标准代码。

◆ 高校自定义标准代码。

（3）数据交换标准。

- 数据集/项描述。
- 数据格式描述。
- 数据有效期描述。
- 数据交换权限描述等。

（4）交换接口标准。

- 交换语义描述格式、交换语义要素。
- 交换接口方式：文件交换（XML 文件、DBF 文件）、标准数据交换。

以上是传统的接口方式的数据交换标准，这种数据交换方式的技术已经很成熟，但由于应用系统间存在的数据、协议、平台等异构性，造成彼此数据交换困难，接口维护成本高，所以由这种需求驱动产生了新的数据交互方式——基于 SOA（Service Oriented Architecture，面向服务的体系结构）的数据交换模式。它通过 SOA 提供的标准化架构，在应用系统与数据仓库之间建立起一个松散耦合的数据交换方式。

为避免由于缺乏统一数据标准而产生数据危机，造成数据共享和分析困难，所有项目干系人都要严格执行已批准的相关标准。

制定完数据标准后，就要进行深层次的数据管理，如图 3.6 所示，数据管理包括数据抽取、数据交换和元数据管理等内容。并在此基础上实现业务模型管理，如图 3.7 所示，包括主题分析模型管理和业务能力模型管理。

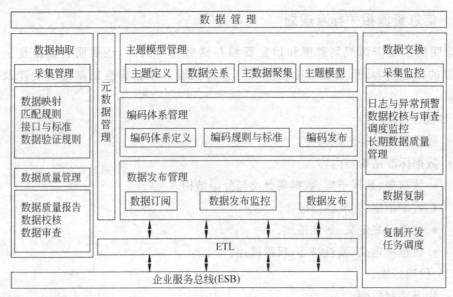

图 3.6　数据管理

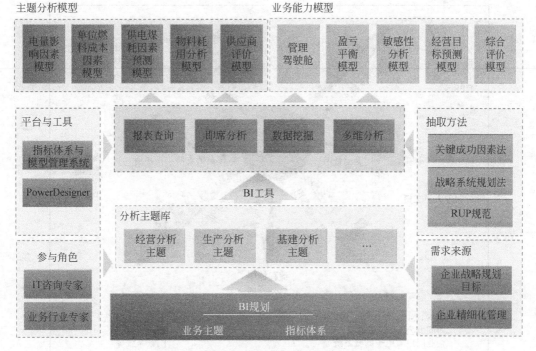

图 3.7　某发电企业集团业务模型管理示意图

3.5　企业集团信息化费用规划

企业集团信息化建设不能只看功能和先进性等,还要考虑其购置、实施和维护等相关费用,综合评价投入与效益之间的相互关系,避免让信息化成为企业花钱的黑洞。

3.5.1　企业集团信息化费用组成

企业集团信息化费用不只是软件费和硬件费,严格地说应该包括基础设施及施工、硬件系统支持平台、软件系统支持平台、安全防护、应用系统、咨询服务和运维管理七项费用,如图 3.8 所示。

每项费用的具体组成说明如下:

(1)基础设施及施工费用。一般包括机房、野外长距离的线缆管道、架空线缆设备、工作区域内的线缆桥架、中继站、接线柜和布线、熔接、测试、通信线缆等费用,以及网络租用费用等。

(2)硬件系统支持平台费用。包括网络设备(如核心交换机、交换机、集线器、网卡等)、服务器、计算机、存储设备、UPS、电视墙、大屏幕、现场采样、信号采集和控制设备等费用。

(3)软件系统支持平台费用。包括操作系统、数据库、数据仓库、集群管理软件、开发软件、中间件、SOA 和系统升级等费用。

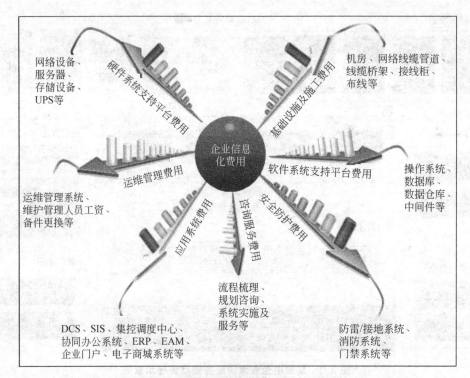

图 3.8 企业集团信息化费用组成示意图

（4）安全防护费用。包括接地系统、避雷设备、硬件防火墙、UTM 设备、VPN、隔离器、消防系统、门禁系统和软件防火墙等费用。

（5）应用系统费用。包括 DCS、SIS、集控调度中心、运行优化管理、生产统计、协同办公系统、ERP、EAM、电子商城、风险管理、决策分析、物流管理和企业门户等系统费用。

（6）咨询服务费用。包括信息化规划、流程梳理、系统实施、专用系统和设备的技术服务、系统验收/评估、信息化项目招投标等费用。

（7）运维管理费用。包括运维管理系统、网络诊断设备、工具软件、备品配件、管理和维护人员工资等费用，以及整体维护外包等费用。

3.5.2 造成企业集团信息化费用黑洞的原因分析

企业集团信息化费用的不足和浪费几乎同时存在，其中信息化费用不足的原因主要是某些信息化项目没有引起领导的足够重视，或企业资金有限无法投入。本节的重点是讲企业信息化费用的浪费，分析造成企业集团信息化费用黑洞的原因，以引起企业及信息化从业者的足够重视，避免犯同样的错误。

造成企业集团信息化费用黑洞的原因主要如下：

（1）不进行统一规划。信息中心这个职能部门权力低，其他职能部门各自为政，并放大自己的职责，使部门之间有衔接的业务功能被多个部门重复采购；或进行伪规划，即花大钱做了规划，但实际执行时几乎与规划无关，仍各自为政，只不过给企业集团的信息化评级加分。

（2）设施、硬件部署不合理。机房建设标准超标；因实施公司或软件销售商侧重某方面宣传的原因，企业集团几乎每个应用系统都使用独立的服务器，不论系统大小，只不过在系统备份时存放在一起，美其名曰是为了系统的安全和故障处理。另外，从集团公司、分支机构到基层企业的核心服务器因历史原因部署不合理，基层企业的服务器闲置率比较高，而且在服务器、交换机、存储设备等采购方面追求功能全而新。

（3）软件部署不合理。企业集团一般要求 10 万元及以上的信息化费用报分公司审批，这样使一些软件开发公司和实施公司将软件功能拆开卖，而基层企业管理不规范，懒得走审批手续，也配合这种不合理的做法，其后果就是形成许多小软件滞留在基层企业使用，汇总起来也是一笔不小的开销。另外，大型应用软件系统（如 ERP 和 EAM 等）在企业集团部署一套还是多套需要综合考虑。比较被认可的观点是这些大型应用软件系统不能在每个基层企业部署一套，这样很浪费。目前比较时髦的观点是，企业集团在总部部署一套，由企业集团、分支机构到基层企业用户共用，这样做，一次投入和维护成本低，但对软件系统性能、网速及可靠性和安全性等要求极高。如果影响基层企业处理故障的工作效率，或因网络故障、系统瘫痪等无法使用，损失就无法估量了。

（4）不能合理利用质保期和服务期。签订合同时，产品（包括硬件、软件和服务等）的质保期和服务期有国家规定的遵守国家规定，没有规定的不能低于一年，时间太短的相当于没有质保期。例如，应用软件系统的服务期在 6 个月以内对企业集团就不太公平，有些产品刚过质保期就出现问题，企业需要再掏一笔钱来处理问题。对企业集团而言，比较明智的做法应该是对产品的质保期和服务期进行管理，在接近质保期和服务期结束时对产品进行维护，减少后续支出。

（5）产品质量。硬件和软件的产品质量差，性能低，影响企业的正常工作，或延长了多数使用者的工作时间，这也是一种变相的浪费。

（6）软硬件系统提前报废。因规划不合理、盲目配合企业暂时性的宣传等因素上一些临时性系统，领导一换届就基本弃之不用，这种现象在国企是存在的。

（7）不重视信息资源的再利用。上新系统时，不注意保护和利用原有系统的信息资源，造成无意识的、无法弥补的浪费。

（8）系统安全重视程度不平衡。企业集团在其信息系统和基础设施安全方面的花费和重视程度不平衡，比如在机房、网络设备的安全性能要求方面可能存在过度消费，但对进口设备如发电机组、风电厂的风机等控制程序的安全性关注不足，其实进口设备一般都存在后门程序，企业在这方面的管理意识淡薄，有的甚至系统管理员的口令在投产后仍由销售商和生产厂家掌握，企业内部没人知晓，或者双方都掌握，这对国家的安全都是一种威胁。

上述情况的花费认真统计起来是一笔不小的支出，企业集团每年累计浪费几千万人民币不是笑谈，造成这种情况的原因主要是没有作好总体信息化建设规划，规划方案不落地，以及只重视信息化建设费用如何花费，不关注应用效果等。要消除和缩小企业集团信息化费用黑洞，就要加强信息化规划、建设等方面的后评估和历史追溯机制。

3.5.3　企业集团信息化费用控制方式规划

企业集团信息化费用控制方式规划就是要梳理、控制信息化费用的各个主要节点,包括信息化费用的计划、执行、结束、后评估等重要环节。

1. 信息化费用计划控制

企业集团的信息化费用年度计划一般和其他生产费用计划一起在每年的 10 月左右提报,除年度计划外,还有半年、季度的明细计划以及临时增加项目。信息化费用计划的准确性、合理性是信息化费用控制的基础,禁止出现多套应用系统上同一功能的现象。所以,基层企业、分/子公司和公司本部主管部门应严格把好计划关,在有限的资金内,确保生产和管理急需的项目先上。要严控临时增加项目,临时项目多的分/子公司要进行通报或考核。企业集团信息化项目建设投资计划一般如表 3.3 所示。

表 3.3　××××集团公司信息化项目建设投资计划表

编制单位:××××集团公司　　　　　　　　　　　　　　　　　　金额单位:万元

序号	项目名称	项目分类	项目子类	项目概算(估算)	截至上年末累计支出	本年预算	本年 1—10 月实际	实际与计划差额	本年全年预计	下年预算	计划实施周期	预计使用年限	填报单位	备注
公司总计														
本部合计														
1														
2														
⋮														

2. 信息化费用执行控制

应依据合同和维护协议等执行信息化项目费用控制,因此合同条款及付款方式要对双方公平。企业集团既不拖延付款,也不违规盲目付款,要实际考量合同执行情况,发现问题及时纠偏。通常控制方式如下:

(1)及时登记和统计信息化项目执行情况。

(2)提醒需要按时付款的信息化项目,不要人为地造成付款延迟,避免出现需要赔偿和诉诸法律等情况。

(3)提醒已延期的信息化项目,延期超过三个月的要报警,并说明造成延期的主要原因,确定合同能否继续执行以及项目各方需要承担的责任。

(4)严格控制临时增加的信息化项目,临时增加的项目要明确说明增加的原因和必要性,并经过多级审批。临时项目多的分/子公司说明其计划没有作好,很盲目。所以,对临时项目多的分/子公司要进行通报或考核。

（5）按合同审查是否实施了各系统应该具备的功能，没有按合同要求实施的要扣除对应模块的费用。

（6）提倡重大项目的阶段性验收和总费用控制。

3. 信息化项目结束控制和后评估

信息化项目结束有两个关键节点：一是采购和实施、咨询活动结束；二是系统报废、生命周期结束。其中采购和实施活动结束的控制包括以下内容：

（1）硬件、软件和服务的采购活动结束控制包括到货期、质量、数量和工时的确认和控制。应用系统实施活动结束控制比较复杂，这要看实施活动是否与合同约定的内容一致，如果合同中约定的实施条款比较宽泛，就容易造成双方扯皮，往往是乙方实施公司认为结束了，甲方企业集团认为没有结束。为避免类似情况经常发生，实施合同条款一定要请专业人士进行审核。控制内容包括工期和实施内容。实施内容的减少和增加要经双方确认签字，并确定实施费用是不变、减少还是增加。

（2）企业信息化规划等咨询活动的控制主要是其成果性文件，比如控制成果性文件形成的时间，成果性文件的内容是否满足合同约定的要求等。

（3）在采购和实施活动结束后的质保期内进行后评估，诊断前期的工作是否达到预想的效果，并修正今后的工作。

系统报废、生命周期结束控制包括以下内容：

（1）理清长期处于闲置状态的硬件和系统（包括系统软件和应用系统），分析其被闲置的原因，确实不再使用的走转让或报废流程。

（2）审查申请报废的设备、系统是否已到生命期，已经到期的走报废流程。

（3）建立历史追溯机制，对已经结束的信息化项目或报废的项目进行事后追踪，不合理的要进行事后考核。提高和约束现任管理者的责任感，确保企业集团信息化相关产品在其全生命周期内的有效使用。

第4章

基础设施平台规划

基础设施平台规划要考虑到企业集团的数据存储、灾备中心、计算分析中心、应用系统、维护管理、安全保证体系、风险控制、原有基础设施平台的利用、企业集团现有的分公司和分支机构的分布情况、公司实力及未来的发展需求来确定,基础设施平台规划一般包括网络、布线、机房建筑、供配电系统、消防系统和安保系统(这两部分属于安全保障体系)的规划,是企业信息化技术架构的基础。

4.1 网 络 规 划

4.1.1 网络架构规划原则

网络架构(network architecture)是为设计、构建和管理一个企业通信网络提供一个架构和技术基础的蓝图。网络架构定义了企业数据网络通信系统的每个方面,包括但不限于用户使用的接口类型、使用的网络协议和可能使用的网络类型。

网络架构的规划原则如下:

(1)满足企业集团信息化规划的应用需求,充分利用企业已有的资源,实现实用性与经济性并存。

(2)开放性与标准化。网络架构必须符合国际标准的、成熟的主流技术,产品之间可以基于国际标准互连。支持 TCP/IP、IPX/SPX 和 AppleTalk 以及目前流行的所有网络协议标准。

(3)可扩展性与可升级性。要考虑企业集团的各种业务增长与变化,要求网络架构具备更大的软硬件处理能力和扩展能力,以及具备支持多种网络技术的适应能力和升级能力。

(4)安全性与可靠性。这一原则应贯穿于整个网络架构的设计和建设过程,包括工程实施和管理的可靠性与安全性,采用先进的防范措施,有效地防止各种可能的攻击和破坏,以保证整个网络架构的安全运行。

企业集团网络架构方案设计、建设应遵循以下主要协议与标准:

- 支持 TCP/IP、IPX/SPX 和 AppleTalk 以及目前流行的所有网络协议标准。
- 支持区域内路由协议 RIP、IS-IS、OSPF(Open Shortest Path First,即最短路径优先协议);支持域间路由协议 BGP(Border Gateway Protocol,即边界网关协议)。
- 支持有关的网络技术国际标准。
- RFC 有关文件。

- 局域网标准 IEEE 802.3。
- 数据光纤的基本要求 GB/T 7427—1987。
- ANSI FDDI。
- CCITT ISDA。

4.1.2 网络架构规划

根据企业集团信息化规划的应用需求,充分利用企业已有的网络资源进行网络架构规划。企业集团的网络架构规划包括两部分:一是广域网的网络架构规划;二是局域网的网络架构规划。

1. 广域网的网络架构规划

了解企业集团现有网络架构,梳理哪些网络主干线和网络设备还可以用,哪些需要淘汰,还要增加哪些干线和设备,企业集团广域网计划要采用什么样的网络架构,并将几种可能的网络架构方案绘制成网络架构拓扑图,交企业信息化规划领导小组审议批准。

企业集团广域网一般采用两种及以上(如星形、树形等)的混合型拓扑结构,主干网一般使用单模光纤和多模光纤。单模光纤的纤芯直径很小,在给定的工作波长上只能以单一模式传输,传输频带宽,传输容量大。多模光纤是在给定的工作波长上以多个模式同时传输的光纤。与单模光纤相比,多模光纤的传输性能较差,但其总的安装成本低。采用这种混合型拓扑结构的优点是扬长避短,能够充分发挥各种拓扑结构的优势,网络健壮,且有良好的性能价格比。比较典型的企业集团广域网混合型拓扑结构如图 4.1 所示。

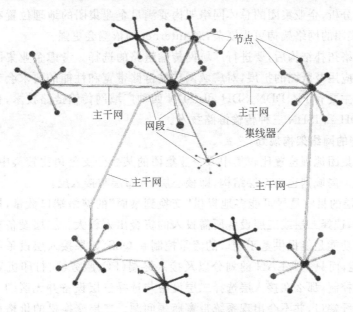

图 4.1 企业集团广域网混合型拓扑结构示例

集团公司广域网这种混合型拓扑结构一般分为三层,即核心层、汇聚层和接入层。

(1) 核心层的主要功能是实现主干网之间的优化传输,需要强调的是主干网规划的重点是冗余能力、可靠性和高速传输,网络的控制功能尽量不要在主干网上实施。核心层是所有流量的最终承受者和汇聚者,其设备投资占整个网络投资的比重很大。

广域网核心层设备一般选择至少两台高性能路由器、一台高性能防火墙和一台接入交换机。核心路由器要求具有很高的路由交换功能,支持 MPLS VPN 的应用,具有充分的扩展性以及提供多播支持等具体应用。核心层防火墙要求具有支持千兆网卡的硬件架构。企业集团公用的一些服务服务器应该放置于该防火墙的 DMZ 区。核心层接入交换机要求具有很高的性能,支持路由交换功能,同时支持 MPLS VPN 的应用。

(2) 汇聚层的主要功能是实现核心层和接入层的连接,能处理来自接入层设备的所有通信量,并提供到核心层的上行链路,是连接本地网络的逻辑中心,仍需要较高的性能和比较丰富的功能。

汇聚层设备通常包括一台高性能路由器、一台高性能防火墙和一台接入交换机。汇聚层路由器要求具有路由交换功能,支持 MPLS VPN 的应用,以及提供组播支持等应用,同时要求具有很高的路由扩展功能,要求硬件架构能支持 24 条 E1 线路的应用。防火墙要求具有较高的性能,能支持百兆网卡的应用。接入交换机要求具有很高的性能,支持路由交换功能,支持 MPLS VPN 的应用。

(3) 接入层是广域网中直接面向用户连接或访问网络的部分,是企业基层单位最终用户与网络的接口,它提供即插即用的特性,易于使用和维护。

接入层设备包括一台路由器、一台防火墙和一台接入交换机。路由器要求至少能支持两个 E1 接口,支持 MPLS VPN 的应用,以及提供多播支持等应用。接入交换机要求具有很高的性能,支持路由交换功能,同时支持 MPLS VPN 的应用。

基于上述分析,企业集团的总体网络架构要满足企业集团的地理位置布局和业务需求,跨国企业集团的网络架构更为复杂,对 Internet 的依赖会更强。

定义完网络拓扑结构后,要进行广域网传输链路的选择。考虑企业集团今后各种业务系统的逐步应用及版图的扩展,对广域网传输链路带宽和性能的要求会越来越高。目前比较成熟的主要有 FR、DDN、SDH 和 ISDN 四种广域网传输链路技术,企业集团常用的是 DDN、SDH 和 ISDN 三种传输链路技术。

2. 局域网的网络架构规划

如果企业集团地理位置比较集中或企业集团的某个分支公司比较集中,往往采用局域网或城域网。局域网也为三层结构,即核心层、分布层和接入层。

(1) 接入层的目的是尽可能多地提供"交换到桌面"的网络端口数量,接入层应用设备数量较多时,选择二层或三层设备所需投入的资金出入较大。三层设备有别于二层设备的一个主要功能是能提供基于端口的流量控制和 QoS,如果接入层设备不需要控制流量和 QoS 功能,而只是 VLAN 的划分以及接入终端(PC、服务器、打印机等)基于 MAC地址的安全性控制,那么在接入层选择二层设备与选择三层设备并无区别。二层设备目前也有上联光纤端口,并不会出现系统带宽瓶颈问题。二层交换机的价格仅为相应三层交换机的一半左右。

(2) 分布层的主要功能是完成三层交换功能,如 VLAN 之间的交换与控制、流量控制和管理、QoS 应用、路由协议应用等功能。为保证系统运行的可靠性,一般分布层交换机要采用 HSRP 协议互为冗余备份。分布层和接入层交换机通常放置在各楼层配线间,各楼层放置的交换机的数量根据每层水平布线信息点的数量来定。

（3）核心层交换机的主要功能是接收分布层上传的数据，并能快速地交换处理数据。一般为保证系统的可靠性，可以采用两台核心交换机互为冗余备份和流量分担，通常放置在网络中心机房。分布层交换机与核心交换机之间通过多模光纤连接，运行千兆以太网。

在基于三层设计的局域网规划中，如果大量的应用发生在本地，VLAN 之间的交换和控制由分布层交换机来完成，核心交换机应选择二层设备，这是"2-3-2"模型；如果大量的应用发生在核心层，VLAN 之间的交换与控制由核心层交换机来完成，也就是说分布层交换机的功能都被核心层交换机所取代，那么分布层交换机也就没有了存在的必要。这种情况下应该适当提高核心交换机的性能（分布层与核心层合二为一）；同时为了降低成本，提高网络交换速度，接入层设备应该选择二层交换设备。这是"2-3-3"模型。

3. 局域网的网络架构示例

对于大型企业集团，它的每一个区域分支机构都是一个局域网，下面按总部、分支机构、基层单位的顺序举例说明各区域分支机构的网络拓扑结构。

1）企业集团总部局域网拓扑结构

企业集团总部是该企业的最高管理机构，因其业务范围广，接收数据和上报数据量大，安全级别要求非常高，所以局域网的架构要安全、可靠、高效。通常发电企业总部的局域网拓扑结构如图 4.2 所示。

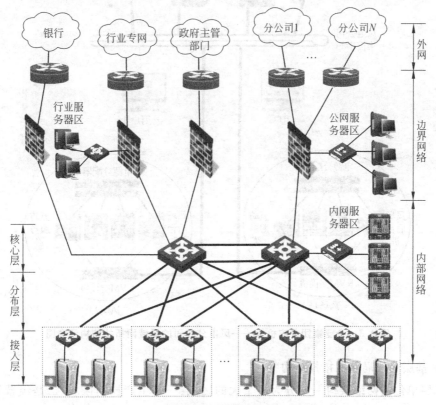

图 4.2　企业集团总部的局域网拓扑结构示意图

2）区域分支机构局域网拓扑结构

除企业集团总部外，区域分支机构的局域网拓扑结构因地域条件限制和业务结构不同也不完全相同。例如，某风电分公司要实现分公司范围内的集中指挥中心控制系统，控制各风场的机组启停、负荷调整，掌握风电分场实时运营状况，积累运行数据，进行数据分析，指导生产，提高安全生产管理工作水平，通过风电分公司生产指挥中心逐渐向无人值守化风场管理过渡，提高信息化管理水平。风电分公司集中指挥中心控制系统的网络拓扑结构一般如图 4.3 所示。

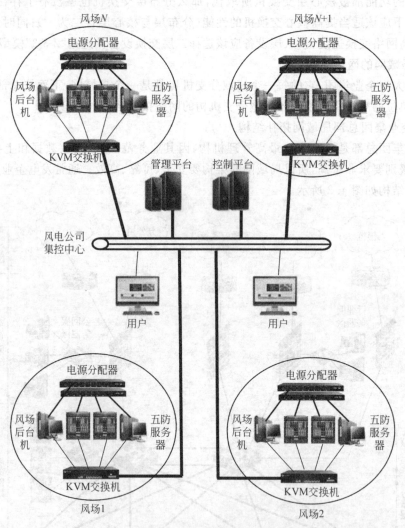

图 4.3　企业集团分支机构——风电分公司的局域网拓扑结构示意图

3）基层单位局域网拓扑结构

基层单位的网络架构一般分为两个大的区域：一是生产控制区域；二是经营管理区域。生产控制区域的网络拓扑结构通常采用总线以太网或令牌环网的连接方式；经营管理区域则采用分布式星形结构为主的混合型以太网连接方式。图 4.4 至图 4.6 是上述三种连接方式的网络拓扑结构图。

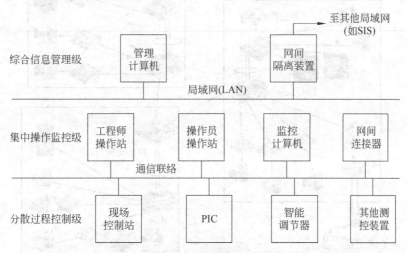

图 4.4　基层单位生产控制区域的总线以太网拓扑结构示意图

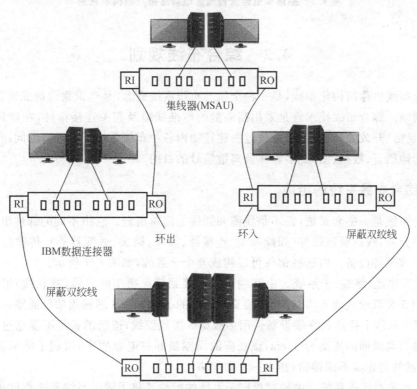

图 4.5　基层单位生产控制区域的令牌环网拓扑结构示意图

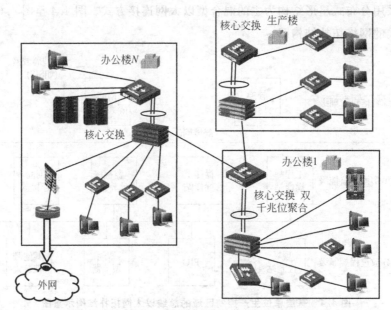

图 4.6 基层单位经营管理区域网络拓扑结构示意图

4.2 综合布线规划

综合布线也称结构化布线,是一种全新的布线系统概念,是建筑物内部或建筑物之间的传输网络。综合布线技术就是采用高质量的标准线缆及相关连接插件,在建筑物中组成标准、灵活、开放的传输系统,解决过去建筑物内各种布线系统互不兼容的问题,以达到高品质传输语音、数据、图像、多媒体及离散信号的目的。

4.2.1 综合布线系统的组成

综合布线是一整套系统,而不是线缆和插件的简单组合。它由不同的部件组成,其中包括传输介质、线路管理硬件(如配线架、连接器、插座、插头、适配器等)、传输电子线路、电气保护等硬件设备。由这些部件可以构成 6 个子系统,如图 4.7 所示。

(1) 工作区(终端)子系统。由终端设备连接到信息插座的连线(或软线)组成,连线一般采用 5 类双绞线或 6 类双绞线,接头为标准的 RJ-45 型 8 芯通用信息插座。

要求:从墙上插座到终端设备采用多股型 5 类双绞线,连线的长度不要超过 14m;墙上插座端口与地面的距离为 30cm,该插座的周围最好有电源插座,以利于终端设备的摆放;最关键的是连线不能接错(指 RJ-45 和插座)。

(2) 水平布线子系统。由通过管理子系统的配线架将干线子系统和工作区子系统连接起来的线缆组成,采用星形拓扑结构。

要求:根据建筑物的特点确定线缆的走向,走明线槽或在吊顶上走线槽等;确定信息插座的数量和类型,房间中的语音插座、计算机插座和监视插座等要留有 50% 的余量,以便今后扩充;确定线缆的类型和长度,水平线缆用量的计算方法如下:

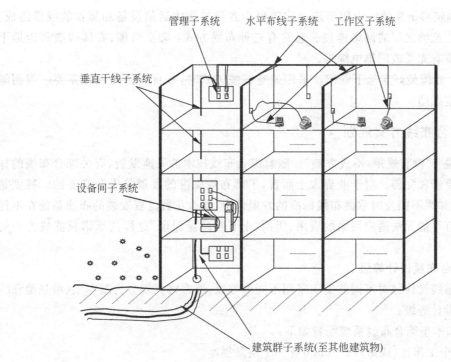

管理子系统　水平布线子系统　工作区子系统

垂直干线子系统

设备间子系统

建筑群子系统(至其他建筑物)

图4.7　综合布线系统组成

线缆箱数＝信息点/每箱可布线缆根数

每箱可布线缆根数＝每箱长度/水平线缆平均长度

水平线缆平均长度＝((最大距离＋最小距离)/2)×1.15＋端接冗余

其中,端接冗余以6米计,可变。

(3)垂直干线子系统。提供建筑物内干线电缆的路由。它通常是在两个单元之间,特别是在位于中央点的公共系统设备处,提供多个线路设施。

要求:采用光纤或大对数线缆;干线电缆的拐弯处不能拐直角弯,应有一定的弧度;另外要防破坏和干扰,竖井中电话线和计算机网络干线最好分线槽管理并封好;确定各层楼的干线数量和规格;核定垂直线缆的长度(垂直线缆长度＝(配线架层次×层高＋线缆至配线间距离＋端接冗余)×每层需要的根数);确定铺设附加电缆的支撑结构,铺设时要对不同介质区别对待。

(4)设备间子系统。是在每一幢大楼的合理地点处设置进出线设备和网络互连设备的场所。一般采用快接式配线架连接主机和网络设备。

要求:要有足够的空间用来安装各种设备;保证良好的室内环境,温度、湿度和亮度等要达到规定的标准;要有可靠的供配电系统的支持和单独的接地系统,接地阻抗不应大于1Ω;安装符合要求的消防系统。

(5)管理子系统。设置在楼层的配线间(竖井间)内,它由支连、互连和I/O设备等组成,用于管理垂直干线子系统与工作区子系统间的选径。

要求:配线间要注意通风、防火、防尘和防潮等。

（6）建筑群子系统。由用于连接建筑群中各建筑物内通信设备和装置的线缆组成。用来实现建筑物之间的网络连接。通常有三种布线方式：架空线缆、直埋线缆和走地下管道。介质有光缆或同轴电缆等。

要求：光缆最好走地下管道。采用架空线缆方式时，非自支持的线缆需要一根钢绳来固定架空线缆。

4.2.2　综合布线方案规划

俗话说："没有规矩，不成方圆"。随着综合布线技术的飞速发展，有关综合布线的标准在不断更新和完善。对于业界人士而言，了解布线标准的发展是十分必要的。特别是企业用户，如果不能及时掌握布线标准的发展情况，那么花费巨资安装的布线系统在不远的将来就有可能无法适应网络的应用，所谓"十五年质量保证"这样的承诺只能成为一句空话。

1. 综合布线设计等级

综合布线设计针对不同的需求采用不同的等级，通常将其划分为基本型、增强型和综合型三个设计等级。

（1）基本型综合布线系统配置如下：

- 每个工作区（或站）（4～6m²）有一个信息插座。
- 每个工作区（或站）的配线电缆为一条 4 对 UTP，引至楼层的配线架，且每点到管理区子系统有连接的富余量。
- 全部采用 110A 交叉连接硬件，与未来增加的设备兼容。
- 每个工作区（或站）的干线电缆（即楼层配线架至设备间总配线架线缆）至少有 2 对 UTP。

基本型设计适用于综合布线系统中配置标准较低的场合，用铜芯双绞线电缆组网。其优势在于价格具有竞争力，但灵活性和可扩充余地小。

（2）增强型综合布线系统配置如下：

- 每个工作区（或站）有两个以上信息插座。
- 每个工作区（或站）的配线电缆为一条独立的 4 对 UTP，引至楼层的配线架，且每点到管理区子系统有连接的富余量。
- 采用夹接式（110A 系列）或接插式（110P 系列）交叉连接硬件，与未来增加的设备兼容。
- 每个工作区（或站）的干线电缆（即楼层配线架至设备间总配线架线缆）至少有 3 对 UTP。

增强型设计适用于综合布线系统中中等配置标准的场合，用铜芯双绞线电缆组网。它的优势在于机动灵活、功能齐全，而且还可提供发展余地。

（3）综合型综合布线系统配置如下：

- 在每个基本型工作区的干线电缆中至少配有 2 对双绞线。
- 在每个增强型工作区的干线电缆中至少配有 3 对双绞线。
- 在基本型和增强型综合布线系统的基础上增设光缆。

综合型设计适用于综合布线系统中配置标准较高的、规模较大的建筑物或建筑群,可用光缆、双绞线和同轴电缆混合组网。其最大的特点是引入光缆,用于提高数据的传输速率和可靠性。

无论综合型、增强型还是基本型综合布线系统都能支持语音、数据、图像等系统,而且能够随着工程的需要转向更高功能的布线系统。其不同点为:支持语音、数据和图像等服务所采用的方式不同;在移动和重新配置时实施线路管理的灵活性不同。

综合布线系统所有设备之间的连接端子、塑料绝缘电缆和电缆环箍应有色标。不仅各个线对是用颜色识别的,线束也使用同一图表中的色标,这有利于今后的维护和检修。

2. 综合布线规划

在完成了详细地调研工作后,对楼宇的分类、档次和需求有了更充分的了解,就能够进行有针对性的详细系统方案规划和成本预算。即使我们有足够的资金,也不能随意浪费。在此过程中,要将多个方案反复进行比较,根据 4.2.1 节确定好的网络拓扑结构和规划原则,选用性能价格比高的布线方案。

布线方案的核心内容要包括以下文档:

- 网络拓扑结构图。
- 网络布线逻辑图。
- 电缆线路由文档。
- 光缆分配及管理文档。
- 布局和结合细节文档。
- 光缆链路、损耗预算文档。
- 电气保护配置文档。
- 网络设备配置文档。

这些文档的设计要符合国际、国家设计规范要求,要能够正确指导施工实施,并能作为验收和今后维护的基本资料。

总之,综合布线系统的规划应能满足建筑物(群)的通信自动化(CA),办公自动化(OA)和楼宇管理自动化(BA)的 3A 要求。但综合布线系统不等于智能大厦,它只是智能大厦的重要组成部分,是计算机网络的基础设施。

资金是建立综合布线系统的基础,缺少资金比任何硬件、软件和空间的限制对梦想的打击都更大。所以在进行综合布线系统的规划时必须考虑其成本。成本估算包括硬件设备投资、设计施工投资、安装调试投资、维护和培训投资、运行管理投资、耗材投资和其他投资等。

4.3　机房建设规划

机房是使其内部各种设备和应用系统得以安全、稳定运行的堡垒,企业集团的机房建设要贯彻"统一规划、分步实施、分级管理"的原则,采用先进成熟的技术、设备和材料,充分考虑使用的长久性、先进性、易扩充性、耐用性和环保性的要求及各系统之间的内在联系,来进行企业集团的绿色机房(节能和环保)建设规划。

4.3.1　机房建设规划依据

企业集团机房在平面布局和总体设计中,要执行以下标准和规范:

- 《民用建筑电气设计规范》(JGJ/T 16—1992)。
- 《电子计算机机房设计规范》(GB 50174—1993)。
- 《电子计算机机房施工及验收规范》(SJ/T 30003—1993)。
- 《计算机机房用活动地板技术条件》(GB 6650—1986)。
- 《计算站场地安全要求》(GB 9361—1988)。
- 《室内装饰工程质量规范》(GB 1838—1993)。
- 《火灾自动报警系统设计》(GB J 116—1992)。
- 《火灾自动报警系统施工及验收规范》(GB 50116—1992)。
- 《建筑内部装修设计防火规范》(GB J 79—1985)。
- 《灭火系统低压配电设计规范》(GB 50054—1995)。
- 《建筑物防雷设计规范》(GB 50057—1994)。
- 《民用建筑照明设计标准》(GB J 133—1990)。
- 《工业企业照明设计标准》(GB 50034—1992)。
- 《处理保密信息的电磁屏蔽室的技术要求和测试方法》(BMB 3—1999)。
- 《通信机房静电防护通则》(YD/T 754—1995)。
- 《环境电磁波卫生标准》(GB 9715—1988)。
- 《电磁辐射防护规定》(GB 8702—1988)。
- 《工程管道工程施工及验收规范》(GBJ 235—1982)。
- 《高层民用建筑设计防火规范》(GB 50045—1995,2005 年修订)。
- 《建筑设计防火规范》(GB 50016—2006)。

4.3.2　机房建设规划

1. 企业集团机房布局

企业集团机房建设规划的首要任务是核心机房、数据中心和灾备服务中心的规划,包括它们的布局、选址及每个机房的建设规划,基层企业原有的机房如果满足需要,可暂时不动。

为降低企业核心机房、数据中心和灾备服务中心所面临的风险,这三种机房的布局要满足企业集团的战略布局和风险防范,满足分/子公司、基层企业的访问需求和安全需求。基于这些需求,三种机房的选址地点要注意以下内容,以避免遭受毁灭性破坏和电涌的冲击:

- 远离经常发生洪水、台风、飓风和地质危害的区域,直线距离至少在 1000m 以上。
- 远离过去曾经发生过地震的强震源和预测可能发生强震的地方。
- 离飞机场至少 8000m,离铁路至少 1000m。
- 离加油站、加气站及易爆危险物体至少 2000m。
- 离高磁场效应场所至少 1000m。

- 网络发达,至少有两种以上对外的网络连接方式。
- 有可靠、足够的电源质量保证。
- 易于维护、管理。

一般情况下,企业集团的核心机房应选择在企业集团总部所在地,多数布置在总部楼宇内,分支机构的二级核心机房布置在分支机构楼宇内。数据中心在总部、异地的布局两种情况都有,灾备中心一般在异地。企业集团机房布局示意图如图 4.8 所示。

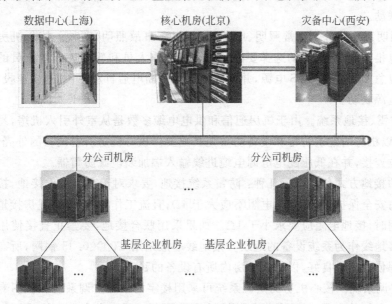

图 4.8 企业集团机房总体布局示意图

2. 企业集团机房建设规划

企业集团核心机房、数据中心和灾备中心对机房的要求很高,一般机房的房屋净高要在 3.2~3.3m 的范围(机房设走线架或槽道)之间,如果房屋净高低于 3m,则不利于装修和机房内布线,甚至影响今后的使用。下面以企业集团核心机房为例,阐述企业集团机房建设规划。企业集团核心机房建设规划一般包括机房综合布线、装修工程、电气系统、照明系统、防雷系统、接地系统、空调系统、门禁系统、监控系统和漏水监测等。综合布线前已述及,这里不再赘述。

(1) 机房装修工程规划。机房装修不只注重好看、耐用,还要注意环保、安全可靠和防静电等要求。机房装修一般包括装饰材料选择,天花板、隔断墙、门、窗、地板和墙面的装修,装修要满足环保、承重、气密性好、难燃、阻燃、防潮、柔光、吸音、抗静电、不起尘、易清洁和不变形的要求。

(2) 电气系统。电气系统是核心机房的基本动力,其供电质量只有达到 A 级才能保证为核心机房所有设备提供稳定、可靠的电源。机房电气系统主要包括电源、配电和电缆。其容量要满足服务器、交换机、UPS、空调和照明等容量的要求,同时考虑未来发展的需要。机房内用电插座分为四种:UPS 电源专用防水插座、UPS 供电的设备用三孔标准插座、市电插座和设备的专用插座。核心机房内设备电源的电压变化应在 220V±5% 之内,频率变化应在 50Hz±0.5Hz 之内。

不管是 UPS 电源电缆还是市电电缆都要采用阻燃电缆,并穿金属线槽钢管铺设,铺设时应该平直,电缆(电线)要与地面、墙壁、天花板保持一定的间隙。不同规格的电缆在铺设时要有不同的固定距离间隔,遵循平行线缆相互隔离的距离不小于 50~60cm,避免电缆干扰通信传输。电缆在铺设施工中弯曲半径按厂家和当地供电部门的标准施工,电缆铺设时要留有适当的余度。另外,配电系统要考虑到与应急照明系统的自动切换和消防系统的联动。

(3) 照明系统。分为正常照明、应急照明(也称事故照明)两种。核心机房的正常照明接入配电柜,其质量标准的选择要满足计算机操作人员和软硬件维修人员的工作与健康需求。应急照明使用 UPS 电源,并能在正常照明断电后自动、可靠地快速投入,实现与正常照明电源联动。

(4) 防雷、接地系统。由于机房通信和供电电缆多数是从室外引入机房,易遭受雷电的侵袭,所以机房的建筑防雷和设备防雷尤其重要。核心机房所有设备的外壳、金属件等实行等电位连接,并在低压配电电源电缆进线输入端加装电源防雷器。

机房的接地方式包括以下几种:防雷系统接地,要求对于交流工作接地,接地电阻不应大于 4Ω;安全保护接地,接地电阻不应大于 4Ω;直流工作接地,或当机房接地与防雷接地系统共用时,接地电阻应要求小于 1Ω。如果采用联合接地,要禁止直接使用建筑接地线和电源接地线作为系统设备的地线。接地线一般采用 T50×0.35 铜网,所有接点采用锡焊或铜焊使其接触良好,以保证机房内所有设备的稳定运行。

(5) 空调系统。核心机房的空调系统可采用楼宇的中央空调系统和机房专用精密空调系统互为备用的方式,但这种运行的设计比较复杂。所以大多数直接采用机房专用精密空调系统,也称恒温恒湿空调。精密空调的循环风量比舒适性空调机约大一倍,相应的焓差却只有一半,而且机房专用精密空调运行时不需要除湿,就能在空气露点以上运行,不必要像舒适性空调机那样为应付湿负荷而不得不使空气冷却到露点以下,从而提高运行的经济性。但精密空调系统初期的设备采购费用较高。

(6) 新风系统。需要说明的是不能忽视新风系统的规划,为防止外界不洁空气的侵入,保持机房内辅助功能区及机房区的正压,新风系统的风管及风口位置应配合空调系统和室内结构来合理布局,其风量根据空调送风量大小和机房操作人员数量而定,具体要求如下:

- 保证室内每个人员所需新风量(50m³/h)。
- 维持室内正压所需新风量一般以机房体积的 1.5 倍为计算依据。
- 保证机房新风洁净度,需要经过初效、亚高效两级空气过滤。
- 降低室外环境对机房环境的影响,需要新风机组具备温度与处理功能。

为了保证进入机房人员及其内部设备的安全,送至辅助功能区及机房的新风均需经过严格的洁净过滤、冷热处理、消声处理。建立新风设备小室,设计安装两级过滤器墙起到增大过滤器面积、提高过滤器的容尘量、降低新风风阻、降低新风维护量的作用。新风经大楼预留新风口引入,经过两级净化处理后的新风由风管送至辅助功能区及机房区吊顶内。

(7) 核心机房辅助设备监控系统。为保障核心机房内所有设备的正常运行,还需要两个辅助管理系统,即主要设备(如服务器、交换机等)的运维管理系统、辅助设备的监控系统。机房的辅助设备分为三种:一是动力设备,包括供配电、UPS、油机、发电机、配电柜、开关等;二是环境设备,包括温湿度监测仪器、漏水监测仪器、智能空调、非智能空调、加湿机、新风机等;三是安防设备,包括门禁、防雷器、视频、红外、玻璃破碎等。机房监控系统就是监控这些设备的运行状态,记录设备运行历史数据,实现对机房遥测、遥信、遥控、遥调的管理功能,为机房的高效管理和安全运营提供有力的保证。

机房设备监控系统的监控对象一般分为两大类:智能设备和非智能设备,两者最大的区别在于智能设备本身具有数据采集能力并提供标准通信接口,可以直接接入设备监控系统,依据生产厂家提供的协议来实现三遥功能,如智能空调、智能油机、智能开关柜、智能电表、智能开关电源、智能 UPS 等;而非智能设备必须通过增设传感器、变送器、接触器等方式的改造使其具有和智能设备相同的数据采集能力,通过标准通信接口进行数据采集,实现监控。

(8) UPS 电源系统。对机房内计算机设备提供干净、不间断的电源供应是非常重要的。但公用供电系统容易受外界干扰,会发生临时停电和电压不稳等现象,为避免造成不必要的损失,要采用 UPS。它能提供稳定可靠的高质量的电源,没有瞬变和谐波,即使供电线路临时断电,也可由后备电池支撑,继续供电,使计算机设备有一定的时间进行处理。

第5章

系统平台规划

企业信息化系统平台包括硬件系统平台和系统软件平台两类。硬件系统平台包括服务器、网络设备、数据存储设备、桌面终端等;系统软件平台包括操作系统、数据库和中间件等。这些系统平台是为数据存储、灾备中心、计算分析中心、应用系统及维护管理服务的,系统平台和基础设施平台一起协同保障企业应用系统的正常运行。

5.1 服务器规划

5.1.1 企业集团本部服务器规划

服务器规划与选择不是孤立的,它与服务器所处布局层次、运行的应用系统、网络系统覆盖范围、网络的拓扑结构和所采用的存储技术等密切相关。原则上服务器档次依集团公司、分公司、基层单位的布局顺序逐渐递减。服务器作为网络节点的核心设备,是应用系统必须依赖、不可或缺的基础平台。

企业集团本部负责管理集团公司核心服务器、数据中心(含数据仓库)服务器和灾备中心服务器等多种类型的服务器,这些服务器是企业的核心设备,要求比较高。通常,部署在集团公司总部的大型应用系统选择专用型服务器,例如 ERP、生产控制调度中心、数据分析平台等要求使用单独的应用和数据库服务器,通常不与其他系统共享服务器。这时,因为应用系统用户多,实时通信要求高,一般选择企业级的小型机服务器。小型机使用的操作系统大多是基于 UNIX 的,像 Sun、Fujitsu 使用 Sun Solaris,HP 使用 HP-UNIX,IBM 使用 AIX。所以小型机是封闭专用的计算机系统。使用小型机的企业用户一般是看中 UNIX 操作系统的安全性、可靠性和专用服务器的高速运算能力,它很少被病毒与黑客攻击。

核心服务器的连接方式可选择采用两台高性能小型机组成服务器硬件平台,实行双机 HA(High Availability,高可用性)方案。高性能小型机双机 HA 集群方案如图 5.1 所示。

双机 HA 方案主要支持两种工作模式:双机互被援(dual active);双机热备份(hot standby)。

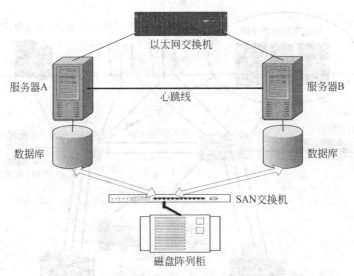

图 5.1 高性能小型机双机 HA 集群方案

5.1.2 分公司服务器规划

如果将 ERP、EAM 等应用系统部署在分公司,分公司的服务器选择基本和前面讲的集团公司服务器选择一致,这时集团公司就不再部署相应的服务器,只要求分公司将相应的数据传送到集团公司数据中心。如果这些大型的应用系统部署在总公司,分公司服务器的数量就会少一些,档次也可低一些,如低端小型机和 PC 服务器等。

不过 PC 服务器一直遭受着"低价低能"的指责。虽然价格相对小型机而言非常便宜,但其在性能和稳定性等方面的表现却与小型机有着天壤之别。也正因如此,PC 服务器和小型机有着较为清晰的目标市场区分:PC 服务器市场集中在企业的前端和中端计算领域,多用于文件/打印服务器、邮件服务器;小型机凭借极为稳定的性能表现,长期以来占据企业的后台应用市场,成为数据库服务器等关键应用的不二选择。

分公司起到承上启下的作用,它既要把基层的信息上传到集团公司,又要将集团公司的要求和管理理念传达下去。所以服务器的选择和连接方式仍很重要。

对分公司的服务器选择,如果考虑价格因素,可以选择低端小型机服务器,然后采用集群模式来达到高端小型机服务器的性能。因低端小型机服务器集群模式具有比双机热备更高的可用性和可靠性。低端小型机服务器集群往往被分公司的数据库服务器所采用,连接方式如图 5.2 所示。

采用低端小型机服务器集群和负载均衡技术可以实现服务器系统的整体高性能。这种方案比较灵活,初期投入较小,而且能随着业务的发展,可逐步增添设备提高硬件平台的处理能力,能节约工程初期投资。另一方面,随着时间的推移及新技术的不断涌现,设备性能得到提高的同时设备成本也在下降,这种模式能实现企业投资的逐步完成和性能的逐步提高。

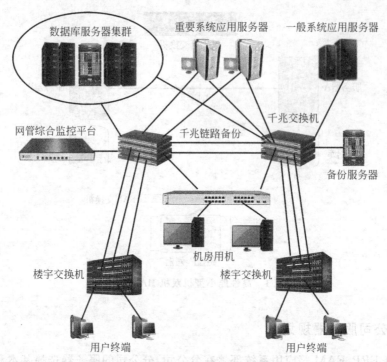

图 5.2　低端小型机服务器集群连接方式

5.1.3　基层企业服务器规划

基层企业是企业集团数据的原点,如果基层企业的信息交换不畅或服务器经常出故障,集团总部收集到的信息就会严重失真,没有任何价值。因此,基层企业的服务器也不能随意凑合。

相比集团公司和分/子公司,基层企业还包括生产控制及其管理系统。生产控制系统来不得半点马虎,因为它是企业生产运营的命脉,如火力发电厂的 DCS,它包括主机组DCS、脱硫控制系统、脱硝控制系统、电除尘控制系统、化学监控系统等(目前习惯将除主机组以外的控制系统称为辅控系统),这些系统控制部分的服务器多采用刀片服务器,这是因为刀片服务器比较适合高密度的生产环境。管理部分的服务器采用低端小型机或高档 PC 服务器。

随着英特尔及 AMD 在芯片研发工艺等方面的不断提高,现在 PC 服务器的处理器已经能达到 32nm 的制程;而随着多核多线程等技术的引入,PC 服务器已经实现了在主频不变的情况下性能的成倍增加,已经有能力胜任部分低端小型机的工作任务,同时保留了 PC 服务器富有竞争优势的价格区间。

基层企业除核心数据库和数据中心使用低端小型机外,其他数据库服务器和应用服务器可使用 PC 服务器。为了提高性能和可靠性,往往采用 PC 服务器集群技术,常见的基层企业 PC 应用服务器负载均衡集群连接图如图 5.3 所示。

总之,采用服务器集群和负载均衡技术,可以实现系统整体性能的提升,系统资源的

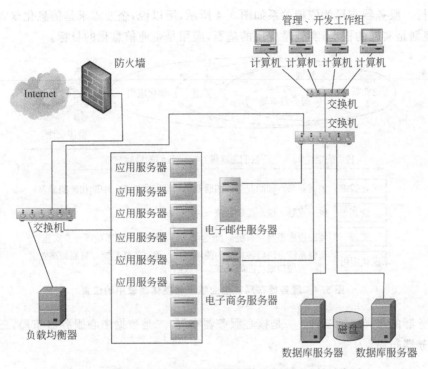

图 5.3　基层企业 PC 应用服务器负载均衡集群连接示意图

综合利用率可以达到 80% 以上；而只采用双机热备技术，系统资源的综合利用率一般在 25% 以内。这种模式的主要优势是可以节约初期投资。另一方面，随着时间的推移，可以用较少的投资买到较高性能的设备。

注意：应用服务器集群和数据库服务器集群在集团公司、分公司和基层单位的任何一层都可以同时使用，前面为了不使问题太复杂才分别说明。另外，服务器选型是需要综合考虑的，往往不只是技术和资金的事情，与业务需求、开发效率、工期、目标用户量、维护成本、人员水平等都密切相关，无法一概而论。比如，就可靠性能来，除了产品本身的技术之外，与人员水平、管理水平关系很大；选择 Linux、Windows 还是 UNIX，很多时候会受到现有开发人员和已有软件的限制；不同的行业应用对性价比、业务连续性、高可用性等都有不同的要求。而且选择的服务器企业自己要了解其特性，并知道怎样使用更为合理，效率更高，否则高端服务器的优势发挥不出来，也是极大的浪费。就像你买了一款高档手机，但只会使用打电话和收发短信功能，其他功能不会使用，那么高档手机对你而言和普通手机没什么区别，钱却多花了许多。

5.2　服务器布局规划

服务器的布局和企业集团规划使用的应用系统相关，也就是说应用系统的布局决定了服务器布局，综合来说企业需求决定应用系统布局，应用系统决定服务器布局，服务器布局决定网络架构规划和机房的选址及建设；实施时顺序正好相反，当然人员充足时可以交叉进行。服务器布局的依赖关系如图 5.4 所示,所以说,企业需求是信息化规划的动力源泉,规划是实施的根本,实施是应用的基石,应用是企业信息化的目标。

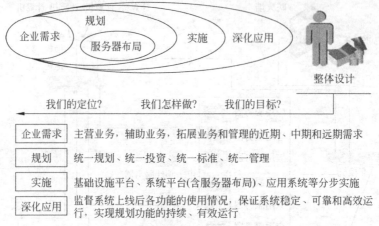

图 5.4　服务器布局在企业信息化整体建设中的位置

服务器的布局包括三种:一是核心服务器布局,二是数据中心服务器布局,三是灾备中心服务器布局。

5.2.1　核心服务器布局

所谓核心服务器即放置在网络核心层的服务器,企业集团最复杂的服务器布局是核心服务器布局,当然数据中心和灾备服务器也有放置于核心层的,本节的介绍不包括这两种服务器的布局,它们将在 5.2.2 节和 5.2.3 节单独介绍。

企业集团核心服务器的布局分为三层:第一层是集团公司的核心服务器,第二层是分公司/分支机构的核心服务器,第三层是基层企业的核心服务器,如图 5.5 所示。

为了维护、管理方便和节省资金,企业集团的核心服务器通常都放置在企业内部机房。服务器的数量、用途和应用相关,和企业的总体战略部署相关。具体分析如下:

(1)集团公司。常规的应用包括 ERP、协同办公系统、安全生产信息系统、数据分析系统、决策支持、档案管理、企业门户、门禁系统、核心机房辅助设备监控系统、实时数据分析和运维管理系统等,其中 ERP 系统如果部署在总公司,那么对服务器的性能及交互方式要求很高,ERP 系统一般不和其他应用系统共享服务器,数据分析系统对服务器要求也很高,所以这两个系统的服务器宜采用单独的集群方式连接。其他系统可以共同使用一个集群方式。

(2)分公司/分支机构。它和集团公司的区别是:如果 ERP 部署在集团公司,采用大集中模式,分公司/分支机构就不需要再部署 ERP;如果集团公司只使用 ERP 的部分功能,如 FMIS,由分公司部署其他功能,如人力资源、库存、采购、销售和 EAM 等,还有分公司的协同办公系统、安全生产信息系统、数据分析系统、决策支持、档案管理、企业门户、门禁系统、核心机房辅助设备监控系统、实时数据分析和运维管理系统等也部署在分公司,服务器的性能要求和集团公司部署要求基本一致。

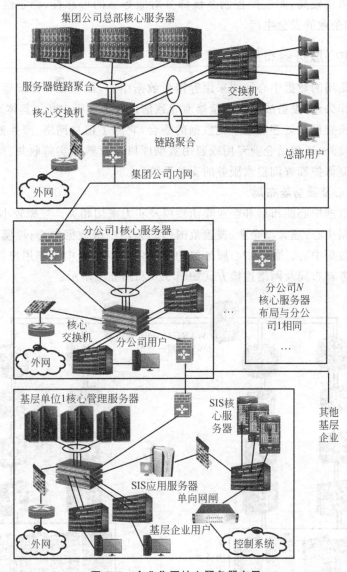

图 5.5　企业集团核心服务器布局

（3）基层企业。如果集团公司或分公司没有具体要求，或基层企业自己已实施 ERP、EAM 等，且与集团公司的数据标准一致，可以不增加新的投入，继续使用，上级单位需要的数据通过数据交换平台上传即可。其他协同办公系统、安全生产信息系统、数据交换/分析系统、决策支持、档案管理、企业门户、门禁系统、核心机房辅助设备监控系统和运维管理系统等未采用集中部署的，也可部署在基层企业。这些系统的服务器可以采用配置比较低的服务器，例如，除 ERP 或 EAM 外，其他可选择 PC 服务器。

基层企业比上级单位多出来的系统是生产控制部分的系统，如发电厂主机组的 DCS系统、RTU、辅控系统、脱硫系统、脱硝和上网电量统计系统等，用于安全生产管理的两票系统、点检系统、消防联动控制系统等，处于控制和管理之间的系统是 SIS。其中 SIS 对服务器性能要求比较高,而生产控制系统部分对服务器的可靠性、稳定性和性能要求更高,因为它影响企业的安全生产。

5.2.2 数据中心服务器布局

大型企业集团的数据中心往往采用容错型数据中心,以保证在系统运行期间其场地设备不应因操作失误、设备故障维护检修而导致信息系统运行中断。具体地说,企业数据中心是指企业所有经过处理的电子化数据的集合,它除了信息网络、服务器、存储设备及相关的机房环境外,还包括企业专用或通用数据库以及对数据实施收集、抽取、加工分析处理、管理、存储保护和查询检索服务的支持系统。

1. 数据中心及服务器布局

企业集团数据中心的布局和企业集团规模及实力密切相关。规模较小的企业集团一般只有一级数据中心;超大型企业、覆盖范围广的采用三级数据中心;规模在两者之间的企业采用两级数据中心。数据中心服务器的布局依赖于数据中心和用户需求。其中,三级数据中心服务器布局及网络连接方式如图 5.6 和图 5.7 所示。

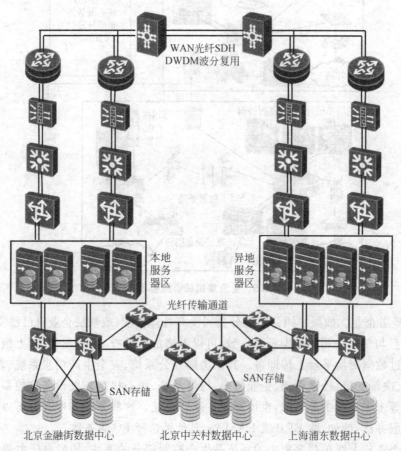

图 5.6 企业集团数据中心同城、异地服务器布局及网络连接方式

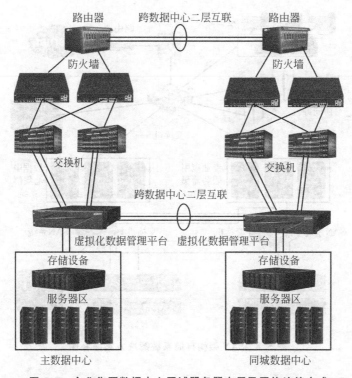

图 5.7　企业集团数据中心同城服务器布局及网络连接方式

2. SAN 存储架构

基层企业的数据中心一般采用单独的存储设备或直接利用高性能、大容量的数据库服务器，然后按规则传送到分公司/分支机构数据中心。分公司/分支机构数据中心和集团公司数据中心往往采用一样的 SAN(Storage Area Network，存储域网络)存储方式，区别在于分公司/分支机构数据中心原则上使用自己的机房，和核心机房共处一室，集团公司数据中心有可能使用自己的核心机房，也有可能外面租用机房，甚至按地理位置租用多个区域数据中心。这主要结合企业集团的资金实力、信息化资源的利用、安全性要求和企业内部机房的建设标准等多种情况来综合考虑。

SAN 是一种利用光纤信道等互联协议连接起来的，可以在服务器和存储系统之间直接传送数据的存储网络系统。SAN 是一种体系结构，它是采用独特的技术构建的，与原有 LAN 网络不同的一种专用的存储网络，存储设备和 SAN 中的应用服务器之间采用的是块 I/O 方式进行数据交换。目前，SAN 存在两种管理策略：分层管理和分级管理。

在企业集团的分公司/分支机构级，数据中心服务器直接布局于核心机房，而采用 SAN 架构解决方案的拓扑图通常如图 5.8 所示。

对于不需要 SAN 架构存储系统的基层企业，其存储系统可采用双机 HA 共享磁盘阵列(SCSI 架构)解决方案。

总之，数据中心掌控着企业的众多信息资源，所以稳定可靠的数据中心方案必须规划好，以确保数据中心实现无阻塞的数据交换、不间断的可靠性、固若金汤的安全性、方便灵活的升级和随时可控的管理目标。

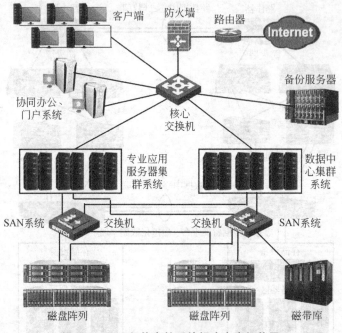

图 5.8　SAN 架构存储系统解决方案拓扑图

5.2.3　灾备中心服务器布局

美国世贸大厦的倒塌使得 800 多家公司和机构的重要数据丢失,无数企业成为这一恐怖事件的殉葬品。然而正当大家为此扼腕痛惜时,金融界巨头 Morgan Stanley 公司竟然奇迹般地宣布全球营业部第二天可以照常工作,因为它以前建立的远程灾备中心保护了重要的数据。从此人们更加清楚地看到灾备的重要性:灾备可以减少各种重大灾害带来的冲击,减少企业不必要的损失。

1. 灾备层次的定义及选择

国际标准 SHARE 78 容灾系统一共定义了七个层次:

- 第 0 层:本地备份、本地保存的冷备份。
- 第 1 层:本地备份、异地保存的冷备份。
- 第 2 层:热备份站点备份。
- 第 3 层:在线数据恢复。
- 第 4 层:定时数据备份。
- 第 5 层:实时数据备份。
- 第 6 层:零数据丢失。

该标准从最简单的仅在本地进行磁带备份,到将备份的磁带存储在异地,再到建立应用系统实时切换的异地备份系统,恢复时间也可以从天级、小时级到分钟级、秒级或零数据丢失等做了明确的划分,而且针对这七个层次都有相应的容灾方案,所以企业在选择容灾方案时应重点区分这七个灾备层次各自的特点和适用范围,结合自己对容灾系统的要求判断选择哪个层次的方案比较好,选择什么样的服务器布局更为合理。

大型企业集团往往采用实时数据备份或零数据丢失的灾备方案,整个灾备系统由备份服务器、备份用磁盘阵列和磁带库三部分组成。这两种方案的说明如下。

实时数据备份是在高速网络和高性能服务器的基础上使用硬件的镜像技术和软件的数据复制技术来实现在应用站点间与备份站点间的数据更新。数据在两个站点之间相互镜像,由远程异步提交来同步。因为关键应用使用了双重在线存储,所以在灾难发生时,仅仅很小一部分的数据被丢失,恢复的时间被降低到了分钟级或秒级。这一层次的灾备方案既能保证不影响当前应用系统的数据交互,又能实时复制系统操作产生的数据到异地,在灾难发生时,仅是当时传送中的数据被丢失,恢复时间可以被降低到分钟级。所以这一层次的方案是目前在企业集团应用最广泛的一类。其缺点是由于对存储系统和数据复制软件的要求较高,所需成本也大大增加。

零数据丢失的灾备方案是灾难恢复中最昂贵的方式,也是速度最快的恢复方式,它是灾难恢复的最高级别。利用专用的存储网络将关键数据同步镜像至备份中心,数据不仅在本地进行确认,而且需要在异地(备份)进行确认。因为,数据是镜像地写到两个站点,所以灾难发生时异地容灾系统不仅保留了全部的数据,而且应用可以自动接管,实现零数据丢失。另外,还可在两个系统的光纤设备连接中提供冗余通道,以备工作通道出现故障时及时接替工作,不过这对存储系统和存储系统专用网络的要求很高,企业用户的投资巨大。采取这种容灾方式的企业用户主要是资金实力较为雄厚的大型企业和电信级企业。但在实际应用过程中,由于完全同步的方式对企业应用系统的运行效率会产生很大影响,所以目前采用该级别容灾方案的企业用户不是很多,多数采用实时数据备份方案。

2. 灾备中心服务器布局规划

规划灾备中心的目的就是确保重要信息系统的数据安全和关键业务可以持续服务,提高抵御灾难的能力,减少灾难造成的损失。应该说,灾备中心的灾备系统是整个信息系统的有机组成部分,而不是游离于企业应用信息系统之外的一个独立系统,更不是一个可有可无的东西。同时,要牢记灾备中心是保证业务持续运作的"最后一道防线"。

灾备中心的规划需要考虑多方面的因素,如备份/恢复数据量大小,应用数据中心和灾备中心之间的距离和数据传输方式,灾难发生时所要求的恢复速度,灾备中心的管理及投入资金等,同时要避免灾备中心与数据中心+应用系统同时遭受同类风险。另外,灾备中心还应具有方便灾难恢复人员或设备到达的交通条件,以及数据备份和灾难恢复所需的通信、电力等资源。

同时,灾备中心的规划还需要考虑两个层面的问题:数据容灾和应用系统容灾。数据容灾是指建立一个或多个异地的数据备份系统;应用系统容灾是指在做好数据容灾的基础上,在异地建立与本地运营系统类似的备份应用系统,其可以根据企业的风险评估做备份使用甚至可以实时切换。

企业集团灾备中心布局和异地配置连接方案如图 5.9 和图 5.10 所示。

不管是核心机房还是数据中心和灾备中心,它的规划选择都决定了企业集团机房的布局规划,也是今后维护管理的重要依据。

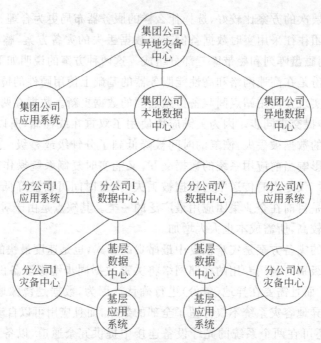

图 5.9   企业集团灾备中心布局示意图

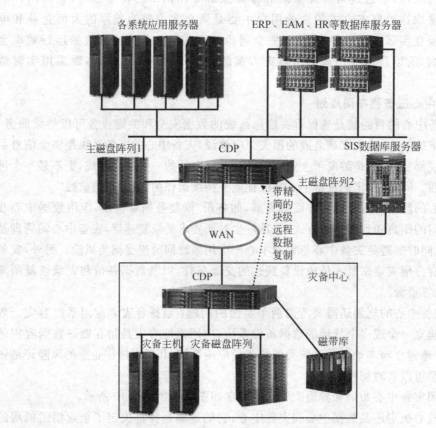

图 5.10   企业集团灾备中心异地配置服务器布局

5.3　存储设备和网络设备选择

5.3.1　存储设备选择

目前主要的存储设备有磁盘阵列、磁带机与磁带库、光盘库和云存储等,其中磁带设备以其技术成熟、价格低廉、产品线齐全、使用方便等优点占据存储器领域的重要地位。

磁盘阵列又称为 RAID(Redundant Array of Inexpensive Disk,廉价磁盘冗余阵列),是指将多个类型、容量、接口甚至品牌一致的专用硬磁盘或普通硬磁盘连成一个阵列,使其能以某种快速、准确和安全的方式读写磁盘数据,从而提高数据读取速度和安全性的一种手段。

磁盘阵列有三种:第一种是外接式磁盘阵列,第二种是内接式磁盘阵列,第三种是利用软件来仿真的软件阵列。前两种属硬件阵列,使用专门的磁盘阵列柜或磁盘阵列卡来实现。硬件阵列能够提供在线扩容、动态修改阵列级别、自动数据恢复、驱动器漫游、超高速缓冲等功能,能提供性能、数据保护、可靠性、可用性和可管理性兼顾的解决方案。

磁盘阵列通过数据校验提供容错功能。如果不包括写在磁盘上的 CRC(循环冗余校验)码,普通磁盘驱动器无法提供容错功能。而 RAID 容错是建立在每个磁盘驱动器的硬件容错功能之上的,所以它能提供更高的安全性。在很多 RAID 模式中都有较为完备的相互校验/恢复的措施,甚至是直接相互的镜像备份,从而大大提高了 RAID 系统的容错度,提高了系统的稳定冗余性。

虽然磁盘阵列的访问速度非常快,但是由于硬盘上的内容可以改写,导致磁盘阵列在一些安全性要求比较高的环境下不能使用。而且和光盘相比,硬盘的保存时间比较短。

1. 磁带库和光盘塔等选择

企业在选购磁带库建立自动备份系统时,要根据企业自己的信息化架构以及应用来选择磁带库产品,首先考虑的是容量与性能;然后确认是单独的服务器备份,还是通过网络备份,或者是 SAN 备份。这三种不同的备份方式需要不同的磁带库产品。其中,单独的服务器备份可以选择磁带机或者小型磁带库,网络备份的连接方式是 SCSI,而 SAN 备份的磁带库接口则是光纤。

磁带库不仅数据存储量大得多,而且在备份效率和人工占用率方面拥有无可比拟的优势。在网络系统中,磁带库通过 SAN 系统可形成网络存储系统,为企业存储提供有力保障,很容易完成远程数据访问和数据存储备份。通过磁带镜像技术实现多磁带库备份,无疑是企业数据仓库、ERP 等大型应用系统的良好存储设备。

光盘是许多用户的信息存储载体或重要文献资料备份媒体,虽然一张传统技术光盘的存储容量不大,但光盘库特别是光盘网络镜像服务器等能实现网络海量存储,不仅存储容量巨大,而且成本低,制作简单,体积小,更重要的是,其信息可以保存在质量好的光盘中 100～300 年。因此,光盘不仅普遍用于重要文献资料、视听材料、教育软件、影视节目和游戏动画等媒体信息存储,也被企业逐渐赏识。众所周知,少量光盘的存储容量是有限的,对于企业需要的大量信息存储来讲也是远远不够的,它需要将企业不同的信息保存在几十张甚至几百张光盘里组合起来使用。这些需求推动了多种光盘组合技术,成熟的光盘组合技术产品有光盘塔、光盘库和光盘网络镜像服务器等。

目前"五维数据存储"技术正在兴起,其产品命名为五维光盘。五维光盘能使用位于碟片内的微型物理结构,即"纳米格栅"来保存信息,而通过读取折射的激光可以表达 5 种数据状态,这也是这种技术名称的来源。利用激光技术,设备可以知道纳米格栅的方向、激光折射的强度,以及用 X、Y、Z 轴表示的空间中位置。因此,相对于传统光盘,五维光盘的数据存储密度更大,蓝光光盘可以保存 128GB 的数据,而五维光盘存储的数据量可以达到蓝光的近 3000 倍,即 360TB。

2. 云存储

与传统的存储设备相比,云存储系统不仅仅是一个硬件,而是一个由网络设备、存储设备、服务器、应用软件、公用访问接口、接入网和客户端程序等多个部分组成的复杂系统。云存储的结构模型如图 5.11 所示,各部分以存储设备为核心,通过应用软件来对外提供数据存储和业务访问服务。

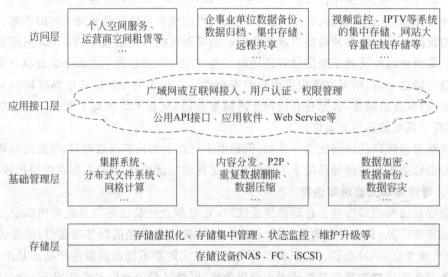

图 5.11 云存储系统的结构模型

由图 5.11 可知,云存储系统的结构模型由存储层、基础管理层、应用接口层和访问层组成。每层的具体功能如下:

(1)存储层。是云存储中的基础部分,其存储设备可以是 FC(光纤通道)存储设备,可以是 NAS 和 iSCSI 等 IP 存储设备,也可以是 SCSI 或 SAS 等 DAS 存储设备。云存储中的存储设备往往数量庞大且分布于不同地域,彼此之间通过广域网、互联网或者 FC 网络连接在一起。存储设备之上是一个统一的存储设备管理系统,可以实现存储设备的逻辑虚拟化管理、多链路冗余管理以及硬件设备的状态监控和故障维护等。

(2)基础管理层。是云存储的核心部分,也是云存储中最难以实现的部分。基础管理层通过集群、分布式文件系统和网格计算等技术实现云存储中多个存储设备之间的协同工作,使这些存储设备可以对外提供同一种服务,并提供更大、更强、更好的数据访问性能。基础管理层采用的 CDN(Content Delivery Network,内容分发网络)、数据加密技术保证云存储中的数据不会被未授权的用户所访问,同时,通过各种数据备份、容灾技术和管理措施等可以保证云存储中的数据不会丢失,保证云存储自身的安全性和稳定性。

(3) 应用接口层。是云存储最灵活多变的部分,不同的云存储运营单位可以根据实际业务类型开发不同的应用服务接口,提供不同的应用服务。比如视频监控应用平台、IPTV 和视频点播应用平台、网络硬盘引用平台、远程数据备份应用平台等。

(4) 访问层。任何一个授权用户都可以通过标准的公用应用接口来登录云存储系统,享受云存储服务。云存储运营单位或企业不同,云存储提供的访问类型和访问手段也不同。

但是云存储还不能取代现有的磁盘阵列,它只是为了应付高速成长的数据量与带宽而产生的一种新的存储系统,因此云存储在设计时通常会考虑以下三点:一是容量、带宽的扩容是否简便,二是带宽是否线性增长,三是管理是否容易。

总之,选择什么样的存储方式和存储设备对企业而言不是一件很容易的事,企业需要容易地、不间断地访问重要数据资产以支持关键任务的应用程序、系统和商业处理过程;灾难性的数据毁坏将会极大地破坏生产力并导致财务损失,这一切对企业的数据安全性提出了更大的挑战,所以企业要根据自己的财力、需求和发展愿望来理性选择自己的存储方式和存储设备。

5.3.2　网络设备选择

网络设备及部件是连接到网络中的物理实体,其功能是使数据很方便地从一台计算机或服务器传输到另一台计算机或服务器。网络设备及部件的组成包括网络站点设备、远程通信设备、通信子网拓扑部件、互连设备和安全防护设备等,其中网络站点设备包括服务器、个人计算机和网络打印机等。

1. 远程通信设备选择

远程通信设备包括调制解调器、多路复用器和数据集中器等,选择时要考虑厂家的信誉、设备质量、安全和售后服务质量等因素。

1) 调制解调器(modem)

调制解调器是兼具调制与解调两种功能的一种接入设备,即它的一种功能是在发送端将计算机的数字信号调制成能通过电话网线传输的模拟信号,另一种功能是把电话线上传来的模拟信号解调转换成数字信号传送给计算机。许多接入方式都离不开调制解调器,如 56kbps 的调制解调器、ISDN、DSL 等。它们可以作为内部设备插在系统的扩展槽中,也可以作为外部设备插在串口或 USB 端口中,还可以是膝上电脑所用的 PCMCIA板,或专为诸如手提电脑等系统中使用而设计的设备,或供大范围使用的机架式调制解调器(如 ISP)等。光纤接入调制解调器(俗称光猫)泛指将光以太网信号转换成其他协议信号的收发设备,主要是针对特殊用户环境而设计的产品,它是利用一对光纤进行单 E1 或单 V.35 或单 10BaseT 点到点式传输的光传输终端设备。该设备作为本地网的中继传输设备,适用于基站的光纤终端传输设备以及租用线路设备。

调制解调器到目前为止常见的类型有五种：外置式、内置式、PCMCIA 卡式、机架式和 USB 接口式。

2）多路复用器

多路复用器即数据选择器，它是利用多路复用技术将多个终端的多路低速或窄带数据加载到一根高速或宽带的通信线上传输的设备。通俗地说，多路复用器是一个线路共享设备，是一种能够集成数据、话音、传真及局域网的接入复用设备，它能够高效地在一条线路上混传话音/传真、数据，即对线路的信道而言是透明的。多路复用器可划分出若干个子信道，每一个子信道对应一个终端，复用器对其子信道不做任何干预。多路复用器在通信链路中使用时成对出现，且不需要地址。多路复用器可降低网络通信成本，为企业节省系统运行费用，在数字系统中有着非常重要的应用。

多路复用器通常分为五种类型：频分多路复用器、时分多路复用器、波分多路复用器、码分多址复用器和空分多址复用器。

多路复用器应用范围非常广，如军事、企业、远程教育、电视/广播等。频分多路复用器、时分多路复用器、波分多路复用器、码分多址复用器和空分多址复用器都有自己适合的应用范围，企业要根据自己的业务领域、可靠性、安全性及传输数据量的要求来选择使用哪类多路复用器技术，跨国企业集团可能还要使用空分多址的多路复用器，当然可以自己直接租用，也可以委托第三方代理。这样企业不需要知道多路复用器在技术上是如何实现的，因信息传输对企业而言是透明的，只要价格合理，满足业务需求即可。

3）数据集中器

数据集中器也可以说是一种专门的多路复用器，它对来自各路子信道的输入信息采用动态分配原则，即将不经常出现的客户请求保存起来，加以集中，然后以大包快速发送数据。另外，因为数据集中器对通信子信道是不透明的，所以各路子信道均有地址标识。也就是说，数据集中器允许在同一远程通信线路上进行多个会话，而此时对用户在调整时间上又没有太苛刻的要求，这就使数据集中器比时分多路复用器更实用，因为它不要求用户按刚好的指定间隔发送信息。数据集中器在抄表系统中的应用见图 5.12，主要有以下技术特点：

- 防雷击、抗干扰处理。
- 支持 GPRS、CDMA、以太网、RS-485 通信，可任选其一。
- 支持多通道，每通道支持多从机。
- 支持多协议和国内外主流热量表，如包括卡姆鲁普（Kamstrup）、西门子、兰吉尔（Landis＋Gyr）、恩乐曼、埃创、非特拉、天罡、伟岸、瑞纳、爱拓利、真兰、荷德鲁美特、丹佛斯等公司生产的热量表、水表通信等。
- 抄表数据存储时间长，有故障上报功能，支持脱机工作。

数据集中器主要应用在远程抄表行业，实现了热计量表集抄、户表集抄、水表集抄、电表集抄、数据远传等功能。它不仅广泛应用于住宅用户、办公楼宇等，还可以应用在变电站、配电站等生产运行场所。用户在选择时要注意其产品质量，包括产品的精度、抗干扰能力、使用年限、维护质量和厂家信誉等。

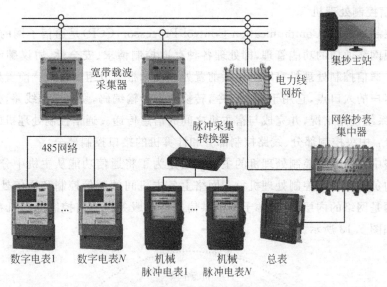

图 5.12　数据集中器在抄表系统中的应用

2. 通信子网拓扑部件选择

通信子网拓扑部件包括网络接口卡、集线器、交换机和通信控制处理机等。因篇幅有限,下面只说明交换机和通信控制处理机的选择。

1) 交换机

交换机能经济地将网络分成小的 VLAN,为每个工作站提供更高的带宽。而且协议透明,升级简单,简化管理。具体地说,协议的透明性使得交换机在软件配置简单的情况下直接安装在多协议网络中;升级简单包括与现有设备的兼容性和交换机本身的升级,交换机使用现有的电缆、中继器、集线器和工作站的网卡,不必作高层的硬件升级,而且交换机本身的升级也很容易;交换机对工作站是透明的,这样管理开销低廉,简化了网络节点的增加、移动和网络变化的操作。

交换机在局域网中是组成网络系统的核心设备。对用户而言,局域网交换机最主要的指标是端口的配置、数据交换能力、包交换速度等因素。因此,在选择交换机时要注意以下事项:

- 交换端口的数量。
- 交换端口的类型。
- 系统的扩充能力。
- 主干线连接手段,布线成本。
- 交换机总交换能力。
- 是否需要路由选择能力。
- 是否需要热切换能力。
- 是否需要容错能力和故障排除能力。
- 能否与现有设备兼容,顺利衔接。
- 网络管理能力和安全防护能力。

2）通信控制处理机

通信控制处理机（Communication Control Processor，CCP）是通信子网的主要部件，它用来实现网络通信的功能管理，即处理各种存取控制请求、安全性、协议翻译和数据传输控制等。通信控制处理机有时也包括前置处理机和报文分组交换机。前置处理机是所有大型机客户的入口点，它用于检查口令，转换数据传输编码，切换通信线路，分配宿主机资源，记录系统使用情况，并完成与宿主机之间的信息传递。通信控制处理机的基本结构有三个部分：中央控制部分、线路控制部分和计算机的接口控制部分。

在网络中使用通信控制处理机的主要目的是为了将通信功能从主机中分离出来，以减轻主机的负荷。通信控制处理机负责网络上各主机间的通信控制和通信处理，其组成的通信子网是网络的内层，为资源子网提供信息传输服务。通信控制处理机在网络中所处的位置如图 5.13 所示。

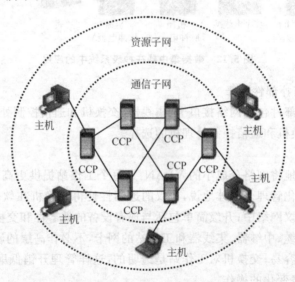

图 5.13　通信控制处理机在网络中所处的位置

通信控制处理机能用各种通信协议和接口约定保证数据和信息正确有效地发送、传输、接收和处理；使主计算机或用户终端都便于灵活地接入计算机通信网络，不需要为此而修改网络设计、计算机设计和用户终端设计。典型的通信控制处理机能按通信软件的要求运行，把通信处理功能从主计算机的信息处理中分离出来，使主计算机免于改变终端类型、线路类型、传输方式和网络协议等。

通信控制处理机的选择要考虑线路控制、终端控制和传输控制能力，以及传输速度、差错处理和安全保障等因素。

通信控制处理机的使用主要集中在电信、网通等企业，其他企业可以把通信控制处理机视为对用户是透明的设备。

除此之外，还有互连设备，如中继器、网桥、路由器和网关，以及网络安全防护设备，如防火墙、UTM、VPN 和隔离器等的选择，因篇幅有限，这里不再赘述。

5.4　操作系统和数据库选择

5.4.1　操作系统选择

操作系统(Operating System,OS)是计算机系统中的一个系统软件,它能有效地组织和管理系统中的各种硬件和软件资源,合理地组织计算机系统工作流程,控制程序的执行,并向用户提供一个良好的工作环境和友好的接口。

操作系统的两个重要作用是资源管理和提供用户界面:通过资源管理,提高计算机系统的效率,增强计算机的处理能力;改善人机界面,为用户提供友好的工作环境。

1. 操作系统选择原则

选择操作系统特别是网络操作系统的第一准则是看服务器的用途,即它是做数据中心服务器、备份中心服务器、大型应用系统服务器、普通服务器还是做集群、虚拟等。只有明确了用途,才能圈定网络操作系统的选择范围。例如,Windows 系列网络操作系统适合 PC 服务器;Linux 因其厂家太多,总体适用范围广,从 PC 服务器到小型机和大型机都适用,但每一厂家的 Linux 发行版对服务器的支持是不一样的,差距很大;而 UNIX 则在小型机以上的服务器中具有傲视群雄的气势。

网络操作系统选择的通用原则包括标准化、可靠性、安全性、网络应用服务的支持、易用性。

除此之外,还要重点考虑以下内容:

- 用户需求。网络操作系统的主要功能、优势及配置能否与用户需求达成基本一致。
- 可持续。网络操作系统正常发挥作用的周期越长越好,其主流技术、技术支持及服务水平等方面要在业界领先。如果做第一个吃螃蟹的,依赖于某个新发行的操作系统版本或新研发的操作系统,风险会很大。
- 兼容性。对主流的硬件产品和软件产品的兼容性要好,能平稳地实现数据库和应用系统升级以及硬件产品的更新换代。目前更新换代速度越来越快,如双核服务器刚出来没多久,四核、八核之争又开始锣鼓喧天地热闹上演,如果网络操作系统不能保持与新硬件兼容,那么企业会很痛苦。
- 高效率。随着机架空间越来越少,运维费用越来越高,企业只有通过榨干服务器的每一点性能来节约成本。服务器操作系统是否能充分发挥硬件的性能优势是需要考量的重要指标。
- 性价比。对当前市场流行的网络操作系统平台的性能和品质,如速度、可靠性、安装与配置的难易程度等方面进行客观地分析、综合比较,选择性能价格比最优者。

2. 企业网络操作系统的选择

根据网络操作系统的选择原则和企业需求,企业集团网络操作系统的选择与布局如图 5.14 所示。

大型企业集团选择网络操作系统的规则一般如下:

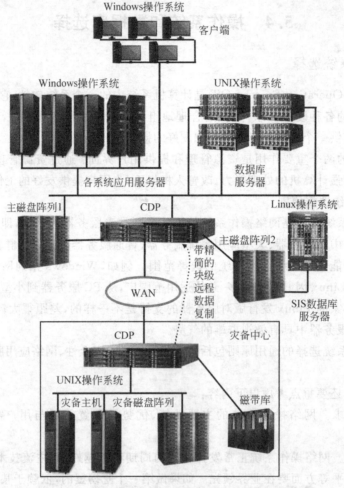

图 5.14　企业集团网络操作系统的选择与布局示意图

- 相对于其他网络操作系统，UNIX 因其安全性高、不易遭病毒入侵、性能优和连网能力强等因素成为数据中心服务器、备份中心服务器和大型应用系统服务器（如 ERP、EAM 等）的首选。
- 中等应用系统的数据库服务器和应用服务器，如 OA、SIS、集团公司网站等可选择 Linux 操作系统。
- 小的应用系统的数据库服务器和应用服务器，如生产统计、可靠性分析、部门网站等，可选择 Windows 系列网络操作系统。
- 基层企业的生产设备控制系统，如 DCS、辅控系统等，多采用实时操作系统。

5.4.2　数据库选择

企业用数据库一般包括三大类，即关系型数据库、非关系型数据库和实时数据库。

1. 数据库选择原则

数据库的选择与数据存储管理模式、成本和性能等密切相关，性能和安全性等绝佳的数据库虽然一次投入成本高,但可大大节省开发成本,并为日后的应用和维护打下良好的基础。通常选择数据库时应更关注以下几个方面:

- 开放性。
- 可伸缩性、并行性。
- 安全性。
- 性能。
- 客户端支持及应用模式。
- 操作简便。
- 使用风险。
- 成本。
- 成熟性。
- 对分布式应用的支持。
- 容错能力。

2. 企业数据库选择

　　企业对关系型数据库一直是情有独钟,几乎所有的关系型数据库,如 Oracle、DB2、MySQL、SQL Server、Informix、Sybase、Access、FoxPro、Paradox、FoxBase 和 dBASE 都使用过,但目前大型管理系统中使用的多为 Oracle 和 DB2;基层企业的实时数据库一般使用 PI、PHD、eDNA 和麦杰。为了降低异构数据库接口的复杂性,短期内企业数据库的选择不会发生太多改变,新拓展的企业和集团公司保持一致即可。但需要注意的是数据库的升级,一些企业为了拿到新版本升级的优惠政策会积极要求升级。这时要非常小心,确认是否使用该数据库的应用系统能够升级,因应用系统的升级往往滞后于数据库的升级,有的应用系统可能在数据库升级后无法正常使用。

第 6 章

DCS 和 SIS 规划

从本章开始,进入到应用系统规划范畴,应用系统规划是企业信息化规划的核心内容,其他所有规划都是以此为中心的,如企业信息资源规划、基础设施平台规划、系统平台规划以及后面要讲的安全保障体系规划等都是为应用系统保驾护航的,因此要特别重视应用系统的规划。

大型企业集团有可能涉及多个行业,如图 6.1 所示。这种综合型企业,其应用系统会比较复杂。

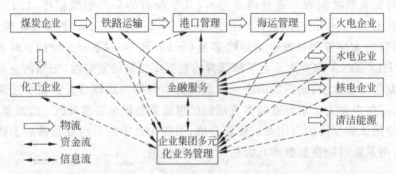

图 6.1　大型企业集团业务范围示例

目前,有好多软件系统提供商都宣传自己的软件是企业信息管理的航母或谓之ERP,而实际上是一个很小的软件加一些分析功能,但却宣传为高大上的全能产品,并鼓动企业为此小软件使用数据仓库。其实,在企业的管理信息系统中,功能最多的应用系统应该说是真正的 ERP,但它无法涵盖 DCS、SIS、生产统计、医疗保险及数据分析等,而且不同厂家的 ERP 功能也不尽相同;即使产品本身功能相同,不同企业要求实施的功能也不一样。成熟的 ERP 产品许多功能是可以拆开买的,是可选件,如 FMIS、HR、SRM、CRM 等可单独购买。

因此,企业集团在做信息化规划时,要充分了解目前市场上同类成熟产品的功能,确定哪些软件比较适合自己,以及软件中的哪些功能可以拆分,哪些容易集成,哪些容易实施和使用,哪些安全性高等。大的原则是不能规划孤立的、过多的应用系统。

6.1 DCS 概述

DCS(Distributed Control System,分散控制系统,国内也称集散控制系统)主要用于化工、石化、冶金、电力、建材、制药、造纸和食品等领域。

6.1.1 DCS 分级

DCS 的特点就是分散控制危险、集中显示和操作,它是由现场级、过程控制级和过程监控级组成的、以通信网络为纽带的多级计算机系统。

- 现场级:包括现场各类测控装置和测量元件,如变压器保护测控装置、母线电压测控装置、电动机保护测控装置、各类传感器、变送器、智能仪表、执行器等,能完成对生产装置(过程)的信号转换、监测和控制量的输出等,通过现场网络直接与过程控制级相连。
- 过程控制级:主要由过程控制站(包括各种控制器、智能调节器)和现场 I/O 子系统等组成,是系统控制功能的主要实施部分。过程控制级是现场级和过程监控级中间不可或缺的核心环节,它不仅将现场级的信息(如现场装置的特性数据和采集到的实时数据等)传递给过程监控级,同时又可依据过程监控级的命令来实现对所连接的现场级各类装置进行监测和控制的功能。
- 过程监控级:包括操作员站、计算站和工程师站等。主要功能是完成系统的操作和组态,及对过程控制级信息的汇总和处理,如能对现场所有设备信息进行监测、操作和故障诊断;能进行组态、参数修改和优化过程处理等工作。也就是说,过程控制级通过网络与过程监控级进行信息交互,集控中心值班人员通过操作员站对现场设备进行控制操作和监视,系统管理员通过工程师站进行测点、画面等设置和系统维护,并能根据状态信息判断计算机系统硬件和软件的性能,给出报警信息和诊断报告等。同时能实现与 SIS 和其他管理系统的接口。

常规的划分方式是,DCS 包括现场控制级、过程监控级两级。其中现场控制级包括上述的现场级和过程控制级两层,过程监控级内容与上面一致。但为了读者更好地理解,本书仍以第一种,即现场级、过程控制级、过程监控级的方式划分。

6.1.2 DCS 特点

成熟的 DCS 具有以下特点:

(1) 可靠性。由于 DCS 通常将系统控制功能分散在各台刀片式系统主板服务器上,系统结构采用容错和冗余设计(如同步运转方式、待机运转方式、后退运转方式和多级操作方式等),因此某一台主板出现故障不会导致系统其他功能的丧失,且由备用系统主板接替故障系统主板的功能。可实现故障自诊断到卡件级,部件可带电更换等功能,以保证 DCS 系统长期可靠运行。

(2) 开放性。DCS 采用开放式、标准化、模块化和系列化设计,过程控制级服务器与过程监控级服务器采用局域网方式进行快速通信,能支持测点、通道、主板、工作站和显示屏的带电增加和减少,几乎不影响系统其他在线功能的工作。

（3）灵活性。通过组态软件根据不同的流程应用对象进行软硬件组态,即确定测量与控制信号及相互间连接关系、从控制算法库选择适用的控制规律以及从图形库调用基本图形组成所需的各种监控和报警画面,从而方便地构成所需的控制系统。

（4）分散控制性。为了避免因过于集中而带来的风险,DCS 可以实现功能、物理、地域和负荷四个方面的管理或控制。如将控制单元置入现场设备,加上现场设备的通信功能,现场变速器可直接与阀门等执行机构通信,因而控制系统能够不依赖于控制室的计算机而直接在现场完成控制,实现了彻底的分散控制;而且通过负荷分散,可将一个控制处理装置发生故障时的风险降低到最小。

（5）总线技术。在过程控制级的控制站内采用现场总线(即通信总线及远程 I/O 总线)技术,实现双向串行数字化通信传输功能。现场总线不仅包含过程控制信息交换,还包含设备管理信息的交流。通过现场总线技术,各种智能设备(智能变送器、调节阀、分析仪和分布式 I/O 单元)可以方便地进行数据交换,过程控制策略可以完全在现场设备层次上实现。另外,在过程监控级采用总线网络连接方式的 DCS 也不少。

6.1.3　DCS 发展史

DCS 自 20 世纪 70 年代初应用以来,经历三次比较大的变革:

- 初创期。20 世纪 70 年代,采用微处理器为基础的控制单元,实现分散控制,有各种各样的算法,通过组态独立完成回路控制,具有自诊断功能。操作站的硬件、操作系统、监视软件都是专用的,由各 DCS 厂家自己开发,且具有 CRT 显示器的操作站与过程单元分离,但大部分能实现集中监视和集中操作功能,不过没有动态流程图,通信网络基本上都是轮询方式的,能实现冗余通信技术。
- 成熟期。20 世纪 80 年代初,微处理器的位数和 CRT 显示器的分辨率得到很大提高,硬盘和动态流程图从无到有;过程监控级多使用令牌网络方式连接,通信功能加强;操作系统大多使用工控机专用的实时操作系统,能实现模块化系统功能。
- 扩展期。20 世纪 90 年代操作站出现了开放/通用系统,有的开始采用以太网连接方式;操作站由专用机变化到通用机(如 PC 和小型机),操作系统也采用通用机使用的操作系统(如 UNIX 和 Windows NT)或实时多用户多任务操作系统;I/O 板引入现场总线网络技术。

总之,通用操作站的出现给 DCS 用户带来了很多方便,企业用户不必再为原 DCS 生产厂家是否倒闭、兼并,该型产品是否已经停产、备件是否能够找到而操心。由于通用操作站的适用面广,相对生产量大,成本下降,因而可以节省用户的经费,维护费用也比较少。采用通用系统要比使用各种不同的专用系统更为简单,用户也可减少人员培训的费用。更新和升级容易,开放性能好,很容易建立生产管理信息系统。

随着数据采集、通道技术、网络、服务器、控制技术和显示技术的不断进步,DCS 整体技术和性能也获得突飞猛进的发展。目前,世界上比较有名的 DCS 厂家有 Honeywell、

Elsag Bailay（包括 H&B 公司）、ABB、Yokogawa、Foxboro-Eckardt、Fisher-Rosemount、Yamatake Honeywell、Siemens 和 Westinghouse 等。国内的 DCS 厂家有上海新华、浙大中控、和利时、自仪股份、鲁能控制、国电智深、上海华文和浙江中自等。

6.2 DCS 架构规划

DCS 架构规划包括现场级、过程控制级、过程监控级架构规划以及接口架构规划。

6.2.1 DCS 现场级架构规划

DCS 现场级包括能完成对生产装置的信号转换、检测和控制量的输出等各类测控装置测量元件以及与过程控制级相连的信号线缆和电源电缆。测控装置和测点位置选择得是否合理将影响后续的处理和判断结果是否正确，所以应该特别注意。信号线缆和电缆的合理选择及铺设可以有效地减少外部环境对信号的干扰以及各种电缆之间的相互干扰，提高 DCS 运行的可靠性。

DCS 现场级工作质量决定了过程控制级的控制品质，而被控对象的特性对整个过程控制级运行的好坏也有着重大影响。如果对现场级工作不重视，产品及施工质量无法保证，过程控制级就不可能做出正确的判断和给出正确的命令，还有可能造成重大的设备损害或严重的停机事件。所以 DCS 现场级工作从规划开始就要非常重视，不仅要对 DCS 现场级的架构进行规划，还要对工作流程进行规划。DCS 现场级工作流程如图 6.2 所示。

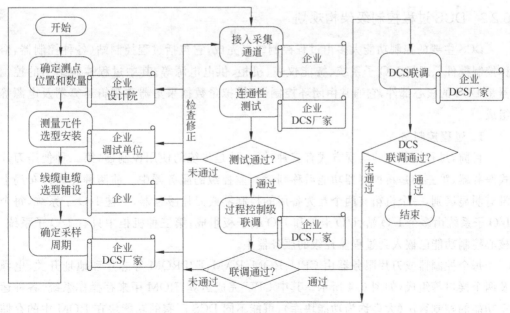

图 6.2 DCS 现场级工作流程

　　DCS现场级工作流程的主要流程节点为：确定测点位置、数量→测量元件选型、安装→信号线缆、电源电缆选择、铺设→确定采样周期→接入采集通道→连通性测试和过程控制级联调→DCS联调等。其中，每个节点都应该有对应的文档资料，如测点位置；数量环节要有测点清单和测点安装位置图、信号线缆、电源电缆选择、铺设要有布线图等。这些图要作为测试、联调和验收的重要依据。

　　DCS现场级为过程控制级提供可靠、正确的信息，其网络架构图一般如图 6.3 所示。

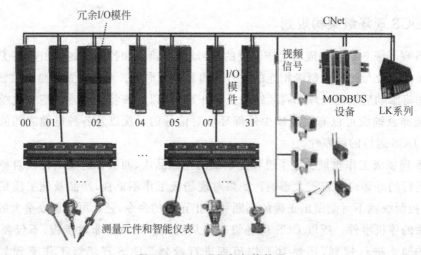

图 6.3　DCS 现场级架构简图

6.2.2　DCS 过程控制级架构规划

　　DCS 主要的控制功能大多由过程控制级来完成，它包括过程控制站（各种控制器，俗称控制模块）、现场 I/O 子系统、智能仪表、机柜、供电电源等，其中过程控制站中的控制器是 DCS 的核心部件，它通常由闭环控制器、模拟量数据采集器和逻辑运算器及电源等组成。

1. 过程控制站

　　目前，过程控制站的实现方式有三种：第一种是传统的使用控制器，第二种使用刀片式服务器，第三种是将控制器功能后移到过程监控级的服务器中。前两种在硬件布局上没有明显区别，一个机箱有两个互为备用的控制器或刀片服务器，下挂 I/O 子系统，每个 I/O 子系统由多个 I/O 站、I/O 卡件和 I/O 端子板组成；第三种机柜中只有 I/O 子系统，核心控制功能已嵌入到过程监控级的服务器中。

　　每个控制器或刀片服务器由 CPU、ROM、RAM、E2PROM 等芯片和地址开关、电源及两个接口等组成，如图 6.4 所示。其中 CPU 完成运算；ROM 用来存操作系统、各种运算功能的控制算法（大多称为功能块库），可能不同 DCS 厂家的功能块在 ROM 中的存储方式略有不同，但一个 DCS 厂家的各功能块在 ROM 中的排列是确定的，用功能码来表示功能块在功能块库中的地址，企业用户不能改变功能块的存储顺序；RAM 用来存 CPU

的运算结果和 I/O 信号；E2PROM 存用功能块连成的控制方案，下电时，控制方案不会丢失。不仅如此，控制方案不合适，还可以修改。修改采用紫外线照射，抹去 E2PROM 中的内容；地址开关用来设置控制器在现场总线网络中应该有的地址；两个接口中，一个接口向下通过现场总线来接收 I/O 的信号，另一个接口向上把信号送到网络上与过程监控级相连。

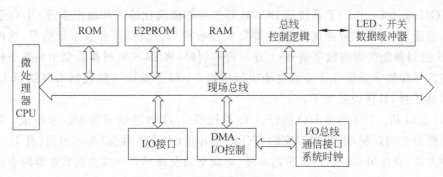

图 6.4　控制器结构图

　　早期 DCS 或 DAS 的算法是在模拟仪表中用模拟线路来实现的，它受模拟线路的漂移、电阻、电容等器件的限制，精度不会很高。精度很高的模拟仪表要付出很高的成本代价。随着技术的进步，用程序来实现各种控制算法已没有任何障碍。目前，主流 DCS 厂家的 DCS 不仅能完成原来模拟仪表的功能，而且大大超过模拟仪表，其功能块库能支持多种算法，如控制算法 PID、带死区 PID、积分分离 PID，算术运算加、减、乘、除、平方、开方，函数运算一次滤波、正弦、余弦、X-Y 函数发生器、超前-滞后。比较先进的算法有史密斯预估、C 语言接口、矩阵加、矩阵乘，逻辑运算有逻辑与、逻辑或、逻辑非、逻辑与非等。一个控制器可完成几十个回路的运算和几百点甚至更多的采集，再加适量的逻辑运算。

　　功能块库是 DCS 核心部件（控制器）的核心，而最重要的功能块是 PID 功能块，在运用功能块库中的这些功能块时，应该标明功能块输入输出之间运算的关系，还有运算所需要的参数。企业用户根据被控对象确定控制策略，形成控制方案，即在功能块库中选择控制所需要的功能块，定义它在 E2PROM 中的地址以及和其他功能块的联系，填上参数，把功能块连接起来，形成控制方案存到 E2PROM 中。这种工作称为组态，这时控制器处于组态方式，投入运行后就称为运行方式。

　　再次强调：控制器一定要冗余运行，一用一备，并且是热备。为了使冗余成功，应注意以下几点：两个控制器的硬件、软件版本必须一致；发送-接收的芯片要保证完好；冗余的芯片也要完好，保证能随时接替正在运行的控制器。

　　国内外各厂家生产的 DCS 控制器差别不是很大，大多是控制器的预置算法稍有差别，控制器与 I/O 板的连接方式也有所不同。控制器在读取 I/O 数据时要求在一秒内完成一个循环。

　　控制器作为现场总线和过程监控网络上的一个节点，采用分布方式布置，即将模拟量、开关量、脉冲量和中断量分开在不同的机柜。其中同一种信号（如模拟量）因数量多，或来自不同区域、不同设备等原因，也可分布在不同的机柜；即使在同一机柜中，也要使用通道隔离、高分辨率的模拟量模块。这种分散化的布局控制方式能改善控制的可靠性,不会由于某组(主/辅)控制器的故障而使整个系统失去控制。另外,当过程监控级发生故障时,过程控制级仍具有独立控制能力,即使个别控制回路发生故障也不致影响全局。每种机柜都能将过程控制级和所负责的I/O子系统集成在一起。

2. I/O子系统

I/O(Input/Output)子系统即DCS现场信号的模块化输入和输出通道。I/O子系统下连传感器、执行器和智能仪表等,主要负责接收现场的模拟量和数字量信号,然后转换成DCS控制器能接收的数字信号;上连过程控制站,将DCS控制器所发出的指令转换成模拟量信号和数字量信号传递给现场执行机构。I/O子系统一般包括I/O站、I/O卡件和I/O端子排,具体说明如下:

(1) I/O站。I/O站由I/O机柜、I/O总线板、I/O站通信卡和I/O卡组成。I/O站的设计要符合国际标准,不同厂家的I/O机箱容量(即卡件数量)各不相同,有14、16、32等多种方式,企业可根据自己机房的高度、地面空间及现场各类测点的数量等综合因素来选择机箱规格;I/O站通信卡与过程控制站通信;I/O卡分别与相应端子排连接。大型企业的I/O站可能会有30多个,因监控设备比较分散,也不可能全部集中到机房,会根据局部地区测点的集中情况、测点到机房的距离等设置就地I/O机箱,然后通过网络连接到过程控制站。I/O站按信号类型可分为模拟量输入机箱、模拟量输出机箱(一般比模拟量输入机箱少很多)、开关量输入机箱、开关量输出机箱、脉冲量输入机箱和中断量输入机箱等。对于中小企业或大型企业远程区域监控信号类型多、数量少等情况,可以将多种I/O卡件配置在一个机箱。

(2) I/O卡件。主要完成输入输出的转换与处理,一般由主板、CPU、隔离器、A/D或D/A、放大器、过流/过压保护、模拟量变送器供电、开入查询供电、通信接口等组成。主要功能是对多路输入的各种模拟信号、开关量信号和脉冲信号等进行采样,然后将模拟信号和脉冲信号转换成数字信号,并能进行模拟量的滤波、放大、隔离、输入开路检测、误差补偿及必要的修正(如热电偶冷端补偿、电路性能漂移校正等)。I/O卡件还能进行模拟量和开关量的输出,即模拟量输出卡件能将计算机输出的数字信号转换成外部过程控制仪表或装置可接收的模拟量信号,用来驱动各种执行机构控制生产过程;开关量输出卡件能把计算机输出的二进制代码所表示的开关量信息转换成能对生产过程进行控制或状态显示的开关量信号。

无论哪个制造厂家及哪种类型的I/O卡件,每块I/O卡件的点数(通道数量)一般都是2或8的倍数,常见的I/O卡件点数通常如下:

$$
模拟量 \begin{cases} 输入 \begin{cases} 低电平:16点、32点、64点处理器 \\ 高电平:16点、32点处理器 \end{cases} \\ 输出:16点处理器 \end{cases} \qquad 开关量 \begin{cases} 输入:32点处理器 \\ 输出:32点处理器 \end{cases}
$$

脉冲量输入:2点、4点、6点、8点处理器

中断量输入:16点、32点、64点处理器

随着技术的发展,许多主流厂商在同一块卡上可同时接收不同类型的信号,如AI卡可同时接收电流、电压、热电偶信号,并向变送器供电,或同时接收热电阻、热电偶信号等。

另外,能进行I/O自检,诊断软件可对I/O卡件诊断到通道级,并在全工作温度范围(0～55℃)内对零漂、温度等进行补偿。而且在不拆卸输出引线的情况下,能无扰动地实现I/O卡件带电拔插。

(3)I/O端子板。由安装有端子的印刷电路板和端子盒构成,端子盒起固定和保护作用。现场信号线进入I/O端子柜内端子板上的对应端子后,采用端子板转接技术进入相关功能的I/O卡件。端子板上具有滤波、抗浪涌冲击、过流保护、驱动等功能电路,提供对信号的前期处理及保护功能。

I/O机柜一般采用拼装结构,机柜外壳均采用金属材料(钢板或铝材),活动部分(如柜门与机柜主体)之间保证良好的电气连接,为内部的电子设备提供完善的电磁屏蔽。机柜要安全、可靠接地,接地电阻应小于4Ω。机柜顶部安装两个散热风机,底部安装可调整尺寸的电缆线入口,侧面安装可活动的汇线槽。

总之,每一块I/O卡件都连接在I/O总线上。为了信号的安全和完整,信号在进入I/O卡件以前要进行整修,如上下限检查、补偿运算、噪音滤除、非线性校正、标度变换等处理等,这些工作可以在端子板完成,也可以分开完成,完成信号整修的板现在有人称为信号调理板。当然,也有I/O卡件采用IP30的金属封装和通道单点隔离技术,与传统的DCS卡件8点或16点通用一个隔离电路相比有本质的提升,不会由于一个I/O通道的损坏而影响其他I/O通道的使用。具有抗干扰、强度高、防腐蚀的功效,但成本会相对增高。

3. 现场总线

现场总线是应用于过程控制级与现场级的一种数字网络,它提供过程控制信息和设备管理信息的交换支持。通过现场总线既可以连接各种智能设备(如智能变送器、调节阀、分析仪等),也可以连接能支持现场总线的I/O卡件,而且过程控制策略完全可以在现场智能设备层次上实现。目前主流的现场总线协议包括PROFIBUS、FF、ControlNet、PROFINET、P-NET、CAN、LOONWORKS、Modbus等,通常支持的拓扑结构有总线型、星形、树形(或分支或鸡爪形)、雏菊链结构,不同结构针对不同的需求。现场总线的网络架构一般如图6.5所示。

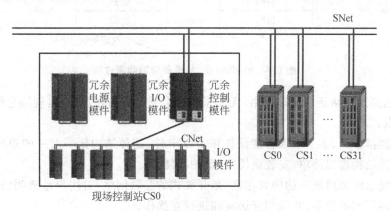

图6.5　现场总线的网络架构

另外,一些现场总线协议还可以细分,如 PROFIBUS 协议(1989 年正式成为现场总线的国际标准)分为 PROFIBUS-DP(Decentralized Periphery)、PROFIBUS-PA(Process Automation)和 PROFIBUS-FMS(Fieldbus Message Specification)三部分。

PROFIBUS-DP 是高速网络,通信速率能达到 12Mbps,主站和从站之间采用轮循的通信方式,可以连接远程 I/O、执行机构、智能马达控制器、人机界面(HMI)、阀门定位器、变频器等智能设备,一条 PROFIBUS-DP 总线可以最多连接 123 个从站设备。PROFIBUS-DP 的拓扑结构可以是总线型、星形和树形,通信介质可以是屏蔽双绞线、光纤,也支持红外传输,采用双绞线时,不加中继器最远通信距离可达 1.2km,最多可以采用 9 个中继器,最远通信距离可达 9km。采用光纤时,最远通信距离可达 100km 以上,其中采用多模光纤时两点间最远距离可达 3km。

PROFIBUS-PA 的数据传输采用扩展的 PROFIBUS-DP 协议,适用于过程自动化,可使传感器和执行器接在一根共用的总线上。另外,PROFIBUS-PA 还描述了现场设备行为的 PROFIBUS-PA 行规。根据 IEC1158-2 标准,PROFIBUS-PA 的传输技术可确保其本征安全性,而且可通过总线给现场设备供电。使用连接器可在 PROFIBUS-DP 上扩展 PROFIBUS-PA 网络。

PROFIBUS-FMS 定义了主站之间的通信模型,是令牌结构的实时多主网络,用来完成控制器和智能现场设备之间的通信以及控制器之间的信息交换。主要使用主从方式,通常周期性地与传动装置进行数据交换。

Modbus 协议是一种适用于工业控制领域的主从式串口通信协议,它采用查询通信方式进行主、从设备的信息传输,可寻址 1~247 个设备地址范围。协议包括广播查询和单独设备查询两种方式,二者的区别就是广播查询不需要从设备回应信息。主、从设备查询通信过程如图 6.6 所示。

图 6.6　Modbus 主、从设备查询响应过程

无论是高速网络还是串口网络,无论采用什么样的网络拓扑结构,现场总线方式都具有以下特点:

- 能挂接多种、多个现场智能设备和 I/O 卡件,这种结构比一对一的单向模拟信号传送结构布线简单,安装费用低,维护简便。
- 现场总线采用统一的协议标准,是开放式的互联网络,对用户是透明的,可以连接不同厂家的设备,并能相互访问和进行互操作。
- 现场总线将控制功能下放到作为网络节点的现场智能仪表和设备中,做到彻底的分散控制,提高了系统的灵活性、自治性和安全可靠性,减轻了控制站 CPU 的计算负担。

- 通过数字化传输现场数据，DCS 能获取现场仪表的各种状态、诊断信息，实现实时的系统监控和管理，使系统组态简单灵活，不同现场设备中的功能块可以构成完整的控制回路。
- 采用数字通信方式可支持多种传输媒介和拓扑结构，即根据控制系统中节点（测量元件）的空间分布情况，可应用多种网络拓扑结构和传输介质，这种多样性给DCS 的施工带来了极大的方便，可节省布线工程费用。

4. 电源

过程控制级的电源配置来自 220V 或 120V 交流电源，交流电源一般由 DCS 的总电源装置（如来自发电厂的保安母线配电箱），经机房 UPS 提供。每个机柜按照系统容量、安全性的要求及资金等来确定选用单电源供电还是冗余双电源供电等配电模式，按卡件对电源等级的要求来选择电源等级。供电电源一般放置在机柜上部，大多采用1∶1 冗余配置，提供＋5V、＋12 V、−12 V、＋15V、−15V、＋24V、48V 等不同等级的电源。当然需分别进行带负载调整，调整时，两台电源的负载一定是相同的，要调整到相同的输出，然后安装到机柜上。电源系统中有一块电源检测板，能显示两台电源的输出情况。且两台能同时给负载供电，最好工作在平衡电压的状态。为控制器、I/O卡件、现场普通测量元件、智能测量装置等提供可靠电源。而且 I/O 卡件要采用隔离技术，实现现场级与过程控制级的电源完全隔离。当然，I/O 卡件能不能配电、如何配电和生产厂家的产品密切相关，比如霍尼韦尔的 AI 卡件，配电与不配电只需要在接线端子上更改就能实现，中控的则需要在 AI 卡件上更改跳线，而和利时的配电与不配电则是不同的卡件。

由于国产的 DCS 系统价格很低，利润也很低，DCS 制造厂家没有资金投入电源系统开发。所以，国产的 DCS 系统基本都采用整体式电源，采用 N+1 电源方案的目前不多。

6.2.3　DCS 过程监控级架构规划

1. DCS 过程监控级组成

DCS 过程监控级由一个工程师站、多个操作站、一个历史数据存储/运行系统备份站、两台热备数据库服务器及多台应用服务器组成，主要完成系统的操作和组态。其中，工程师工作站对控制器进行组态（CAD），也可以对操作站进行组态（作动态流程图）。如果监控软件作图能力很强，作图工作可以由监控软件独立完成。工程师站的另外一个功能是读控制器的组态，用于控制器升级，查找故障，称为逆向工程师站。操作站安装操作系统、监控软件和控制器的驱动软件；显示系统的标签、动态流程图和报警信息可完成操作员的各项操作和监测；历史数据存储站用于存储历史数据，可用磁盘阵列（称为 RAID技术）完成。数据库服务器存储正在运行的系统数据，并可通过单向隔离设备与 SIS 或MIS 相连接，也有将此项功能的接口软件安装在工程师站的。

要求级别很高的企业一般采用实时操作系统和实时数据库，服务器采用两台以上的小型机或工控机及专用服务器；但考虑成本问题，大多采用通用操作站和服务器，使用

UNIX、Linux 或 Windows NT 操作系统以及 FIX、INTOUCH、PARAGON、ONSPEC、CIMPLICITY 等能存储历史数据的监控系统软件。如果采用 OSI 历史数据库,可以存储更多的历史数据达三年以上。一般情况下,可管理 10 000 点现场及计算数据。

早期的 DCS 在操作站的主机上加分屏卡,如加 2 分屏、4 分屏的分屏卡,可分别连接 2 台 CRT 或 4 台 CRT,用这种方法来增加人机界面。除电厂以外的企业,如水泥厂、钢铁厂等,生产工艺很长,地域比较分散,且由一套 DCS 系统控制,其输入输出点数较多。为了节省投资,一个操作站往往和一部分生产工艺相对应。例如,水泥厂的回转窑和磨机相隔距离很远,操作站可以安装在两个地方。这时一个操作站配置一台打印机。如果其中一个操作站的主机坏了,这个操作站显示的内容就没有了。为了系统的安全运行,采用标签的重叠组态来实现。如果系统有两个操作站,分别为 A 站和 B 站,该系统有 2000 个标签,A、B 操作站要分别组态 1300 个标签,其中 300 个标签是重叠的。即使 A 操作站发生故障,只要 B 操作站正常运行,系统也能照常工作,因为重要的标签在 B 操作站上都有了。值得注意的是,重叠组态也会带来负面影响,容易使 A、B 操作站的管理人员责任不明确。

2. DCS 过程监控级网络架构

DCS 过程监控级网络架构和所使用的网络设备、服务器、操作系统、应用软件等有一定的匹配关系,即不是每一种过程监控级网络架构都能连接所有网络设备和所有服务器等,只有契合度高的方案,整个系统的效率、安全性和稳定性等才会更好。最常使用的过程监控级网络架构一般采用总线以太网和环网。其中过程监控级总线以太网网络架构如图 6.7 所示。

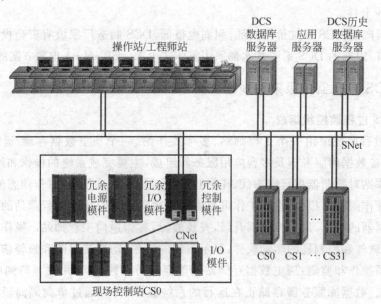

图 6.7　过程监控级总线以太网网络架构

3. DCS 网络架构

DCS 现场级、过程控制级和过程监控级集成在一起，再加上 SIS 及 MIS 的上级管理系统，其整体的网络架构如图 6.8 和图 6.9 所示。这里为突出 DCS 主题，将 SIS 和 MIS 的结构画得比较简单，但实际上 SIS 和 MIS 的网络架构比 DCS 复杂得多，不过 DCS 的安全级别和可靠性比 SIS 和 MIS 的要求高很多。

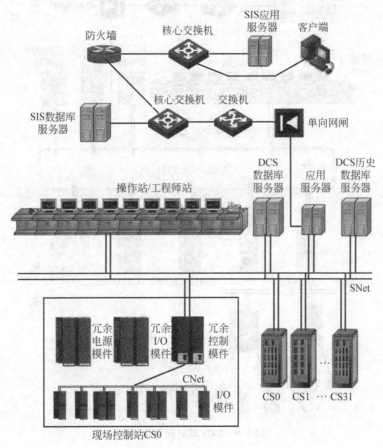

图 6.8 DCS 总线型网络架构图

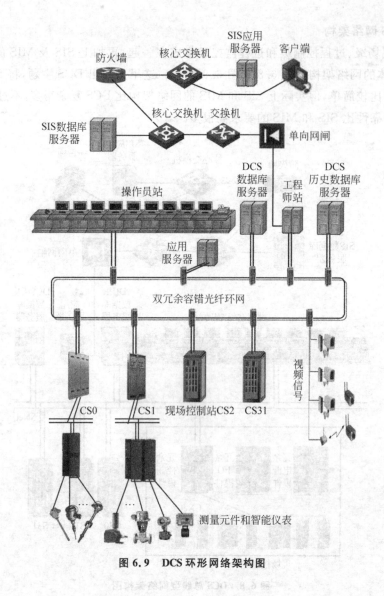

图 6.9　DCS 环形网络架构图

6.3　DCS 功能规划

DCS 现场级、过程控制级的功能在 6.2 节的架构中已经或多或少地提到了一些,限于篇幅,本节以过程监控级为主介绍 DCS 的主要功能。过程监控级包括一个工程师站、多个操作站、一个历史数据存储/运行系统备份站,主要完成系统的操作和组态。

6.3.1　DCS 过程监控级功能规划

过程监控级的功能是操作站、工程师站和历史数据存储站的功能集合。

1. 操作站

操作站的主要功能是监视和控制整个生产过程(装置),方便操作人员了解各种工况下的运行参数,及时掌握设备操作信息和系统故障信息,准确无误地作出操作决策,它是操作人员与控制系统交换信息的人机接口。操作站一般由具有较强图形处理能力的计算机和相应的外部设备组成,放置在生产现场的集控室内,主要包括计算机主机、CRT 或 LED 显示器、大屏幕显示装置、操作台、输入设备(键盘和鼠标)、打印机和拷贝机等。其基本功能如下:

- 通过过程监控级网络接收来自过程控制级的信息,存储到数据库,并将操作人员的操作决策传递到过程控制级和现场级的执行机构。
- 自动检测和控制 DCS 系统的工作状态。
- 提供多种显示功能,如系统状态、过程状态、生产状态、模拟流程、特殊数据、历史数据、统计结果等参数和画面显示。
- 进行生产记录、统计报表、操作信息、状态信息、报警信息、历史数据、过程趋势的制表或曲线打印。
- 可进行在线变量计算、控制方式切换,实现逻辑控制和设定值指导控制等。
- 具有磁盘操作、数据库组织、显示格式编辑、程序诊断处理等在线辅助功能。

DCS 的操作员必须经过严格培训,考试、体检合格后才能持证上岗。操作员的操作主要依靠流程图画面和标准的总画面、分组画面等,采用标准键盘、鼠标和操作员专用键盘或软手操器等来进行操作。在多屏幕的情况下,采用操作的最后有效原则。最关键的是不能发生死机现象,操作站要安全、可靠和高效率。

2. 工程师站

工程师站由主机、显示器、键盘、鼠标、打印机和绘图机等组成,主要功能是为技术人员对 DCS 进行系统配置、组态、调试和维护提供一个工作平台,如采用菜单、窗口、CAD 技术等制作流程图画面,使人机界面友好。它调用 DCS 的各种资源,组合 DCS 提供的各种控制算法和画面,实现系统优化和先进控制策略的实施,并对各种设计文件进行归类和管理,形成相应的设计文档。具体地说,工程师站除了具有操作站的所有功能外,还可以对 DCS 进行组态(程序组态及画面组态)、上传下载修改等,对控制站进行配置,另外还可以增加或减少操作站,基本上就是整个 DCS 软硬件组态的操作窗口。

通过专用的软件定义系统的过程就是组态(configuration)。定义过程控制级各模块的排列位置和类型的过程叫过程控制级硬件组态,定义过程控制级控制策略和控制程序的过程叫控制策略组态,定义操作站监控程序的过程叫操作站组态,定义系统网络连接方式和各站地址分配的过程叫网络组态。组态的体系结构如图 6.10 所示。

需要强调的是,DCS 系统的数据主要来自现场的信号和各种变量,在控制站中表现为与测点点号(TAG)对应的测量值(PV)、设定值(SV)、操作输出值(MV)及回路状态(AVTO/MAV/CAS)等。

3. 组态常规操作

组态常规操作包括对系统总貌、工艺流程、控制操作、数据一览、分组显示(如棒图)、报警、实时曲线、历史趋势和生产报表的组态。例如,发电企业标准操作画面约定内容如表 6.1 所示。

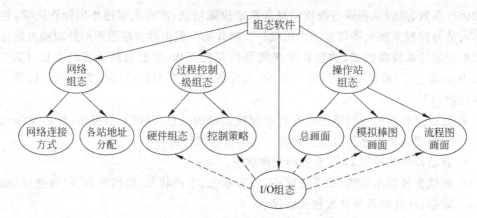

图 6.10　DCS 组态软件体系结构

表 6.1　发电企业标准操作画面约定内容

画面名称	最大页数	每页显示数量	功　能
系统总貌	160	32 块	显示内部仪表、监测点等数据状态，是其他标准操作画面的入口
工艺流程	640		以系统工艺流程的形式显示指定的系统流程图和相关参数
控制操作	320	8 点	发电机组启动、开关倒闸操作、马达和泵等转动设备停止运行等操作画面
数据一览	160	48 点	显示 48 个测点的数据信息（包括点号、描述、实时值、测量单位等）
分组显示	160	16 点	确定棒图仪表的显示分组和位置，以棒图高低来显示每页最多 16 个点的模拟量数值
报警	160	32 点	按时间倒序排列，实时显示采样点的报警信息，即最近的报警点在画面的最上面
趋势图	640	8 点	包括实时曲线和历史趋势，每页显示最多 8 个测点在指定时间之内的趋势图
生产报表	64	32 点	常用的日报、周报、事故分析等报表

　　组态操作不只是上述内容，还包括其他的操作，但因篇幅有限，这里不再一一介绍，而且不同公司的组态软件功能也略有区别。

　　历史数据采集和存储一般放置在历史数据存储站，同时历史数据存储站也成为其他站（工程师站和操作站）的系统备份，所以该站的磁盘容量要大于其他各站或者采用专用的磁盘柜。

6.3.2　CRT 画面规划

　　DCS 的 CRT 是人机联系的重要窗口，所有的控制、监视和查询、组态画面都通过 CRT 来展现。规划初期，如果不清楚自己想要什么风格的画面进行展现，可参考其他企业已建成的 DCS CRT 画面进行规划,然后做适量调整。不同 DCS 厂家 CRT 画面的布局略有区别,但一般均包括标题栏、菜单栏、工具栏、报警信息栏、综合信息栏和主画面区。主画面区的画面是经过组态的画面,通常有总貌画面、工艺流程画面、控制操作画面、分组显示画面、报警画面、实时曲线画面、历史趋势画面和生产报表等。

1. 画面内容显示约定

DCS 画面显示内容的约定包括生产线和设备运转状态、管线显示颜色、仪表测量信号标示、报警标志等。其中,管线显示颜色用来区分画面中管道流过的介质,常规的颜色定义如下:

浅绿色:上水。

深绿色:回水。

黄褐色:芳香烃油气。

棕色:轻油、酚油、萘油、洗油、蒽油、焦油、沥青等,颜色从左到右可渐深。

紫色:$NaOH$、H_2SO_4 等碱酸,碱的颜色可以深一些。

土黄色:煤气。

黄色:氮气。

红色:蒸汽、排气。

浅蓝色:压缩空气、空气、真空系统。

当然,不同 DCS 厂家的颜色表示略有区别。另外,不常见的介质标识颜色用户可自己定义。

2. DCS 典型画面显示内容的布局

下面以在 DCS 中常见的使用画面为基础,为规划提供直观的参考依据。DCS 典型画面主要包括总貌画面、工艺流程画面、控制工艺设定(组态)画面、控制操作画面、分组显示画面、数据一览、报警画面、实时曲线画面、历史趋势画面和生产报表等。

其中,总貌画面将整个系统的过程信息以压缩的方式在一幅画面中加以显示,并可从总貌画面中调出各子系统的流程画面。

1) 工艺流程图画面

工艺流程图画面是工艺过程在实时监控画面上的仿真,是控制系统最主要的监控画面。监控人员可在工艺流程图画面中完成基本的控制操作,画面中的控制信息由用户在组态时自行设定。从流程图上用户可了解显示系统的运行状况及相关参数的具体位置和变化情况。

在工艺流程图中,鼠标在某个数据点上停留几秒钟后,应该显示该点的说明。流程图中所有液位均由棒图显示,正常颜色为绿色,高低报警时为红色闪烁。流程图中监控人员比较关注的画面及经常使用的画面要放在同类组态画面的前面,如火力发电厂的燃烧系统和汽水系统画面等。争取让监控人员通过几幅流程图能够掌握更多的控制信息,并对系统的实时变化作出及时响应。

工艺流程图画面主要用来显示各种监控测点的实时信息,监控人员根据这些信息判断系统的运行状态。一般情况下,流程图中的模拟量测点、报警指示灯、棒图和设备动态显示的内容仅为观测项,不允许用户对其进行操作;但流程图中也提供调节控制和虚拟按钮等可操作项,以满足监控人员对现场执行器和电机设备的控制需求。

2）控制操作画面

控制操作画面一般包括单回路调节画面、集中管理控制画面和设备操作控制画面等,如图 6.11 和图 6.12 所示。

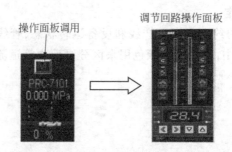

图 6.11 单回路数值显示框和调节回路操作面板

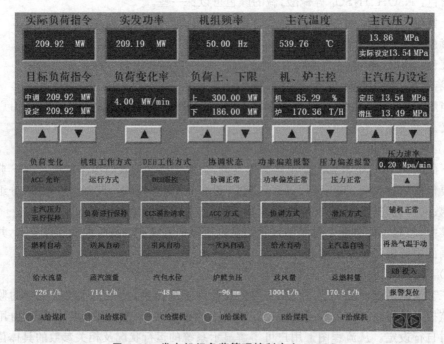

图 6.12 发电机组负荷管理控制中心 LMCC

单击单回路数值显示框上方的■按钮可调出调节回路操作面板,进行相关操作。而只有按回车(即操作确认)键,操作才有效。

集中管理控制画面,如发电厂的发电机组负荷管理控制中心画面,是发电机组负荷控制操作的总入口,与发电机组负荷相关的所有操作都从此页面进入。

3）分组显示画面

分组显示画面(俗称棒图画面)是主要监控画面之一,因其直观、形象等特点,比较受用户喜欢。每幅棒图最多可显示 16 个仪表数据,每个仪表数据包括点号、描述、量程、报警上限(下限)、报警上上限(下下限)和报警状态。并用三角针表示报警限位置、彩色棒图显示模拟量值的大小,用颜色变换和闪烁来直观表示数据正常(例如绿色)、上下限报警(例如黄色)和上上/下下限报警(例如红色)。

对于累计量,如果需要进行手动清零,则要进入分组画面,选择累计量面板进行累计量清零操作。操作成功后,累计量立即清零重新累计。

4)数据一览

数据一览每页最多显示 48 个测点的数据信息,包括点号、描述、实时值、测量单位和报警状态。每个测点信息的显示分组和组中的位置要提前在组态画面确定。数据一览中的数据只能进行监测,不允许用户修改。当有数据报警时,对应的数值颜色发生变化,如高低限报警显示黄色,高高限和低低限报警时显示红色。

5)实时曲线画面、历史趋势画面

实时曲线画面和历史趋势画面界面风格基本一致,只是展现的时间段和取数方式不一致。实时曲线显示的是当前时间及近期一段时间内的曲线,数据来自操作站服务器的主数据库;历史趋势显示的是以前任一时间段内的曲线,数据来自历史数据库或主数据库中的一个历史数据库表。不管是实时曲线画面还是历史趋势画面,它们都以曲线的形式反映实时数据的变化趋势,即根据组态信息和工艺运行情况,以一定的时间间隔记录每一个数据点,能动态更新正在显示的趋势曲线,并显示时间轴所在时刻的数据。

每个曲线趋势画面可以显示多达 8 条不同颜色的趋势曲线及对应的测点点号、当前测点值、量程和单位。

多曲线、多画面显示在大屏幕显示系统中比较常见,大屏幕显示系统主要包括视频显示屏系统、传输系统、控制系统(含图像处理和显示软件)及辅助系统(矩阵切换器等)。可以进行多画面、灵活混合显示,以实现对整个 DCS 的运行、管理、调度所需的各种信息进行综合显示。

6)报警画面

报警处理有两种方式,一种是事故报警,另一种是预告报警。前者包括非操作引起的泵故障、液位超限、断路器跳闸和保护装置动作信号等。后者包括一般设备变位、状态异常信息、模拟量越限/复限、控制站的各个部件、间隔层单元的状态异常等。

对出现的故障可进行声光、语音报警。报警内容显示在最前端,便于运行人员查看报警内容。

DCS 服务器在运行期间会自动对软件/硬件进行监视,一旦软件/硬件出现错误将会自动报警,同时闭锁自身,以免造成误操作。如果是双机配置,当主服务器发生错误时,除了闭锁自身,备用服务器还自动上升为主服务器继续承担运行任务,同时发出报警信号,保证运行的稳定性和可靠性。

报警画面是用来显示事故报警和预告报警的重要手段,如风力发电厂的遥信变位、遥测量越限、事件顺序记录、保护动作信息、风机故障记录、风电场 AGC 调整记录、风电场 AVC 调整记录、风机控制操作记录、通信接口及网络故障等。报警画面根据组态设定情况和工艺运行情况来显示新产生的报警信息。在发生报警之后,监控人员可以通过相应操作来确认报警信息。其中,事件顺序记录功能可将事件过程中各设备动作顺序,带时标记录进行存储,以便区分出各事件发生的先后顺序,还支持显示和打印等功能,并生成事件记录报告以供查询。系统保存不少于 3 年的事件顺序记录条文,事件分辨率不超过 1ms。

事故追忆记录用于分析在事故前后的一段时间里重要实时参数及 SOE 在特定时刻的变化情况,并存入追忆报告文本中,按用户要求打印输出。事故追忆范围至少为事故前 5 帧,事故后 5 帧。

6.4　DCS 抗干扰能力规划

DCS 监控点、控制器和服务器等所处的环境比较恶劣,如高电压和大电流强电磁场、局部环境温度的高梯度分布和谐波电源等,这种环境使 DCS 采用的电子器件、微处理器、数字化传输线路等容易受到干扰。这些干扰一旦进入系统,会影响信号的准确性,导致误判断和误动作,甚至造成系统瘫痪。所以 DCS 抗干扰能力的规划是 DCS 规划必不可少的内容。

6.4.1　干扰分类

不同厂家 DCS 的设备、装置,不同的应用领域(如发电、化工和冶金等行业),对系统抗干扰能力的要求不尽相同。但总目标和原理是一致的,就是要通过干扰抑制提高系统的抗干扰能力,保证系统无扰运转。要达到这一目标,首先要清楚 DCS 所面临的干扰。

1. 干扰分类

干扰类型一般按干扰产生的原因、干扰的波形性质和干扰模式的不同来划分,如图 6.13 所示。

2. 干扰的来源

DCS 遇到的干扰往往是窜入或叠加在系统电源、信号线上的与信号无关的电信号。干

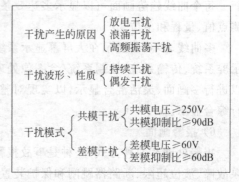

图 6.13　干扰分类及抗干扰能力要求

扰会造成测量的误差,严重的干扰(如雷击、大的串模干扰等)可能会造成设备损坏。干扰一般来源于电阻耦合引入的干扰(传导引入)、电容电感耦合引入的干扰、计算机供电线路上引入的干扰和雷击引入的干扰。每种干扰的来源说明如下:

(1) 电阻耦合引入的干扰。包括以下几种:

- 当几种信号线在一起传输时,由于绝缘材料老化、漏电而影响到其他信号,即在其他信号中引入干扰。
- 在一些用电能作为执行手段的控制系统中(如电热炉、电解槽等)信号传感器漏电,接触到带电体,也会引入很大的干扰。
- 在一些老式仪表和执行机构中,现场端采用 220V 供电,有时设备烧坏,造成电源与信号线间短路,也会造成较大的干扰。
- 由于接地不合理,例如在信号线的两端接地,会因为地电位差而加入一个较大的

干扰。

（2）电容电感耦合引入的干扰。DCS 现场级信号接入过程控制级，再从过程控制级通过网络传输给过程监控级的服务器，这个过程中信号线或者走电缆槽，或者走电缆管，如果由于空间环境限制，信号线缆和电缆无法保证相互之间的安全距离，而在一起走线。这些信号之间就会有分布电容存在，通过这些分布电容将干扰加到别的信号线上，同时，在交变信号线的周围会产生交变的磁通，这些交变磁通会在并行的导体之间产生电动势，因此造成线路上的干扰，即电容电感耦合产生的干扰。

（3）计算机供电线路上引入的干扰。在有些工业现场（特别是电厂、冶金企业、大的机械加工厂等）大型电气设备启动频繁，大的开关装置动作也较频繁，这些电动机的启动、开关的闭合产生的火花会在其周围产生很大的交变磁场。这些交变磁场既可能通过在信号线上耦合产生干扰，也可能通过电源线上产生高频干扰，这些干扰如果超过容许范围，也会影响计算机系统的工作。

（4）雷击引入的干扰。雷击表现有两种形式：一是直击雷，二是感应雷。直击雷雷击通路上的物体会被高温烧损甚至融化；感应雷是在直击雷放电过程中，周围导线或金属等受电磁场作用，感应产生的高电压进入系统内部，在系统周围产生很大的电磁干扰，也可能通过各种接地线引入干扰，从而干扰、损坏计算机和其他控制设备，严重的还会造成人员伤亡。

雷击瞬态干扰是一种具有极强破坏力的共模干扰，由高能量的低频分量和辐射能力极强的高频分量组成，可以通过保护装置的各种外接电缆作用到装置上，对装置造成极大的威胁。

6.4.2 抗干扰规划

为了保证 DCS 在各种企业电磁环境中免受或减少上述四种来源的干扰，在规划阶段就要对各种干扰做好抑制和防止措施。抑制和防止干扰的措施一般有三种：抑制干扰源，切断或衰减电磁干扰的传播途径，提高装置和系统的抗干扰能力。这几种措施在硬件方面常常采用隔离、屏蔽、抑制、接地、双绞线和滤波技术来实现，在软件方面采用数字滤波和数字处理等抑制干扰的措施和方法。

1. 隔离

隔离的主要目的是通过隔离元件把干扰源的路径切断，从而达到抑制干扰的效果。具体措施如下：

（1）所有的信号线可靠地绝缘，保证导线之间不会产生漏电，这样需要保证导线绝缘材料的耐压等级和绝缘电阻必须符合国家相关标准要求，防止由于接触引入的干扰。

（2）合理布线，将不同种类的信号线隔离铺设（即不在同一电缆槽中，或用隔板隔开），信号线尽量避开干扰源。

（3）将信号源同计算机在电气上进行隔离，如图 6.14 所示，会大大地减小共模干扰对计算机造成的危害。而这种用隔离放大器将信号的输入端子与计算机部分完全隔离（有的系统中采用隔离变压器或继电器等方式隔离，对开关量则可以采用光电器件或继电器进行隔离）。这样，由于 C 和 D 之间地电位不同所产生的干扰信号形不成回路，就抑制

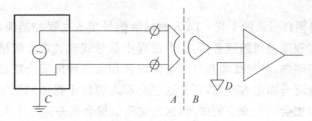

图 6.14　信号电气隔离

了干扰的危害。

（4）供电系统的隔离。为了防止供电线路上引入共模高频干扰信号,可以在供电线路上设隔离变压器进行干扰隔离。

需要说明的是,如果采用隔离变压器进行隔离,为了达到好的干扰抑制效果,必须注意两点:一是变压器的屏蔽层要很好地接地,二是变压器的次级线圈一定要用双绞线。

2. 屏蔽

屏蔽是抑制干扰的重要方法。屏蔽包括电气屏蔽和磁屏蔽,电气屏蔽是用金属导体把被屏蔽的元件、组合件、电路及信号线包围起来;磁屏蔽用导磁性能好的铁、镍等导体进行屏蔽。这两种屏蔽主要用于抑制电容性耦合干扰和强交变磁场的干扰。

当然屏蔽能起作用的根本在于屏蔽层必须接地,有的采用单点接地,有的采用多点接地,多点接地不便时,在两端接地。其主要理论依据是:屏蔽层也是导线,当屏蔽层的导线长度与被保护的电缆芯传输信号的四分之一波长接近时,屏蔽层相当于一根天线。另外,对于开关量可用总屏蔽;对于高电平模拟信号宜用对绞线芯的总屏蔽,必要时可用对绞线芯的分屏蔽;对于低频信号线只能将屏蔽层的一端接地,否则屏蔽层两端的电位差会在屏蔽层中形成电流,产生干扰;对信号频率较高的(100kHz)信号建议两端接地。

屏蔽电缆的主要作用是防止静电干扰、电磁感应和串音感应所产生的干扰。

3. 双绞线

用双绞线代替两根平行导线是抑制磁场干扰的有效办法。原理如图 6.15 所示。

图 6.15　双绞线抑制电磁干扰原理图

图 6.15 中,每个小绞扭环中会通过交变的磁通,而这些交变的磁通会在周围的导体中产生电动势,它由电磁通感应定律决定(如图中导线中的箭头所示)。从图中可以看出,相邻绞扭环中在同一导体上产生的电动势方向相反,相互抵消,这对电磁干扰起到了较好的抑制作用,在单位长度内的交变数越多,抑制干扰的能力越强。

4. 雷击保护

系统受雷击干扰有两种方式。一种是架空电源线、信号线可能会遭受雷击;另一种是信号电缆附近受到雷击,通过分布电容和电感耦合到信号线,在信号线上产生一个很大的脉冲干扰,有时甚至会烧坏设备,影响人员安全。针对不同的干扰原因,可以采用下面两种措施防雷击:

(1) 对于架空信号线,必须在计算机输入端子处采取防雷措施,如装避雷器、加压敏电阻、较强的滤波电路等来抑制其干扰。

(2) 对于耦合干扰,可用金属电缆管或槽铺设信号线,电缆管或金属槽有很好的接地。

5. 硬件滤波及软件处理

采集信号在进入控制站前,信号线与地之间并接电容,以减少共模干扰;在信号两极间加装滤波器可减少差模干扰。

但由于电磁干扰的复杂性,要彻底消除各种干扰影响只能是一种理想,如果硬件防范是第一步,那么软件抗干扰能力的设计就是第二步防线。在 DCS 软件设计和组态时,采用一些措施会进一步降低干扰的影响。如数字滤波和工频整形采样,能消除周期性干扰;定时校正参考点电位,并采用动态零点,可有效防止电位漂移;采用信息冗余技术,设计相应的软件标志位;采用间接跳转,设置软件陷阱等提高软件结构的可靠性,从而提高 DCS 整体的可靠性。

6.4.3　接地规划

接地作用总的来说有三种:一是保护人和设备不受损害,称保护接地;二是抑制干扰,称工作接地;三是供电系统接地。

1. 保护接地

保护接地是将 DCS 中平时不带电的金属部分(机柜外壳、操作台外壳等)与地之间形成良好的导电连接,以保护设备和人身安全。原因是 DCS 的供电是强电供电(220V 或110V),通常情况下机壳等是不带电的,当故障发生(如主机电源故障或其他故障)造成电源的供电火线与外壳等导电金属部件短路时,这些金属部件或外壳就形成了带电体,如果没有很好的接地,那么这个带电体和地之间就有很高的电位差,如果人不小心触到这些带电体,那么就会通过人身形成通路,产生危险。因此,必须将金属外壳和地之间作很好的连接,使机壳和地等电位,以防止静电的积聚。

保护接地一般在机柜和其他设备设计加工时就已在内部接好,有的系统还将保护地在内部同电源进线的保护地(三芯插头的中间头)连在一起,这不是值得提倡的接地方式。保护接地必须将一台设备(控制站、操作员站等)上所有的外设或系统的保护接地连在一起,然后用较粗的绝缘铜导线将各站的保护接地连在一起,最后从一点上与大地接地系统相连。还有一点值得提醒的是,DCS 的所有外设必须从一条供电线上供电,而且一台设备(如操作员站位所连接的所有外设和主机系统)的电源必须从设备的供电分配器上取电,而不允许从其他地方取电,否则可能会烧坏接口甚至设备,对于不得不用长线连接的场合,可以用较粗导线提供供电,也可以采取通信隔离措施。各站的保护接地在连接时可以采用辐射连接法,也可以采用串行接法。保护接地连接方式如图 6.16 所示。

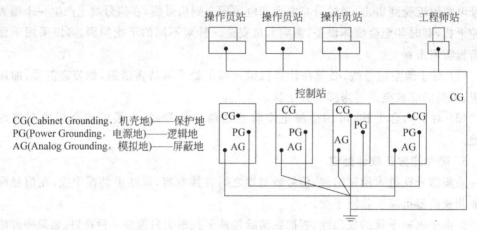

CG(Cabinet Grounding，机壳地)——保护地
PG(Power Grounding，电源地)——逻辑地
AG(Analog Grounding，模拟地)——屏蔽地

图 6.16　无安全栅的 DCS 接地简图

2. 工作接地

工作接地是为了使 DCS 以及与之相连的仪表均能可靠运行，并保证测量和控制精度而设的接地。它分为机器逻辑地、信号回路接地、屏蔽接地，在石化和其他防爆系统中还有本安接地。

（1）机器逻辑地，也叫主机电源地，是计算机内部的逻辑电平负端公共地，也是＋5V等电源的输出地。

通常各控制站内的逻辑地必须汇集于一点接地，即用粗绝缘导线以辐射状接到一点上，然后接到大地接地线上。在一些系统中，所有的输入、输出均是隔离的，这样其内部逻辑地就是一个独立的单元，与其他部分没有电器连接，这种系统中往往不需要逻辑地接地，而是保持内部浮空，如图 6.16 所示。所以，用户在设计和施工接地系统时，一定要仔细阅读产品的技术要求和接地要求。

（2）信号回路接地，如各变送器的负端接地，开关量信号的负端接地等。

信号回路接地的处理原则上不允许各变送器和其他的传感器在现场端接地，而都应将其负端在计算机端子处一点接地。但在有些场合，现场端必须接地。这时，要注意原信号的输入端子（上双端）绝对不许和计算机的接地线有任何电气连接，而计算机在处理这类信号时，必须在前端采取有效的隔离措施。

（3）屏蔽接地即模拟信号的屏蔽层接地。

屏蔽接地是所有的接地中要求最高的一种。几乎所有的系统都提出屏蔽接地一点接地，而且接地电阻小于 1Ω。在 DCS 设计和制造中，机柜内部都安置了屏蔽接地汇流排或其他设施。用户在接线时将屏蔽线分别接到屏蔽接地汇流排上，在机柜底部，用绝缘的铜辫连到一点，然后将各机柜的汇流点再用绝缘的铜辫或铜条以辐射状连到接地点。大多数 DCS 不仅要求各机柜屏蔽接地对地电阻小于 1Ω，而且要求各机柜之间的电阻也小于 1Ω。

（4）本安接地，是本安仪表或安全栅的接地。这种接地除了抑制干扰外，是仪表和系统具有本质安全性质的措施之一。本安接地会因为采用设备的本安措施不同而不同。

3. 供电系统接地

许多企业,如电厂、冶炼厂等,其大电流设备启停如果很频繁,对接地产生的干扰可能较大。设备和装置的供电系统接地也称交流电源工作地,是电力系统中为了运行需要设的接地,是中性点接地,它一般与厂区内的接地网连在一起。有的厂家强调计算机系统的所有接地必须和供电系统地以及其他(如避雷地)严格分开,而且两者之间至少应保持15m 以上的距离。为了彻底防止供电系统接地的影响,建议供电线线路用隔离变压器隔开。这对那些电力负荷很重,且负荷经常启停的企业很重要。从抑制干扰的角度来看,将电力系统地和计算机系统的所有地分开也是很有好处的,因为一般电力系统的地线有泄放在线路上的过剩电荷。而采用此种方式可以限制此种过电压。

供电系统的中性点接地方式涉及 DCS 的安全可靠性、经济性,同时也直接影响系统设备绝缘水平的选择、过电压水平及继电保护方式、通信干扰等。所以要保证供电系统地的接地电阻足够小,而且整个地网各个部分的电位差也要很小,即地网的各部分之间阻值很小(小于 1Ω)。

除此之外,采用性能优良的电源、电缆、隔离和可靠的连接技术等,能很好地抑制电网引入的干扰。

4. 接地系统组成

接地系统包括接地线、接地排、接地引线以及接地体,其中接地线是指设备、测量元件等与接地排之间的连线;接地排是指引入到机房、控制室等各种接地线的公共接地母线(国内使用铜板接地排);接地引线是由接地排到接地体的连接线;接地体是埋入地下并直接与大地接触的导体,包括垂直接地体、水平接地体和泄流板。

水平接地体包括接地网和接地环。接地网是埋于地下一定深度,由导体按一定要求组合及相互连接成的、周边封闭的网格状接地体的总称,具有接地可靠、接地电阻小的特点,适合大量电气设备接地的需要,多用于配电所、机房、大型车间等场所;接地环是指埋于地下一定深度,由接地体构成的封闭环路(含水平接地体和垂直接地体),接地环上的电位分布很均匀。人体的接触电压 U_t 和跨步电压 U_k 也比较小。但是接地体外部的电位分布不太均匀,其跨步电压仍很高。为了避免这种缺点,可在环路式接地体外铺设一些与接地体没有连接关系的扁钢。这样,接地体外的电位分布会比较均匀,其跨步电压能平坦地下降。

接地系统的作用是防止人身遭受雷击,设备、测量元件/装置和线路遭受损坏及干扰,防止静电等,从而进一步保证 DCS 可靠地正常运行。

如果一些发电厂、变电站的铁塔地网、机房地网和变压器地网的间距未超过 30m,就应该将这三种地网连接起来,组成一个外面封闭的大地网。如图 6.17 所示,两网之间至少有两处连接,且要使这种连接组成一个外围圆滑的封闭环;如果两个接地网之间的距离较长,还要增加两个接地网之间的连接线。

另外,接地网的防腐处理直接影响接地网的接地效果和有效的接地寿命,其防腐主要取决于接地体材料的选择、地质条件因素和采用的防腐措施等。从安全、经济两个方面考虑,接地网应根据不同部位的腐蚀特点采用有针对性的防腐措施,新铺设的接地网更要注意接地体的防腐能力。

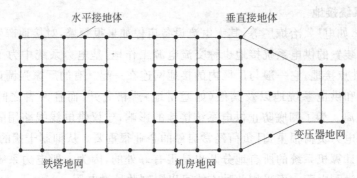

图 6.17　铁塔地网、机房地网和变压器地网互连图

综上所述,DCS 比较完整的系统接地如图 6.18 所示。

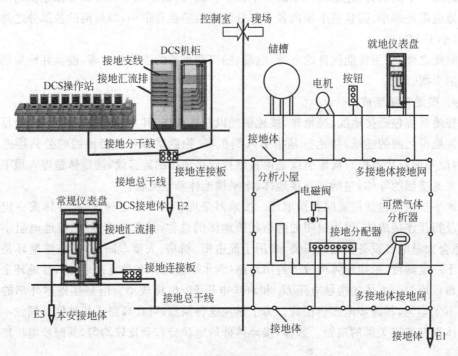

图 6.18　完整的 DCS 系统接地

6.5　SIS 规划

SIS(Supervisory Information System,监控信息系统),即以企业分散控制系统为基础,集中其各分散系统的参数及设备状态信息,实现基层企业分散控制系统的自动采集、存储、监视和查询;实现设备的实时点检和综合分析;在此基础上完成复杂的数据二次处理和优化分析,达到提高企业生产的可靠性和经济性目的。所以说,SIS 是各种分散控制系统与企业管理信息系统(MIS)之间的数据桥梁,为基层企业管理提供多层次的实时数据支持,并为分公司和集团公司提供监测和调度依据。

6.5.1　火电企业 SIS 网络架构规划

火电企业 SIS 网络架构主要由企业分散控制系统(如 DCS、辅控系统、脱硫系统和脱硝系统等)的网络接入层、物理隔离层、SIS 核心应用层组成,分散控制系统的网络接入层主要是将这些系统的数据发送出来,SIS 核心应用层则负责采集和存储各分散控制系统传送过来的生产实时数据,这二者之间通过物理隔离器相隔离,充分保证各分散控制系统的安全和稳定。其中,火电企业 SIS 系统的网络架构如图 6.19 所示。

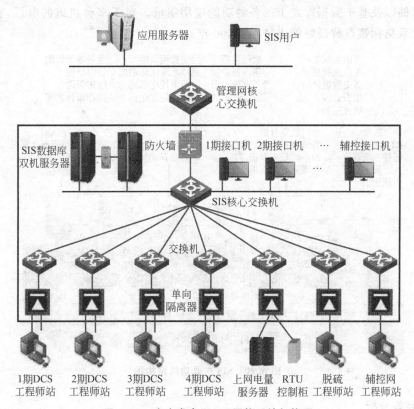

应用服务器　　SIS用户

管理网核心交换机

SIS数据库双机服务器　防火墙　1期接口机　2期接口机　…　辅控接口机

SIS核心交换机

交换机

单向隔离器

1期DCS工程师站　2期DCS工程师站　3期DCS工程师站　4期DCS工程师站　上网电量服务器　RTU控制柜　脱硫工程师站　辅控网工程师站

图 6.19　火力发电厂 SIS 网络系统架构图

6.5.2　SIS 功能规划

追溯 SIS 的发展历史,它主要以 DCS 数据为基础,并逐渐发展到与其他生产过程控制系统相连接,如发电厂辅控系统,包括水网、煤网、灰网、电除尘、脱硫、脱销等控制系统,以及电气网络监控系统(SCAD)、电网远程发送单元(RTU)等,因此规划时除传统功能外,还要考虑其综合性的应用功能。

在 SIS 初期定义中没有实时点检和综合分析等应用功能,后来随着网络技术、数据库技术、存储技术和信息安全等技术的发展及管理的创新,SIS 功能不断丰富,逐渐增加实时点检和综合分析等应用功能,在不断地完善和扩充。除发电企业外,SIS 也在化工、煤矿等企业得到广泛应用。

无论哪个厂家研发的 SIS,其核心功能都是为企业管理层的决策提供真实、可靠的实时运行数据,为市场运作下的企业提供科学、准确的经济性指标。但不同厂家支持的扩展功能、优化功能、接口功能以及兼容性和系统的稳定性等各不相同,这需要企业根据自己的实际需求、资金、安全稳定性要求、SIS 的成熟度、用户反馈情况等综合考虑。

综合不同厂家的 SIS 功能及未来的发展方向,发电企业 SIS 包括的主要功能为全厂生产过程实时数据采集、多种形式的数据展现、厂级耗差分析、不同工况的寻优计算、优化运行、参数预测和系统管理等。如图 6.20 所示,SIS 主要是由下层数据采集、实时/历史数据库存储以及基于数据库之上的各种功能应用组成。对于多台机组的电厂,实时数据库的最大采集标签点数最好能支持 100 000 点。

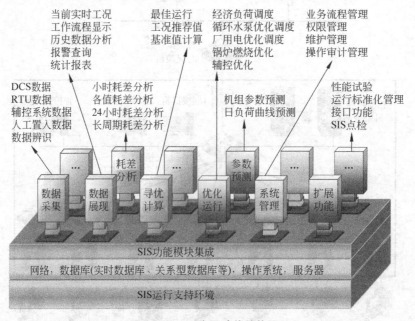

图 6.20　SIS 主要功能结构图

1. 耗差分析

耗差分析是专门针对火力和水力发电厂的,包括两个概念:一是耗差,二是耗差分析。其中耗差是指发电机组运行参数偏离目标值时对机组单位能耗的影响情况;耗差分析就是根据运行参数的实际值和基准值的差值,通过实时分析计算得到运行指标对机组的热耗率、煤耗率、厂用电的影响程度,从而使运行人员根据这些数量概念,能动地、直观地、分主次地减少机组可控损失,使机组在保持安全稳定运行的前提下,时刻以最经济的方式运行。而传统的小指标管理由于没有考虑指标之间的相互耦合关系,使得运行人员不易确定最佳运行方式和最优综合指标。

耗差分析根据实时得到的相关指标数据,通过给定的算法模型,得到机组相关的各项经济性能指标,并与对应的指标目标值比较,计算各项参数与目标值的偏差所引起的供电煤耗的变化,以突出体现影响机组性能的主要因素,为运行人员提供直观的运行调整指导,为设备节能技改提供方向,以便机组达到更好的经济效益。

发电机组耗差分析系统包括运行可控、运行不可控、机、电、炉五个方面的耗差分析,还提供煤耗偏差因素的历史情况及曲线,便于专工和管理人员有针对性地进行分析、比较、查找煤耗变化的原因,给运行人员、检修人员分析哪项指标、哪台设备对机组运行煤耗影响最大,找到问题的关键点,并在运行参数的不断调整过程中使耗差最小。

发电机组耗差系统中的运行可控耗差包括机组主蒸汽温度、再热气温度、锅炉氧量、再热气减温水流量、过热气减温水流量、机组背压、排烟温度和厂用电率等耗差;运行不可控耗差包括机组主蒸汽压力、高压缸内效率、中压缸内效率、最终给水温度、再热气压损率、高加上端差、低加上端差和凝结水过冷度等耗差;机侧引起的耗差包括机组主蒸汽温度、主蒸汽压力、再热气温度、再热气压损率、高加上端差、低加上端差、高压缸内效率、中压缸内效率、高加上端差、最终给水温度、低加上端差和凝结水过冷度等耗差;厂用电引起的耗差包括厂用电率、引风机用电率、脱硫用电率、一次风机用电率、磨煤机用电率、厂用工作变用电率、除尘变用电率、给水泵用电率、送风机用电率、公用变用电率、凝结水泵用电率和循环水泵用电率等耗差;炉侧引起的耗差包括再热气减温水流量、过热气减温水流量、锅炉氧量和排烟温度等耗差。这种分类是从多个方面对耗差进行分析,有一定的交集,主要适合不同需求的监测分析。

分公司和集团公司层面主要监督各基层单位耗差分析系统的使用情况和使用效果,并进行统一展示。近几年来,耗差分析已从上述传统的耗差分析功能逐步延伸到在线热力试验、寻优计算、优化运行及运行人员绩效考核等。

(1) 在线热力试验。可模拟中国电力科学研究院的标准试验,也可以进行机组实际运行工况(各种负荷下)、实际运行系统条件(不隔离、吹灰、辅汽使用等)、不同运行外界条件(如高环境温度)等各种条件下的性能试验,便于电厂专业人员进行比较分析,并产生相应试验工况的技术报告。同时能进行不同工况的寻优计算,给出不同工况下的基准值(也称目标值),作为耗差分析的重要依据。

也就是说,在耗差系统中建立机组热力试验平台,可以根据机组情况,按照国标随时进行机组锅炉性能、汽轮机性能、真空严密性、凝汽器性能、空气预热器漏风率、汽水损失率六类常规性试验。

(2) 优化运行。在保障机组安全运行的情况下,根据耗差计算结果,分析机组性能随时间、负荷变化、系统条件变化及设备功能的变化等来进行全厂经济负荷调度(在国网允许微调的范围内)、循环水泵优化调度、厂用电优化调度及锅炉燃烧优化和吹灰优化等操作,实现全厂发电机组的安全、经济运行。

(3) 运行绩效考核。采用耗差分析结果进行绩效考核是火电厂近几年的发展趋势,通过量化指标,使运行人员明确操作目标,即根据动态目标值和指标的实际完成情况来指导运行人员及时调整机组参数。指标奖金不进行二次分配,而是同步分配至每个人。运行人员监盘调整的同时能够清晰地看到个人指标控制情况,形成持续改进的自然动力。管理人员对运行人员的指标完成与得奖情况进行评价和分析,及时控制与管理,优化机组运行参数,使机组运行安全性、经济性与员工业绩有机结合,达到最大限度降低火电厂综合能耗(即供电煤耗)的目的。

2. SIS 接口

SIS 采用标准接口方式,使得运行在 SIS 平台上的模块之间的依赖性较小,模块可以实现分阶段开发和运行。SIS 接口包括两大部分,第一部分是数据采集接口,包括采集 RTU、机组电量/上网电量、DCS、辅机电度以及包含水网、煤网、灰网、电除尘、脱硫、脱销等辅控系统的生产实时数据;第二部分是给其他系统提供数据,包括给本单位的生产统计、厂级生产管理系统、上级公司的集控中心、行业主管部门(如国家环保局、电网公司、中电联)信息系统等提供数据支持。

实时数据库除支持标准的接口外,还有针对某些 DCS、辅控系统等的专用接口,也支持用户对与非主流控制系统接口的特定开发。如 PI 与 Oracle 可以采用 ODBC 互连方式,利用 PI 的 OPC 接口可实现与 DCS、辅控系统等主流系统的接口,利用 PI-API 接口函数库和 SDK 可以比较方便地开发自己的专用接口。当然只有这些软接口还不行,SIS 与 DCS、辅控系统等还需要有硬件接口(如物理隔离器、隔离网闸等),主要起单项隔离的作用,严防外部信息进入控制系统。成熟的接口方案可以在不影响系统性能的前提下提高系统的安全性和可靠性。

3. SIS 点检功能

设备点检是借助人的感官和检测工具按照预先制定的技术标准,定人、定点、定期地对设备进行检查的一种设备管理方法。

广义的点检是指对设备各质量管理点的检查、检测、技术诊断的总和。根据这些状态信息最终确定设备的劣化程度,判定设备能否连续运行,并及时安排定修(消除劣化)。点检管理是设备预防维修的基础,是点检定修管理的核心部分。通过对设备进行点检作业,准确掌握设备状态,采取预防设备劣化措施,实行有效的预防维修,以设备受控作为点检管理的目标,从以修为主转化为以管为主,使设备获得最大的综合效益。

1) 设备点检管理的基本原则

设备点检管理的基本原则如下:

- 定点。科学地分析、找准设备易发生劣化的部位,确定设备的维护点以及该点的点检项目和内容。
- 定标准。根据设备技术标准的要求,确定每个质量管理点的检查参数(如温度、压力、振动、流量、间隙、电压、电流、绝缘等)的正常工作范围。
- 定人。要按区域、设备、技术素质来选定点检员,点检员是所辖点检区的设备管理者,是分管设备的责任主体。
- 定周期。制定设备的点检周期,按分工进行日常巡检、专业点检和精密点检。
- 定方法。根据不同设备的不同点检要求,明确点检的具体方法,如用感观或用普通仪表、工具以及精密仪表等进行监测和诊断。
- 定量。在点检的同时,把技术诊断和倾向性管理结合起来,对有磨损、变形、腐蚀等减损量的点,用劣化倾向管理的方法进行量化管理。
- 定作业流程。明确点检作业的程序,包括点检结果处理对策。业务流程应包括日常点检和定期点检,对于发现的异常缺陷和隐患,凡急需处理的由点检员通知维修人员立即解决,其余的列入正常维修处理。

- 定点检要求。做到定点记录、定标处理、定期分析、定项设计、定人改进、系统总结。

2）SIS 点检功能

SIS 点检属于点检功能中的精密点检部分，主要功能如下：

- 点检测点管理。每位点检员根据自己所管辖的设备情况，在 SIS 系统中设置实时点检的设备测点，比如压力、温度、流量、振动等，作为点检仪现场点检的补充。每个 SIS 点检的测点信息包括所属机组、所属系统、设备名称、测点编号、测点名称、预警条件和点检周期。点检员可以根据设备健康状况及管理的深化，随时调整测点预警值，并且可以随时在线增加 SIS 点检测点。

- 岗位实时点检管理。点检员每天按照已经设置的设备测点进行实时点检，一方面了解设备当前状态数值，另一方面可以根据情况查看实时趋势及历史趋势。如果测点数据达到预警值，会出现红色预警。点检员单击"曲线点检"进行点检之后，系统会自动记录点检时间及当时的测点数据，这些信息也会记入历史数据库，以便查询。

- 点检历史管理。点检员每次进行实时点检的历史都记录在 SIS 系统中，在需要对点检员的工作进行查询时，可以选择任意时间段对当时的点检记录进行查询。

- 点检统计。选择"时间段""岗位"可以统计每个点检员的点检率。每月的点检率纳入当月的绩效考评系统，对于停运机组不进行统计，如图 6.21 所示。

实时点检统计

日期 2018-04-01 → 2018-04-30　岗位 全部　　　　　　统计

岗位	应点检数	实点检数	点检率%
汽机本调点检	1729	1630	94.27
汽机辅机点检	624	592	94.87
汽机水泵点检	650	607	93.38
汽机化水点检	481	444	92.31
锅炉本体点检1	1408	1028	73.01
锅炉本体点检2	585	486	83.08
锅炉辅机点检1	834	792	94.96
锅炉辅机点检2	863	775	89.80
电气点检员1	463	463	100
电气点检员2	220	220	100
电气点检员3	204	204	100
电气点检员5	646	606	93.81
综合点检员1	1911	1813	94.87
综合点检员2	0	0	0
综合点检员3	602	541	89.87

图 6.21　实时点检统计

SIS 点检与设备点检仪就地点检各有特点，相辅相成。具体实施时，参照以下原则：

- 需要连续监控的设备参数，选择 SIS 点检更能够利用实时数据及历史曲线进行记录和分析。

- 需要到现场检查获取设备运行数据，并且现场的环境、声音等更能够帮助点检员进行设备运行状况判断时，应选择点检仪现场点检；设备运行状态实时数据不能够反映设备运行状况时，也应选择点检仪现场点检（如测点坏或精度未达标等）。

- SIS 点检与点检仪现场点检可以相互补充，相同的设备参数同时进行 SIS 点检及设备点检，设置不同的点检周期，可以使设备信息更丰富，并且能减轻点检人员的工作量。

第7章

集控调度中心规划

化工（包括石油化工、盐化工、煤化工等）、煤炭、城市供水、铁路、电网、发电等这些企业集团，因其管辖范围广，如果对生产信息掌控不及时，处理不到位，就可能出现安全事故或社会责任事故，为了避免类似事故的发生，强化管理，统一调度，就产生了集控调度中心（化工行业习惯称管控中心）的强烈需求。

集控调度中心是企业集团覆盖各级责任主体，涵盖基层企业主要生产业务，集实时数据采集、展示、过程监控、诊断分析、应急指挥于一体的现代化生产调度系统。在此基础上实现可控范围内的优化运行。

大型企业集团往往涉足的行业不只一种，比如一些大的发电集团还涉足化工、煤炭、航运、金融等多个行业领域。这样，因所服务行业、企业不同，网络架构和功能也有所不同，下面以发电企业为主，介绍集控调度中心的网络架构规划和主要功能规划。

7.1   企业集团集控调度中心网络架构规划

企业集团的集控调度中心网络架构包括基层企业、分/子公司和集团公司三个层面，最好三个层面做统一规划，分步实施，才能减少因重复建设、接口复杂、规则不一致等造成的资金和人力方面的极大浪费以及工期的不可控。而且，企业集团的集控调度中心网络架构要和集团公司信息化总体网络架构一起全盘考虑，才能做到最好。

7.1.1   基层企业集控调度中心网络架构规划

目前，比较成熟的集控调度中心包括梯级水电站集控调度中心、风电集控调度中心和煤矿集控调度中心等，通常其网络的架构规划如下。

1. 梯级水电站集控调度中心网络架构规划

尽管梯级水电站在我国起步较晚，但近几年的发展速度比较快，加上独立的水电站，目前我国水电总装机容量已超过1.72亿千瓦。

所谓梯级电站就是在同一条河流上下游有水流联系的水电站群。如果梯级电站实行集中管理，就要在技术上保证遥测、遥信、遥控、遥调等手段的配套可靠，调度、通信手段（网络、无线电）畅通可靠，水工建筑、机组设备、自动化设备质量可靠，保证管理中心与各站之间、站与站之间不可须臾中断的生产联系和调度指挥。这就产生了梯级水电站集控调度中心的需求。

　　梯级水电站集控调度中心网络架构可根据各水电站所处的位置采用串口网络(如载波和微波),IEC101 通信协议;或采用广域网(SDH/DDN),使用 IEC104 或 DL476 通信协议;或与 Internet 连接,使用 PPTP;或用 Winsock 使用 UDP 点到点传输协议等。通信介质有载波、微波、光纤和卫星等。

　　梯级水电站集控调度中心网络架构如图 7.1 所示。

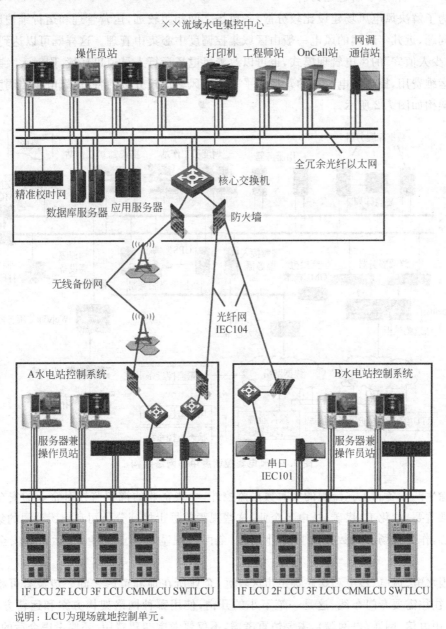

说明: LCU 为现场就地控制单元。

图 7.1　梯级水电站集控调度中心网络架构图

2. 风电集控调度中心网络架构规划

风能作为一种清洁的可再生能源,越来越受到世界各国的重视。我国在 2012 年 4 月 24 日科技部的《风力发电科技发展"十二五"专项规划》中明确指出,到 2015 年,风电累计并网装机超过 1 亿千瓦,年发电量达到 1900 亿千瓦时。目前,全国风电装机总容量已进入世界前十名,属于后起之秀。

为了解决风电风场建设比较分散、各风场之间相距较远,运营管理和运行维护比较困难的问题,近几年新建的风电一般由区域集控调度中心集中管理。这样既可以达到"集中监控,少人值守"的风电管理模式,也可以改善风电场运行人员值班环境,同时大大减少风电场运维费用,提高风电公司的营运水平。根据风场比较分散的特点,风电集控调度中心网络架构如图 7.2 所示。

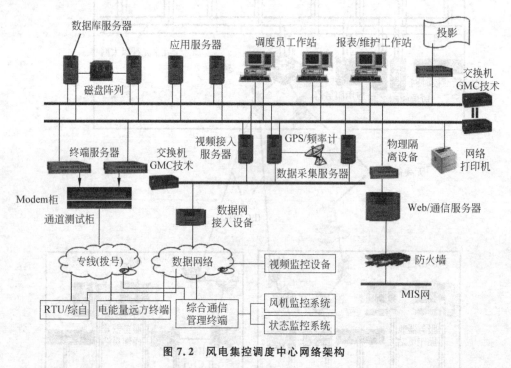

图 7.2 风电集控调度中心网络架构

除生产设备和工艺流程的实时数据监控外,一些企业的视频监控对企业的安全生产也非常重要,如化工、煤矿、核电等企业,这些视频信号也接到分公司和集团公司的集控调度中心,作为现场实时数据的重要补充,以全面展现基层企业的生产、运行和安全管理工况。

因水电、风电、核电和煤矿等距市区较远,企业所在地和市区之间一般没有可租用的网络,往往需要专门布线,这是一笔不小的开销,使用哪种网络架构方案和运营方案(自建、租用电信/网通/电网等),需要慎重考虑,不仅要考虑初建费用,还要考虑今后的使用、维护费用等。

7.1.2　分公司集控调度中心网络架构规划

分公司是联系集团公司总部和基层企业的枢纽,起着上传下达的作用,即通过分公司网络将基层企业的网络与集团公司总部网络连接在一起。同样,生产实时数据和视频监控的网络也是如此。在集团公司范围内,因地区差异、企业竞争和管理者理念不同,各分公司发展不一定很均衡,所管基层企业性质和数量有很大差别,当然各分公司的网络架构也不尽相同。

例如,专业公司(即同质业务公司,如煤业公司、能化公司、核电公司等)相对综合业务型的分公司网络架构会统一、简单一些,但其安全性要求更高。这些专业公司除生产设备和工艺流程的实时数据监控外,还需要视频监控作为实时数据强有力的补充,以保证重要企业基建、生产全过程的安全运转。例如,煤业公司的安全视频监控管理中心网络架构如图 7.3 所示。

7.1.3　集团公司集控调度中心网络架构规划

集团公司本部集控调度中心网络架构规划包括直管基层企业和各分公司的实时网络接入规划,以及集团公司本部的实时网络架构规划。如果资金允许,除必要的接口外,集控调度中心网络要与管理网络分开,以保证集控调度中心网络的安全和网速。注意,此时的网络接入设备不能成为集控调度中心的网络瓶颈,要保障海量生产实时信息高速无瓶颈地传输和交换,快速响应用户的各种应用要求。而且必须考虑核心网络设备的冗余,以保障集控调度中心网络系统的高可靠性、数据信息完整性。直管基层企业和各分公司的实时网络接入以及集团公司本部的实时网络架构除安全性能和速率要求更高外,其他与同一级别的管理网络没有太大区别,接入层设备包括路由器、防火墙和接入交换机,主要采用 OAN(光纤接入网)和 FTTX＋LAN(采用光纤＋双绞线接入方式)。

其中 OAN 可以分为有源光接入和无源光接入。光纤用户网的主要技术是光波传输技术。目前光纤传输的复用技术发展相当快,多数已处于实用化。由于光纤接入网使用的传输媒介是光纤,因此根据光纤深入用户群的程度,可将光纤接入网分为 FTTC(光纤到路边)、FTTZ(光纤到小区)、FTTB(光纤到大楼)、FTTO(光纤到办公室)和 FTTH(光纤到户),它们统称为 FTTX。有经济条件的企业可部分选用 FTTO,即集控调度中心全部采用光纤,其他浏览用户使用双绞线缆;FTTX＋LAN 利用光纤＋双绞线(五类、六类或七类双绞线)方式实现宽带接入方案,实现千兆光纤到公司大楼核心交换机,核心交换机和楼道交换机以百兆光纤或双绞线网络线相连,楼道内采用综合布线,集控调度中心用户上网速率可达 100Mbps。

总之,从基层企业控制系统接入集控调度中心开始就要求做单项隔离。例如,火电厂的 DCS 和 SIS 之间必须采用单项物理隔离,以保证 DCS 的安全;而风电、水电集调度控制中心等有调度控制需求的,要采用两个单项隔离设备,一个是单项输出,另一个是单项输入。除此之外,向管理信息系统传送的数据绝对是单项的,不能让管理网络信息直接侵入到集控调度中心网络。

特别强调:一些进口设备如发电机组、风电的风机等有一些后门程序,可通过互联网

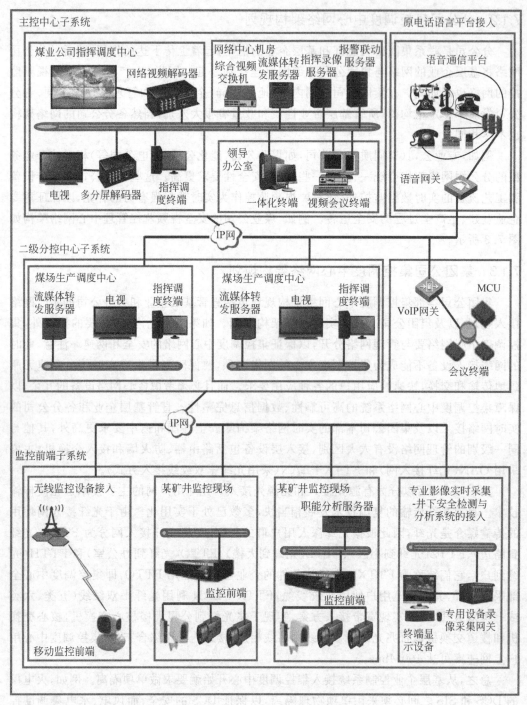

图 7.3　煤业公司视频指挥调度中心网络架构

或卫星等直接控制设备的启停乃至使设备瘫痪等,这些情况没有引起相关企业领导、技术
人员足够的重视,这是很可怕的,希望相关企业和人员高度重视安全问题,不能只防内、不
防外。

　　集控调度中心在集团公司总部层面的网络架构大多采用星形,从基层企业到分公司(含专业公司)再到集团公司的整体网络架构如图 7.4 所示。

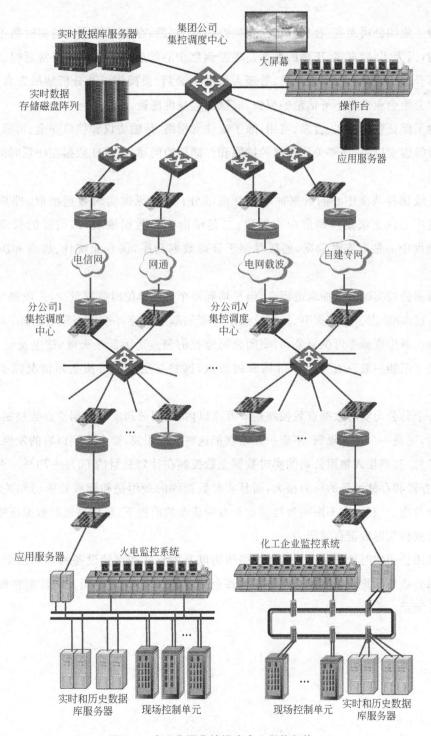

图 7.4　企业集团集控调度中心网络架构

7.2 企业集团集控调度中心数据抽取规划

对于集团公司而言,合理、及时、正确地抽取、判断、存储下级单位的实时数据是非常关键的,因为实时、真实、正确的数据是集控调度中心的生命。数据非正常延时、误传、误存及不合理压缩等会使监视人员、管理人员发生误判、误操作以及分析结果失真等情况,严重的会给企业带来不可估量的损失,应该引起高度注视。

为了保证数据真实、可靠、可用,除了应注意网络、传输协议和接口安全、可靠、无不合理延时等因素以外,还要关注数据的抽取和存储架构问题,以保证数据在任意时间段内的可用性。

各级集控调度中心的数据抽取包括两部分:一是纵向实时数据抽取,即从下级集控调度中心向上级集控调度中心抽取;二是横向实时数据抽取,即同级的管理系统向集控调度中心抽取实时数据,然后存储于管理数据仓库,供专业统计、展现和决策分析使用。

集团公司实时数据抽取范围广,但平均到每个基层单位时数据量少,一般每个基层单位不超过 2000 点。管辖火电、风电及煤矿等多的基层单位可按比例适当增加;太阳能发电、航运、再生资源等可供分公司、集团公司监控的测点远远低于火电、核电及化工企业,特别是太阳能一般只有几十个可抽取的测点,这些基层单位可按实际情况减少数据抽取点。

每个分公司实时数据点数控制在 5 万点以内,集团公司实时数据总点数控制在 10 万点以内,这是一个总体规划,不能一开始就把这些资源用完,要考虑到以后的发展(如新项目投产)。初期接入集团公司的实时数据点数控制在计划总量的 60%~70%。否则对网络、服务器和存储设备的压力很大,而且实时数据库的费用是和测点数密切相关的,所以要综合考虑。当然,在不影响数据精度和查询速度的前提下,采用高效的数据压缩技术来存储可减轻实时数据存储压力。

集团公司实时数据抽取架构和网络架构以及服务器和存储设备的布局密切相关,综合考虑企业集团集控调度中心网络架构和企业各种需求,集团公司实时数据抽取架构如图 7.5 所示。

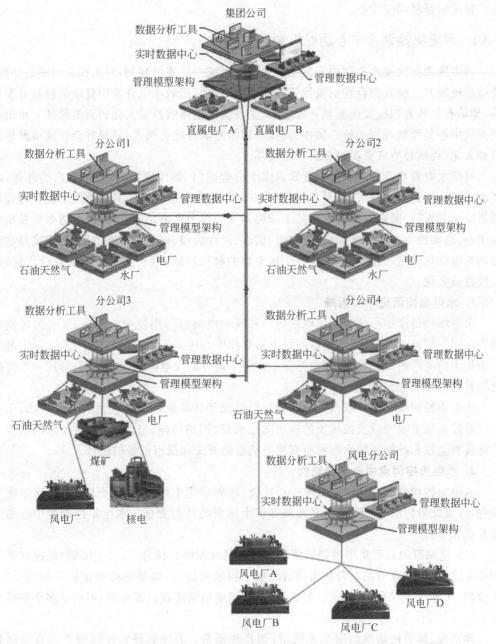

图 7.5　集团公司实时数据抽取架构示意图

7.3　水电、风电集控调度中心功能规划

　　集控调度中心作为一个生产运行指挥中心,实现了集团公司、分/子公司(含专业公司,如能化公司、煤业公司等)所辖生产企业的远程集中控制和实时监督,水电、风电集控调度中心是比分/子公司小,比一个火电厂的地理范围大,但其总容量不一定大于一个火

电厂容量的基层调度中心。

7.3.1　水电集控调度中心功能规划

许多国家在河流水资源的开发中都非常注重统一的流域规划,对大江大河更是如此。合适的流域开发模式与合理的流域管理体制是解决好流域水电开发中复杂的权益分配关系,调动有关各方积极加快流域开发步伐,实现流域整体效益最大化的重要保证。水电集控调度中心是流域规划的核心实体,其核心功能是联合优化调度,做得好会使流域整体效益最大化,否则会造成资源浪费甚至是破坏。

目前水电集控调度中心的调度来自多个分管部门,如国家电网,地方政府的环保、水资源、防洪、航运主管部门,以及集团公司和分公司等,对应各自的分管领域。在实施流域梯级滚动开发后,国家电网对水电站不应再调度到单个水电站和机组,调度指令应发给集控中心,由集控中心综合水库调度、防洪、供水、泥沙治理、航运等方面的因素,安排好水电站的发电优化调度,最大化地发挥各个水电站的梯级功能,真正实现流域利益最大化、社会效益最大化。

1. 水电集控调度中心组成

水电集控调度中心分为流域电站(厂)和区域电站(厂)集控中心两种,二者的区别是是否在同一河流上。总之,不论是流域电站集控中心还是区域电站集控中心,实际上都是一个扩大的电厂的概念,可理解为把分布在多个地方的发电机组拢在一起,形成一个打破地域界线的单一电厂。

水电集控调度中心一般由工业电视监控系统和计算机监控系统两大部分组成,工业电视监控系统主要完成监控场所的视频图像采集、网络传输、显示和存储,计算机监控系统能远程监控和操作所辖水电站所有发电机组的开关和机组设备的运行。

2. 水电集控调度中心主要功能

水电集控调度中心不仅是发电一项功能,还要承担水能资源如何优化利用这一重大课题,以及统筹防洪、供水、通航和灌溉等多个层面的社会责任。水电集控调度中心的主要功能如下:

(1)电站群的远程集中控制功能。通过控制权和调节权分配、安全闭锁、遥控遥调等调度模式,实现梯级电站各台机组的远程集中控制和调节,以及电站群在远程控制下"无人值班、运维合一"的生产方式。当然,如果梯级电站调度权归属不同,可设立多个集控分中心。

控制权、调节权切换如图 7.6 所示,切换规则是:①较高级别控制侧在拥有控制权时,能将控制权切至较低级别控制侧;②较高级别控制侧能将控制权从任一较低级别控

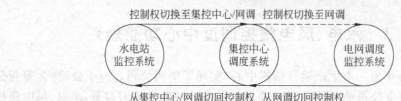

图 7.6　控制权、调节权切换方式

制侧直接切回。控制权、调节权切换规则比较复杂,和集控调度中心的归属关系有关。如果是国网直属的集控调度中心,网调直接调度到水电站;如果是发电公司所属的集控调度中心,原则上网调的指令可直接下达给集控调度中心,集控调度中心再做二次分配。当然,目前也存在网调直接调度发电集团集控调度中心水电站的运行调度方式。

其中水电集控调度中心的安全闭锁、遥控遥调功能包括以下几项:①能实时且准确无误地对各级水电站实施遥测、遥信、遥调、遥视操作;②集控调度中心及各级水电站都能实施 AGC(自动发电控制)、AVC(自动电压控制);③能对遥控、遥调、AGC、AVC进行控制权闭锁;④因控制权导致遥控、遥调指令无法正确执行时,要及时报警。

(2) 电站群的联合优化调度功能。电站群的联合优化调度以水库优化调度和发电优化控制基本理论等为基础,主要实现以下功能。一是水库防洪、防汛优化调度,即在保证防洪、防汛安全的前提下,利用汛期洪水预报成果,计算洪水资源优化利用方案,并按可操作的方案实施,实施完成后进行后评估,将评估结果作为下次洪水资源优化利用方案的主要依据。二是电站群联合经济运行,即根据给定电站群的总有功功率(或日负荷曲线)设定值,以梯级水电站或水电站群发电总耗水量最小为优化准则,考虑各种约束条件,如水位、水位变幅、发电下泄流量、系统稳定等,计算出相对优化的梯级水电站或水电站群联合运行方式,确定集控调度中心范围内相关电站的最佳开机台数、开停机顺序以及机组间负荷的优化分配,进行机组的自动开停机控制与负荷调节,是水电集控调度中心的重要功能之一。

需要强调的是,电站水库群防洪调度可根据梯级防洪优化调度规则和水库调度图来进行错峰削峰甚至预留防洪库容的预判指导,实现全流域内统一调洪,分级拦蓄洪水,有效地使最大泄洪流量降到最低,保障梯级各电站安全度汛,减少梯级水库群沿岸因洪水给人民生命财产造成的损失。

(3) 流域水文测报功能。包括水文气象监测和水文气象预报两种功能。其中水文气象监测功能主要实现快速有效地收集流域范围内水文气象信息并实时存储的功能。水文气象预报包括短期预报和中长期预报。即集控调度中心作为集控运行管理和水情测报的枢纽,通过不断加强流域水情测报站点建设,来实时采集气象、降雨、水位和流量等资料,然后利用这些实时数据和历史数据进行分析,进行水情、雨情的监测和预报,也作为梯级水电站或电站群的联合优化调度依据,达到不弃水、多发电的目的,并能实现集控调度中心水情测报工作能力要达到干流洪水预见期在 50 小时左右的愿景。

(4) 集控调度中心流程管理功能。为保证集控调度中心对水电站群的远程集中控制、联合优化调度和水情测报等核心功能的完成,需要严格而顺畅的控制流程,如一些大的控制流程往往流转于多个子系统或模块之间,这时流程的管理就显得非常重要。集控调度中心的流程主要围绕电站调度和水库调度两大业务,如图 7.7 所示。

水电集控调度中心的流程很多,它作为所控水电站与网调之间的中枢,能代表所控水电站与调度机构统一进行电站运行、操作、检修和故障处理等业务安排,并将实时工况或检修情况等及时传送到网调。应该说水电集控调度中心的运行调度权实质上是在电网调度管理部门手中,水电集控调度中心可以借助集团公司的力量来争取水电站的联合优化运行方式。

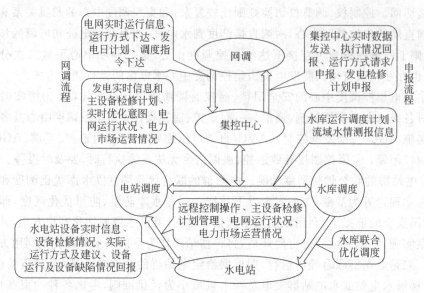

图 7.7　水电集控调度中心业务流程

（5）防误操作功能。系统要具有完善的防误操作功能，以确保由计算机系统发出的命令安全可靠。这时用户不需编程，只需将各种操作闭锁关系按规定的格式填入定义文件，以此建立相应的数据库。操作闭锁程序能对各项指令进行条件判断，满足条件则执行，不满足条件则闭锁，并向运行人员给出闭锁原因提示。生产现场的 LCU（Local Control Unit，就地控制单元）收到命令后需进行条件判断再执行命令。防误操作流程如图 7.8 所示。

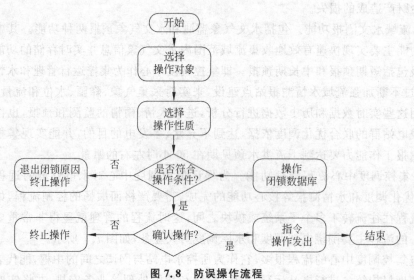

图 7.8　防误操作流程

（6）运行指导功能。该功能是将水电集控调度中心所控水电站重要而又复杂的运行操作条件交给计算机系统接收和识别，并在进行这些实际操作之前，先在当前实际条件下进行模拟操作，由计算机完成复杂操作连锁条件的分析判断。该功能可以大大减轻运行人员的劳动强度,提高电站的安全运行水平。要求模拟的操作至少包括机组开停机操作、隔离开关模拟操作、厂用电系统倒闸模拟操作等。

(7) 报表打印功能。可随机自动打印记录系统和水电集控调度中心所控电站运行的各种操作、事故、故障等各类报警信息,自动生成并自动定时或请求打印各类日报、月报、历史曲线、全天记录及运行日志等。要求系统至少保存一年的报表和报警历史数据,可随时查询及打印。

(8) 系统时钟校对管理功能。水电集控调度中心应设有统一的卫星时钟系统,以高精度的卫星实时时钟装置为基准时钟,定时校对系统内各计算机系统的实时时钟,包括主机、各 LCU 系统的时钟,以达到监控系统内部的各子系统时钟的同步,满足事件顺序追忆记录的时间分辨率等要求。同时要求卫星时钟装置能自动跟踪国际标准时间,不需人工校正。

水电集控调度中心应该具备的功能如图 7.9 所示。

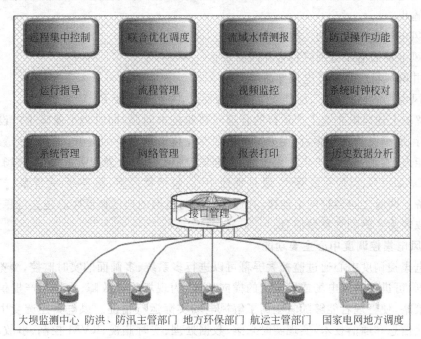

图 7.9　水电集控调度中心的功能图例

7.3.2　风电集控调度中心功能规划

风电集控调度中心控制系统是以生产实时监控为核心,实现控制各风场的机组启停,负荷调整,掌握风电场实时运营状况,积累运行数据,进行数据分析,指导生产,提高安全生产管理工作水平。通过风电集控调度中心逐渐向无人值守化风场管理过渡,提高信息化管理水平。

1. 风电集控调度中心组成

风电集控中心要解决 5 个问题:

（1）运营管理方面的问题。所属风电场布局分散，不同风电场的设备、环境、发电出力各不相同，宏观控制难度大。

（2）运行维护的问题。由于各风电场相距较远，每个风电场内风机数量很多，各种设备供应商也不尽相同，给快速修复故障设备造成一定困难。

（3）人员管理的问题。每个风电场都配备一套运行维护人员，不仅存在人力资源浪费问题，同时工作人员长期驻守现场，其工作生活都很不方便，不利于吸引人才和队伍的稳定。

（4）风场的风速问题。风力发电机十分钟的平均切出风速应为 $22\sim25\mathrm{m/s}$，风速太快时要停机，风速低于 $4\mathrm{m/s}$ 时也要进行机械制动停机。

（5）并网问题。因风电的不确定性和对电能质量的影响，使得风电接入电网受到影响，国网对风机并网主要有以下要求：

- 风电场应具有有功功率调节能力，并能根据电网调度部门指令控制其有功功率输出。
- 风电场应具有无功性能调节能力。
- 风电场的电压范围应符合并网要求。
- 并网风机应具有低电压穿越能力。
- 风电场的运行频率、电能质量应符合要求，并必须安装 PMU 装置。

为解决上述风电企业生产运行的管理问题和技术问题，同时为了保障生产设备安全可靠运行，提高设备管控能力，促进安全生产专业化管理水平的提升，提高生产数据处理与分析能力，实现安全生产集约化管理，风电集控中心一般分为两级：一级是风场，包括风机 SCADA、RTU、点检系统等；二级是集控中心，包括集控室、服务器、大屏幕、打印机等设施设备。两级之间通过网络连接，并通过网络与电网的地区调度中心建立可靠连接，同时能获取较为准确的气象站信息。

2. 风电集控调度中心主要功能

风电集控调度中心通过监控大屏幕可以进行多系统、多画面的实时监控，浏览更多的综合信息，可进行各风电场或风机间的横向比较，为现场排查故障、指导生产提供更多的视角和策略，使管理者能够随时全面了解风电场实际运行情况。风电集控调度中心通过运用现代信息和通信技术，实现实时采集、数据处理、实时监视、KVM 控制、事故/事件追忆、报警及事件处理和数据分析等功能，并根据风电集控调度中心监控人员反馈的指令对风机和风电场运行进行效率优化和安全保障控制，以及进行设备管理和运行日志管理等。风电集控中心基本功能如图 7.10 所示。

1）数据采集功能

数据采集功能包括变电站监测、风机监测、电能量计量和事件信息的数据采集，为实现控制、报警、数据分析和设备管理等功能提供数据基础。采集的信息类型如下：

（1）变电站数据。

- 模拟量。包括电流、电压、有功功率、无功功率、功率因数、频率以及温度等。
- 开关量。包括断路器、隔离开关以及接地开关的位置信号、继电保护装置和安全自动装置动作及报警信号、运行监视信号、有载调压联络变压器分接头位置信

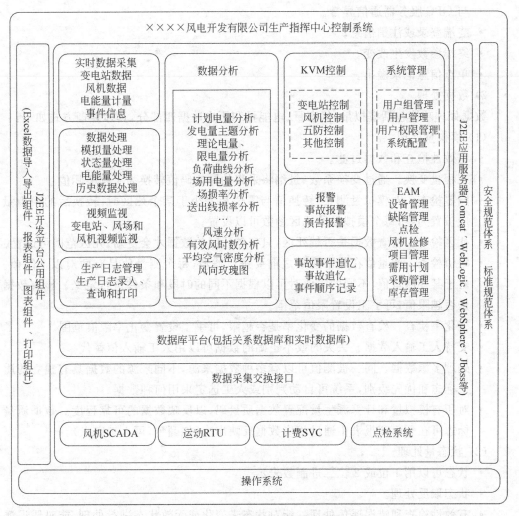

图7.10 风电集控中心基本功能

号等。

- 无功补偿装置。包括无功功率、调节范围、功率因数、监测点电压、投切状态等。

（2）风机数据。

- 状态量。包括单台风机的状态、风电场 AGC 状态、AVC 状态等。
- 模拟量。包括单台风机的风速、风向、转速（风轮、电机）、偏航角、变桨角度、温度（环境温度、齿轮箱油温）、有功功率、无功功率、电压、电流等。
- 电能量。包括单台风机的总发电量、日发电量等。

（3）电能量计量。包括风电场上网侧关口的正向有功电量、反向有功电量、正向无功电量、反向无功电量。

（4）事件信息。

- 监控设备提供的事件记录。
- 终端运行工况，包括重启、电源故障、关机。

- 与 OPC 服务器通信异常。
- 终端登录或注销信息。
- 终端参数发生改变。
- 单点信息记录溢出。

2）数据处理

数据处理功能包括模拟量、状态量、电能量和历史数据四部分，具体处理方式如下：

（1）模拟量处理。

- 有效性检查和数据过滤。
- 工程量变换。通过变换系数、量纲将采集的原始码值转换为工程实际值。
- 归零检查。对模拟量测，当转换值与零值相差小于某个死区时，转换后的模拟量应被置为零，每个模拟量的死区参数可以设置。
- 死区检查。检查数据是否越死区，只有越死区的数据才会更新，死区范围可设置。
- 限值检查。测量值在越限检查之前要进行滤波，每个测量值具有两对以上限值。对于某些测量值，不同的限值对可以根据不同的时段和条件进行定义。检查数据是否越限值，可手工设置限值范围。
- 变化率检查。检查数据的变化率是否越限，可手工设置变化率限值范围。
- 支持人工输入数据。丢失的或不正确的数据可以用人工输入值替代。
- 处理多源数据。同一被测值可以有多种数据来源，不同来源的数据具有独立的质量标志和优先级别，系统可自动判别或人工选定采用何种数据。
- 对所有模拟量和计算派生量配置数据质量码，以反映数据的可靠程度。数据质量标志可在画面和报表中通过相应数据反映出来（如颜色，可人工定义）。

（2）状态量处理。

- 状态可以用 1 位或 2 位二进制数表示。
- 状态取反处理。
- 有效性检查和错误遥信处理。能对状态未变化或无效状态进行处理，能对错误遥信进行正确处理，具有遥信误动作自动过滤的功能，具有对遥信抖动信号过滤的功能并告警提示，同时能自动辨识遥信的正确状态。
- 能够正确判断事故遥信变位和正常操作遥信变位。根据继电保护信号和事故总信号的状态，经逻辑判断，区别开关事故跳闸或人工拉闸。应提供防止干扰引起遥信变位误报警的手段，能统计开关跳闸次数和事故跳闸次数。当故障次数到达限值时进行需要检修的报警。
- 在人工检修时，状态的改变是否报警显示可根据不同性质工作站进行设置，某一单元检修时，打上检修标记的开关或变压器可以连同其所属的刀闸、保护变位和量测、挡位等信息全部屏蔽。
- 当使用旁路开关时，支持自动、手动两种方式（后者优先级高于前者）用旁路的数据替代被旁路的数据，在计算过程中，应考虑相应的遥测量判据，并登录替换一览表。
- 状态量可以人工设定。人工设置的遥信与实际状态一致时，弹出是否解除的对话框。所有人工设置的状态量应能自动列表显示,并能根据该状态量所在风场名调出相应主接线图。

(3) 电能量处理。

- 标度转换。通过变换系数、量纲将采集的原始码值转换为工程实际值。
- 电能量累计值的满度归零处理。
- 累计值到增量值的转换。

(4) 历史数据处理。

- 将采集的历史数据经处理后分时段、带时标存储,同时支持 3 个数据周期,每个数据周期 1~60min 可调。
- 从采集的电能量累计值生成增量值,并分时段、带时标存储,数据周期 1~60min 可调。主要包括以下处理功能:
  - ◆ 对采集的数据进行标度转换。
  - ◆ 电能量累计值的满度归零处理。
  - ◆ 累计值到增量值的转换。
- 历史数据上装。在通道长时间故障的情况下可采用便携式工具到风电场现场读取终端存储的历史数据,并在主站提供的数据上装界面将抄回的历史数据补充存储到数据库相应的位置,并打上相应的标志。数据上装界面提供对上装数据进行合法性校验和必要的处理。上述操作都必须由具有相应权限的人员执行,并提供详细的操作日志备查。

3) 视频监视功能

风电集控调度中心视频监视系统一般设计为三层:前端图像汇集监控点、监控中心以及通信链路(IP 网络)。利用数字信号与网络资源,将前端摄像机摄取的模拟监控图像进行数字编码并通过 IP 网进行传输,在监控中心进行数字存储,同时将数字信号通过解码器还原成模拟信号输入电视墙(大屏幕)得到清晰的可视图像,利用数字、模拟视频系统有机结合,形成资源共享、互联互控的网络视频监视系统。

视频监视系统实现的功能包括:实时监视多路实时图像信息并实现一机同屏同时监视;多个网络客户端可以同时监控任一前端图像,在电视墙上可以实时显示前端任意一个监控点的图像;可以在客户端 1、4、6、8、9、10、13、16、全屏等多种画面中切换显示;在网络条件支持下,位于不同地点的多个用户可同时在线观看系统内任意网点的实时视频资料,单台 PVG 主机即可支持 100 路并发直播码流(最大网络输出带宽 200Mbps);摄像机分组,支持按照监控区域、管理权限和实际使用情况(如行进路线)分组;轮巡,系统具备视频自动巡视功能,在可设定的间隔时间内对全网的监控点进行图像巡检,参与轮巡的对象可以任意设定,轮巡间隔时间可设置;风机监控画面可以同时无缝整合到原有 SCADA 监控系统中;查看视频画面同时可以看到 I/O 数据,例如齿轮箱温度、发电机温度、油压、转速等;实现语音通话功能,实现远程风机故障技术协助功能。而且操作员可根据权限灵活应用系统中共享的所有资源(摄像头、监视器、编码器、解码器、矩阵、云台、磁盘阵列等)。

总之,视频监视系统可以完成视频采集、压缩、传输、控制、存储、检索、回放、报警联动、电子地图、远程网络访问、网络点播下载等众多功能。可减少巡检次数和强度,提高设备巡视的及时性,对于现场生产调度和指挥具有极大的帮助。

4) KVM 控制功能

这里的 KVM 是指 KVM over IP,又称为 IP KVM,它能从计算机键盘、显示器和鼠标的接口中捕获模拟信号,并将这些模拟信号数字化,转换成数字信息包,经过加密和压缩,在网络中利用 TCP/IP 连接进行安全传输,从而实现对计算机设备的远程控制。

具体地说,KVM over IP 将所连接的管理对象视频、控制等模拟信息转换为数字信号,并将其压缩成一个 IP 包后通过网络传送。控制设备的客户端收到来自管理对象的IP 包后,将其解码并重新组合成原来的数字模式,随后将之转换成模拟形式传送至控制客户机的屏幕上。管理员通过控制屏幕看到管理对象的当前信息状态后,用本地的键盘和鼠标发出一系列的控制命令,这些控制命令通过控制客户端组合并加密成 IP 包,经过网络传送到 KVM over IP 现场就地设备。就地的 KVM over IP 把 IP 包解包,转换成视频和控制模拟信号并传送到被管对象,从而对被管对象做出相应的动作。

为了保证安全,KVM over IP 系统在网络传送和接收两端进行加解密、密码保护及数据压缩,密码系统支持 RSA1024、SSL12 等算法;支持 RADIUS 认证通信协议,以确保远程数据安全。

目前,由于 KVM over IP 解决方案已具备完善的多地点故障转移功能、符合新服务器管理标准(IPMI)的直接界面,以及将本地存储媒体映射至远程位置的功能,所以在许多领域得到应用。在风电集控调度中心利用 KVM over IP 可实现对远程风场操作站进行控制,即将各风场所用控制系统的操作站通过带内或带外的网络连接在一起,使集控调度中心的值班人员通过 KVM over IP 协同控制和处理风场的所有关键设备。集控调度中心与风场的 KVM 连接示意图如图 7.11 所示。

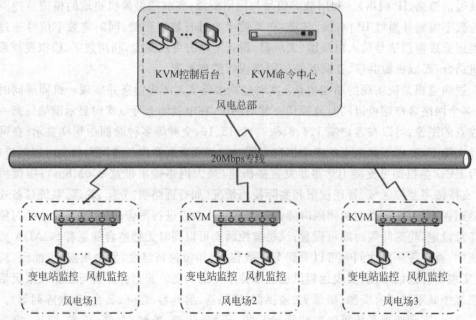

图 7.11　集控调度中心与风场的 KVM 连接示意图

KVM 控制功能包括变电站控制、风机控制、五防控制等。其中,变电站控制是指运行人员在风电集控调度中心通过 KVM over IP 控制变电站各设备和刀闸分合的动作;风机控制功能(界面如图 7.12 所示)包括风机自动启动、并网控制、转速控制、功率控制、无功补偿控制、自动对风控制、解缆控制、自动脱网控制、安全停机控制、风机偏航控制、风机变桨控制等;五防控制是针对变电站的,包括防止带负荷拉、合隔离开关,防止误入带电间隔,防止误分、误合断路器,防止带电挂(合)接地线(接地刀闸),防止带接地线(接地刀闸)合断路器(隔离开关)。

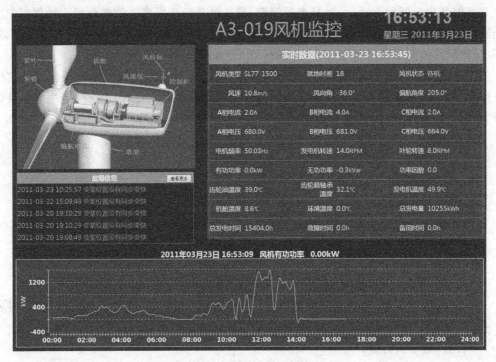

图 7.12　风机控制界面

5) 事故/事件追忆

(1) 事故追忆。

事故追忆(PDR)具有人工启动、事件触发启动的功能,触发事件可以是设备状态变化、测量值越限、测量计算值越限、时间越限、逻辑计算值为真、操作命令等。

- PDR 的触发事件可以由用户定义,触发事件及其相关的数据保存到历史数据库中。变化的网络模型和画面保存到历史数据库中。
- 系统提供检索 PDR 数据的工具和界面。
- 具备同时多重事故记录功能,记录多重事故时存储周期亦顺延。
- 能够以单线图、网络图、框图、曲线、图表、报表等方式再现 PDR 数据。
- PDR 至少保存事故前 5 帧、事故后 5 帧的数据,时间人工可调。

(2) 事件顺序记录。

- 事件顺序记录(SOE)内容包括日期、时间、厂站名、事件内容和设备名,系统按照设备动作的时间顺序将 SOE 记录保存到历史数据库中。在厂站终端提供对电网开关设备、继电保护以毫秒级时间精度记录其动作顺序时,系统可将其动作顺序的 SOE 信息收集传送到主站,并具有抖动处理功能。

- SOE 记录具备显示、打印输出功能。
- SOE 记录查询。可根据所属的分区、风场或应用分类进行记录查询;可按时间段分类检索信息;可采用指定字符串进行查询;支持以上各项的组合查询。

6) 报警及事件处理

报警处理分两种方式,一种是事故报警;另一种是预告报警。前者包括非操作引起的断路器跳闸和保护装置动作信号,后者包括一般设备变位、状态异常信息、模拟量越限/复限、计算机站控制系统的各个部件、间隔层单元的状态异常等。

当电网运行发生状态变化或产生越限报警、调度员对电力系统资源的操作以及其他一些重要操作、系统自身的软硬件模块发生故障或发生状态变化时,系统要产生事项及报警并记录和打印相关信息。系统能提供专门显示事件报警的窗口。

(1) 报警内容。

- 遥信变位,如断路器、隔离开关的状态改变。
- 遥测量越限。
- 保护动作信息。
- 数据传送错误和有效性检查出错。
- 厂站设备异常运行和故障。
- 通道故障。
- 主站设备和软件模块的运行状态的变化,如异常、故障、恢复正常。
- 各种操作记录,包括控制和调节操作记录、人工数据置入、数据采集闭锁、警报处理闭锁、控制闭锁、挂牌操作、系统的双机切换。
- 用户自定义告警。

(2) 报警分级。

报警根据事件严重程度分级,提供 2 级报警:预警、事故报警。

(3) 报警方式。

- 报警窗口。根据事件级别显示不同的颜色(可设置)。报警按照产生时间顺序排列,用户可以采用其他方式排序,例如按照级别、事件类型排序。报警可自动滚动到最新报警,在用户查看以前的报警时停止自动滚动。可按照事件类型和事件来源等条件对实时事项进行过滤,用户可以设置显示事件类别。显示的各个字段可以由用户决定显示顺序和是否显示,满足不同用户定义不同事件内容的需求。
- 设备或数据着色闪烁,如拓扑着色、事故停电闪烁。
- 提供语音、声响报警。
- 事故自动推出画面。系统可以在用户指定的工作站自动推出事故相关画面,画面中能显示开关、重合闸状态、保护动作情况等相关故障信息。

(4) 报警的确认、禁止和恢复。

- 可以对整个系统、厂站内所有报警进行选择、确认,也可对单个报警进行选择、确认;可在报警列表上选择、确认,也可在厂站单线图上选择、确认。

- 经确认的报警信息,相关的音响报警消除,在报警画面中显示。报警事件消除后报警信息转历史报警信息画面。
- 可实现对单一对象、全站告警的禁止与恢复。
- 采用明显的标记区别确认和未确认的事件,同时也可以按照是否确认来对事件排序。

(5) 事件报警查询。

- 可按报警类别查询。
- 可按时间段分类检索警报信息。
- 可按指定字符串进行查询。
- 可采用以上各项的组合查询。
- 查询的结果能够以文本文件或表格方式输出。

7) 数据分析

数据分析包括数据计算、数据统计和图表分析,具体内容如下:

(1) 数据计算。

系统可对采集的各种数据量和经过计算后的计算量进行综合计算,生成新的计算量。计算量的类型可以是模拟量、状态量或脉冲累加量。计算量可以和采集量一样进行数据库定义、处理(包括报警)、存入数据库和进行后续处理(包括作为计算的一个分量)。

系统提供公用的计算服务功能,支持周期启动、数据变化启动、定时启动和人工启动四种启动方式。计算公式可以通过图形工具自由定义或简单用户编程。计算公式的各个分量数据可以是实时数据,还可以是其他公式的计算结果。

(2) 数据统计。

数据统计可以自定义统计对象及相应的统计公式,可以实现对采集量和计算量的以下统计:

- 日、月、年统计和累加。
- 最大值、最小值、平均值统计。
- 电能量的尖、峰、平、谷统计和累加。

对统计量可以分时段、带时标的存储,统计和存储的周期可以自定义。风电场运行数据统计一般包括发电量、发电时间、最大出力及发生时间、同时率、利用小时数及平均负荷率等数据的统计。

(3) 图表分析。

图表分析包括报表和图两种展现方式,不仅能方便地制作风电集控中心、风电场、风机等各个层次上的各种格式灵活的报表和曲线、棒图、饼图、散点图等,也能在线方便地建立和修改报表的各种格式及数据,任意插入、删除表格各项目;具有剪贴板功能;可以自定义图形;可以图文混编,有专用的图形编辑器,用以生成图形并嵌入报表,还可以嵌入位图,图形可以任意移动,变化大小(位图除外);可以方便地选择各种常用字体、大小、修饰;能生成各种与数据库有关的前景;具有汉字编辑、显示和打印功能;可形成 Excel 文件输出。

常规报表如下：

- 单台风机数据统计报表。
- 分组风机数据统计报表。
- 风电场运行统计报表。
- 全公司风电场运行统计报表。
- 系统运行监视报表。
- 历史故障记录报表。
- 变电站运行日志。
- 电量统计报表。
- 电量分析比对报表。
- 电量结算报表。
- 日报、周报、旬报、月报、季报、年报或任意时间段报表。
- 风电机组可靠性指标统计报表。
- 不同风场同种风机的运行状况比较。
- 根据用户需求定制的各类报表。

图形分析包括曲线图(折线图)、玫瑰图、饼图、直方图和散点图等,其中曲线图和玫瑰图如图 7.13 和图 7.14 所示。

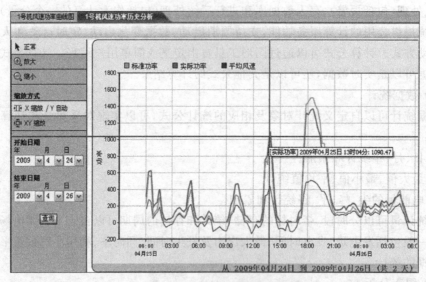

图 7.13 单台风机风速功率历史曲线分析

单台风机风速功率历史曲线用于分析单台风机的风速、功率的变化情况,优化风机制造厂家提供的功率曲线,使分析出的功率曲线能够真实地反映当地风场实际情况。

单台风机的风向分布图一般是指在一定时间范围内,按照风向角(0°~360°)的 16 个区间统计风向出现频度和平均风速的玫瑰图。

风电集控中心能突破区域和距离的限制,通过它可直接操作和指导各风电场的倒闸操作、事故处理、检修和维护等工作,能进行同一风场不同风机和设备的纵向比较及不同

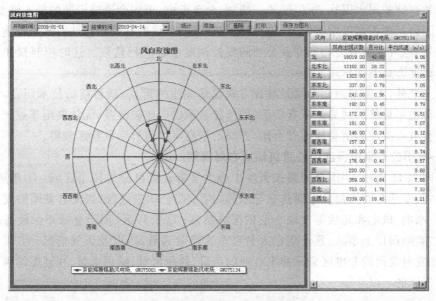

图 7.14　单台风机的风向玫瑰图

风场风机和设备的横向比较,充分进行不同风场、不同地域、不同机型间的运行性能分析,找出影响机组产能的重要因素,指导机组选型和现场检修维护。总之,风电集控中心不仅能起到掌握风电场实时运营状况的作用,有的还能逐步解决风电并网关键技术问题。通过系统积累的数据可以估算风场任意时间段的收入情况,根据积累的数据还可以进行风况预测、发电量评估等科研工作。

7.4　集团公司集控调度中心功能规划

集控调度中心除前面讲到的专业集控调度中心外,还有分公司和集团公司两级集控调度中心,只不过因地域、技术和网络等原因,现实中这两级集控调度中心的控制和调度功能较弱,侧重的是数据抽取、存储、监测、分析和实时指导,以及对处理重大问题的远程指挥,所以分公司和集团公司两级集控调度中心的管理原则一般为"分级管理、逐级负责"。

集团公司集控调度中心的功能同样包括两部分:工业电视集控调度系统和计算机集控调度系统。其中工业电视监控系统的主要功能和专业公司(如水电集控调度中心、风电集控调度中心等)的功能基本一致,只是视频的信息量大,范围广,轮询的对象多。

因所管企业可能覆盖不同的行业,所以集团公司集控调度中心系统比较复杂。当不同行业的集控调度系统有差异时,集成方式有两种,一是在分公司集控调度中心将这些差异消除,即所有基层企业的监控系统、专业公司的集控调度中心系统集成在一个系统后再和集团公司的集控调度中心交换信息,集成后集团公司按行业或区域公司进行集中重点专人监控,大屏幕是总体监控画面;二是先按行业集成在集团公司,每个行业有自己的服务器和监视屏幕,由专人负责监控,再集成到集团公司的集控调度中心由大屏幕做集中展现。总之,集成的难点是基础数据,包括数据表、数据格式及其内容的差异等,可能造成数据抽取和存储的很大困扰,所以要统一规划,全盘考虑,否则会造成资源的极大浪费。

集团公司集控调度中心除集成二级企业和基层单位的有用信息并对其进行重新展现和监控外,也可选调分公司和专业公司的集控调度中心进行监控。这时控制权和调节权的切换调度方式发挥作用。

除此之外,大屏幕画面布局及展现方式也是关注的重点,就目前的技术而言,无论多大的屏幕也不可能同时显示所有信息,即使能显示也会比较混乱,无法突出重点。所以一般把需要重点关注的信息放在首页面,详细的信息可以通过钻取技术获得。

1. 集团公司集控调度中心首页画面布局规划

如图 7.15 所示,集团公司集控调度中心大屏幕首页可分为四个区域:①布局区,显示分公司、专业公司布局及报警信息显示等内容;②公司主业区,如发电集团的发电区显示火电、水电、风电和光伏等发电企业的汇总信息;③安环区,用于显示环保设备的投运情况,二类障碍以上事故、累计伤亡人数和重大危险源数量,以及天气情况;④非主营业务区,如发电集团的非电区显示非电行业的产量、耗用电量、耗用水量、在航船舶情况以及视频和报表的入口。

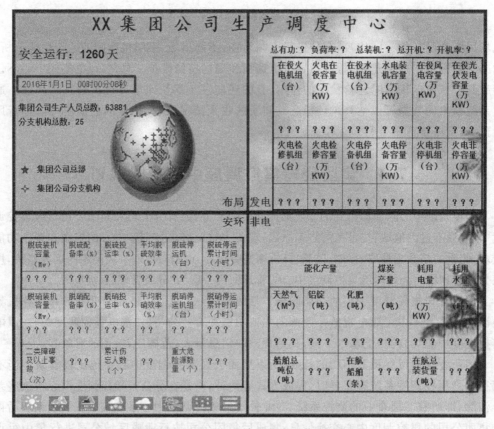

图 7.15　集团公司生产调度中心首页示意图

2. 数据钻取层级规划

首页面上的所有数据、图标和关键字都可以向下钻取详细信息,进入到下一级页面。

钻取的层级最多 5 层,在任一层级都可以返回到主页面。

例如,当鼠标到达地球上集团公司分支机构的图例➕时,会显示分支机构(分公司)名称,按下步骤操作:

步骤 1:单击分公司的图例➕后,显示该分公司的简介和成员单位。

步骤 2:单击分公司右下角的◉图标进入分公司的集控调度中心,如图 7.16 所示。

步骤 3:如果想进入到基层单位 SIS 或专业集控调度中心,直接单击基层单位名称。

图 7.16　分公司集控调度中心画面

另外,报警信息显示分为四种,一是在首页的报警窗口滚动显示时间最近的、报警级别最高的 10～20 条报警信息;二是在最新报警一览中查询短期内的所有报警信息(如最近 24 小时);三是按单位查询所有报警信息;四是通过报表分类查询。

需要说明的是,报警时间是优先排序条件,通常为倒序排列,时间相同时按报警级别排序,级别高的排在最前面。

3. 集团公司报表

集团公司报表包括定时自动统计和随时抽取统计分析两种。其中,定时自动统计包括日、周、月、季、年的发电量和煤炭、化工、再生资源等非电产量统计报表,停、备用机组统计,发电机组、装置非停统计,检修机组、装置统计,环保设施投运率、效率统计等等;随时抽取统计包括百万机组、分公司、集团公司发电机组负荷汇总统计,火电(燃煤机组、燃气机组可分开)、水电、风电、核电、太阳能发电机组负荷分项汇总统计,机组、装置报警统计,恶劣气候地区统计,安全事故统计等。

第8章

协同办公系统规划

8.1 协同办公系统定义

所谓协同是指协调两个或两个以上的不同资源或者个体,步调一致地完成某一目标的过程。协同系统一般具有独立的工作流引擎,以保证系统流程的稳定和高效;利用全文检索技术使信息的搜索覆盖整个系统的绝大部分信息,并且搜索高效、准确;利用 XML 技术保证数据的完整描述和模块间数据交换的松耦合;利用移动技术使应用延展到手机设备,并且具有与桌面端相似的使用感受。

协同办公系统一般包括办公平台和移动手机办公平台两部分,对企业用户而言两者的功能是一样的,只不过是操作终端的平台发生了改变,一个是计算机,另一个是手机。协同办公系统是由 OA(办公自动化)发展而来的,其特点是能进行树形分类,实现流程图形化、表单可视化和权限的精细化管理。协同办公系统的基本功能包括个人办公、预警提醒功能、公文管理、信息发布、督察督办、领导办公、通用办公(会议管理、车辆管理和报修等其他行政事务管理)和系统管理等,协同办公系统主要功能一般如图 8.1 所示。

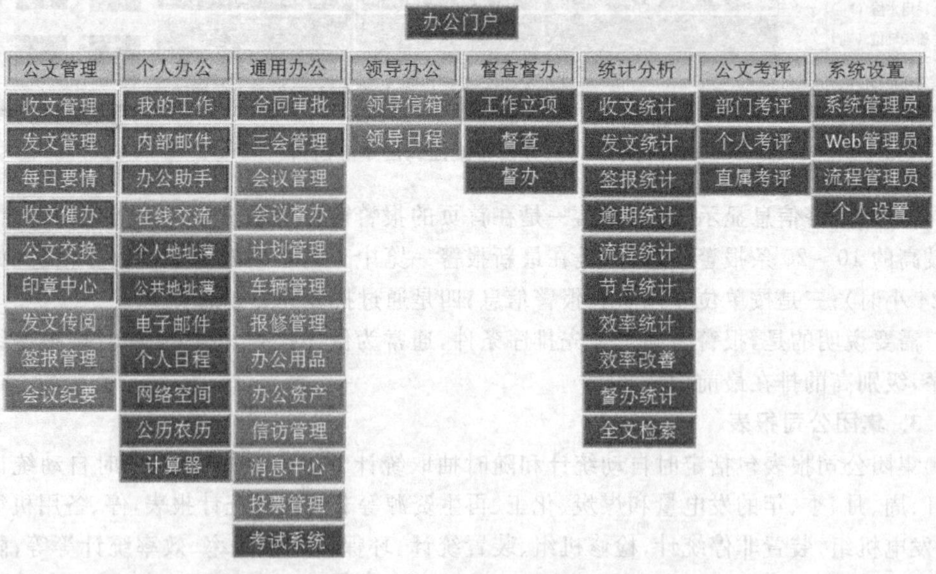

图 8.1　某企业集团协同办公系统基本功能

8.2 个人办公功能规划

个人办公一般包括办公便笺、日程安排、短信发送、代理设置、个人信息、常用个人便笺组、公文日常用语等。

1. 办公便笺

办公便笺在协同办公系统中有两个含义。其一是页面风格与纸质便笺相同,只需直接在上面编辑文字保存即可。便笺可按设定时间推到指定的页面位置,不管如何切换界面,都在最前面显示该页面,只能手动关闭。便笺可以长期保存,也可以删除,保存是为了便于以后查询。其二相当于企业内部邮箱,如图8.2所示,和公网邮箱功能基本一致,可直接点选组织/部门/人员作为接收人,支持文本编辑、多附件上传和短信提醒等,只不过办公便笺不能发给协同办公系统用户以外的人。用户可以查询发送的这类办公便笺对方是否已读、是删除还是保存等处理状态,并可以在对方未读的情况下随时收回。办公便笺的这两种功能是都需要还是任选其一,企业可以自己选择。

图8.2 邮箱风格的办公便笺主页面

2. 日程安排

日程安排是由自己发起的某项活动日程安排,和办公便笺有些类似,有自动提醒功能,两者的区别是日程安排可以通过邮件方式发给需要参加该活动的相关人员。日程安排的内容一般包括开始时间、结束时间、提醒时间、主题、地点、内容、发起人、联系人和参加人等。

3. 短信发送

短信既可以发送给协同办公系统的用户,也可以发送给协同办公系统以外的其他人员。协同办公系统的用户直接绑定手机号,系统以外的用户可输入其手机号码,此功能一般就是告知,不用回复。

4. 代理设置

企业因安全原因(如"两会"期间)等断开外网,使外出人员无法上网,或出差地区信号不好,或VPN等相关设备故障,或生病等无法正常使用协同办公系统,要提前进行代理设置,把自己的工作交给代办人员处理。代办人员可以设置单人或多人,而要委托的工作也可以按工作性质指派给多个代办人。并且可以预设留言,当有需要本人办理的工作时,系统会提醒此用户已出差,现在工作的代办人是谁,如有留言,可显示留言。上一节点的人员可以根据留言和代办人决定工作办理方式。本人返回单位后按时收回,或设置收回时间。代办人的职能包括发文管理、收文管理、工作安排和督察督办等。

5. 个人信息、常用个人便笺组和公文日常用语

个人信息、常用个人便笺组和公文日常用语等比较简单。个人信息需要设置自己的一些基本信息,如登录名称、用户全名、密码设置、办公电话、手机、外部邮箱、便笺容量和阈值显示等;常用个人便笺组设置是经常要发便笺的组,如信息人员组、营销组、本质安全组、单位领导组等;公文日常用语是收发文经常要签署的一些常规意见,如已阅、请阅批、请阅示、请转发、同意等简短用语,以及请副主任阅、设备处阅、生调处阅、水电处办理等。

8.3 公文管理功能规划

公文是公文管理的对象,它主要由两部分组成:稿纸和正文。其中稿纸是对公文除正文以外的相关信息进行记录的场所,记录的信息包括标题、主题词、公文类型、公文密级、附件、签名和办理意见等。不同种类的公文有不同的信息需要记录;正文是公文的主要内容,可手工录入,也可导入,每种公文的正文都有自己的模板,这些模板中包括正文的格式信息。

公文管理功能包括收文管理、发文管理、签报管理、副本传阅和公文借阅等,是协同办公系统的核心功能。公文类型比较简单,有上行文、平行文、下行文、部门文四种。这四种公文不是在所有企业都使用,如集团、分公司发文分类包括上行文、平行文、下行文、部门文四种;基层单位发文分类包括上行文、平行文和部门文三种。另外,非正式发文包括便函、传真、规章制度、通报、会议纪要和经济活动分析等类型。

公文的密级一般包括绝密、机密、秘密、普通、普通商密、核心商密。处理级别包括普通、特急和紧急三种。

8.3.1 发文管理

不同发文流程具有不同的发文稿纸模板和发文文件模板(模板的制作要符合公文规范)。公文正式起草后,要能够追踪到每一位文稿经手人的文稿办理状态。对修改、审核信息进行记录。文稿生成正式文件后不能被编辑,只能被查询和打印。同时,协同办公系统要将该数据库中的文件按照文件的相关属性分类列出。

要求用户只能查阅本人经手的发文文件,非本人经手的发文文件系统不予显示。收发总文书可以通过发文管理的系统设置以及发文号管理、发文格式等进行发文的相应设置,并通过该数据库的存取控制表将主要领导设置成可以查阅全部的公文。协同办公系统发文管理涉及的角色包括拟稿、审稿、会签、核稿、签发、分发、传阅和归档等,完整的发文功能通过这些角色的操作来实现。各类角色通常使用的发文功能按钮包括退出、签收、保存、完成、退回、直退、发文草稿、发文稿纸、正式文件、查看附件、加盖印章、发送文件、内部发送、发布等。

发文时如果有附件,则显示"查看附件"按钮,否则不显示该按钮。

1. 基层企业发文管理

基层企业的发文流程管理第一步是拟稿人根据需要选择公文格式(行文用签、处理流程、正文模板等)起草公文,根据不同行文类别的流程来设定送交相关人员。发文的具体流程如下:

(1) 拟稿人在"公文管理"的"草稿箱"中起草公文。先选择发文稿纸模板及其中的公文类型、格式等。然后录入或导入提前写好的正文,并引入多个附件。发文标题可直接录入,也可从正文自动获取。公文完成后保存,单击"提交"按钮依次提交给业务主管处长→部门文书→部门主任→发文总文书。如果需要其他部门会签,走会签流程,否则进入到下一环节。

(2) 发文总文书提交给总经部(总经理办公室)主任,总经部主任提交给主管领导,此时如果需要其他领导核签,走核签流程。

(3) 领导(核)签完毕→总经部主任→发文总文书→总经理批准(可选)→发文总文书→排版登记→拟稿人校版→发文总文书(发文登记、编号、盖章、用印(电子印章))→审核→结束。

(4) 文件分发、下发、办结,对办结的公文进行归档。

(5) 用户可在协同办公系统中定制短消息,有新的待办公文到达时,系统会以短消息、手机短信、电子邮件等方式提醒用户查看。支持督办、催办功能。

(6) 流程中间任一节点的修改痕迹都被保留下来,包括修改人、操作时间和修改内容。除电子印章外,可使用手写签字和手写批注。

在发文的审批中,可以按角色进行审批的流转,也可以通过相对路径找到相应的岗位。另外,发文的流程既可以采用固定流程,即一个模板绑定一个流程,也可以设定允许在流转过程中自定义流程或修改已设定的流程。发文流程支持直流、分流、并流、条件分支、流程嵌套以及各种协办和联办等复杂流程。无论哪种方式都得先建立流程模板,图8.3是在自定义流程模板上加签的一个流程图。

有权限的用户可以通过拖拉操作完成公文工作流模板的设计或变更,如流程节点的添加和删除,以及每个节点的操作权限设置。

2. 集团公司本部发文流程

集团公司本部的发文流程与基层企业发文流程相比多一种公文类型——下行文,如图8.4所示。

8.3.2 收文流程

收文办理过程要符合实际工作流程,不同机构具备不同收文单模板。各阶层收发文书,部门主管能够追踪其经手的公文办理情况,并能方便快捷地查阅公文和公文办理意见。公文批转具备多级机制,而对于逾期未办理的公文具有催办功能。公文收文主要操作过程包括登录、拟办、运转、阅办、归档等,并支持责任人控制、秘书中转、多点归档、请示批复联动处理、智能提醒、超期统计等新功能。

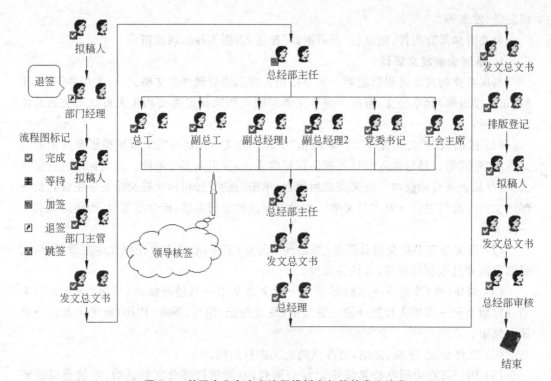

图 8.3　基层企业自定义流程模板上加签的发文流程

公文发送要提供两种方式：①直接发送的方式（默认的方式），无须文秘运转，拟办或分办后，直接将文件发送到指定的部门或具体人员处；②由运转人发送，拟办后必须由文秘运转，才能将文件送至指定的人员或部门处。

具体地说，基层企业的收文流程（如图 8.5 所示）要处理来自企业系统内部的公文、外部的公文（如国资委、电监会、市政府等），这些公文是送给本单位领导或有关部室阅批、办理的公文。

主要流程环节如下：

（1）收文文书用协同办公系统对来文进行签收、登记与引入，根据来文的属性（文件标题、原文号、主题词、收文日期和密级等）填写来文登记表，并将纸质正文做成电子文档引入附件。按收文要求做好后，将收文提交给总经部主任。

（2）总经部主任审核提交给他的收文，填写来文意见，根据来文的性质告知收文总文书是给主管领导还是直接给承办人。

（3）收文总文书根据总经部主任的意见传递给主管领导或承办人。

（4）主管领导批示给相关领导传阅，部门阅办；然后部门主任批给承办人（可以是多个承办人）。

（5）承办人接到来文后，按领导批示的意见办理相关事宜，完成后填写办理结果。办理过程中如果有调整，每个环节均可返回办理。

（6）相关工作办理完成后传递给收文总文书，收文总文书对公文进行归档，并按要求分发给其他相关人员阅知。

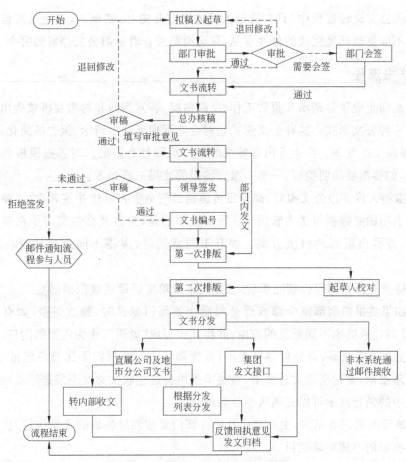

图 8.4 集团公司本部的发文流程

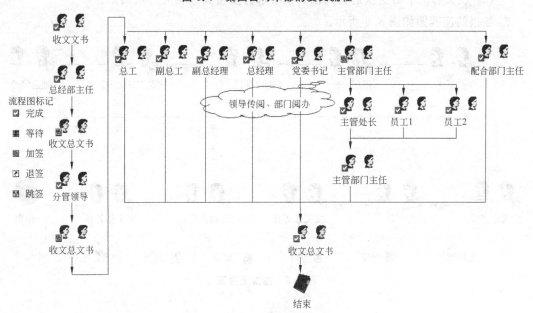

图 8.5 基层企业收文流程图

（7）在公文流转过程中，只有待办人员才能打开阅办，其他人，即使是流程节点中的相关人也不能更改已经完成的修改意见，只可浏览或查看目前公文停留到哪个节点。

8.3.3 签报流程

签报是向企业领导请示和报告工作、反映情况、答复询问和对重要事项提出建议及处理办法的一种公文形式。这种公文形式是对企业管理活动中请示、报告的简化，目的是简化流程，提高工作效率。在企业内部签报的使用范围是有限的。对签报模板各企业有自己的要求，如签报要简明扼要，一事一报。签报的流程一般如下：

（1）拟稿人将签报公文拟好，确认后传递给部门负责人审核并签署意见，涉及两个及以上部门事项的签报要报送主管领导。需要说明的是，主办及会签部门要在签报中给出明确意见，并提出可行的解决方案。如有不同意见时，应将不同意见呈现在签报审批单上。

（2）待所有会签部门会签完毕后，该签报审批单应返回签报拟稿部室。

（3）如果签报拟稿部室全部或部分同意会签部门意见时，修改签报；如有不同意见时，应有针对性地提出不同意见的理由，并将其拟写成"说明"，作为签报的附件。

（4）主送分管领导，请分管领导批示；分管领导认为签报需要送总经理批示的，签署报送总经理批示，发送至收文总文书，签报审批单会通过收文总文书发送给总经理。所以签报模板中的领导批示可以是两级领导签批。

（5）领导签批完意见后，主办部门及协办部门要按领导签署的意见执行，执行结果回填到签报模板的办理结果栏目。

（6）收文总文书对签报进行归档。按要求分发给其他相关人员阅知。

签报的流程图如图 8.6 所示。

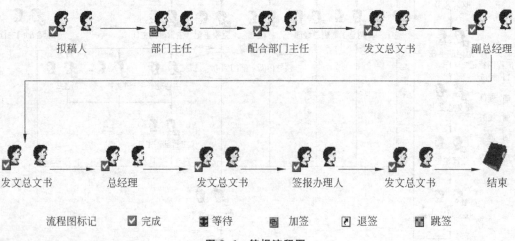

图 8.6 签报流程图

8.3.4 电子签章

电子签章是伴随着信息化建设而出现的高新技术,主要解决电子文件的签字盖章问题,用于辨识电子文件签署者的身份,保证文件的完整性,确保文件的真实性、可靠性和不可抵赖性。

2004 年 8 月《中华人民共和国电子签名法》通过,2005 年 4 月 1 日正式施行。该法首次赋予电子签名与文本签名同等的法律效力,保障电子政务和电子商务交易等的安全。该法适应了中国电子政务和电子商务发展的实际需要,解决了实践中存在的问题。

电子签章并非是书面签字盖章的数字图像化,而是以电子代码的形式存在的数字签名,并体现出可视化特点。利用电子签章,收件人能够通过网络传输文件并可以轻松验证发件人的身份和签章,它还能验证出文件的原文在传输过程中有无变动。电子签章系统通过一套标准化、规范化的软硬结合的系统,使用户可以在电子文件上完成签字盖章。电子签章系统是电子时代的印章和印信,通常企业集团电子签章应用的网络架构如图 8.7 所示。

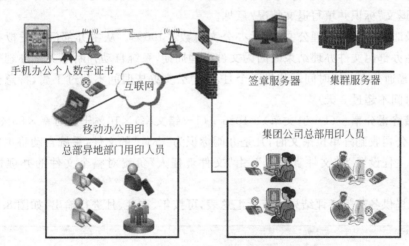

图 8.7 企业集团电子签章应用的网络架构图

电子签章的实现意义在于解决企业内部办公系统的无纸化办公问题,以及电子商务过程中的全程电子商务问题。这些问题的解决,大大提高了办事效率和信息安全,节约了社会资源和企业费用。

另外,还有副本传阅和公文借阅流程。副本是指再现公文正本内容及全部或部分外形特征的公文复制本或正本的复份。副本供存查、知照用。副本传阅是指文书或已收到副本的人可按领导批示的意见将副本转发给需要阅知的人,并可以根据公文的密级设置能够传阅的范围。所有副本都为只读,用户不能做任何修改,只能进行阅览和自己查阅范围内的删除。

公文借阅要填写公文借阅申请,在借阅申请时要选择公文类型、主办部门、公文标题及时间等过滤条件,选择自己要借阅的公文进行确认后,传输给审批人等待批准,审批人根据公文的密级决定是否批准借阅。批准后,借阅申请人才能看到文件内容。

8.4　公文处理情况考评与统计分析

为了保证收、发文的质量和处理时间,可通过公文考评办法来管理公文处理质量和时间。考评结果按月公示。集团公司总部的公文处理情况考评包括集团公司部门考评、分公司考评和个人考评三级。

1. 集团公司部门考评

集团公司部门考评内容包括错文率、退文率和处理及时率等关键信息,具体说明如下:

- 错文率=错文数/发文总数×100%。考评人员通过对部门起草公文的校查,发现出错情况不影响公文本来含义的(如错别字、未使用规范用语等)公文,将作为错文处理。考评人员将该文件设置为"错文"标识并填写错文情况/意见。

- 退文率=退文数/发文总数×100%。考评人员通过对部门起草公文的校查,发现有严重错误的公文,将文件退回至起草部门重新拟稿。考评人员将该文件设置为"退文"标识并填写退文情况/意见。

- 及时率=及时处理公文数/承办公文总数×100%。从主办部门主任拟办时间到主办部门文件办理结束时间为文件办理周期,系统自动判断该文件办理是否及时(普通公文办毕时间不超过1个月,紧急公文办毕时间不超过1周,特急公文办毕时间不超过3天)。

- 最终得分率=(1−退文率)×10%+(1−错文率)×10%+及时率×80%。

集团公司收到外单位来文时,凡是办阅标识为"办件"的文件,系统自动将主办部门拟办文件的主任设置为"文件责任人",由"文件责任人"负责对整个文件的办理情况进行监控。

系统提供各部门考评结果的统计汇总表,可按年、季度、月进行输出,如图8.8所示。

序号	部门	发文总数	收文总数	及时率	退文率	错文率	总得分率
1	办公厅	1	0	100.0%	0.0%	0.0%	100.0%
2	XX集团公司	0	2	100.0%	0.0%	0.0%	100.0%
3	秘书处	1	0	100.0%	100.0%	100.0%	80.0%
4	总经理工作部	13	2	46.67%	0.0%	0.0%	57.33%
5	市场营销部	1	0	0.0%	0.0%	0.0%	20.0%
6	安全生产部	1	0	0.0%	0.0%	0.0%	20.0%
7	计划与投融资部	2	3	0.0%	0.0%	0.0%	20.0%
8	规划发展部	2	2	0.0%	0.0%	0.0%	20.0%
9	财务与产权管理部	3	0	0.0%	0.0%	0.0%	20.0%
10	工程管理部	1	0	0.0%	0.0%	0.0%	20.0%
11	思想政治工作部	0	1	0.0%	0.0%	0.0%	20.0%
12	人力资源部	1	2	0.0%	33.33%	33.33%	13.33%

图8.8　集团公司部门考评结果展示

2. 总经部所管业务 KPI 指标和图形分析

总经理工作部管理业务 KPI 情况如表8.1所示。

表 8.1 收发文 KPI 统计内容

序号	指标名称	指标性能描述	报送领导级别
1	收文数量	某时段收文数量、已办结、未办结、超时数量	主任,集团公司领导
2	发文数量	某时段发文数量	主任,集团公司领导
3	签报数量	某时段签报数量,已办结、未办结、超时数量	主任,集团公司领导
4	系统各企业召开"三会"的次数	按不同时段,统计系统各企业召开"三会"的次数	主任,集团公司领导
5	"三会"决议落实情况	系统各企业"三会"决议未按期落实情况	主任,集团公司相关董事、监事

其中,各部门发文数量及发文质量分析如图 8.9 所示。各部门收文办理效率分析如图 8.10 所示。

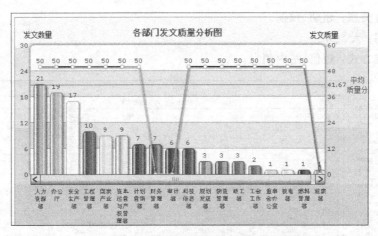

图 8.9 公司本部各部门发文质量分析示意图

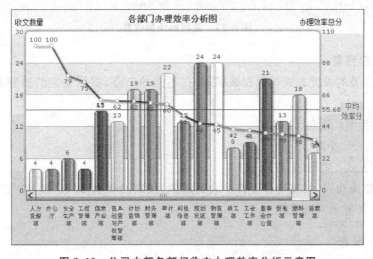

图 8.10 公司本部各部门收文办理效率分析示意图

8.5 预警提醒和信息发布功能规划

8.5.1 预警提醒

预警提醒是为了提高办文、办事、办会的效率,可按照流程和节点多角度地进行灵活设置,自动提醒。预警设置可以覆盖所有的节点,并提醒到人。对于同人、同任务,协同办公系统要能自动按照紧急程度进行合并,避免重复提醒给用户带来的不便和给系统带来的压力。预警提醒包括流程级预警和节点级预警两种。

1. 流程级预警

流程级预警设置如图 8.11 所示,可设定预警类型、周期、提醒人、提醒角色、提醒方式、提醒次数、间隔等参数,系统自动根据设定的参数提醒到本人、本人领导等处于角色中的人。

- 预警类型：超期、预期。
- 周期：天、小时。
- 提醒方式：短信、站内消息。

图 8.11 流程级预警设置

2. 节点级预警

节点级预警的设置方式与流程级相同,在不同的节点,根据设定的预警方式,给设定的人提醒。

- 预警类型：超期、预期。
- 周期：天、小时、百分比。
- 提醒方式：短信、站内消息。

预警设置成功以后,在待办工作中会有超期、预期的提示,以红、黄、绿代表超期、即将到期和预期,并显示对应天数。

8.5.2 信息发布

信息发布可以供没有内部网站的企业将需要大家周知的信息通过协同办公系统的

"信息发布"发布到通知栏。信息发布流程比较简单,如图 8.12 所示。

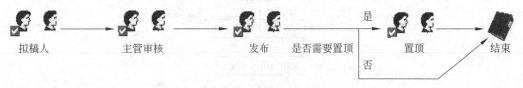

图 8.12　信息发布流程

信息发布可自定义模板,如定义新闻模板、规章制度模板和通知模板等,待信息创建时供拟稿人调用。

另外,在信息发布时,可进行信息置顶操作。但信息置顶要根据信息时间要求、紧急程度和重要程度等选择是否置顶,置顶权限分配给系统管理员。系统管理员根据各部门需要置顶的要求进行平衡,将最重要的放在最上面。置顶信息在结束时间之前将持续显示在规定位置。

信息发布还可上传附件及图片,针对用户多样化的信息需求,支持附件、图片、表格、字体等高级模式的使用。

信息发布结束后仍可在系统中保留一段时间,便于事后有人查阅时单独放开权限和下载相关内容。另外信息发布的权限各部门由一两人负责,以方便发布信息的审查、可控和安全。

8.6　督察督办功能规划

督察是企业对所属下级单位、本部各部门日常经营活动过程的一种监督、控制和预警的手段。督察分专项督察和决策督察,两者的共同点是督促领导决策落实、检查工作部署执行情况,即对上级或本级领导的批示以及交办事项落实情况的督促和检查。两者的区别在于,决策督察涉及面广,普遍性强,属于对中长期工作落实情况的督促和检查;专项督察工作内容单一,涉及问题层次较深,时效性强,短期内的效果会更明显。专项督察一般来源于企业领导指示或会议决定事项、企业年度工作要点、公司重要会议确定的事项、领导视察、调研时布置的事项等。

在集团公司总部,一般由总经部设置督察督办专责岗位,专责人员进行督察督办立项,经过部门领导及分管领导审批后,建立督察单下发至公司本部相关部门。对下级单位的督察督办直接通过公文交换平台发送至二级企业的公文管理系统进行督办。督办单设定责任部门及责任人,由责任人汇总、总结督办事项的办理结果。

二级企业收到集团公司下发的督察单后,可直接反馈办结意见,也可直接转至本单位督察督办流程进行运转,运转完毕后将最终意见反馈集团公司。如需三级公司填写意见的,同样可以将督办单发送至三级单位进行反馈,并逐级反馈至集团公司。集团公司督察督办流程如图 8.13 所示。基层企业基建项目督察流程如图 8.14 所示。

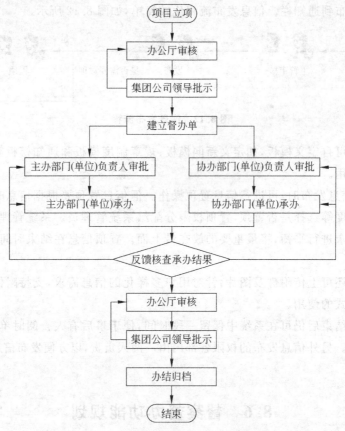

图 8.13　集团公司督察督办处理流程

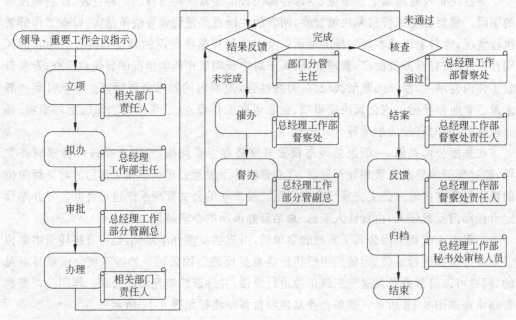

图 8.14　基层企业督察流程示意图

对图 8.14 的流程流转说明如下。

（1）立项。根据上级单位或公司领导批示或办公室主动建议督察的事项,相关部门要进行登记立项,写明立项依据、办理要求、内容等摘要。立项坚持一事一项原则,并进行编号,以备检索、存查。

（2）拟办。督察件登记立项后,办公室主任要提出拟办意见,包括承办单位、协办单位、转办时间、办理要求、办结时间、反馈形式等,报请有关领导批示。有些督察件,领导已有了明确的批示意见,可直接按照领导批示转承办单位承办。其中重大和复杂事项,在提出初步拟办意见时,要征求有关方面的意见。

（3）审批。企业主管领导对督察件进行批示,可驳回重新修改资料,或同意并签署办理意见。

（4）办理。根据督察件的内容,办理分为转办、协办、自办三种形式。无论哪种形式,承办单位都应按督察通知要求积极办理。需要注意的是,督察通知在附领导批示或转办的复印件时,对那些涉及检查举报揭发问题的原件及检举人等要求保密的,可采取摘录的形式,不能将原件转到被检举人手中,这些需要保密的督察件原则上不进入协同办公系统。对一些问题比较复杂,需要几个部门或单位共同办理的,应明确牵头单位;如属于各承办单位之间有分歧的,办公室应认真听取各方面意见,善于引导,把不同意见统一到企业要求上来;办公室协调不了的,可请有关领导出面协调,有些问题一次协调不成,要组织多次协调,直到问题解决为止。

（5）催办。督察通知发出后,办公室督察处人员要定期与承办单位或部门沟通,及时掌握办理情况,加强具体指导。规定办结期限的,必须如期办结;未规定期限的,要抓紧办理,尽早办结,并视办理情况进行考核。

（6）督办。重大事项催办后仍未按计划执行或逾期未完成的,要进入督办程序,无正当理由的,在协同办公系统中公示承办部门,进行通报批评或奖金处罚。部门之间推诿的,主管领导要协调督办。

（7）核查。督察有了结果,承办单位或承办部门应及时向分管办公室督察处出书面汇报及提交结案申请。如果办理结果不符合要求,督察处应向承办单位提出建议,或退回重办、补办。

（8）结案。督察处核查通过,并经领导审阅同意后结案。

（9）反馈。督察件结案后,办公室要本着"事事有结果、件件有回音"的原则,搞好反馈工作。属上级领导交办的,要做专题报告;督察件涉及面较大、内容较重要的可以编发简报,分送有关领导和单位;本企业领导交办的事项,可将承办单位的办结汇报直接呈送领导阅示。

（10）归档。督察事项办理完毕后,应将所形成的全部材料收集齐全,按照来件、领导指示、下发通知函件、催办记录、承办单位上报材料、向上级单位呈送的报告或编印的简报排列顺序立卷归档。

除需要保密的督察事件外,其他督察事件可在督察督办的统计分析功能中以多种方式有权限限制地进行公示,常规的报表如表 8.2 所示,督察处理单和督察督办完成情况汇总统计如图 8.15 和图 8.16 所示。

表 8.2　2016 年××××企业督察办理统计

编号	工作事项	牵头领导	责任部门	工作要求	办理结果	事项来源
1	完善并固化各专业管理长效机制——建立效益模型与支持系统	×××	承办部门：综合计划部协办部门：人资部	1. 建立企业效益模型。2. 建立并完善对标方案以及信息支持系统，加强对标考评	阶段性完成。1. 已经完成建立企业效益模型流程管理系统中流程承载功能的方案设计，并已完成招标工作。下一步需要审定详细实施方案和实施计划。2. 确定对标办法后，即可在统计系统中开发对标数据采集、填报模块，由效益模型进行对标分析、展示	年度重点工作
⋮	⋮	⋮	⋮	⋮	⋮	⋮

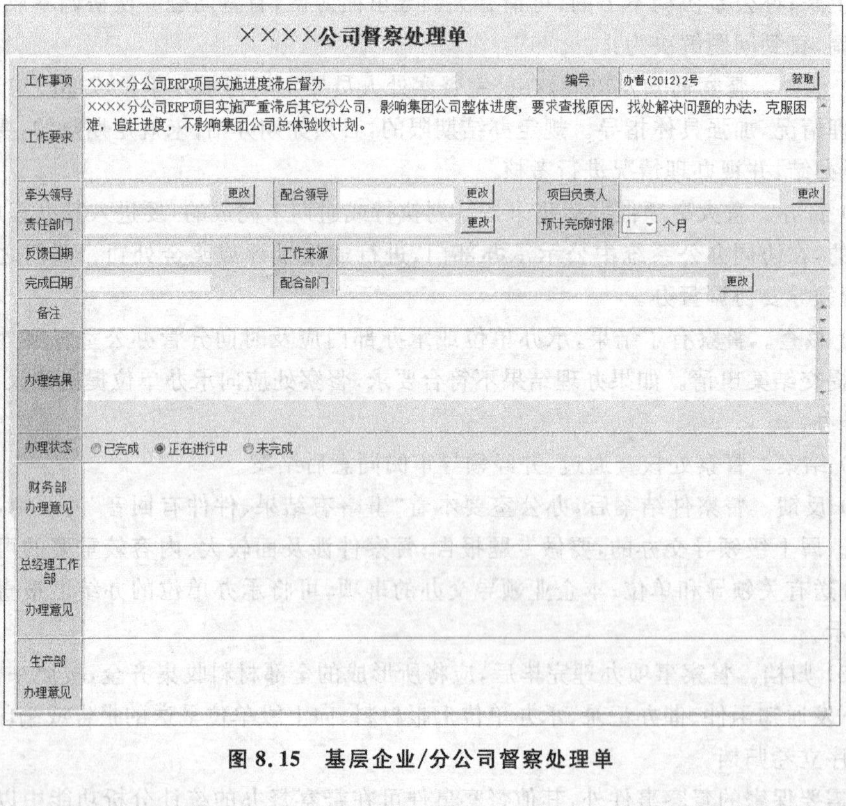

图 8.15　基层企业/分公司督察处理单

　　需要说明的是，督办比督察处理的事项级别更高，督察工作逾期未办理的工作也需要督办。督办的流程和督察基本一致，这里不再赘述。

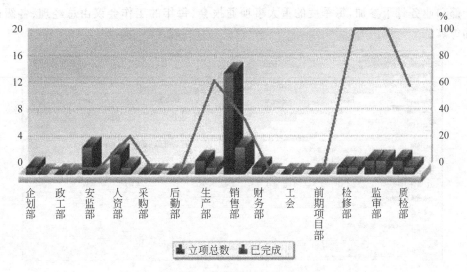

图8.16 基层企业6月督察督办完成情况（按部门统计）

8.7 会议管理功能规划

会议是一个集思广益的渠道,也是企业决策和沟通的主要方式之一,是企业战略执行的重要保障工具。它主要解决企业管理层特别是领导层对企业生产、经营决策的执行问题,从而避免在企业生产、经营决策分析中"拍脑袋、拍桌子、拍大腿"等随意行为,形成一个集体决策的意见。会议管理包括会议总览、会议计划、会议组织、会议议程、会议室使用、会议通知、会议主持、会议纪要和会议决议追踪等会议全过程管理。

会议分类有多种方式,企业常采用例会(决策层例会、管理层例会、作业层例会)、专题会(专题协调会、专题决策研讨会等)、综合性会议、涉外会议、临时会议五种方式。会议召开形式包括集中现场会议、视频等。

企业集团特别是国有企业面临的最大问题就是"会海",因会议太多,领导者几乎无暇顾及事务性工作。所以根据这些需要,会议管理功能可以将一些常规性的例会用模板固定下来,提前预警哪些会领导在时间上可能有冲突,如何调整。另外,常规性的例会内容可通过系统提前告知参会人员,避免在会上漫无边际地调侃,造成"会议效率低下,延期再延期"的现象发生,达到缩短会议时间的目的。

1. 企业集团常用例会模板

协同办公系统会议管理模块的例会模板如图8.17所示,一般包括会议主题、会议内容、应出席人员、会议分类、会议级别、不能参会人员、缺席理由、计划开始时间、结束时间、会议地点、组织部门、会议主持和联系人,每周周五把下周的例会以便笺形式发送给与会人员。

企业集团内部形成有规律(固定时间、主题、领导等)的三级例会制度。例如,周期固定:每周一次,或每月一次,或每季度一次,或每年一次等等;主题固定:每周的安全生产例会、每月的经济活动分析、每季度的重大事项通报会、每年的工作会议等;出席人员固定:每周的安全生产例会由主管生产的集团公司、分公司、基层单位副总经理及相关的中

层干部和业务骨干参加,每季度的重大事项通报会、每年的工作会议由总经理、各级副总
参加等等。

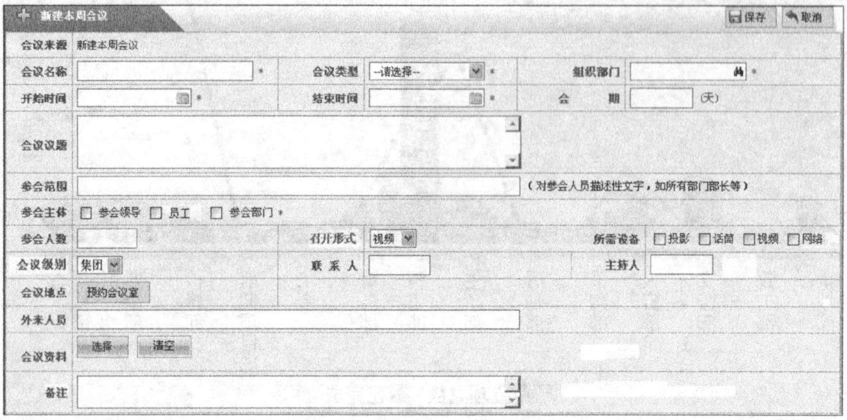

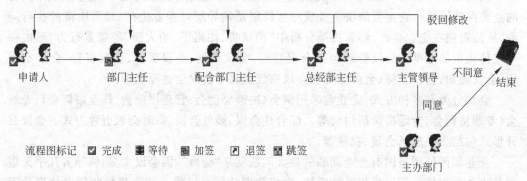

图 8.17　企业集团例会模板表

2. 临时会议审批流程

临时会议是指不在计划之内的各种会议,如临时董事会议、国家上级机关布置的重点
工作会议和企业内部临时会议等。非紧急情况的临时会议,特别是企业内部的临时会议,
要走临时会议申请审批流程,如图 8.18 所示。

图 8.18　临时会议申请审批流程

3. 会议室申请审批流程

会议申请批准后,一个重要活动是会议室申请,如表 8.3 所示,申请内容包括:是本
部会议室还是外租会议室,是否需要视频系统,是否需要会议服务(如会标、展板、鲜花和
服务人员等),预计参会人数以及日期、使用时间和联系人等。具体流程如图 8.19 所示。

表 8.3　企业会议室使用申请表

申请部门		参加人数	
会议内容			
主要领导			
计划开始时间		结束时间	

续表

会议支持	□视频系统 □投影 □茶水 □鲜花 □会标 □网络	
本部会议室	外租会议室	
会议费用预算	批准费用	
申请部门	联系人	
会议分类	会议级别	
申请部门意见	总经部意见	

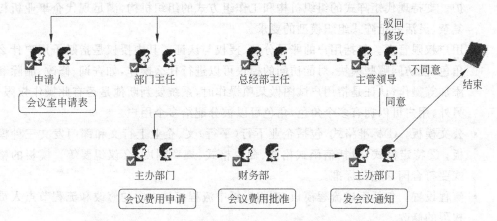

流程图标记 ☑ 完成 ■ 等待 ■ 加签 ■ 退签 ■ 跳签

图 8.19 企业集团会议室申请流程

4. 完整的会议流程

会议申请批准后,完整的会议流程如图 8.20 所示,包括会议计划、会议组织、会议议程、会议室申请、会议通知、会议召开、会议纪要、会议结款和会议决议追踪。

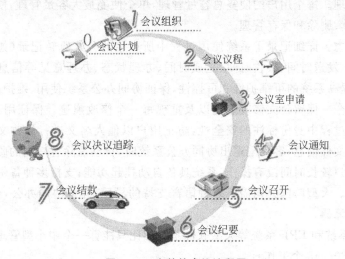

图 8.20 完整的会议流程图

除此之外,会议签到可支持移动手持设备签到和固定签到等多种方式;并在系统中对会议请假进行管理;如果会议属于问题跟踪性会议,会议问题跟踪人在"会议管理"的"会议跟踪"中登记问题的解决情况。

8.8　系统管理功能规划

系统管理包括以下主要的功能:

- 组织机构设置。负责组织机构、人员以及组织机构与人员之间关联关系信息的维护。支持现代矩阵式的组织机构和工作组方式的组织机构,满足现代企事业机构复杂、灵活的矩阵式组织模型的要求。
- 用户权限管理。包括用户的账号分配、授权与认证。其中授权是指赋予用户什么角色,能访问哪些模块,对能访问的模块可以进行什么操作,如查询、修改、删除和添加等操作;认证是指用户试图做某项操作时,系统要判断他是否有此操作权限。另外,用户可以拥有多个角色,角色可以被分配给多个用户。
- 公文模板。①标准格式,包括企业下行(平行)文、企业上行文和部门发文三种模板;②特定格式,包括信函式格式、命令格式、规章制度、会议纪要等。模板的格式要符合国家相关标准。
- 流程设置。包括新建流程模板、流程模板中流程流转方向的修改和流程节点人员权限的修改。
- 流程跟踪和监控。流程节点中的人员可实时跟踪查看该流程各节点的处理情况,如流程已流转到何处,限时办理过程是否超时以及已办理人员的意见和建议等;经过授权总经部负责公文管理者可对系统内自己关心的而又不需要自己办理的工作流进行实时监控,可以随时督察工作的办理过程和办理结果。
- 电子印章管理。主要是印章的加密、授权和使用,包括公章和电子签名等。
- 便笺管理。每个用户的便笺总容量管理,单个便笺最大容量管理,便笺的新建、发送、阅读、删除和保存管理。
- 系统日志。详细记录了系统使用过程中所产生的公文流转记录(如办理节点、办理人员、发送时间、接收时间、完成时间、办理状态、办理意见等信息)和用户操作记录,提高系统的可维护性和可控性,保证协同办公系统使用、维护和监控管理。
- 系统安全。保留公文修改痕迹以及重现每一个修改痕迹。保证用户在系统及文档修改过程中身份标注的安全性,防止用户以他人名义进行修改文档、非法保存及打印文件信息;客户端退出协同办公系统时,自动清除客户端的临时公文文件;如果用户较长时间没有操作,系统具备自动挂起功能;支持多种备份方式。
- 国际版。大型跨国公司需要多种语言支持的异国、异地协同办公,保证世界各地沟通无障碍。

协同办公系统和 ERP 系统等大型软件系统相比只能算一个中小型管理系统,项目实施周期大约为 30~45 个工作日。

第9章

ERP 系统概述

ERP 是近 20 年来逐步发展起来的、让人又爱又恨的集成化管理信息系统。特别是企业集团的信息化,可谓成也 ERP 败也 ERP。起初,企业实施 ERP 最朴素的愿望一般是以下几个:一是希望通过 ERP 规范业务流程,针对同类业务采用相同的管理流程和界面展现,跳出传统的企业边界,从供应链范围去优化企业的资源;二是希望有助于企业集团各级企业的信息收集和整理;三是通过这种形式,使企业集团的各项成本和盈利等计算得更准确、更及时。初级愿望实现后,就奠定了企业集团电子商务的实施基础,这时可打破传统的仓储理念和管理思想,在企业集团的任何层面,都能根据自己的权限和需求进行准确的现状分析和有效的预测,以达到改善企业业务流程,提高企业核心竞争力的目的。

9.1 ERP 的发展史和主要特点

9.1.1 ERP 的发展史

ERP(Enterprise Resource Planning,企业资源计划),是由美国 Gartner Group 咨询公司在 1993 年首先提出的一种基于供应链管理思想的企业管理信息系统,是固化企业先进管理思想的一种软件工具。它能把企业的物流、人流、资金流、信息流统一起来进行管理,以求最大限度地利用企业现有资源,实现企业经济效益的最大化。

ERP 的起源应该追溯到 20 世纪 60 年代,它的根基是当年的 MRP(Material Requirement Planning,物料需求计划),又称小 MRP。

小 MRP 主要实现产-供-销部门物料信息的集成,其原理是根据销售预测和订单制定主生产计划,再利用滚动计划方法将未来时段上的产品需求按照产品结构分解为零部件需求计划,然后发出生产作业指令推动生产部门制造部件和成品,同时发出采购指令推动采购部门采购所需的原材料。小 MRP 解决的主要问题是从时间上既不出现短缺,又不积压库存。所以,物料信息的时间阶段化是小 MRP 的主要特点。

20 世纪 70 年代,小 MRP 发展成包括生产能力计划和控制反馈的闭环 MRP,也就是说,它是一个结构完整的生产资源计划和执行控制系统。其特点是:以整体生产计划为系统流程的基础,主生产计划及生产执行计划产生过程中均包括能力需求计划,这样使物料需求计划成为可行的计划;具有车间现场管理、采购等功能,各部分的相关执行结果可得到及时响应和反馈。解决的主要问题是将生产能力计划、生产活动控制和采购以及物料管理计划与小 MRP 有机地结合起来,使小 MRP 下达的采购和生产计划成为有用和实用的计划。

20 世纪 80 年代,闭环 MRP 进一步发展成为 MRPⅡ(Manufacturing Resource Planning,制造资源计划)系统。MRPⅡ实现了企业对制造资源的计划、控制和管理,其中制造资源包括生产资源、市场资源、财务资源以及工程制造资源等。MRPⅡ解决的主要问题是"财务账"与"实物账"同步生成。

20 世纪 90 年代,MRPⅡ发展成为 ERP。ERP 不仅继承了 MRPⅡ的优点,即充分利用企业内部的资源,而且还注重利用企业的外部资源,如客户、供应商和分销商等资源,实现信息共享。ERP 覆盖了企业从产品设计、原材料采购、产品制造、分销零售到交付给最终客户的物流、信息流和资金流的全过程,解决的主要问题是优化供需链,加强企业外部竞争力。

总之,ERP 的发展历史大致可分为以下五个阶段:①订货点法和传统库存管理方法;②小 MRP;③闭环 MRP;④MRPⅡ;⑤ERP。

ERP 的宗旨是对企业所拥有的人、财、物、信息、时间和空间等综合资源进行综合平衡和优化管理,协调企业各管理部门,围绕市场导向开展业务活动,提高企业的核心竞争力,从而取得最好的经济效益。所以,ERP 首先是一个软件,同时是一个管理工具。它是 IT 技术与管理思想的融合体,也就是先进的管理思想借助计算机,来达成企业的管理目标。

综上所述,ERP 的基本定义就是:ERP 是一个集合企业内部和外部供应链主要资源,并对其进行有效计划和控制,以达到最大效益的集成系统。

9.1.2　ERP 的特点

前已述及,ERP 是从 MRP 演变来的,MRP 最早是从制造生产企业发展起步的,ERP 除了包含 MRPⅡ的功能以外,也涵盖其他的企业功能,如财务、营销、人事管理等,目前 ERP 最大的用户群仍在制造行业,当然在其他客户中也会用到其中的某些模块。

ERP 和 MRPⅡ的不同之处在于:

(1) 应用功能的扩展。ERP 比 MRPⅡ的内容更为丰富,应用更为广泛,它不仅扩展了企业内部的管理功能,而且还实现了 ERP 与企业外部通过供应链的集成,使 ERP 面向整个供应链。这样,一方面使企业外部资源被集成进来而得到充分利用,另一方面也使企业内部资源被集成出去实现资源共享。

(2) 应用环境的扩展。ERP 既支持离散式制造企业,也支持流程式制造企业,而且支持兼具这两种类型的混合型企业。另外,ERP 也能适应多种经营、多种业务的应用环境。

(3) 应用方法的扩展。ERP 支持能动的监控能力、模拟分析和决策支持,也就是说,ERP 可以实现从结构化的决策向半结构化和非结构化的决策的转变功能。

(4) 应用技术的扩展。ERP 采用了最新的信息管理主流技术及网络通信技术,如 B/S、Internet 体系结构,Windows 界面、智能分析等。在能通信的地方都可以方便地接入到 ERP 系统中来。

(5) 应用性能的提高。ERP 能够加强各环节的监控能力,从而保证控制渠道畅通和快速响应,提高工作流效率,加快资金流的速度。

9.2　ERP 的主要功能和系统部署

9.2.1　ERP 的主要功能

ERP 从 MRP II 发展至今,功能越来越丰富,主要包括财务、项目、生产、采购、库存、人力资源、销售等管理功能(如图 9.1 所示),同时以贯穿多个功能模块的计划管理、作业执行管理、成本控制、绩效管理、质量控制、合同管理和安全管理的控制体系作为总体支撑,以实现 ERP 的管理思想。

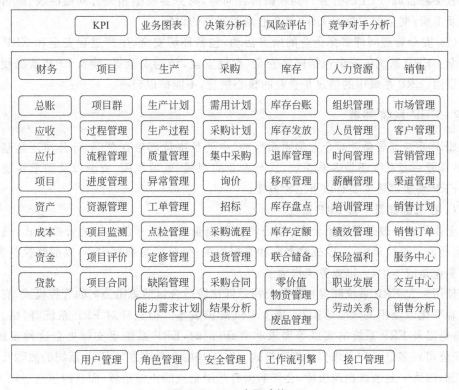

图 9.1　ERP 主要功能

(1) ERP 系统中的计划管理体系主要包括主生产计划、物料需求计划、能力计划、采购计划、销售执行计划、利润计划、财务预算和人力资源计划等。可以说计划管理体系是企业运作体系的主线,因为计划是企业管理的龙头,只有计划管理体系的高效才能保证企业生产的高效。

(2) 作业执行管理体系的主要职能是依据计划管理体系来安排企业的经营活动,并跟踪现场实施过程,进行实施控制。它主要有采购、生产和销售三类活动,还有质量控制和设备管理等辅助活动。作业执行管理体系的高效运作能够提高企业的应变能力。

(3) 成本控制体系能实时监督各项生产、经营活动的成本以及具体的各生产车间生产零部件成本和管理成本,对将要超出预算的活动进行预警,控制超出成本的活动不能继续进行,需要走例外审批流程。成本控制有利于判断企业的运作状态。

(4)绩效管理包括建立目标、业务建模、考核指标分解、实施监控、例外分析和结果报告六个过程,可贯穿 KPI、业务分析、风险评估等多项业务活动,包括组织绩效、人员绩效和生产活动绩效等,完善的企业绩效管理体系是企业的宝贵资源,也是企业持续稳定发展的基石。

(5)质量控制贯穿企业的所有活动,包括企业管理质量、产品质量和流程流转质量等,是企业能否生存的关键所在。

(6)合同管理涉及 ERP 的多个功能模块,如项目合同、采购合同、废旧物资/闲置物资处置交易合同、用工的劳务合同和销售合同等,财务要根据相关合同做应收、应付业务处理及工资/奖金的发放等工作,是企业规范运作的保障。

(7)安全管理同样贯穿企业的所有活动,包括环境安全、生产过程安全和 ERP 系统的安全。ERP 系统的安全包括网络安全、存储安全、访问安全等,涉及 ERP 系统使用的各个层面,ERP 系统中的信息是企业的核心信息,不能掉以轻心。

9.2.2　ERP 系统部署

ERP 系统部署是针对企业集团而言的,主要是决策部署在总部、分公司还是基层企业,是部署一套系统还是多套系统,这与企业的规模、地域范围、资金以及需求等密切相关。ERP 系统部署主要有以下三种方案。

1. 在总部部署一套 ERP 系统

企业集团一般采用集团公司、分公司和基层企业三级责任主体的管控模式,通俗地讲,集团公司是决策中心,以战略制定和管控为主;分公司是利润中心,以战略执行为主;基层企业是成本中心,以业务操作为主。

使用一套 ERP 系统部署在集团公司总部比较适合目前集团公司的管控模式,有利于管控扁平化以及相关标准的执行,减少系统维护成本。但这样对 ERP 系统、网络、服务器、备份以及 ERP 系统的实施等要求非常高;同时,ERP 系统要支持央企这种多级(有分/子公司)、多组织和多账套的管理模式。对于基层企业该方案 ERP 系统的故障几乎是零容忍,因为一旦系统出现故障,会影响所有基层企业的正常运转,而且因信息量很大,系统性能会受到极大挑战。所以,这种方案比较适合地域范围小和行业种类不是太多的集团公司。

目前一些大的企业集团虽然对外宣传 ERP 系统实施很成功,然而是以牺牲基层企业员工的操作时间为代价(不是正常的业务操作时间,而是系统慢,无法正常运行导致的操作时间过长),这是不可取的,也是对基层员工劳动的不尊重。

2. 在分公司部署多套 ERP 系统

在业务覆盖范围广且已经做实的分公司可以上一套独立的 ERP 系统,未做实的分公司(业务刚起步,没有实体的基层单位)和邻近的业务范围不大的分公司可以共用一套 ERP 系统。分公司的数据通过网络传送给集团公司总部的数据中心,供集团公司分析利用。该方案的优点是风险分担,一套系统出问题不至于影响全局;缺点是初期投入大,相关标准要强制执行。它比较适合超大型企业集团。

3. 在分公司、基层企业部署多套 ERP 系统

除在分公司部署外,还在少数集团公司直属基层企业,或地域比较孤立的基层企业,或对集团公司而言领域比较特殊、业务流程和管理模式与集团公司的主流业务相差太多的企业部署独立的 ERP 系统。优点是有利于特殊性质的基层企业使用,减轻网络压力。缺点是 ERP 系统初期投入和运维成本很高。它比较适合集团公司业务涉足行业范围广,业务流程差距很大的集团公司。

总之,是使用一套 ERP 系统还是多套 ERP 系统,完全取决于企业集团自己的实际需求,适合最重要。只不过目前走入误区的不少,贪图大而全,许多功能没用,又上其他软件来完成未用的功能,浪费较为严重。在这一点上,国外的一些企业集团做得比较好,只选对的,不一定选最流行和最贵的。

9.3 ERP 系统需要统一规划的基础信息

ERP 系统所包含的财务、项目、生产、采购、库存、人力资源和销售等管理功能涉及许多信息,为保证 ERP 系统实施后能很好地应用,一些主要信息要在实施前进行统一规划,如货币、组织、科目、凭证、税率、项目、项目分类、设备编码、设备分类、缺陷分类、故障体系、供应商、制造商、客户分类、物资编码、物资分类、计量单位、员工和用户等编码规则要在实施前做统一规定。要由精通业务的专业技术人员和管理人员组成公司级编码委员会,负责上述信息编码规则的制定以及组织人员编码及审核,二级分公司和基层单位也要有自己负责的编码工作小组,来补充集团公司统一编码以外的信息编码。

在编码之前要了解主流 ERP 系统对这些信息的管理方式,否则有些编码 ERP 系统可能不能正常使用,如组织编码,企业人员可能习惯只编一套按目前人事管理所列出的直线组织机构编码。但实际运作中会涉及多维组织管理模式,有按多维立体型组织结构管理的需求,这时一个组织编码肯定不行,要有多套组织编码。目前,主流 ERP 系统支持这些多套组织编码,没有这些组织编码,ERP 系统无法正常运行。因篇幅有限,不能介绍所有编码规则,本章只介绍组织体系和科目体系,其他编码规则将在后面相应的章节做简单介绍。

9.3.1 ERP 系统组织体系

近几年,随着企业集团的不断扩张、重组与并购等多元化发展,企业集团组织机构层次不断增多,分/子公司地域分布不断扩大,ERP 系统的财务管理功能要能便捷地解决企业集团组织机构定义与调整,针对企业集团不同的管理层面、不同业务领域、不同经营范围的组织架构和业务层级能顺畅地管理起来,保证组织机构变动对 ERP 系统中的业务运作影响最小。目前大多数 ERP 系统当组织、项目等关键信息发生变动时,对系统中的业务运作冲击很大,有的甚至无法更改,所以选型时要特别注意,要以最小的代价来保证变动的可行性。

需要强调的是,在这里组织体系要为财务管控及核算体系等服务,并考虑集团公司、分/子公司、共享财务管理中心和战略业务单元的不同管理角度的需求。

目前,综合业务型集团公司的组织体系一般采用多维立体型组织结构,即由直线职能制、矩阵制、事业部制和地区、时间等结合为一体的复杂机构形态,适用于规模较大的跨地区的企业或跨国公司,多维组织结构如图 9.2 所示。

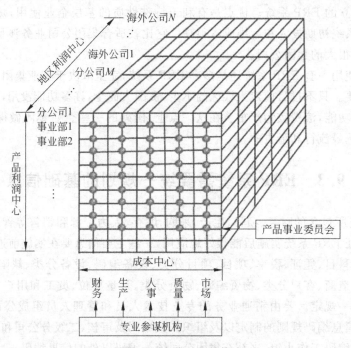

图 9.2　多维组织结构

ERP 系统要能支持这种多维立体型组织架构,能满足集团公司在财务分析、资金管理、报表等多方面的需求。

1. 财务管控及分析需求

(1) 支持集团公司级和分级管控需求。

(2) 支持基础数据的统一管理和使用。

(3) 支持虚拟组织核算需求。

(4) 支持共享财务服务模式,即一个用户可为多个分公司提供记账服务。

(5) 支持多个法人数据的统一查询及分析。

(6) 支持跨法人组织的数据查询及分析。

2. 应收应付管理需求

(1) 支持集团公司内部结算。

(2) 支持客商统一管理。

(3) 支持三角账的转移和抵消。

(4) 支持以集团为单位对客商的信用控制和账龄管理。

3. 资金管理需求

(1) 支持集团公司内部资金集中管控,规避和化解资金统一调度等业务风险。

(2) 支持集团公司内部资金拆借。

（3）提高集团公司资金分析的效率和质量。

（4）支持资金计划。

4. 预算管理

（1）支持集团公司预算管控和监审。

（2）支持自上而下和三下两上等方式的预算编制。

（3）支持多种形式的预算分析及超限预警。

5. 报表分析

（1）满足集团公司级、分/子公司级报表管理需求。

（2）支持分公司（是会计主体，而非法律实体）和集团总公司的财务合并报表，有助于解决内部抵消问题。

（3）可按需求任选多个组织进行报表汇总。

（4）支持集团公司级、分/子公司级的部分财务报告。

总之，组织的设置最好简单、易用，能满足多种类型的企业集团需求。所以，选择什么样的 ERP 系统及其提供的组织架构方式是企业需要提前考虑的。

主流 ERP 系统基于这种多维组织管理模式以及制造企业的特点，设计了多组织管理体系，用于管理企业集团。如 SAP 提供的组织架构、业务层级包括：

- 公司。定义企业集团，为虚拟组织，便于法定会计合并与业务合并。
- 公司代码。为基本的账套管理体系，凡是独立对外出具会计报表的会计主体均可以定义为一个公司代码。
- 会计科目表。作为会计核算的基础载体架构在公司代码之上，便于集团统一管理与维护，分/子公司可以仅有使用权。
- 业务范围。可以针对集团公司不同的战略业务单元来定义，当业务单元与公司管理层面的组织架构出现交叉时，这种基于业务范围的业务层级管理模式（如事业部 1、事业部 2 等）就可以跨分公司将某一类的业务经营数据抽取出来。
- 成本中心、利润中心和投资中心。从财务管理角度细化与强化企业经济责任考核单元，可以支持跨分公司的利润中心设置与考核等。
- 采购组织。用于定义采购职能单元（如公司采购部）和集中采购信息平台等。
- 销售组织。用于定义销售职能单元（如某分公司销售部）和集中采购信息平台等。

除此之外，SAP 还提供成本控制、经营范围、金融组织、功能范围、工厂、仓库、库存地点等多种组织定义方式，这种组织定义方式可以保证各种组织之间的相互独立性，又可通过建立各个组织间的对应与映射关系来满足集团公司内方方面面的管理需求。

而用友公司的多组织概念是在借鉴 SAP 多组织概念后细化为财务组织、预算组织、采购组织、库存组织、销售组织、人事组织和报表组织等，将这些组织类型与公司、部门等进行关联。也就是说这种多组织定义是从类型上将业务发生的主体定义为不同的组织类型，更明确地说是面向不同业务的不同组织类型。

这种多组织定义方式适合采购、销售和生产比较独立的集团制造企业。ERP 系统是从制造企业发展起来的，它既支持离散式制造企业，也支持流程式制造企业，而且还支持兼具这两种类型的混合型企业。但对于发电集团这种产品单一、销售单一的企业集团，上述多组织方式架构还是有是有些复杂。原因如下：

（1）发电集团组织架构是：集团公司本部→分/子公司→基层单位，上级对下级有知情权和指挥权，如果按目前 ERP 系统这种组织架构方式部署在总部，分/子公司级想要全面掌握基层企业的使用信息时，流程设置有些困难，需要开发、定制相关界面和大量的报表。

（2）发电产品比较单一，销售比较单一，只能卖给国家电网，所以发电集团的电能产品没有独立的销售团队，一般每个基层单位只配一名市场营销人员，还多是兼职。

（3）因产品单一，没有复杂的制造企业的配比、配料及制造工艺等流程，其订单、工单（燃料除外）等是围绕生产电能的主、辅设备及公共设备进行的采购订单和检修、消缺等工单，但检修工艺要求高。

（4）发电集团内非电产业的流程基本上是制造企业的流程，但物流产业是另外的运作流程，所以发电集团这种综合性的企业完全采用制造企业的多组织方式有些画蛇添足，不仅增加实施难度和实施成本，也给今后的深化应用带来很大困扰。

所以，再次强调，企业集团一定要根据自己企业的特点来选择适合自己的 ERP 产品。

9.3.2　ERP 系统科目体系

按照经济业务的内容和经济管理的要求，对会计要素的具体内容进行分类核算的科目称为会计科目。会计科目体系的设置要满足企业集团不同组织层面以及跨国准则差异的处理需求，要涵盖集团各类企业的交易或者事项。跨国企业集团一般要有三套会计科目表（以 SAP 为例）：

- 营运会计科目表。属于各个会计主体账套下日常会计核算的标准会计科目表，用于日常会计记账、对外出具会计报表的基础。
- 国家会计科目表。用于不同国家会计准则对科目要求的差异，通过定义营运会计科目表与国家会计科目表相关科目之间的链接关系，自动出具基于当地国家准则要求的会计报表。
- 集团会计科目表。用于集团出具汇总或合并报表，通过定义集团会计科目表与营运会计科目表之间的关系来满足基于集团宏观管理与信息获取的需求。

这三套会计科目实际上属于企业会计科目的分类，用于企业集团内不同国家间的会计核算和报表。对于国外业务不多的企业集团和全部在国内发展的企业集团，科目一般使用一套，即营运会计科目，它是企业集团的核心会计科目。国内的会计科目可以分为六大类：资产类、负债类、共同类、所有者权益类、成本类和损益类。每类会计科目包括科目编号和科目名称。其中会计科目编号供企业填制会计凭证、登记会计账簿、查阅会计账目、采用会计软件系统参考。企业集团也可结合实际情况自行确定会计科目编号。对于明细科目，基层企业可以按集团公司的规定自行设置。

以 2007 年 1 月 1 日起执行的《企业会计准则——基本准则》为准，企业资产类总分类会计科目如表 9.1 所示，明细会计科目如表 9.2 所示。

表 9.1　企业资产类总分类会计科目

序号	科目编号	科 目 名 称	序号	科目编号	科 目 名 称
1	1001	库存现金	26	1511	长期股权投资（按被投资单位设置明细）
2	1002	银行存款（按开户银行及账号设置明细）	27	1512	长期股权投资减值准备
3	1012	其他货币资金	28	1521	投资性房地产
4	1031	存出保证金	29	1522	投资性房地产累计折旧
5	1121	应收票据	30	1523	投资性房地产减值准备
6	1122	应收账款	31	1531	长期应收款
7	1123	预付账款	32	1532	未实现融资收益
8	1131	应收股利	33	1551	拨付所属资金
9	1132	应收利息	34	1601	固定资产
10	1220	备用金	35	1602	累计折旧
11	1221	其他应收款	36	1603	固定资产减值准备
12	1231	坏账准备	37	1604	在建工程
13	1303	委托贷款	38	1605	工程物资
14	1304	委托贷款损失准备	39	1606	固定资产清理
15	1401	材料采购	40	1607	在建工程减值准备
16	1402	燃料	41	1608	工程物资减值准备
17	1403	原材料（按仓库类别设明细）	42	1701	无形资产
18	1404	材料成本差异	43	1702	累计摊销
19	1405	委托加工物资	44	1703	无形资产减值准备
20	1406	事故备品	45	1711	商誉
21	1407	低值易耗品	46	1712	商誉减值准备
22	1471	存货跌价准备	47	1801	长期待摊费用（按费用项目设置明细）
23	1501	持有至到期投资	48	1811	递延所得税资产
24	1502	持有至到期投资减值准备	49	1901	待处理财产损溢
25	1503	可供出售金融资产			

表 9.2 企业资产类（固定资产）明细会计科目

科目编号	科 目 名 称
1601	固定资产
160101	固定资产—生产经营用
16010101	固定资产—生产经营用—发电及供热设备
1601010101	固定资产—生产经营用—发电及供热设备—基建转入
1601010102	固定资产—生产经营用—发电及供热设备—无偿拨入
1601010103	固定资产—生产经营用—发电及供热设备—零购
1601010104	固定资产—生产经营用—发电及供热设备—捐赠
1601010105	固定资产—生产经营用—发电及供热设备—投资者投入
1601010106	固定资产—生产经营用—发电及供热设备—其他
1601010107	固定资产—生产经营用—发电及供热设备—报废
1601010108	固定资产—生产经营用—发电及供热设备—毁损
1601010109	固定资产—生产经营用—发电及供热设备—无偿调出
⋮	

注意：科目体系是核算体系的第一块奠基石，要引起企业的高度重视。

第 10 章

财 务 管 理

为使企业集团的财务政策得到贯彻落实,强化企业集团的管控功能,让企业集团公司总部实时了解分/子公司的财务状况,进一步提高集团公司对下属分/子公司的控制力,财务集中管控是企业集团要走的必然之路。

从财务管理角度出发,按照企业集团内部责任中心的权责范围以及业务活动的不同特点,责任中心一般可以划分为成本中心、利润中心和投资中心三类。

(1) 成本中心是指有权发生并控制成本的单位。它不会形成可以用货币计量的收入,因而不对收入、利润或投资负责。成本中心是责任中心中应用最为广泛的一种形式,只要是对成本的发生负有责任的单位或个人都可以成为成本中心。例如工厂、车间、工段、班组和个人等。

(2) 利润中心是指既能控制成本又能控制收入和利润的责任单位。它要同时对成本、收入以及收入与成本的差额即利润负责。与成本中心相比,利润中心的权力和责任较大。通常是指企业内部可以独立计算盈亏的单位或事业部门,例如销售部、检修公司(对外承担检修业务)等。

(3) 投资中心是指既对成本、收入和利润负责,又对投资及其投资收益负责的责任单位。属于企业中最高层次的责任中心,如大型企业集团所属的分/子公司、事业部等。从组织形式上看,投资中心一般具有独立法人资格,而成本中心和利润中心往往是内部组织,不具有独立法人地位。投资中心与利润中心不同,利润中心没有投资决策权,对利润中心的考核不考虑其所占用资产。

10.1 财 务 会 计

通常 ERP 财务管理功能是可以和 ERP 其他功能进行单独分拆的相对独立功能,既可只购买财务管理(FMIS)模块部分,也可购买全套 ERP 系统,这样不仅丰富了财务核算的内容,还能把财务的分析职能发挥出来。

10.1.1 总账管理

ERP 总账模块汇总其他功能模块产生的所有会计信息,同时向其他功能模块提供财务核算和财务报表的基础数据,并能根据业务和会计规则自动生成财务凭证所需信息。总账管理功能比较强大,它包括单据预制、日记账处理、日记账调整、日记账过账、流转税及相关税费处理、所得税月度/季度预交、所得税汇算清缴、薪酬核算、科目核对和期末结账等相关流程,以及各种显示单据方法和总分类账等。其中总分类账管理主要是处理会计科目定义、总账科目过账、企业关账业务(如外币评估、暂估处理、科目余额重组和科目余额结转等)、报表处理等业务。ERP 总账处理逻辑一般如图 10.1 所示。

从图 10.1 可以看出,日记账是总账模块的基本要素,总账模块的所有业务活动都是围绕日记账进行的。ERP 系统中的日记账等同于财务会计的"凭证"概念,但也增加了更多的含义。ERP 系统中日记账的基本要素包括日记账批、日记账和日记账行。

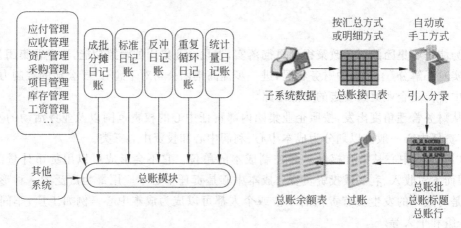

(a).总账基本日记账(借贷分录)处理逻辑   (b).总账引入日记账处理逻辑

图 10.1   ERP 总账处理逻辑

一般情况下,ERP 总账模块的业务流程图如图 10.2 所示,企业集团的总账管理可以分为四个层级,即集团公司级、公司总部级、分/子公司级和基层企业级。在会计期开启期间,总账管理同其他明细分类账之间提供实时处理集成,当完成一明细账业务处理时,总账也会实时更新。这样就避免了传统手工账或小软件月底前从明细分类账到总账的过账操作,同时保证总账和明细账数据的同步和一致性。

在总账模块中一个很重要、很实用的功能是总账追溯,但一般的 ERP 系统往往没有此项功能,需要进行二次开发。追溯的目的是:当总账某科目数据有问题时,允许用户根据交易标识追溯到数据来源子模块,快速定位到原始业务单据和数据,找到问题所在。例如,库存和采购的会计分录可以及时导入到总账模块,同时也可以借助总账模块的科目余额表等手段,实现总账模块到采购和库存事务处理的实时追溯。也可以通过财务报表逐层追溯到下属公司和基层企业的明细账目,以及对应的其他原始业务单据,使集团公司主管人员对下级单位的具体运营情况一目了然。总账追溯及模块衔接方式如图 10.3 所示。

总账模块相当于财务数据的核心数据库,是其他财务模块业务及采购、销售和库存等与财务有关业务的最终汇集地。其中的数据可大量应用于财务报表和其他会计领域。所以,为了保证总账数据的完整性和正确型,要制定总账关账业务规则,即其他财务模块的关账时间要先于总账模块的关账时间。总账模块能够关闭的前提是:本期间内所有的手工凭证处理完毕并过账,其他模块转送的凭证已过账并核对准确无误。

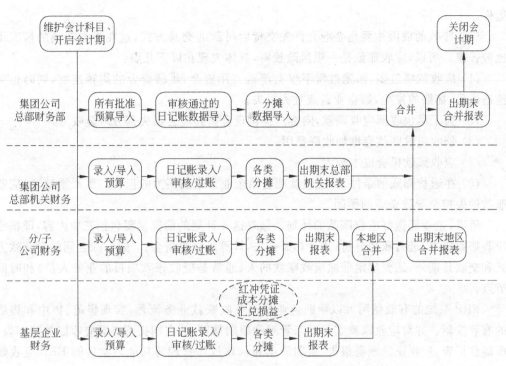

图 10.2 集团公司总账模块的主要业务流程简图

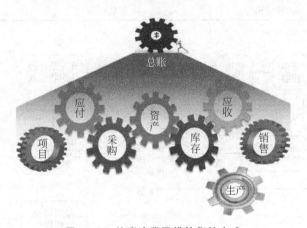

图 10.3 总账追溯及模块衔接方式

10.1.2 应收账款

应收账款是指企业因对外销售货物、提供劳务及其他原因而向购货单位或接受劳务单位收取的款项,包括应收账款、预付账款、其他应收款和账龄分析等功能。应收账款是企业流动资产的重要组成部分,其流动性强弱直接影响企业的资金周转和经营业绩。

应收账款的一个主要指标是应收账款周转期,即应收账款转换为现金所需要的时间。企业希望通过使用 ERP 系统并借助管理手段可缩短应收账款周转期,保证企业的良性运作。

应收账款的成因主要是企业允许先交货后付款的交易方式,这在买方市场的情况下比较普遍。所以,应收账款是一项风险投资,具体表现在以下几点:

(1)应收款项过多、回笼过慢不仅会严重占用资金,延缓资金的周转速度,同时也可能造成呆、坏账的发生,给企业造成重大损失。

(2)为了尽快收回应收账款,向客户提供现金折扣时会损失部分现金收入。

(3)催收应收账款会增加收账费用。

(4)应收账款机会成本较大。

(5)在通货膨胀的条件下,应收款项会给企业带来购买力的损失。更严重地说,应收账款的失控会导致企业的倒闭。

所以,企业要做好应收账款的计划。做好这一计划的前提主要包括三项内容,即核定应收账款成本;进行账龄分析;预计坏账损失,计算坏账准备金。然后,除合同约定交款方式和交款日期外,还要确定催缴应收账款的人(通常是应收账款项目的业务人员)和时间节点。

ERP系统的有效使用可以帮助企业规范应收账款业务流程,实现售前、售中和售后的有效控制。并对应收账款实行动态管理和超期预警,如定期提醒查看应收账款明细表、账龄分析表、应收账款预警报告、逾期清单和催款过程管理等功能。常规的ERP应收账款主业务流程如图10.4所示。

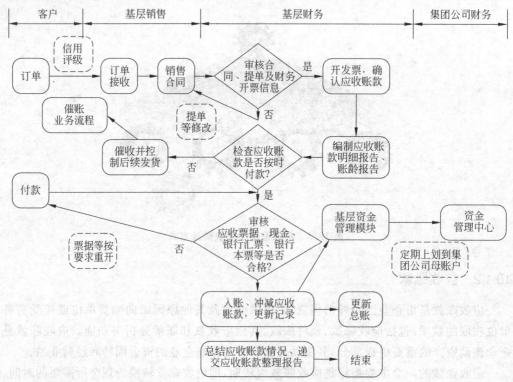

图 10.4　ERP 应收账款主业务流程

其中账龄的自动统计与分析可实现以下功能：

（1）按企业集团财务人员要求，对各客户最近几个月的销售额、收款额、余额等进行统计。

（2）账龄情况统计。时间包括账期内、超账期 30 天内、超账期 30～60 天内、超账期 60～90 天内、超账期 90～120 天内、超账期 120 天以上等不同时间段。

（3）对余额大或账期长以及销售量或收款有异常的情况，支持用文字说明，以引起高度重视。

（4）对接近超过时效期的欠款客户，提前半年采取发对账函或催收函的形式让对方确认欠款并延长时效期，以备以后诉讼所需，并在 ERP 系统中提高预警级别。

除此之外，还能实现客户信用额度管理、收款清账管理、对客户的催款管理、客户与供应商之间往来账的核销，以及与总账、资金和销售等功能的集成，并支持将各分/子公司、基层企业的收款账户资金定期上划归集到集团公司的核算母账户。

应收账款常用的报表包括应收账款对账单、客户应收账款汇总表、应收账款明细表、业务员应收账款明细表、业务员应收账款分析表、销售发票差异明细表、逾期应收账款明细表、应收票据到期明细表、客户应收票据明细表、客户退票记录明细表等。

10.1.3　应付账款

应付账款是指企业因购买材料、备件、设备、办公用品等物资或接受技术服务等而发生的债务。这是买卖双方在购销活动中由于取得物资与支付账款在时间上不一致而产生的负债。

应付账款周转期是指从收到尚未付款的物资或服务等开始到现金支出之间所用的时间。企业集团要关注应付账款周转期，避免产生一些法律纠纷，影响企业形象或造成更大的赔偿损失。

应付账款主要业务包括打开应付账会计期、供应商主数据维护、选择会计核算方法、选择账套、设置应付账款账龄，以及期初应付账款、自动生成应付账款、应付账款请款、应付款付款、预付款处理，应付账款坏账、应付票据管理等，涉及的主要账务处理包括：企业购入材料、设备等物资验收入库，但货款尚未支付；接受服务单位提供技术服务等而发生的应付未付款项；采用售后回购方式融资；企业与债权人进行债务重组等。通常应付账款的付款方式有两种：计划付款和随机付款，企业集团应以计划付款为主，以保证资金的有效周转。企业集团 ERP 应付账款的业务流程一般如图 10.5 所示。

企业集团一般在每年的 10 月至 11 月中旬前上报下一年度资金（费用）预算。集团公司相关部门和财务部核准后，下达下一年度资金计划。基层企业根据年度计划总金额和企业实际业务需求，先按季度、月制定资金需求计划，然后细化到每周的资金付款计划，并在每周五向集团财务公司的资金管理中心提报下周资金需求金额；资金管理中心批准后的资金下拨到资金管理中心的基层企业账户，供基层企业下周支付使用。

应付账款的主要统计分析一般包括应付款汇总表、应付款明细表、付款汇总表、付款明细表、账龄分析、应付对账单、到期债务明细表、无票应付款查询、预付款汇总表、预付款明细表、预付款核销查询和应付票据汇总表等以及相应的图形分析。

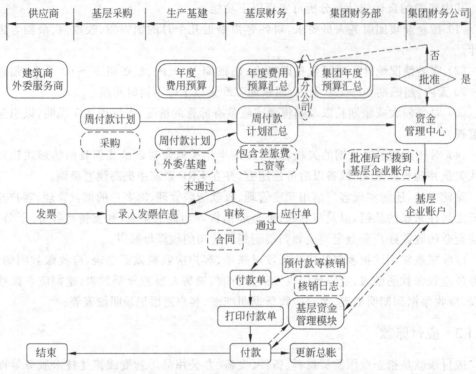

图 10.5　企业集团 ERP 应付账款的业务流程

除上述功能外，ERP 系统的应付账款模块还要能按支付优先级和分类付款等方式进行付款控制。尽量减少现金支出，并能实现应付账款与采购、总账等管理功能的集成以及应付账款在分/子公司间的业务处理。

10.1.4　资产管理

资产指企业拥有或控制的能以货币计量的经济资源，包括各种财产、债权和其他权利等。根据资产的流动性，可以将资产分为流动资产和非流动资产（又称长期资产）。

流动资产是指现金以及可以合理地预期将在一年或者超过一年的营业周期内变现、出售或者耗用的资产，主要包括货币资金、短期投资（含短期有价证券）、应收及预付款项、存货、待摊费用等项目。流动资产是在生产经营过程中经常改变其存在状态，在一定营业周期内变现或耗用的资产。流动资产有三个特点：①流动资产流动性大，不断改变形态；②流动资产的价值一次消耗、转移或实现；③流动资产占用资金数量具有波动性。为了管好、用好流动资产，必须符合三个要求：①保证流动资产的需要量，确保生产经营活动正常进行；②尽量控制流动资产的占用量，占用过多，会增加资金成本，影响经济效益；③加速流动资金的周转。周转快，意味着占用资金少，会带来更多的经济效益。

非流动资产是指企业旨在生产经营中长期使用或者为某种目的而长期持有的资产，包括长期投资（是指不准备在一年内变现的投资，包括长期债权投资、长期股权投资和其他长期投资）、固定资产、无形资产、递延资产、生物资产和其他资产（如长期待摊费用）。

本节重点讲解资金管理、固定资产。

1. 资金管理

资金管理是指企业在生产经营活动中停留在货币形态的那一部分资金,包括现金和各种存款。资金管理主要包括资金计划管理、融资管理、现金管理、集中支付、资金风险管理、资金情况分析、资金流动性预测管理等。

做好资金管理,要做到以下两点:①做好现金管理,遵守国家规定的现金管理条例;②搞好转账结算,以维护企业自身利益,加速资金周转。搞好货币资金管理还应编制货币资金计划。为此应做好货币资金收支的预测;准确确定货币资金最佳持有量;编好货币资金收支计划,使货币资金收入和支出达到平衡。

对企业集团而言,资金集中管理模式的选择实质上是企业集团采取集权还是分权管理策略的体现,由其行业特点和企业集团资金运行规律决定。常见的企业集团资金管理模式有三种:

(1) 资金弹性集中管理模式。通过银行提供完整、及时的企业集团资金信息服务,帮助资金管理部门全面了解下属子公司每日或每周现金头寸及流量情况,从而更加准确地进行集团资金预测。这种情况下,母公司与子公司和基层单位之间一般没有统一的 ERP 系统或没有统一的资金管理系统,ERP 系统一般分散布置。有可能每个基层单位都有自己独立的 ERP 系统,或在分公司层面集中部署 ERP 系统,但没有在集团公司统一部署一套 ERP 系统,或在集团公司本部根本没有实施 ERP 系统。

这时 ERP 系统的资金管理功能主要集中在基层企业,主要功能包括基层企业所属部门和车间的资金计划、资金支付、票据管理和资金监控等功能,并和应收、应付、总账等模块进行集成,自动产生凭证,过入总账,如图 10.6 所示。集团公司与基层企业之间的资金管理没有进入 ERP 管理系统,而是借助银行系统的松散连接,无法直接参与控制。

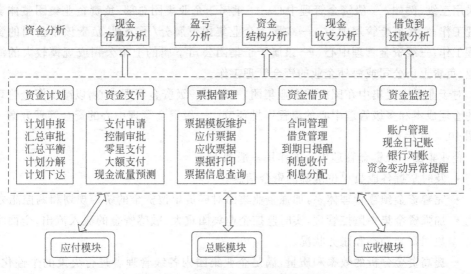

图 10.6　资金弹性集中管理模式简图

资金弹性集中管理模式的优点是下属子公司和基层单位保留了独立核算的自主性,日常经营活动的资金使用较为便利;缺点是资金尚未实现集中,无法充分发挥资金集中管理的效益。这种模式一般为企业集团在资金集中管理实施初期时所采用。

（2）资金相对集中管理模式。集团公司保留下属基层单位的银行账户用于对外结算，借助银行资金池产品对成员单位结算账户设置一定的资金上划和下拨目标余额，采用单笔或自动规则部分上划成员单位的资金。当基层单位账户资金超过目标余额时，就上划至集团公司资金归集账户；当基层单位账户资金低于目标余额时，就由集团资金归集账户下拨补足。

这种模式的优点是集团公司资金适度集中的同时，给予下属单位较大的自主权；缺点是资金集中力度仍然有限，不能最大限度地盘活资金。因为，由于没有实现对下属子公司的全额资金上划，仍有一部分资金留存在子公司账面，仍可能存在一定的资金闲置，所以不能最大限度地盘活资金。

（3）资金绝对集中管理模式。就是由集团公司成立独立的资金管理中心，统一管理集团所属分公司、直属基层单位的资金业务，包括资金计划、外部融资管理、投资管理、集中支付、资金结算管理和资金监控等。通过将所属成员单位的资金归集到集团总部，可以有效挖掘企业集团的沉淀资金，满足企业集团经营发展中的资金需求。这时，企业资金管理中心有"内部银行"功能，能实现企业集团内部成员单位之间的资金调配，减少外部融资金额，降低资金成本，提高资金使用效益。

这种模式的优点是最大限度地集中了企业集团资金，能够发挥企业集团资金的整体优势，内部资金余缺能够得到充分调剂，有利于企业集团获取更多的资源。缺点是可能影响下属子公司和基层单位加入资金集中管理的积极性。这种模式需要母公司有较强的管控能力和内部激励机制。

企业集团的资金管理中心有一级和多级组织架构之分，对于超大型跨国企业集团一般采用三级，例如：一级资金管理中心——隶属于企业集团总部，负责企业集团整体资金管理工作；二级资金管理中心——隶属于企业集团下属分/子公司，负责该子公司的资金管理工作；三级资金管理中心——隶属于子集团公司下属的上市公司或规模较大的海外企业，负责上市公司或海外企业的资金管理工作。

对于业务主要集中在国内的企业集团，一般为一级资金管理中心，以减少资金管理中心的管理成本和多级管理中心的流程审批环节。一级资金管理中心的资金管理方案一般如图 10.7 所示。

企业集团一级资金管理中心的作用一般如下：

- 及时掌握各成员单位准确的资金信息。
- 完善资金预算管理体系，加强企业集团对成员单位资金的统筹规划和调控能力。
- 加强资金集中监控管理，实时监控企业集团重大、敏感资金的流入流出，全面掌握集团资金动态和账务状况。
- 提高资金分析的效率和质量，满足企业集团内各级管理者进行决策的个性化、及时性要求。
- 利用企业集团资金的规模优势，盘活企业集团内闲置、沉淀资金，形成企业集团内部资金池；在此基础上通过内部调剂，有效分配盈余资金，提高内部融资能力，降低整个集团的银行贷款总量和财务费用，提高自有资金的使用效率，优化债务结

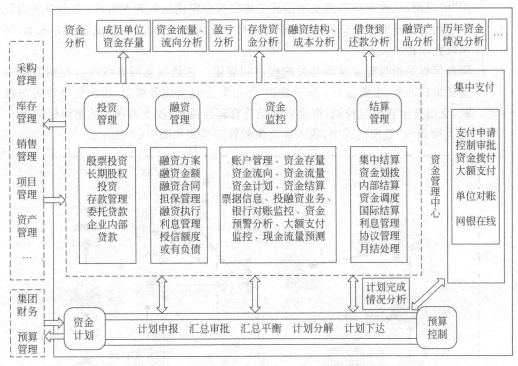

图 10.7　一级资金管理中心的资金管理方案示意图

构,降低资金使用成本。

- 提高与银行谈判的筹码,可以降低资金结算费率、借款利率。
- 在国际业务上,支持多币制资金流通及汇率结算。
- 严格控制集团各成员单位的投融资、担保决策权,有效调整融资规模和融资结构,加强集团内资金风险的有效识别和预警控制,重点在支付环节加强对资金风险的事前预警和事中控制,防范经营风险。

资金管理中心一个很重要的管理模式就是“收支两条线”,实施“收支两条线”主要出于两个目的:一是对企业范围内的现金进行集中管理,减少现金持有成本,加速资金周转,提高资金使用效率;二是以实施“收支两条线”为切入点,构建企业财务管理体系中的内部控制逻辑,通过高效的价值化管理来提高企业效益。

“收支两条线”资金管理模式比较适合有多个独立的现金收支部门或分支机构的企业集团。企业“收支两条线”资金管理模式的构建可从规范资金的流向、流量和流程三个方面入手:

- 明确划分收入资金和支出资金的流向,所有的货币性支出都必须从支出户里支付,支出户里的资金只能根据一定的程序由收入户划拨而来,严禁现金坐支。
- 确保收入的资金能够及时、安全、足额地回笼,各项费用支出受到合理的控制和内部资金的有效调剂,不允许有私设的账外小金库。加快资金的结算速度,尽量压缩资金在结算环节的沉淀量;在调度环节上通过动态的现金流量预算和资金收支计划实现对资金的精确调度;在支出环节上,根据“以收定支”和“最低限额资金占用"的原则,从收入户按照支出预算安排将资金定期划拨到支出户,支出户平均资金占用额应压缩到最低限度;对资金实行有效的集中管理,减少现金持有成本,加速资金周转。

- 资金流程是指与资金流动有关的程序和规定。它是收支两条线内部控制体系的重要组成部分,主要包括:账户管理、货币资金安全性等规定,收入资金管理与控制,支出资金管理与控制,资金内部结算管理与控制,收支两条线的组织保障等。

在"收支两条线"管理模式中,收入和支出的管理模式如图10.8所示。

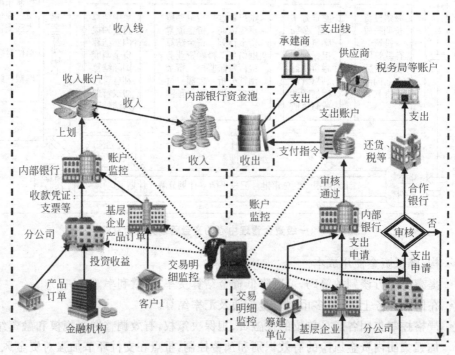

图 10.8   一级资金管理中心"收支两条线"管理模式示意图

（4）流动资产分析图例。集团公司和分/子公司对流动资产的分析比基层企业要求高,如果 ERP 系统不能满足要求,可借助第三方软件,如相关的 BI 产品等。常见的分析如图10.9至图10.11所示。

借助相关分析软件,每项指标都可以进行多级钻取。总之,流动资产中的资金是企业发展的血液,是企业集团财务管理的重点。有效的资金管理模式能够促进资金快速、良性循环,使有限的资金用在"刀刃"上,提高资金的时间价值和经济效益,确保资金的安全与完整,确保企业集团健康可持续发展。

2. 固定资产管理

固定资产是指企业为生产商品、提供劳务、出租或经营管理而持有的使用寿命超过一个会计年度的房屋及建筑、专用设备、通用设备、交通工具以及其他与生产、经营有关的设备、器具和工具等。不属于生产经营主要设备的物品,单价在2000元以上,并且使用年限超过2年的,也应当作为固定资产。

固定资产管理可以理解为是对总账的一种细分类账管理,可提供资产有关事项处理

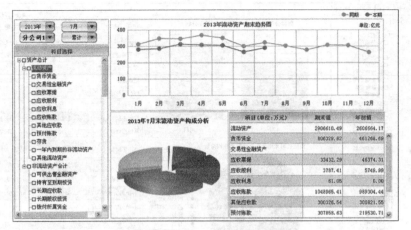

图 10.9　某分公司流动资产分析图例

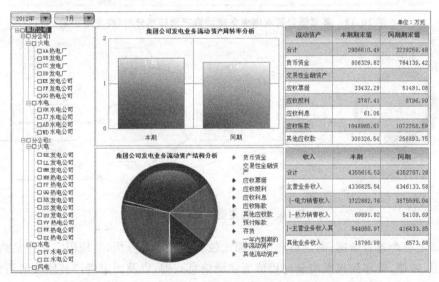

图 10.10　某集团公司发电业务流动资产周转率分析（按组织机构）

的详细信息。ERP 系统要能帮助企业实现资产主数据和设备台账的同步处理及信息共享、工程转资、固定资产卡片管理，以及固定资产调拨、拆分、出售、借用、归还、租赁、盘点、重置和保险等动态管理，并按固定资产类别和相应折旧率进行折旧计算、折旧自动记账（折旧额按固定资产的核算单位进行费用的归集集中）等。其次对资产重组进行管控，包括资产置换、资产剥离、收购兼并、股权转让和债务重组等。

固定资产管理的主要业务流程如图 10.12 所示。

应该说财务的固定资产管理是对资产从预算、购置、安装、使用、维修、折旧到报废等全生命周期的价值管理，主要完成对固定资产的增减变动以及折旧有关基金计提和分配的核算工作，实现财务、物资、设备管理部门的联动，建立现场设备与财务固定资产的关联关系，对固定资产价值实现精细确认，以及自动编制转账凭证，并转入总账。

在 ERP 系统中，固定资产与应付、成本、总账等模块自动进行集成，可进行固定资产

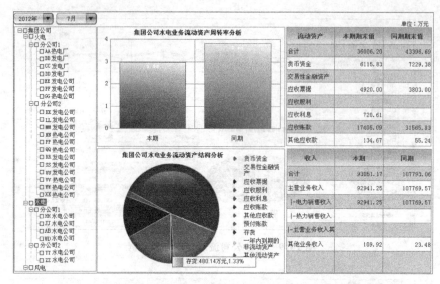

图 10.11 某集团公司水电业务流动资产周转率分析(按发电类型)

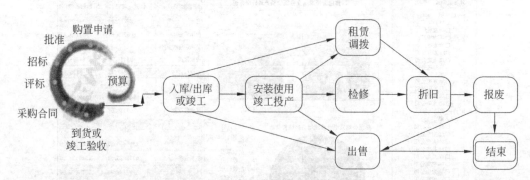

图 10.12 固定资产管理业务流程

折旧、固定资产投资增速、固定资产投资额比较和库存率等分析,实现固定资产从购置、安装、使用、维修、转移到报废的全过程价值变动信息查询,以及固定资产被修改的历史记录查询,固定资产原值、累计折旧、账面净值统计报表,不同类别、使用年限和状态的固定资产余额表,固定资产存放地点、使用年限、规格和状态清单等。

固定资产折旧表的主要信息如表 10.1 所示,固定资产图形分析如图 10.13 和图 10.14 所示。

表 10.1 ××基层单位×月固定资产折旧表

单位: 　　　　　日期: 　　　　　货币名称:人民币 　　　　　金额单位:万元

固定资产名称	数量	原 值	已提折旧	净 值	月折旧额	管理部门	使用部门
锅炉							
汽轮机							
发电机							
变压器							
⋮							

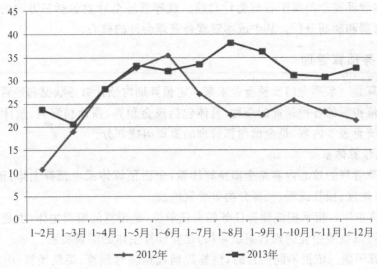

图 10.13 某企业集团固定资产投资增速分析

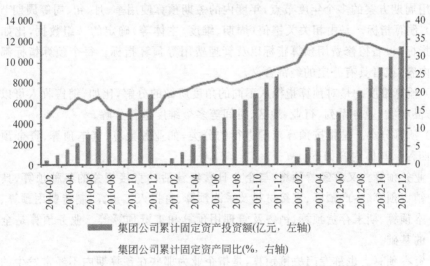

图 10.14 某集团能化公司连续三年固定资产投资额比较分析

除此之外,对固定资产的质量分析也越来越引起企业的重视,固定资产的质量分析包括四个方面:①对企业采取的固定资产折旧方法进行分析;②分析现有固定资产能否给企业带来潜在的经济利益和增值潜力;③对固定资产的成新率进行分析;④对固定资产增减变动情况进行分析。

10.2 管 理 会 计

现代管理会计的职能已从财务会计单纯的核算扩展到解析过去、控制现在和筹划未来等职能,这些职能有机地结合在一起能充分发挥其综合性作用。当然,管理会计和财务会计在实际工作中并没有做严格的界定和区分,所以 ERP 系统往往根据企业集团的实际需求,将成本管理完全归属于管理会计功能。这样管理会计就包括三方面的功能:预算管理、成本管理和利润分析。其中成本管理是管理会计的核心。

10.2.1　财务预算管理

财务预算是一系列专门反映企业未来一定预算期内预计财务状况和经营成果以及现金收支等价值指标的各种预算的总称,具体包括现金预算、预计利润表、预计资产负债表和预计现金流量表等内容,是全面预算管理的重要组成部分。

1.　全面预算体系

全面预算管理的核心内容是全面预算体系,全面预算体系由预算主体、预算周期、预算指标、预算维度、预算流程、预算分类等要素构成。

(1)预算主体。指承担该预算任务的责任单位,是预算的编制主体,也是预算控制和分析单位。可以按照企业的现行组织架构,建立预算主体的层级关系。

(2)预算周期。依据不同的目的,预算周期包括临时预算、短期预算、中期预算和长期预算四种预算周期类型。不同的预算周期类型使用不同的周期控制节点,如编制长期预算使用周期方案的多个年度节点,年度内的短期预算使用季、月、旬、周等周期节点。

(3)预算指标。是由相关关键值(周期、维度、主体等)确定的一组数据,比如销售收入预算指标、设备检修费用预算指标以及管理费用等预算指标。每个预算指标都代表一项业务内容,或者具有一定的经济含义。

(4)预算维度。是对预算指标从不同的角度所做的分解,比如,销售收入可以从组织机构、产品种类、业务系列、行业、地区、时间等多个维度进行分解。

(5)预算分类。是指按预算范围进行的分类,如业务预算、资本预算、资金预算和财务预算四种。具体内容如下:

- 业务预算。又称经营预算,与企业日常经营活动直接相关的各种预算,具体包括销售预算、生产预算、直接材料及采购预算、直接人工预算、制造费用预算、产品成本预算、期末存货预算、销售及管理用预算和工资预算等。业务预算是全面预算的基础。

- 资本预算。也称专门决策预算,是指企业为那些在预算期内不经常发生的一次性业务活动所编制的预算,主要包括:根据长期投资决策结论编制的与购置、更新、改造、扩建固定资产决策有关的资本支出预算,与资源开发、产品改造、新产品试制有关的预算等。

- 资金预算。对预算期内资金收入和支出的预计。资金收入方面,根据销售预算结果生成销售收款预算,另外财务部编制融资和其他收入预算;资金支出方面,根据采购预算和费用预算分别生成采购付款预算和费用付款预算,根据融资预算生成债务偿还预算,另外财务部编制投资和其他支出预算。上述预算经平衡与审核后生效。系统根据生效的预算自动控制应收、应付款系统以及现金管理、网上银行系统的收入款单据管理等。

- 财务预算。是预算体系中的最后环节,从价值方面总括地反映经营期业务预算和资本预算的结果,也称为总预算,其余预算称为辅助预算或分预算。财务预算依赖于业务预算和资本预算,是整个预算体系不可缺少的预算主体。

除此之外,对于业务种类繁多的综合型企业集团,预算编制的起点有多种,常见的有销售起点型、生产起点型和专项起点型三种。其中,销售起点型适合以销售情况调整生产能力的企业,如家电、电子、服装等行业;生产起点型适合以生产能力为企业发展的基础,生产能力和检修周期不便于作重大调整的企业,如冶金、发电、化工和电信等企业。它以生产计划为全面预算的起点,分解生成详细的预算;专项起点型预算适合承接项目,如基建施工、收购、投资、项目型软件企业等。它以项目总计划为起点,分解生成子项目进度计划,再根据子项目进度计划分解生成子项目计划预算。

2. 预算控制体系

其实全面预算管理涉及企业的多个业务部门,如销售、生产、采购等业务部门,但财务部门是所有业务部门预算的归集点,没有财务部门的参与,预算将无法执行。所以,为了给读者一个整体的概念,这里给出涉及多个业务部门的预算控制详细总体流程(如图 10.15 所示)以及简化流程图(如图 10.16 所示)。

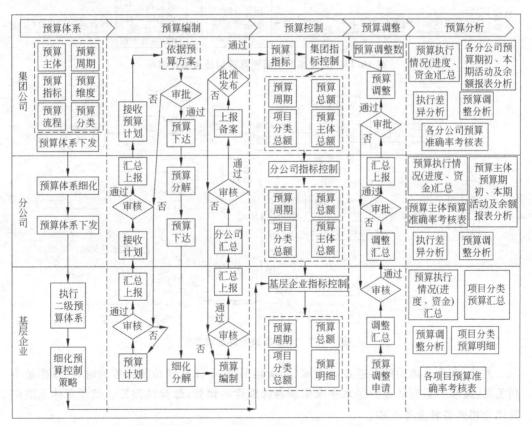

图 10.15 企业集团全面预算控制总体流程详图

预算控制多分散于相关的业务流程,如发电厂检修需要的物资费用预算额度批准后,不是该项目所需的物资不能占用该项目资金。预算控制还可进行预算总额和分项明细控制及刚性和柔性预算控制。预算控制方式详细流程如图 10.17 所示。例如,一般设备和备件控制数量和总金额,材料控制分项总金额,超出分项预算金额的物资不能发放。即ERP系统根据批准后的检修费用预算,自动控制检修所需物资的发放过程,并能提供详细的预算执行分析报表,作为预算主体部门预算考核的准确依据。

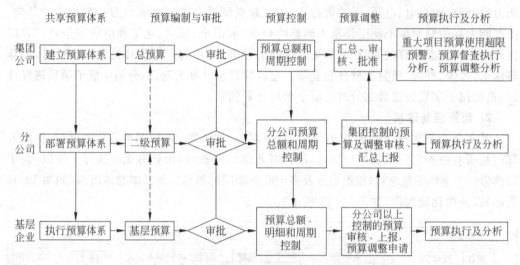

图 10.16　企业集团全面预算控制总体流程简图

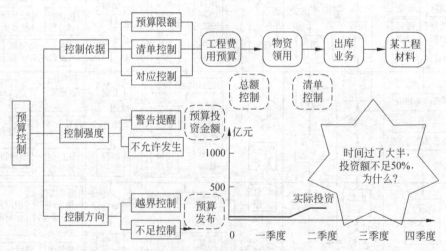

图 10.17　企业集团预算控制方式

另外,在企业集团的某些业务领域(如新建工程)不能准确预测业务量时,可根据量本利关系,按照一系列的业务量水平来编制有伸缩性的预算,即弹性预算。使预算体系适应集团公司的各种业务范围。

评价企业预算质量,不单单是在控制节约成本方面,还包括是否有效盘活企业的存量资金。因为,企业存量资金闲置也是一种浪费。

通过预算评价分析来反映企业的预算质量。预算评价分析包括状态预警(如预算执行率低、预算使用金额达到总预算的 90%或超过 100%等)、预算总表、预算完成率、存量资金盘活率等报表和图形显示功能。不管是报表还是图形均可按组织层级、部门直到项目预算明细等进行多级穿透。

需要强调的是,只有健全预算考核体系,才能体现和提升企业预算管理的工作效率与效果。集团公司对各级预算主体的考核指标分为关键指标和辅助指标。其中,关键指标主要是财务指标,重点考核各级预算主体对预算的执行情况和完成效果(预算执行效率和准确度);辅助指标则侧重于评价预算管理基础工作执行情况和预算编制质量情况等。通过奖罚分明的考评体系,推动企业全面预算管理工作的顺利进行。

10.2.2　成本管理

成本管理是指企业生产经营过程中各项成本核算、成本控制、成本分析和成本决策等一系列科学管理行为的总称。成本管理一般包括成本预测、成本决策、成本计划、成本核算、成本控制、成本分析、成本考核等职能。也就是说,成本管理是企业管理的一个重要组成部分,它不仅包括可以减少支出、降低成本等这些单纯的传统成本管理方式,还能改进企业管理,提高企业全面成本管理水平。

企业全面成本管理(Total Cost Management,TCM)是运用成本管理的基本原理与方法体系,依据现代企业成本运动规律,以优化成本投入、改善成本结构、规避成本风险为主要目的,对企业经营管理活动实行全过程、广义性、动态性、多维性成本控制的基本理论、思想体系、管理制度、机制和行为方式。所谓"全面"包括三个方面,即全员、全面、全过程,亦称为全面成本管理的"三全性"。其中,财务成本管理不仅是管理会计的核心,也是企业全面成本管理的核心。因篇幅有限,本节主要讲解成本核算、成本控制和成本分析三部分。

目前大型 ERP 系统的成本核算、成本控制和成本分析等均与项目、生产、采购、库存和销售等业务模块紧密集成。可实时显示相关模块的作业和管理成本,简化会计人员大量的记账及核算工作量,加速成本核算的进度,并及时提供报表。

1. 成本核算

成本核算是指在一定时期内对企业在生产经营过程中发生的各种耗费按照一定的对象进行分配和归集,以计算总成本和单位成本。具体来说,是把一定时期内企业生产经营过程中所发生的费用按其性质、成本中心和发生地点等,分类归集、汇总、核算,计算出该时期内生产经营费用发生总额和分别计算出每种产品的实际成本和单位成本的管理活动。成本核算通常以会计核算为基础,以货币为计算单位。成本核算是成本管理的重要组成部分,对于企业的成本预测和企业的经营决策等存在直接影响。

以下是与成本核算相关的几个基本概念:

(1)成本计算。是指对实际发生各种费用的信息进行处理。通常成本计算方法有以下两类:一类包括实际成本法、计划成本法、标准成本法、定额成本法、作业成本法,另一类包括品种法、分批法、分步法。

(2)成本对象。是指需要对成本进行单独测定的一项活动,成本对象可以是一件产品、一项服务、一项设计、一个客户、一种商标、一项作业(如内部订单、物品发放、生产工单、维修工单等)或者一个部门等。

(3)成本分配。把一项成本或者一组成本分配和再分配给一个或几个成本对象。成本分配主要是基于企事业单位的经济决策、成本计算和财务评价的需要,也是基于财务报告和合理确定成本补偿标准的需要。

（4）辅助生产费用。是指企业所属辅助生产部门为生产提供工业性产品和劳务所发生的各种辅助生产费用。例如,辅助生产车间为基本生产车间生产材料、模具、包装物以及提供技术服务等。

成本核算方法如下:

（1）正确划分各种费用支出的界限,包括:计入产品成本与不计入产品成本的界限,确定成本费用的范围;各个月份的费用界限;本期产品成本和期间费用的界限,本期产品成本和下期产品成本的界限;不同产品成本的界限;在产品和产成品成本的界限等。

（2）认真执行成本开支的有关法规和相关规定,按成本开支范围处理费用的列支。

（3）做好成本核算的基础工作,包括:科目体系设置、核算及凭证传递流程;制定工时、材料的消耗定额,加强定额管理;建立材料物资的计量、验收、接收、领用、盘点等制度;制定内部结算价格和内部结算制度。

（4）确定成本计算对象、成本项目、计算期间、产品明细科目以及在产成品与在产品之间的划分方法。

（5）确定成本费用分配方法（如图 10.18 所示）,如直接分配法、间接分配法等,保证各种产品成本核算的准确、及时。

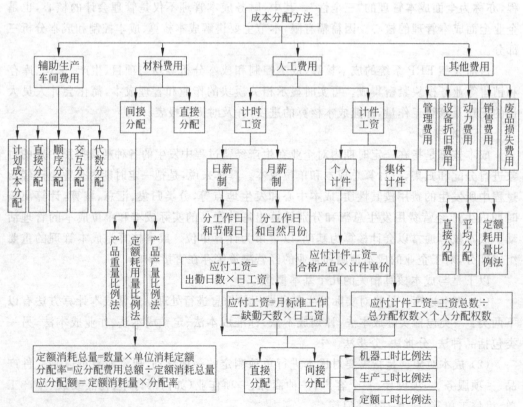

图 10.18　成本核算分配方法

（6）确定成本计算方法，以便进行成本归集。

（7）对已发生的费用按照用途自动进行归集，正确、及时地核算产品实际总成本和单位成本，提供正确的成本数据。

如图 10.18 所示，企业成本核算分配涉及四项内容：一是直接生产车间的材料费用，二是直接人工费用，三是辅助生产车间的费用，四是其他费用。每项内容对应多套可选的成本分配方案，具体选哪一项更为合适，要视企业的生产规模、企业性质等具体情况而定。

当然，在 ERP 系统实施时，一些成本费用的分配还要细化，如其他费用中的设备折旧费用和废品损失费用等都需要细分，通常废品损失费用的核算流程如图 10.19 所示。

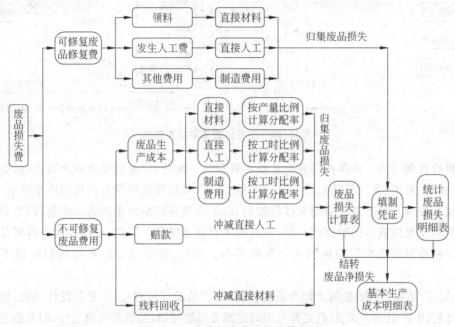

图 10.19　废品损失费用的核算流程

通过 ERP 系统可以实现成本的精细化管理，例如，通过财务业务同步可实现单品成本核算，通过产销计划协调实现订单成本管理，通过制造资源整合实现工序成本管理等。除此之外，对于生产多种产品的企业集团，月末通常存在在产品（正处于加工或等待加工的产品），因此还要将生产过程的费用在各种产品之间、产成品和在产品之间进行分配，以求得各种产成品的总成本。

以上是典型的制造企业的成本分配核算方法，对于产品单一的非典型制造企业（如发电企业）的核算流程如图 10.20 所示。

总之，成本核算是通过对成本的确认、计量、记录、分配、计算等一系列活动确定成本控制效果。其目的是为成本管理的各个环节提供准确的信息。

2. 成本控制

成本控制是指企业根据一定时期预先建立的成本管理目标和管理标准，由成本控制主体（包括决策主体、组织主体和执行主体）在其职权范围内，对成本形成过程以及该过程中的成本费用等影响成本的因素和条件采取一系列预防和调节措施，以保证成本管理目

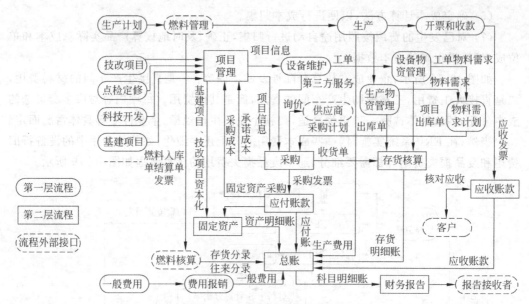

图 10.20　发电企业成本核算流程

标实现的管理行为。成本控制是企业成本管理的一部分,它要满足企业干系人(最高管理者、投资人、员工、客户及其他相关方)、产品质量以及法律法规等对产品的成本要求。

成本控制是产品寿命周期全过程控制,而不单单是产品的生产成本控制,因为只有当产品的寿命周期成本得到有效控制,总成本才会显著降低。所以,成本控制内容要从成本形成过程控制和成本费用控制两个角度考虑。其中,成本形成过程控制包括以下几个方面:

(1)产品投产前的控制。如产品销售预测、产品设计过程、加工工艺设计过程、原材料采购过程、生产组织方式、材料定额与工时定额等过程控制,虽然是前期工作,但制造企业在此阶段的控制质量往往影响产品总成本的 60% 左右(部分功能在 ERP 系统中实现)。

(2)制造过程中的控制。制造过程是产品成本实际形成的主要阶段。绝大部分的成本支出要在这里发生,包括原材料、人工、能源动力、各种辅料的消耗、工序间物料运输费用、车间以及后勤保障等其他管理部门的费用支出(几乎全部功能在 ERP 系统中实现)。

(3)流通过程中的控制。包括产品包装、销售(含广告促销)、物流、结算、退货和售后服务等过程成本控制(部分功能在 ERP 系统中实现)。

在上述控制过程中,不能过分强调局部利益,要始终在保证产品质量的前提下降低企业总成本,只有这样才有利于企业的健康发展。

成本费用控制的构成与企业成本核算分配的内容一致:一是直接生产车间的材料费用控制,二是直接人工费用控制,三是辅助生产车间的费用控制,四是其他费用控制。

当然,为了确保成本控制达到预期效果,最根本的是要做好与成本相关的标准化工作,包括计量标准、价格标准、质量标准、数据标准、材料及工时定额标准、费用分配标准等。只用标准先行,才能顺畅地进行企业成本控制,真正实现降低企业运营成本和生产成本的目的。

有了标准,就要选择适应企业特别是企业集团的成本控制方法。目前,成本控制方法很多,针对不同阶段、不同问题所采用的方法都不一样;即使处于同一个阶段,对于不同的控制对象,或出于不同的管理要求,其控制方法也不尽相同。企业常用的成本控制方法如下:

(1) 绝对成本控制法。把成本支出控制在一个绝对金额中的方法。一般采用标准成本和预算控制来实现。

(2) 相对成本控制法。为了增加利润,依据产量、成本和收入三者的关系来控制成本的方法。这种方法一方面可以掌握企业在多大的销量下能达到收入与成本的平衡;另一方面可以知道当企业的销量达到多少时,企业的利润最高。

(3) 标准成本法。是以预先制定的标准成本为基础,用标准成本与实际成本进行比较,通过核算和分析成本差异来找出问题所在,并进行成本控制的方法。

(4) 全面成本控制法。是指对企业生产经营所有过程中发生的全部成本、成本形成的全过程、企业内所有员工参与过程的成本控制。

(5) 定额法。是以事先制定的产品定额成本为标准,在生产费用发生时,及时提供实际发生的费用与定额耗费的差异额,让管理者及时采取措施,控制生产费用的发生额,并且根据定额和差异额计算产品实际成本的一种成本计算和控制的方法。

(6) 成本控制即时化法。及时记录当天发生的人工、材料、机械使用数量与工程完成数量,经过项目经理或者交接班人员抽检合格后,经过计算机软件的比较分析得出成本指标是否实现及其原因的成本管理方法。该方法比较适合在建工程。

(7) 经济采购批量法。也称最佳进货批量,它是指在一定时期内进货总量不变的条件下,使采购费用和储存费用总和最小的采购批量。

(8) 本量利分析法。本量利分析是成本、业务量和利润三者依存关系分析的简称,它是指在成本习性分析的基础上,运用数学模型和图示,对成本、利润、业务量与单价等因素之间的依存关系进行具体的分析,研究其变动的规律性,以便为企业进行经营决策和目标控制提供有效信息的一种方法。

(9) 线性规划法。是企业进行总产量计划时常用的一种定量方法。线性规划是运筹学的一个最重要的分支,理论上最完善,实际应用得最广泛。主要用于研究有限资源的最佳分配问题,即如何对有限的资源作出最佳的调配和最有利的使用,以便最充分地发挥资源的效能去获取最佳的经济效益。

(10) 价值工程法。是指通过集体智慧和有组织的活动对产品或服务进行功能分析,使目标以最低的总成本(寿命周期成本)可靠地实现产品或服务的必要功能,从而提高产品或服务的价值。

(11) 成本企划法。是在日本企业比较流行的一种成本管理模式,其实质是成本的前馈控制,它不同于传统的成本反馈控制,即先确定一定的方法和步骤,根据实际结果偏离目标值的情况和外部环境变化采取相应的对策,调整先前的方法和步骤,而是针对未来的必达目标,据此对目前的方法与步骤进行弹性调整,因而是一种先导性和预防性的控制方式。

(12) 目标成本法。是日本制造业创立的成本管理方法,目标成本法以给定的竞争价格为基础决定产品的成本,以保证实现预期的利润。即首先确定客户会为产品/服务付多少钱,然后再回过头来设计能够产生期望利润水平的产品/服务和运营流程。

针对每项具体的成本控制流程,控制主体可能会发生变化,这要视企业集团成本管理策略不同而不同。在控制主体的决策主体、组织主体和执行主体中,决策主体是根据成本决策结果负责组织、协调整个企业成本控制,落实具体实施步骤、职责分工和控制要求,处理成本控制信息、考核成本控制结果等的控制主体。组织主体是对集团本部、分公司、基层企业、项目部等发生的成本实施控制的主体。凡是涉及成本、费用发生的环节和方面,都有执行层面的控制主体。成本控制的执行主体与企业集团组织架构设置、职责分工、层级划分、岗位设置、规模大小、管理体制等相关。通常成本控制执行主体主要包括控制生产要素规模的分公司、基层企业相关部门及人员。由于生产要素是企业产品成本、期间费用及其他各项耗费发生的基础,因此这类主体对成本控制的效果产生决定性影响。

其实,在所有的成本控制流程中还包含了质量成本控制,质量成本一般由两部分构成,一是为达到产品既定的质量标准而支出的费用,二是由于质量低劣而造成的经济损失。前者通常称为质量控制成本,包括鉴定成本和预防成本;后者称为质量损失成本,包括内、外部损失成本。从广义上讲,这两部分都属于质量成本,这才是成本控制的基础。

另外,预算控制也是成本控制流程中一个非常重要的环节,只有将成本形成过程中各个环节的预算指标和预算控制做好,才更有利于实现企业降本增效的目的。

注意:要制定好跨年的成本结转规则。

3. 成本分析

成本分析常用的方法有三类:一是报表分析方法,包括水平分析法、垂直分析法和趋势分析法;二是指标分析法,主要包括比较分析法、比率分析法;三是因素分析法,主要包括连环替代法、差额计算法、指标分解法、定基替代法。其中,因素分析法是依据分析指标与其影响因素的关系,从数量上确定各因素对分析指标影响方向和影响程度的一种方法。

报表整体分析方法中常用的报表包括月/季/年总成本分析、项目成本控制分析、生产成本分析、销售成本分析、原材料成本分析、人工成本分析、设备折旧分析、公司管理成本分析、产品额外费用表、物流成本表、辅助材料成本表、易耗品成本表、库存表、材料使用率表以及实时成本汇总统计等。

指标分析方法中比较常用的有本量利分析、成本性态分析、与国内外同行业产品成本的分析、销售成本比较、市场占有率分析、高端技术人员成本分析、产品质量成本分析和重点成本分析等。其中,产品质量成本分析一直是企业集团关注的焦点。

产品的质量成本又称质量费用,是指将产品质量保持在规定的质量水平上所需的有关费用。根据国际标准(ISO)的规定,质量成本由两部分构成,即运行质量成本(或工作质量成本,或内部质量成本)和外部质量保证成本。其中,运行质量成本包括企业内部损失成本(又称内部故障成本)、鉴定成本、预防成本和外部损失成本(又称外部故障成本)四类,其中内部损失成本+外部损失成本=损失成本。企业运行质量成本分析如图10.21所示。

外部质量保证成本是指为用户提供所要求的客观证据所支付的费用。主要包括以下几类:

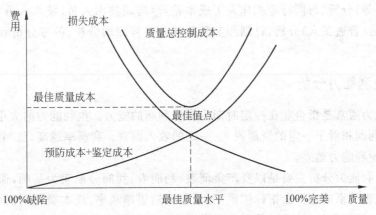

图 10.21　企业运行质量成本分析

（1）为提供特殊附加的质量保证措施、程序、数据所支付的费用。

（2）产品的验证试验和评定的费用。

（3）满足用户要求，进行质量体系认证所发生的费用。

质量成本分析就是将质量成本核算后的各种质量成本信息按照质量管理工作要求进行分析比较，使之成为改进质量、提高经济效益的有力工具。主要包括质量成本总额分析、质量成本构成分析、内部故障成本和外部故障成本分析和其他质量成本分析等。通过质量成本分析，可以找出影响产品质量的主要缺陷和质量管理工作的薄弱环节，为提出质量改进意见提供依据。

除此之外，还有专项成本的同期比较分析，例如某集团公司全口径发电单位燃料成本月分析如图 10.22 所示。

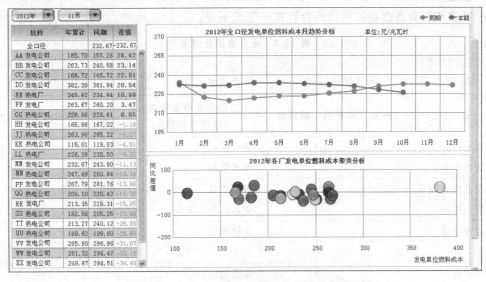

图 10.22　集团公司全口径发电单位燃料成本分析

因素分析法比较常用的有成本绩效考核分析、资产收益率、产品成本差异（价格差异和数量差异等)分析、与同行业相比人工成本差异(高端技术人员、技术人员、高薪管理人员、管理人员、普通工人)分析、计划和实际差异及差异原因分析、盈亏分析和保本点分析等等。

10.2.3　盈利能力分析

盈利能力通常是指企业在一定时期内赚取利润的能力。盈利能力的大小是一个相对的概念,即利润相对于一定的资源投入、一定的收入而言。利润率越高,盈利能力越强;利润率越低,盈利能力越差。

企业盈利能力分析主要是以资产负债表、利润表、利润分配表为基础,通过表内各项目之间的逻辑关系构建一套指标体系,通常包括销售净利率、成本费用利润率、总资产报酬率、利息保障倍数等,然后对盈利能力进行分析和评价。常规的分析及报表如下。

1. 资产负债表

资产负债表是反映企业在某一特定日期(如月末、季末、年末)全部资产、负债和所有者权益情况的会计报表,它表明权益在某一特定日期所拥有或控制的经济资源、所承担的现有义务和所有者对净资产的要求权。它是揭示企业在一定时点财务状况的静态报表。

资产负债表一般有表首、正表两部分。其中,表首概括地说明报表名称、编制单位、所属期、报表编号、货币名称、金额单位等。正表是资产负债表的主体,列示了用以说明企业财务状况的各个项目。资产负债表正表的格式一般有两种:报告式资产负债表和账户式资产负债表。报告式资产负债表是上下结构,上半部列示资产,下半部列示负债和所有者权益。具体排列形式又有两种:一是按"资产=负债+所有者权益"的原理排列;二是按"资产-负债=所有者权益"的原理排列。账户式资产负债表是左右结构(如表 10.2 所示),左边列示资产,右边列示负债和所有者权益。不管采取什么格式,资产各项目的合计等于负债和所有者权益各项目的合计这一等式不变。

表 10.2　企业资产负债表

会企 01 表

编制单位:　　　所属期(日期):　　　货币名称:　　　金额单位:

资　　　产	行次	年初数	期末数	负债及所有者权益 (或股东权益)	行次	年初数	期末数
流动资产:				流动负债:			
货币资金				流动负债			
交易性金融资产				短期借款			
应收票据				交易性金融负债			
应收账款				应付账款			
⋮				⋮			
非流动资产:				非流动负债:			
固定资产原价				长期借款			
⋮				⋮			

续表

资　产	行次	年初数	期末数	负债及所有者权益 （或股东权益）	行次	年初数	期末数
				所有者权益（或股东权益）：			
				实收资本			
				⋮			
资产总计				负债和所有者权益（或股东权益）总计			

2. 利润表

利润表是反映企业一定会计期间（如月度、季度、半年度或年度）生产经营成果的会计报表。企业一定会计期间的经营成果既可能表现为盈利，也可能表现为亏损，因此，利润表也被称为损益表。它全面揭示了企业在某一特定时期实现的各种收入、发生的各种费用、成本或支出，以及企业实现的利润或发生的亏损情况。

利润表是根据"收入－费用＝利润"的基本关系来编制的，其具体内容取决于收入、费用、利润等会计要素及其内容，利润表项目是收入、费用和利润要素内容的具体体现。从反映企业经营资金运动的角度看，它是一种反映企业经营资金动态表现的报表，主要提供有关企业经营成果方面的信息，属于动态会计报表。

利润表正表的格式有两种，即单步式利润表和多步式利润表。其中，单步式利润表是将当期所有的收入列在一起，再将所有的费用列在一起，两者相减得出当期净损益。多步式利润表是通过对当期的收入、费用、支出项目按性质加以归类，按利润形成的主要环节列示一些中间性利润指标，如营业利润、利润总额、净利润，分步计算当期净损益，如表 10.3 所示。

表 10.3　利润表

会企 02 表

编制单位：　　　　　所属期（日期）：　　　　货币名称：　　　　　金额单位：

项　目	行次	本月数	本年累计	上年同期累计
一、主营业务收入				
减：主营业务成本				
主营业务税金及附加				
二、主营业务利润（亏损以"－"号填列）				
加：其他业务利润（亏损以"－"号填列）				
减：营业费用				
管理费用				
财务费用				

项　　目	行次	本月数	本年累计	上年同期累计
三、营业利润(亏损以"－"号填列)				
加：投资收益(损失以"－"号填列)				
补贴收入				
营业外收入				
减：营业外支出				
四、利润总额				
减：所得税				
五、净利润				

通过利润表,可以反映企业一定会计期间的收入实现情况,即实现的主营业务收入有多少,实现的其他业务收入有多少,实现的投资收益有多少,实现的营业外收入有多少等等;还可以反映一定会计期间的费用耗费情况,即耗费的主营业务成本有多少,主营业务税金有多少,营业费用、管理费用、财务费用各有多少,营业外支出有多少等等;并能反映企业生产经营活动的成果,即净利润的实现情况,据以判断资本保值、增值情况。

利润表主要反映以下内容:

- 构成主营业务利润的各项要素。从主营业务收入出发,减去为取得主营业务收入而发生的相关费用、税金后得出主营业务利润。
- 构成营业利润的各项要素。营业利润在主营业务利润的基础上,加其他业务利润,减营业费用、管理费用、财务费用后得出。
- 构成利润总额(或亏损总额)的各项要素。利润总额(或亏损总额)在营业利润的基础上加(减)投资收益(损失)、补贴收入、营业外收支后得出。
- 构成净利润(或净亏损)的各项要素。净利润(或净亏损)在利润总额(或亏损总额)的基础上,减去本期计入损益的所得税费用后得出。

编制利润表的主要目的是将企业经营成果的信息提供给各种报表使用者,以供他们作为决策的依据或参考。主要作用如下:

- 可据以解释、评价和预测企业的经营成果和获利能力。
- 可据以解释、评价和预测企业的偿债能力。
- 企业管理人员可据以做出经营决策。
- 可据以评价、考核管理人员的绩效。

3. 利润分配表

利润分配表是反映企业一定期间对实现净利润的分配或亏损弥补的会计报表,是利润表的附表(见表10.4),说明利润表上反映的净利润的分配去向。通过利润分配表,可以了解企业实现净利润的分配情况或亏损的弥补情况,了解利润分配的构成,以及年末未分配利润的数据。

表 10.4 利润分配表

会企 02 表附表 1

编制单位： 　　　所属期(日期)： 　　　货币名称： 　　　金额单位：

项　目	行次	本 年 实 际	上年实际
一、净利润	1	净利润项目,根据"本年利润"账户年终结转入"利润分配－未分配利润"账户的发生额填列。如为净亏损,应以负数填列,且其数字与利润表中"本年累计"栏的净利润项目一致	
加：年初未分配利润	2	年初未分配利润、未分配利润项目分别根据"利润分配－未分配利润"账户的年初、年末余额填列	
其他转入	4	"其他转入"项目应根据"利润分配"账户所属该明细账户的本年贷方发生额填列	
二、可供分配的利润	8	可供分配的利润＝净利润＋年初未分配利润＋其他转入	
减：提取法定盈余公积	9	各项目应分别根据"利润分配"账户所属各该明细账户的本年借方发生额填列	
提取法定公益金	10	各项目应分别根据"利润分配"账户所属各该明细账户的本年借方发生额填列	
提取职工奖励及福利基金	11	各项目应分别根据"利润分配"账户所属各该明细账户本年借方发生额填列	
提取储备基金	12	各项目应分别根据"利润分配"账户所属各该明细账户的本年借方发生额填列	
提取企业发展基金	13	各项目应分别根据"利润分配"账户所属各该明细账户的本年借方发生额填列	
利润归还投资	14	各项目应分别根据"利润分配"账户所属各该明细账户的本年借方发生额填列	
三、可供投资者分配的利润	16	可供投资者分配的利润＝可供分配的利润－(提取法定盈余公积＋提取法定公益金＋提取职工奖励及福利基金＋提取储备基金＋提取企业发展基金＋利润归还投资)	
减：应付优先股股利	17	各项目应分别根据"利润分配"账户所属各该明细账户的本年借方发生额填列	
提取任意盈余公积	18	各项目应分别根据"利润分配"账户所属各该明细账户的本年借方发生额填列	
应付普通股股利	19	各项目应分别根据"利润分配"账户所属各该明细账户的本年借方发生额填列	
转作资本(或股本)的普通股股利	20	各项目应分别根据"利润分配"账户所属各该明细账户的本年借方发生额填列	
四、未分配利润	25	未分配利润＝可供投资者分配的利润－[应付优先股股利＋提取任意盈余公积＋应付普通股股利＋转作资本(或股本)的普通股股利]	

应该说,企业利润分配涉及两大科目,即可分配的利润和未分配的利润科目。其中,可分配的利润是指在公司的净利润中扣除职工福利及奖励基金,再加上年初未分配利润后所得的利润,用公式表示为

$$可分配利润＝净利润＋年初未分配利润－职工福利及奖励基金$$

未分配的利润是指在可供股东分配的利润中扣除已分配优先股股利、任意公积和已分配普通股股利后的余额。用公式表示为:

$$未分配利润＝可供股东分配的利润－已分配优先股股利－任意公积－已分配普通股股利$$

4. 盈利能力分析

盈利能力分析包括基于科目的分析和基于成本的分析两种基本分类。其中,基于科目分析的数据来源是基于科目和成本要素。在这种分析方法下,盈利能力分析报表中的数据和财务会计保持总量上的高度一致和勾稽关系。基于成本分析的数据来源不再只是基于科目或成本要素,可以从内部管理的角度自由地处理数据。比如某些业务可能存在隐形的风险或暗亏,但它在财务会计当期不会表现出来,这时可以通过各种计提方法(百分比法、单价法等)对潜在风险进行预估。在获利能力分析报表中将会显示这些预估的数据,并以此作为对相关部门的考核依据。盈利能力分析的示例如图 10.23 至图 10.27所示。

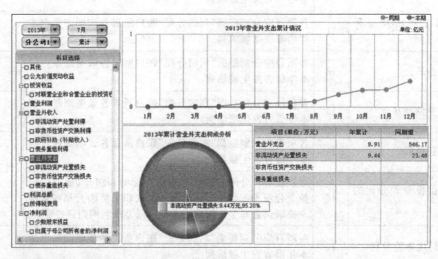

图 10.23 2013 年 7 月××分公司营业外支出同比分析

另外,在盈利能力分析中应注意以下几个问题:

- 不能仅从销售情况看企业盈利能力,要考虑产品成本、产品结构、产品质量等因素,以及对外投资情况、资金的来源构成等。
- 要关注税收政策对盈利能力的影响,用足国家对企业的税收优惠政策,增强企业的盈利能力。
- 重视利润结构对企业盈利能力的影响,分析是主营业务对企业的利润贡献大还是非主营业务对企业的利润贡献大。如果在较长时期内是非主营业务对企业的利润贡献大,那么这样的利润结构往往存在较大的风险,可能需要对企业的产业结

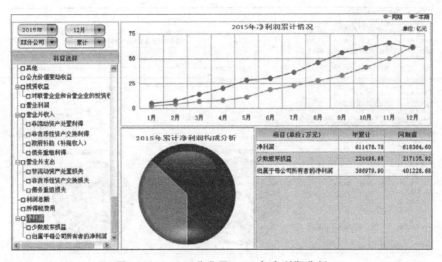

图 10.24　××分公司 2015 年净利润分析

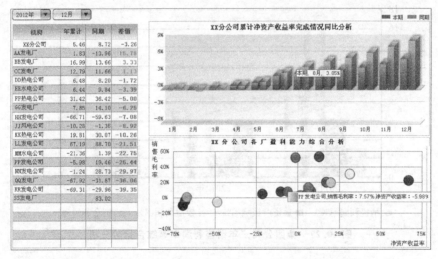

图 10.25　××分公司累计净资产收益率完成情况和盈利能力分析

构适当做出调整。

- 关注资本结构对企业盈利能力的影响,不能盲目增加资本投入,扩大企业投资规模,而忽视资本结构是否合理。
- 注意资产运转效率对企业盈利能力的影响,资产特别是设备资产的安全、高效运转是企业盈利能力的根本保障,应引起高度重视。
- 不仅要看利润多少,还要关心利润质量。即企业要关心利润来源的稳定可靠性,能充分利用宽松的信用政策和稳健的存货投资策略,以及合理进行关税方交易等,以确保企业利润质量。
- 关注间接费用对企业盈利能力的影响。如果不考虑间接费用,分析就只能到毛利为止。事实上,企业更希望包含企业间接费用在内的净利润分析。目前在一些

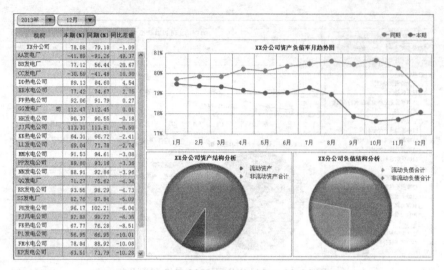

图 10.26   ××分公司资产负债率和负债结构分析

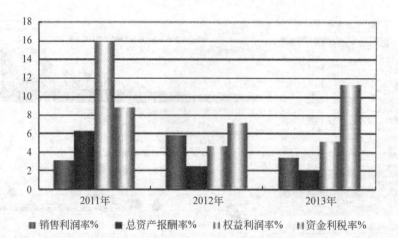

图 10.27   集团公司三年销售利润率等综合比较分析

ERP 系统中,间接费用代表不能直接认定到市场细分的费用上的支出,如企业办公大楼的折旧、公司管理和财务人员的工资、办公费用等诸如此类的支出。间接费用一般是通过成本中心模块来进行管理的,当然有些 ERP 系统提供了专门的分摊工具,分摊方式如图 10.28 所示。

- 重点关注企业盈利能力分析中遇到的典型问题,包括哪些是最大和最快增长客户,各销售组织是否完成目标利润等等。

盈利能力分析是企业财务报表分析的重要内容,分析时不能断章取义和一叶障目,要理清指标之间的相互勾稽关系,准确表达企业真实的盈利能力。另外,对一个企业的盈利能力进行分析,不能只分析它过去的盈利能力,还要预测分析它未来的盈利能力。企业未来的盈利能力不仅与前期的积累、前期盈利能力的强弱有关,还与企业未来面临的内外部环境有关。因此,如果仅以历史资料来评价企业的盈利能力,很难对企业的盈利能力做出一个完整、准确的判断。

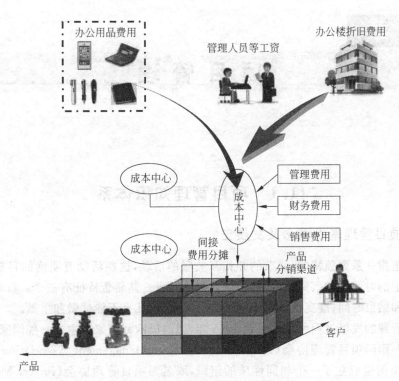

图 10.28 企业间接费用分摊方式

第11章

项目管理

11.1 项目管理知识体系

11.1.1 项目管理基本概念及发展史

项目是指一系列独特的、复杂的并相互关联的活动,这些活动有明确的目标或目的,必须在特定的时间、预算、资源限定内,依据规范完成。其显著特征有三个：临时性,有明确的开始和结束时间;渐变性,可分阶段完成;风险性,几乎不能试做和重做。

项目管理的发展过程可以追溯到 1965 年,当时以欧洲国家为主的一些国家成立了一个组织——国际项目管理协会(International Project Management Association,IPMA)。4 年以后,美国也成立了一个相同性质的组织,取名为项目管理协会(Project Management Institute,PMI),它也是一个国际性的组织。

经过多年的研究,PMI 于 1976 年提出了制定项目管理标准的设想。又经过近 10 年的努力,1987 年他们推出了项目管理知识体系指南(Project Management Body Of Knowledge,PMBOK),它是项目管理领域又一个里程碑。因此,项目管理专家们把 20 世纪 80 年代以前称为“传统的项目管理”阶段,把 20 世纪 80 年代以后称为“新的项目管理”阶段。这个知识体系把项目管理归纳为范围管理、时间管理、成本管理、质量管理、人力资源管理、风险管理、采购管理、沟通管理和集成管理九大知识领域(参见图 11.1)。PMBOK 又分别在 1996 年和 2000 年进行了两次修订,使该体系更加成熟和完整,其应用范围也从最初的建筑行业转向 IT 等其他领域。可以说,20 世纪 90 年代以后是现代项目管理飞速发展的时期,项目管理在许多发达国家已逐渐成为一种主流管理方法。

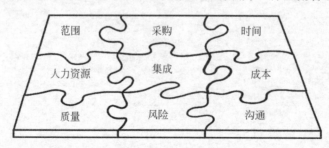

图 11.1 项目管理九大知识领域

项目管理发展到目前,可以概括为：项目管理就是项目的管理者在有限的资源约束下,运用系统的观点、方法和理论,对项目涉及的全部工作进行有效的管理。包括过程管理和协调管理两部分。

1. 项目过程管理

项目由五个过程组构成,如图 11.2 所示,这五个过程组包括:

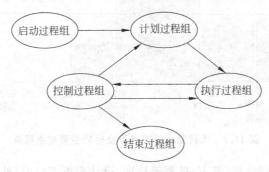

图 11.2　项目管理过程组

(1) 启动。成立项目组开始项目或进入项目的新阶段。启动是一种认可过程,用来正式认可一个新项目或新阶段的存在。

(2) 计划。定义和评估项目目标,选择实现项目目标的最佳路径,制定项目计划。

(3) 执行。调动项目资源,执行项目计划。

(4) 控制。监控和评估项目偏差,必要时采取纠正行动,保证项目计划的执行,实现项目目标。

(5) 结束。正式验收项目或阶段,使其按程序结束。

项目从启动、计划、执行到控制和结束,每个过程组有一个或多个管理过程。也就是说,项目管理是针对一个项目的管理方法,它关注的是项目的生命周期。在不同的过程中都涉及对工作范围、时间、人员、成本、质量、风险等内容的管理,强调的是项目的绩效,通过有效的项目管理来完成对项目提出的需求,因此,项目管理是关注项目生命周期的管理方法。

从图 11.2 可以看出,项目管理是一个整体化过程。各组管理过程与项目生命期的各个阶段有紧密的联系(如图 11.6 所示),过程组通过它们创造的成果相互联系在一起。每个过程组的输出或结果成为另一个过程组的输入,前后过程组之间的集成需要通过可交付成果的交接来实现。而且每组管理过程在每个阶段中至少发生一次,必要时会循环多次。

每个里程碑节点可交付的主要成果如图 11.3 所示。包括可研报告、项目计划、验收报告、试运报告、竣工决算报告和交接转资报告等,当然除此之外,还有各阶段的结算报告、实施报告等可交付物。

2. 项目协调管理

项目协调管理是以业务流程驱动的方式,协调项目全过程中每个环节的参与各方及相关资源,形成高效有序的协同管理网络,从而提高集团公司项目管理业务的灵活性和高效性。例如,合理分配项目各方参与的工作(流程固化),明确项目各方要承担的责任;关注重点工作流程和阶段性结果,如招标计划、评标结果、综合管理报告、项目情况报告等;

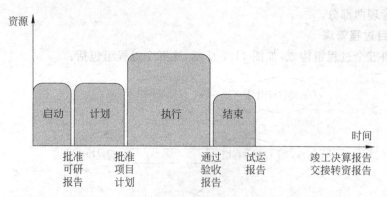

图 11.3　项目里程碑节点可交付的主要成果报告

各级项目组织上下协同流程(开工、里程碑计划、设计变更等);内/外部资源协调。

11.1.2　项目管理知识体系解析

前已述及,项目管理知识体系包含九大知识领域和五个主要过程,各知识领域之间以及它们与管理过程之间既互相依赖、互相促进又互相制约和互相矛盾,其相互作用的关系图参见图 11.4、图 11.5 和图 11.6,内容详解如下。

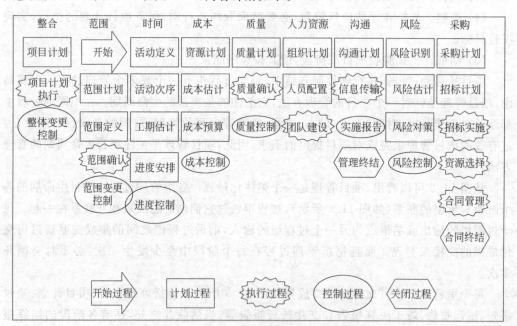

图 11.4　项目管理九大知识领域的主要内容

1.　集成(也称整合)

项目集成管理是全局性的,它包括三个方面的内容:一是目标集成,集成的对象是项目质量、时间和成本这三者之间的关系;二是方案集成,通过经验判断法/经济计算法(包括成本比较法、投资回收期法和投资收益法)等来权衡各方面的利弊,找出项目参与各方

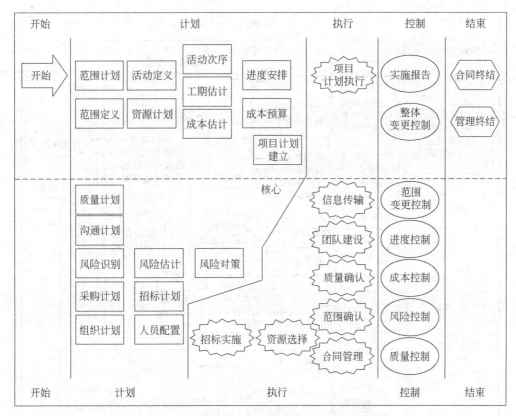

图 11.5 项目管理过程组与项目知识领域的关系图

都能接受的方案;三是过程集成,集成的关键过程是项目计划、项目计划执行和整体变更控制。

其中,项目计划过程要求把各个知识领域的计划过程的成果集成起来,包括范围规划、质量规划、组织计划、人力资源计划、采购计划等,形成一个首尾连贯、协调一致、条理清晰的文件;项目计划执行过程要求对项目中各个分项、各种技术和各个部门之间的界面进行管理,对界面中存在的矛盾和冲突进行协调和集成,使计划得以较顺利地实施。整体变更控制过程是处理项目执行对于项目计划的或多或少的偏离。为了控制和纠正这些偏离,需要采取变更措施。评价变更是否必要和合理,预测变更带来的影响和后果,都具有很强的综合性和整体性。例如,项目范围的任何变更都会引起成果(如产品或服务)的技术要求说明的变更,同时会影响成本、进度以及风险程度等变化,需要在这些方面做出相应的变更。所以,任何变更都要求多方面的集成。

2. 范围

项目范围的定义是把重要的项目交付物(deliverable,在项目范围综述中确定)进一步分解为更小的、更便于管理的许多子项。其目的在于提高项目估算、项目工期和项目资源需求的准确性,为项目的绩效度量和控制确定标准。

通俗地讲,项目范围管理是为了实现项目的目标,对项目的工作内容进行控制的管理过程,是为了实现项目目标必须完成的所有工作。一般通过定义交付物和交付物标准来

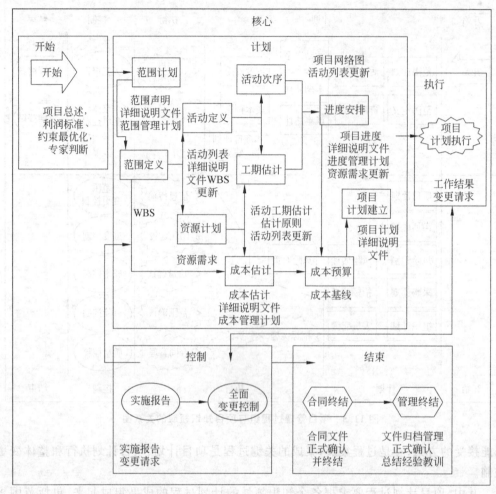

图 11.6   项目管理过程组关系详解图

定义项目范围。项目范围根据项目目标分解得到,它指出了"完成哪些工作就可以达到项目的目标",或者说"完成哪些工作项目就可以结束了"。后一点非常重要,如果没有清晰而准确的工作范围定义,项目就可能永远做不完。另外,要严格控制工作范围的变化,一旦失控就会出现"出力不讨好"的尴尬局面:一方面做了许多与实现目标无关的额外工作,另一方面却因额外工作影响了原定目标的实现,造成商业和声誉的双重损失。

参见图 11.4,项目范围通常包括范围计划、范围定义、范围确认和范围变更控制四部分,其中,范围计划包括制定一个书面的范围陈述,作为未来项目决策的基础;范围定义是把项目应提交的成果进一步分解成为更小、更易管理的组成部分;范围确认就是正式地认可项目满足了范围要求;范围变更控制用来控制项目范围的变更。上述内容及项目的详细说明文件都应在合同中得到明确的确认。前已述及,工作范围的变化将直接影响到项目的时间、成本和质量。

3. 时间

项目时间管理是为了确保项目最终按时完成的一系列管理过程,它主要包括以下

内容:

- 活动定义。识别出为产生项目提交成果而必须执行的特定活动。
- 活动次序。识别并记录活动之间的相互依赖关系。
- 工期估计。估计完成每一项活动将需要的工作时间。
- 进度安排。分析活动顺序,预估活动时间和资源需求,建立项目进度表。
- 进度控制。控制项目进度表的变更。

参见图 11.4,与项目时间相关的因素通常用进度计划(如甘特图等)来描述,进度计划不仅说明了完成项目工作范围内所有工作需要的时间,也规定了每个活动的具体开始和完成日期。项目中的活动根据工作范围确定,在确定活动的开始和结束时间时还要考虑它们之间的依赖关系,特别要注意对相关问题的风险度的评估,以便制订出切实可行的、可控的工作进度计划。可能有些问题对项目的实施各方面造成的影响微乎其微,也可能某个问题的出现会导致整个项目的完结时间延迟,造成很大的影响。

4. 成本

项目成本管理是为了保证完成项目的实际成本、费用不超过预算成本、费用的管理过程。它包括以下内容:

- 资源配置。决定为执行项目活动所需要的资源的种类(人员、设备、材料)和数量。
- 成本估算。对为完成项目活动所需资源的成本进行估计。
- 成本预算。把估算的总成本分配到每一个工作活动中。
- 成本控制。成本预算控制以及成本变更控制等方面的管理活动。

也就是说,项目成本管理是指完成项目需要的所有款项和资源计划,包括人力成本、原材料、设备租金、分包费用和咨询费用,以及资源的合理调配等。项目的总成本以预算为基础,项目结束时的最终成本应控制在预算内。特别值得注意的是,在信息化建设项目中人力成本比例很大,而工作量又难以估计,因而制定预算难度很大。

5. 质量

项目质量管理是指项目满足明确或隐含需求的程度,是为了确保项目达到客户所规定的质量要求所实施的一系列管理过程。它包括质量计划、质量控制和质量保证等。一般通过定义工作范围中的交付物标准来明确定义,这些标准包括各种特性及这些特性需要满足的要求,因此交付物在项目管理中有重要的地位。另外,有时还可能对项目的过程有明确要求,比如规定过程应该遵循的规范和标准,并要求提供这些过程得以有效执行的证据。

时间、质量、成本这三个要素简称 TQC(俗称项目三角形),TQC 和范围四者之间相互制约,如图 11.7 所示,有时只能做出权衡。例如,为了缩短项目时间,就需要增加项目成本(资源)或减少项目范围;为了节约项目成本(资源),可以减少项目范围或延长项目时间;如果需求变化导致增加项目范围,就需要增加项目成本(资源)或延长项目时间。因此,项目计划的制定过程是一个多次反复的

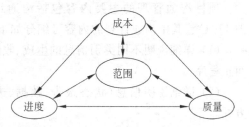

图 11.7　TQC 和范围四者之间的制约关系

过程,根据各方面的不同要求,不断调整计划来协调它们之间的关系。在项目执行过程中,当项目的某一因素发生变更时,往往会直接影响到其他因素,需要同时考虑一项变更给其他因素造成的影响,项目的控制过程就是要保证项目各方面的因素从整体上能够相互协调。

在实际工作中,工作范围在合同中定义,时间通过进度计划规定,成本通过预算规定,而如何确保质量在质量保证计划中规定。这几份文件是一个项目立项的基本条件。一个项目的工作范围和 TQC 确定了,项目的目标也就确定了。如果项目在 TQC 的约束内完成了工作范围内的工作,就可以说项目成功了。

6. 人力资源

项目人力资源管理包括有效地使用涉及项目的人员所需要的过程。项目人力资源管理的目的是调动所有项目干系人的积极性,在项目承担组织的内部和外部建立有效的工作机制,以实现项目目标。

项目干系人包括项目参与者和所有利益受项目影响的个人或组织,也称为项目的利益关系者。主要的项目干系人包括项目经理、项目用户、承包商、项目发起者,除此之外,还包括项目的参与各方、政府的有关部门、社区公众、新闻媒体、竞争对手以及合作伙伴等。项目不同的干系人对项目有不同的期望和要求。

组织和人力资源计划是识别、确定和分派项目角色、职责和报告关系的过程。根据项目对人力资源的需求,建立项目组织结构,组建和优化队伍,并将确定的项目角色、组织结构、职责和报告关系形成文档。在项目生命期内,制订的组织和人力资源计划既要有适当的稳定性和连续性,又要随项目的进展作必要的修改,以适应变化了的情况。同时要形成合适的团队机制,以提高成员乃至项目的工作效率。

也就是说,知识体系为项目管理提供了指南,但是项目管理最终还是需要人来实现,是人在确定项目目标、推动项目进程,使用项目成果创造价值。项目的目标是衡量成败的标准,如果开始时目标不清,或者组织中各个方面对目标没有达成共识,会使项目从一开始就蕴含危机;在 IT 项目中,人力成本决定了项目是否盈利,也成为制约项目成功的一个重要因素。如何保证拥有必需的人才,并且保证合适的人在合适的时间从事合适的项目,是企业关心的问题,更是项目管理关心的问题。

7. 沟通

项目沟通管理提供了一个重要的在人、思想和信息之间的联络方式。项目沟通管理确保通过正式的结构和步骤,及时和适当地对项目信息进行收集、分发、储存和处理,并对非正式的沟通网络进行必要的控制,以利于项目目标的实现。

项目沟通管理的主要内容包括沟通计划、信息传输、实施报告和管理终结(参见图 11.4)。其中沟通计划的内容可细分如下:

(1)详细说明不同类别信息的生成、收集和归档方式,以及对先前发布材料的更新和纠正程序。

(2)详细说明信息(状态报告、数据、进度计划、技术文档等)流程及其相应的发布方式。

(3)信息描述,如格式、内容、详细程度以及应采取的准则。

（4）沟通类型表。

（5）各种沟通类型之间的信息获取方式。

（6）随着项目的进展，更新和细化沟通管理计划的程序。

8. 风险

风险管理是项目管理的一个重要组成部分，而且贯穿项目管理的整个生命周期。只有从一开始就明确意识到项目的难关和风险在哪里，掌握风险分类、风险识别（如政治风险、社会风险、技术风险、市场风险和经营风险等）和度量的方法，并采取措施规避风险，才能使项目最终走向成功。

风险管理的主要内容包括风险识别、风险估计、风险对策和风险控制（参见图 11.4）。实施风险管理的步骤一般如下：

- 风险管理计划。决定如何处理并计划项目的风险管理活动。
- 风险识别。决定哪些风险可能会影响项目，并记录风险的特征。
- 定性风险分析。对风险和条件进行定性分析，根据对项目目标的作用排定优先级。
- 定量风险分析。度量风险的可能性和后果，并评估它们对项目目标的影响。
- 风险应对计划编制。对于影响项目目标的风险制定过程和方法来增加机会和减少威胁。
- 风险监督和控制。监督已知的风险，识别新的风险，执行风险减低计划，在整个项目生命周期中评价它们的有效性。

实际工作中需要特别注意的是团队分裂和骨干流失，这是项目的一个重大风险，会给项目的承担者带来惨痛的损失，这是项目风险管理中应特别关注的问题。

9. 采购

项目采购管理包括从组织以外获得物资或服务的过程。项目采购管理涉及管理与合同有关的活动，如需采购的物资和服务的种类、数量、规格和时间的确定、市场分析、招标、合同签订、合同的执行和合同终结等。

项目采购管理的主要内容包括采购计划、招标计划、招标实施、资源选择、合同管理以及合同终结（参见图 11.4）。其中采购计划是确定怎样从项目组织以外采购物资和服务，以最好地满足项目需求的过程。它考虑是否采购、采购什么、采购多少、怎样采购及何时采购。合同管理包括合同的签订和执行。首先与选择的供应商进行有关合同的谈判以达成协议，合同或协议的内容和条款应尽可能准确、周全，将不确定因素减到最小。其次是合同执行和监督过程，如果发生变化，必须执行双方同意的变更，以保证在合同的法律框架内实现项目目标。

11.1.3　WBS

WBS（Work Breakdown Structure，工作分解结构）是一个以项目的可交付成果为中心，为了完成项目的目标和创造项目的可交付成果，由项目团队进行的一种对项目工作有层次的分解。对项目范围内的工作任务进行分解的过程就是把一个项目的全部工作分解成更为细小和具体的工作。

WBS 是项目管理中最为重要的、复杂的也是最需要规范的管理工作,它归纳和定义了项目的整个工作范围和项目分解方法。而且一个好的 WBS 能够协助项目团队做好项目的所有计划工作。

应该说,WBS 的核心是项目分解,其分解方法如下:

- 类比法。就是以一个类似项目的 WBS 为基础,制定本项目的工作分解结构。例如,发电企业近几年的基建项目比较多,新开工的基建项目可参考同类项目(如百万火力发电机组建设)的 WBS 进行分解。

- 自上而下法。这是构建 WBS 的常规方法,它将项目各主体目标细化分解,分解到最底层可直接分配到人能完成的日常活动,且日常活动要对应到人、时间、资金和其他相关资源。这个过程就是要不断增加层数,细化工作任务,每下降一层代表对项目工作的更详细定义。但 WBS 层次一般以 4～8 层为最佳。总体顺序为“项目→任务→工作包→日常活动”,其中工作包一般不要超过 80 小时的工作量。

- 自下而上法。是一个先发散后归纳的过程。是让项目团队成员从一开始就尽可能确定项目有关的各项具体任务,然后对各项具体任务进行分析和整合,再归纳总结到一个整体活动或 WBS 的上一级内容当中去。

上述三种方法不是相互割裂的,它们可以交替使用。如一个项目团队可以在制定 WBS 时先用类比法借鉴同类项目的经验,然后用自上而下法对项目的工作进行系统分解,再用自下而上法对 WBS 中有可能遗漏的工作进行补充。这个过程可以交替多次,以保证没有遗漏。

当然上述分解方法还有多种子分解方式,如自上而下法包括依据时间先后顺序或生命周期分解、依据关键成果分解、依据职能组织架构分解、依据业务性质分解和依据地理位置分解等。当然在一个具体项目中这几种方式也可组合使用,但同一层的 WBS 中只能是一种模式。

11.1.4 项目群

项目群是指经过协调统一管理,以便获取单独管理时无法取得的效益和控制的一组相互联系的项目。项目群中的项目需要共享组织资源,需要进行项目之间的资源调配。

项目群包含三个基本特征:多个项目、统一战略目标、统一配置资源。

(1)多个项目:指项目群由若干个同时发生或部分搭接的项目构成。这些项目相互间要么具有一定逻辑关系,要么虽没有逻辑关系,但具有类似特征。逻辑关系并不是构成项目群的必要条件,项目群中一个项目的推迟可能影响到另一个项目,如煤制气项目;也可能不会影响到另一个项目,如火电基建项目。

(2)统一战略目标。指项目群拥有一个明确的战略目标。组成项目群的多个项目虽然各自拥有具体目标,但总体上都是为项目群的统一战略目标服务。例如,西部地区风电和太阳能建设项目都是为了解决中国新疆、西藏地区电资源短缺的总目标服务。不具有统一战略目标的多个项目只能算作项目组合,而不能称为项目群。因此,在项目群中不应该出现各个子项目目标顺利完成后,总体目标却支离破碎的结果。

(3)统一配置资源。指项目群范围内系统化地合理安排资源。由于目标的统一性,多个项目可能同时使用同一资源,或同一资源供若干个不同项目调用。这就需要在单个项目资源合理配置的基础上,从项目群系统角度出发,在不同项目之间合理调配资源。

应该说,项目群管理的核心内容是项目,包括项目集成管理和协同管理等,而且由于项目群中的多重性、高度的复杂性和不确定性,集成管理在项目群占据相当重要的地位,是实现项目群管理的关键。

项目群的集成管理是把项目群的组织、管理要素和全生命周期三个维度进行整体集成,如图 11.8 所示,并按照项目群管理需求进行组合和构造,其目的是使项目群中各相关要素集合成一个有机整体,有效解决综合性问题。

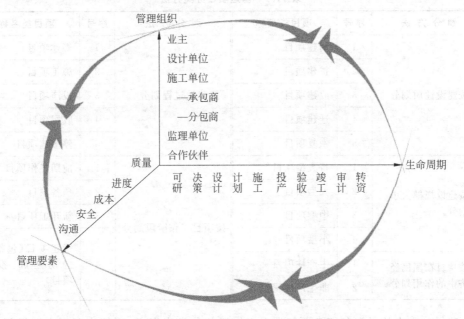

图 11.8 企业基建项目群集成管理模型

项目群管理不直接参与对每个项目的日常管理工作,其重点是对项目群中的项目进行总体规划、控制和协调,指导各个项目的具体管理工作(表明项目群管理在企业级多层次项目管理体系和目标中的地位)。项目群管理的核心目的是实现项目群利益的最大化。

注意:项目管理应该执行的标准包括安全标准、质量标准、工程造价标准、达标投产考核标准以及投运一段时间后的验收评价标准等。

11.2 项目管理功能概述

项目管理功能得以正常深化应用还要依赖于企业集团的项目体系建设。企业集团的项目管理体系一般包括项目组织体系、项目分类、项目群、项目编码标准和 WBS 基础体系等。其中项目组织体系将在第 12 章中统一介绍,本节重点介绍项目分类和项目编码标准。

11.2.1 项目分类和项目编码

1. 项目分类

对于企业集团而言,项目分类可以包括四个层级:大类、类、子类和细类。其中大类按生命周期可以分为基建、生产、检修维护、物流、售后和废弃/报废处置等,按企业性质可分为钢铁、汽车、家电、服装、发电、能化、煤炭、航运、食品和物流等,按项目性质可分为资本化项目(工程项目)、费用项目、虚拟项目。

每一大类也包含多种分类方法。例如,常见的基建项目分类方法如表 11.1 所示。

表 11.1 基建项目分类方法

划 分 方 法	序号	项目类名称	划 分 方 法	序号	项目类名称
按建设性质划分	1	新建项目	按建设过程划分	1	筹建项目
	2	扩建项目		2	施工项目
	3	改建项目		3	投产项目
	4	迁建项目		4	收尾项目
	5	恢复项目		5	停缓建项目
按建设规模大小划分	1	特大型项目	按项目工作阶段划分	1	前期工作项目
	2	大型项目		2	预备项目
	3	中型项目		3	新开工项目
	4	小型项目		4	续建项目(包括报告期建成、投产项目)
按项目在国民经济中的作用划分	1	生产性项目			
	2	非生产性项目			

项目分类中的子类和细类要依据上一层级的分类来定义,不能出现多个层级间的重复定义和二义性,企业基建项目一级到四级的树状结构图如图 11.9 所示。

当然不是所有的企业集团项目分类一定要四个层级,为了简化管理,中小企业采用两个层级也可以,这要根据企业经营范围、管理需求和 ERP 产品的设计理念综合考虑而定。

2. 项目编码

考虑到将来使用时查询、分类统计等需求,项目编码要有一定的意义,例如包含组织、年份和项目分类等信息。项目编码格式如表 11.2 所示。

表 11.2 项目编码格式(19 位)

组织	项目来源	启动年份	项目类型	主系统	专业	任务	流水号
5 位	1 位	4 位	2 位	2 位	2 位	1 位	2 位

• 组织代码:取所在地区的 3 位区号+组织所在地区的顺序号。例如,集团总部在北京为 01001、在京专业分公司为 01010、01020 等,01010 分公司下的基层单位可以为 01011、01012、01013 等;在湖南长沙为 73101,耒阳为 73103 等;河北唐山的

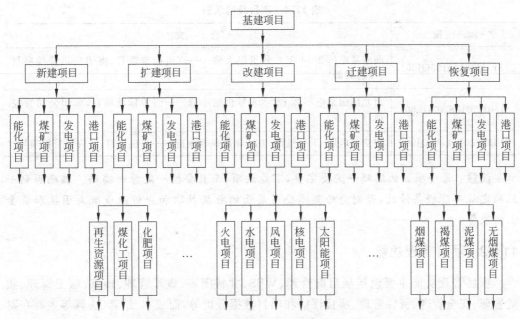

图 11.9 某企业基建项目一级到四级的树状结构图

基层单位组织代码为 31501、31502 等。

- 项目来源：J—集团公司，F—分公司，D—基层单位。
- 启动年份：4 位，如 2014。
- 项目类型：按项目类型编码，如 11 代表大型基建项目。
- 主系统：对于火力发电厂、水电站、核电站等表示机组号和公用系统等；对于风电场表示风站、煤矿巷道等；01 代表 1 号机组、1 号风场或 1 号巷道等。
- 专业：QJ—汽机，GL—锅炉，DQ—电气，HX—化学，SG—水工，WL—物流，等等。
- 任务：用于概算分类定义。资本性项目的概算分类定义如表 11.3 所示，用于满足核算和报表分析使用。费用类项目和其他虚拟项目的概算分类无定义，任务编码为 0。

表 11.3 概算分类

概算分类编码	含 义	概算分类编码	含 义
1	建筑工程	4	安装工程项
2	需安装设备	5	其他费用
3	不需安装设备		

- 流水号：可根据时间的先后来定义。

项目编码的示例如表 11.4 所示。

表 11.4　项目编码示例

编　　码	含　　义
73103J20145106QJ001	湖南某电厂 2014 年 6 号机组大修——汽机标准项目,集团公司管控项目(项目来源)
31501J20135303GL001	河北唐山某电厂 2013 年 3 号机组小修——锅炉标准项目,集团公司管控项目
01012F20141411QJ002	北京某电厂 11 号机组 2014 年除氧器改造——汽机项目,分公司管控项目

注意:每个项目的编码一定要完整,不能缺项,而且要按一定原则编码。编码原则一旦确定就不能轻易修改,否则会给集团公司层面的数据抽取和分析造成很大困扰和资金上的浪费。

11.2.2　项目管理功能

项目管理功能主要包括项目群管理、WBS、甘特图表、概算管理、预算、施工管理、质量管理、安全管理、资源管理、项目评价和项目数据分析等,而成本、结算、决算等主要在财务管理模块,采购、库存和合同等管理主要在物资管理模块。所以本节重点介绍项目功能本身特有的功能。

1. 项目群管理

项目群管理通常只在集团公司和大型分公司级应用。注意,不是每一个项目都要归入某一项目群管理,项目群必须是统一战略目标,需要统一配置资源,组织在一起能获得最大利益的一组项目。例如按业务性质划分为集团公司范围内燃气机组基建项目群、风电区域集控调度中心项目群、66 万千瓦超超临界机组技术改造、露天煤矿环境改造项目群、火电机组脱硫脱硝技术改造项目群等,或按组织划分为某分公司发电厂基建项目群等。企业集团项目群的分解架构一般如图 11.10 所示。

在项目群管理中,集团公司本部主要负责项目群组织和架构在项目管理模块中的搭建、进度设置以及项目群全过程协同管理等。详细的项目信息来源于群内的各个具体项目。集团公司项目负责人可以通过 ERP 的项目群管理功能来监控群内各项目的进度、预算执行情况和项目安全状态等,并能进行成本分析、质量分析,同时可以让项目经理和其他项目成员任职多个项目,以及支持大型工具在两个项目以上的轮换使用和设备的互换、借用等功能。

2. WBS 管理

在 ERP 的项目管理中,WBS 和 WBS 字典是项目范围的核心,通过 WBS 分解真正使项目目标和范围及项目进度中具体的工作任务有效地衔接起来。其关键点是要求项目管理组要对整个项目目标和范围相当熟悉,并掌握企业的业务运作和管理模式。之后才能进一步确定 WBS 分解层次和分解的粒度。

WBS 字典是对 WBS 每个分解项要求的详细描述。通俗地讲,项目进展过程中的任何产出物、任何活动都应该在 WBS 中有体现,既不能遗漏也不能扩大。WBS 字典通常如表 11.5 所示。

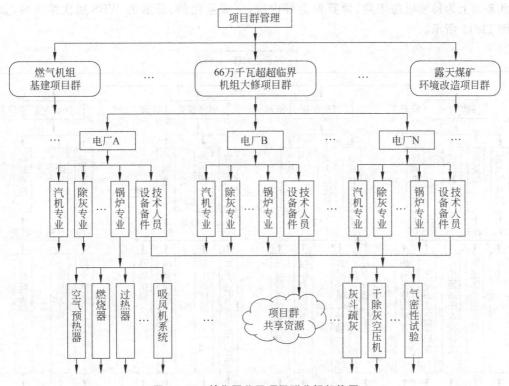

图 11.10　某集团公司项目群分解架构图

表 11.5　WBS 字典模板

项目名称		编制日期	
本级 WBS 编码		本级 WBS 名称	
父级 WBS 编码		父级 WBS 名称	
子级 WBS 编码 1		子级 WBS 名称 1	
子级 WBS 编码 2		子级 WBS 名称 2	
子级 WBS 编码 3		子级 WBS 名称 3	
子级 WBS 编码 4		子级 WBS 名称 4	
⋮		⋮	
工作描述			
本级 WBS 负责人		WBS 制定人	
批准人		批准日期	

　　WBS 字典每部分的名称都需要一个简括的短语来进行描述,除"工作描述"这项内容外,WBS 各级名称描述的长度以该项目中能描述清楚的最长的简括短语为标准,一般控制在 15 个汉字以内。

　　建立 WBS 字典后,已形成 WBS 主体架构,即按父子关系形成 WBS 层次结构树,在此基础上为每项增加工期、概算资金等内容,生成量化的、分解的 WBS 层次结构树,如图 11.11 所示。

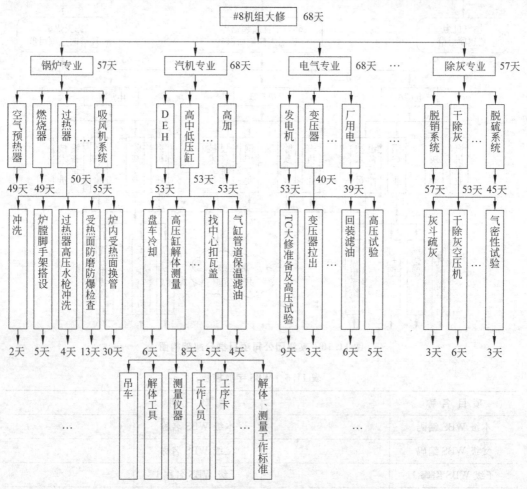

图 11.11 火电厂机组大修项目工期分解示意图

通过图 11.11 可以看到,WBS 下一层的工作范围要比上一层进行更明确的细分,层次的数目通常受细节层次、风险水平、控制水平、估算准确度、工作包价值及工作时间等多种因素影响,但一般项目控制在 6 层以内。

WBS 以层次结构的形式将一个项目所要执行的任务层层细分,形成层次归属关系清楚的项目结构和项目概览,是构筑项目组织结构和协调合作的基础。WBS 的主要作用如下:

(1) 它是一个清晰地表示项目各层次之间的相互联系及实施项目规划思路的设计工具。它能帮助项目经理和项目团队(甲乙多方组成的项目团队)清晰而有效地管理项目工作,防止遗漏项目的可交付成果。

(2) 它能展现项目全貌,详细说明为完成项目所必须完成的各项工作计划。建立可视化的项目可交付成果,以便估算工作量和分配工作。

（3）项目经理通过 WBS 可实时关注项目目标以及阶段性里程碑，并辅助项目团队成员明确工作责任，使每个成员清楚地理解任务性质及其努力的方向。

（4）容易对项目分解出的作业估计所需时间、成本，提高项目时间、成本和资源估计的准确度。

（5）明确完成项目所需技术、设备、人员、时间及其他资源。

（6）对项目进行有效的跟踪、控制和反馈，为项目团队的绩效管理提供依据。

（7）有助于分析项目的最初风险，使项目团队提前进行预警。

总之，WBS 每一级分解的总和都是相邻上一级元素的全部，依此类推，第二级元素的总和是该项目工作或成本的全部。也可以说，WBS 覆盖了全部的项目范围，不在 WBS 中的工作也不在项目中。所以 WBS 建好并经过批准后就可成为项目建设的基准。

3. 项目前期和立项

项目前期和立项主要包括前期费用管理、项目立项和项目启动管理三项功能。

（1）前期费用管理包括以下内容：

- 搭建年度前期工作结构。设定年度前期费用归集项目，以主项目作为其 FBS 结构。
- 项目前期费用采购和支付。通过采购和应付模块实现前期费用的采购和支付。
- 项目前期费用归集和分摊。项目模块自动归集前期费用成本支出，按子项目进行分摊。
- 关联项目前期和后续立项业务。根据主项目建立子项目，并建立主子项目关联管理模式。

（2）项目立项包括以下内容：

- 建立统一的项目分类。设立基建、技改、大修、科技、小型基建大类及明细分类。
- 建立统一的项目编码规则。所有项目采用统一项目编码规则，并反映项目分类信息。
- 建立统一的项目财务分解结构。通过项目模板固化各类项目的财务分解结构（FBS）。
- 建立统一的项目工作分解结构。通过项目模板固化各类项目的工作分解结构（WBS）。

（3）项目启动管理包括以下内容：

- 固化项目启动的条件。通过项目启动审批的项目才能进行后续的采购付款等业务。
- 规范和固化项目启动流程。
- 提出项目启动申请。根据业务实际在线提出具体项目的启动申请。
- 在线审批项目启动。归口管理部门在线逐级审批项目启动申请。

4. 项目设计与详细计划管理

项目设计与详细计划管理包括概算管理、项目详细计划管理、采购申请管理三项功能，具体功能说明如下：

（1）概算管理。

概算是项目（特别是工程项目）可行性研究报告和初步设计的重要组成部分，是企业财务评价的主要依据，也是企业和其他投资方筹资和控制的依据。在企业概算管理中，已批准的概算往往也称为管理概算，它结合设备与工程招标结果以及企业对各类管理费用限额，是用于各工程项目实际控制投资管理的概算。其目的是为了在工程建设期间企业及建设单位能更准确地掌握工程实际造价，调动参与建设的相关单位主动、自觉地控制工程造价的积极性，并为今后对相关单位实现的工程实际造价进行考核提供参考依据。

概算管理的主要功能一般包括概算编制和审批、概算调整和审批、年度投资计划、年度投资计划调整、月度投资计划、概算执行情况统计、年度投资完成统计、月度投资完成统计、项目工程量统计等。

在概算编制时要按前面讲到的项目分级来进行，即依据项目分级的树状层次结构进行概算分解，项目树中每个节点的概算包括两部分：一是本级概算，二是其子项目概算的合计，如图 11.12 所示。而且每个节点的概算数值都能在 WBS 和甘特图中对应显示。

图 11.12　某发电企业机组扩建项目概算视图

通常，企业建筑工程费概算计算表的格式如表 11.6 所示。

除此之外，还应该有概算投资分析、投资筹资统计、资金到位情况统计、预备费管理和概算上报等功能。

（2）项目详细计划管理。

项目详细计划管理内容如下：

- 编制和发布明细工作计划。创建关键时间点项目计划、各级明细网络计划及施工计划。
- 项目和任务成员管理。根据实际工作安排指定不同角色的项目和任务成员。

表 11.6　企业建筑工程费概算计算表

序号	项 目 名 称	批准概算金额	已签订合同金额			已签合同对应批准概算金额	未签合同对应批准概算金额
			标段	…	小计		
一	主辅生产工程						
(一)	热力系统						
1	主厂房本体及设备基础						
1.1	主厂房本体						
⋮	⋮						
二	与厂址有关的单项工程						
(一)	交通运输工程						
⋮	⋮						
三	编制年价差						
(一)	人工价差						
(二)	定额材料与机械费调整价差						
(三)	未计价材料价差						
四	价差预备费						
(一)	材料价差						
⋮	⋮						
合计							

- 计划版本控制。允许对明细计划进行修改和维护,系统保留可查询的历史版本数据。
- 分级计划管理。按照一级、二级网络计划及施工明细计划逐步发布、更新和查询项目计划。

(3) 采购申请管理。

采购申请管理内容如下:

- 导入项目物资需求计划。项目管理部门导入项目设备、材料等物资需求计划(含到货时间)。
- 自动生成项目采购申请。采购部门通过物资需求计划自动生成项目物资采购申请并提交审批。
- 在线审批项目采购申请。固化采购申请审批流程,在线审批采购申请。
- 自动归集和追溯项目承付成本。项目模块及时自动归集承付成本,并追溯具体的采购申请。

5. 项目执行与控制

项目执行主要包括范围确认、团队建设、质量确认、招标实施、合同管理和资源选择等内容。项目控制是指项目变更控制、进度控制、质量控制、成本控制、安全控制和风险控制等内容。其中,项目进度控制还包括维护一级、二级项目计划进度,定期维护施工时间和工程量完成进度等,以及出具项目计划和进度对比分析报表,如在线查询详细报表,对计划和进度对比统计分析。项目变更控制包括在线提出项目变更需求和进行审批以及上挂项目重要变更单据文件等。

在项目执行与控制方面,不是所有的项目执行与控制内容都在项目模块完成。一般情况下,项目范围变更控制、进度控制、基建项目的质量控制和安全控制等在项目模块完成,招标实施和合同管理一般在采购管理模块完成,库存管理在库存模块完成,成本控制体现在预算执行和工单领料等控制流程,生产和检修过程中的质量控制和安全控制以及外包服务控制流程等在工单的控制流程中完成,风险控制在风险管控模块完成。所以说,项目管理不是孤立的,它涉及 ERP 管理的多个功能模块及控制流程。当然,项目最初的定义和最终结束的关口是在财务的项目管理模块中完成的。

其中项目进度的执行与控制一般通过甘特图来实现,甘特图(Gantt)又叫横道图、条状图,是最常用的制作进度计划与控制的工具,是企业用来管理项目 TQC(时间、质量、成本)的主要手段。它基于作业排序的目的,能将活动与时间紧密联系起来。甘特图以图形和表格的方式更直观地显示项目任务及活动,是一种通用的显示进度的方法,如图 11.13所示。当然,不支持甘特图的软件也有通过项目各流程节点的状态值来控制的。

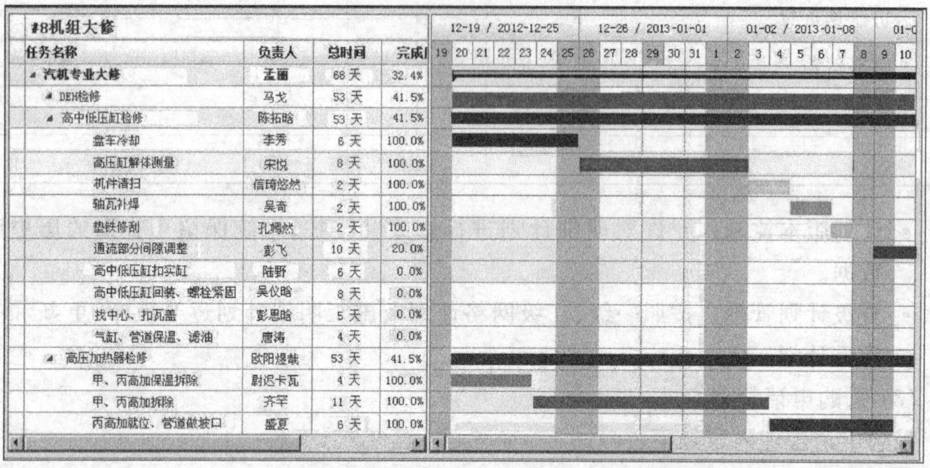

图 11.13　火电机组大修项目甘特图

目前,企业常用的甘特图一般是已经改进的带有分项目的甘特图,如图 11.13 所示。无论是哪种甘特图,其基本功能都是以图的形式来概述项目活动,通过明确项目活动的开始时间和结束时间来定义项目的进度安排,这是一个反复确认的过程。甘特图的内容包括项目网络图、关键路径、估算的活动工期、资源需求、资源共享情况、项目执行的工作日历、进度限制、最早和最晚时间、风险管理计划、活动特征等。

其中,进度限制是根据活动排序考虑如何定义活动之间的进度关系。一般有两种形式:一种是加强日期形式,以活动之间前后关系限制活动的进度,如一项活动不早于某活动的开始或不晚于某活动的结束;另一种是关键事件或主要里程碑形式,以定义的里程碑节点事件时间作为要求的时间进度的决定性因素,制定相应时间计划,标明哪件工作如期完成,哪件工作提前完成或延期完成,同时进行常规类成本监控及预警提醒。

企业用的甘特图往往不是一张,一般采用单一因素的甘特图,如进度网络图、成本计划及花费网络图、资源配置图等。当然也可将单一因素的甘特图按需要组合在一起,形成综合因素的甘特图。

不过,甘特图也有一些局限性,它不能说明自然灾害、设备故障和人为错误等造成的返工等。如果企业的 ERP 系统不支持甘特图,就要支持项目树管理方式,让项目树成为实际发生费用(即投资完成)和竣工决算时各资产成本的归集点。

在工程项目实施中使用较多的另一种方法是挣值法,它是对项目进度和成本进行综合控制的一种有效方法。

针对基建项目的安全和质量管理主要是集团公司安全和质量的标准建立,其目标、指标和计划的下达,周期性检查工作日期安排,临检和周期性检查的安全性评价和质量验评的结果记录,整改通知,经验分享,同等项目的安全和质量评比,重大安全隐患评估,安全和质量事故防范及提前预警,安全和质量事故考核等内容。

一些独立的项目管理软件或小的 ERP 系统在项目执行管理中往往缺少资产价值量的记录和跟踪,也不包含资产和设备的对应关系及分摊原则,造成转资时间过长(2~3年)。另外,需要注意的是,基建项目采购和监造的周期也是电厂投产的一个重要约束条件。所以选择软件时既要看其功能是否满足企业的需求,也要看其控制和约束等细节方面是否能满足企业的管理需求。

6. 竣工验收

在完成项目各阶段性成果之后,就要进行竣工验收和竣工决算。竣工验收主要是根据合同所规定的范围及有关标准对项目进行系统验收。竣工验收是工程建设过程的最后一环,是投资成果转入生产或使用的标志,也是全面考核基本建设成果、检验设计和工程质量的重要步骤。

竣工验收对促进建设项目及时投产,发挥投资效益及总结建设经验都有重要作用。通过竣工验收,可以检查建设项目实际形成的生产能力或效益,也可避免项目建成后仍继续消耗建设费用的现象发生。

竣工验收步骤如下:

(1) 确定项目各方认可的竣工验收范围和标准。按照国家现行规定,所有基本建设项目和更新改造项目按批准的设计文件所规定的内容建成后应符合下列验收标准:

① 生产性项目和辅助公用设施已按设计要求建完,能满足生产要求。

② 主要工艺设备已安装配套,形成生产能力。例如,发电机组顺利通过 168 小时带负荷试运行,制造企业项目经过投料试车(带负荷运转)合格,能够生产出设计文件规定的产品。

③ 职工宿舍和其他必要的生产福利设施能适应投产初期的需要。

④ 生产准备工作能适应投产初期的需要。

⑤ 环境保护设施、劳动安全卫生设施、消防设施已按设计要求与主体工程同时建成使用。

以上是国家对工程建设项目竣工应达到标准的基本规定,各类工程建设项目除了应遵循这些共同标准外,还要结合企业项目建设特点确定其竣工应达到的具体条件。

(2) 准备竣工验收的相关资料。包括以下几项:

① 土建施工、设备安装方面及各种有关的文件、合同和试生产情况报告等技术资料。

② 绘制竣工图。工程建设项目竣工图是真实记录各种地下、地上建筑物等详细情况的技术文件,是对工程进行交工验收、维护、扩建、改建的依据,同时也是使用单位长期保存的技术资料。所以,竣工图必须准确、完整,符合归档要求,方能交工验收。

③ 汇总竣工决算。企业和建设单位双方必须及时清理所有财产、物资和未花完或应收回的资金,在 ERP 系统中记录所有花费。然后根据 ERP 系统中的概(预)算执行情况,自动汇总竣工决算,报请主管部门审查。

(3) 竣工验收的程序和组织。根据国家现行规定,规模在大、中型和限额以上项目由国家发改委或由国家发改委委托项目主管部门、地方政府组织验收。一般这种较复杂的工程建设项目应先进行初验,然后再进行正式验收。规模较小、较简单的工程项目由项目主管部门或地方政府组织验收,可以一次进行全部项目的竣工验收。

项目竣工验收有例外条件。对某些特殊情况,工程施工虽未全部按设计要求完成,也应该进行验收,这些特殊情况主要是指以下几种:

① 因少数非主要设备或某些特殊材料短期内不能解决,尚有 5% 以下零星工程未完成,但已可以投产或使用。

② 按规定的内容已建完,但因外部条件的制约,如流动资金不足、生产所需原材料不能满足等,而使已建成工程不能投入使用。

③ 有些工程项目或单位工程已形成部分生产能力,但近期内不能按原设计规模续建。应从实际情况出发,经主管部门批准后,可缩小规模对已完成的工程和设备组织竣工验收,移交固定资产。

另外,已具备竣工验收条件的工程,3 个月内不办理验收投产和移交固定资产手续的,取消企业和主管部门(或地方)的基建试投产的收入分成,由银行监督全部上缴财政。如 3 个月内办理竣工验收确有困难,经验收主管部门批准,可以适当推迟竣工验收时间。

7. 竣工决算和转资

项目竣工后,要上挂竣工投产验收的关键性文件资料,自动出具竣工结算报表和其他统计分析查询报表等。竣工决算和转资的功能主要如下:

- 建立物料、设备和资产的对应:物料清单→设备清单→资产清单;设备与资产一对一。
- 根据物料清单自动生成设备清单并在线移交确认。
- 根据设备清单自动生成资产清单并在线移交确认。
- 快捷分摊费用到资产价值,自动转移资产到固定资产模块以形成正式固定资产。
- 自动出具竣工决算报表。

总之,竣工验收工作的流程和结果要在 ERP 系统中体现,相关的文档资料也要挂接在系统中。特别是竣工决算表,它反映竣工项目在建设过程中发生的全部费用支出情况,落实结余的各项财产物资及其他资金。核定新增固定资产的价值,考核计划和概预算的执行情况。分析投资效益的文件是竣工验收报告的重要组成部分,通过决算前基础数据的设置,准确地自动完成工程竣工决算表。竣工决算表包括竣工概况表、竣工投资完成表、移交资产表、财务决算总表等报表。

8. 项目后评估

项目后评估是企业工程项目竣工收尾,投产、生产运营一段时间后,再对项目的立项决策、设计施工、竣工投产、生产运营等全过程进行系统评价的一种技术经济活动,是固定资产投资管理的一项重要内容,也是固定资产投资管理的最后一个环节。通过进行项目后评估,达到肯定成绩、总结经验、研究问题、吸取教训、提出建议、改进工作、不断提高项目决策水平和投资效果的目的。

项目后评估是将工程项目建成投产后所取得的实际效果、经济效益和社会效益、环境保护等情况与集团公司事先定义的指标目标值进行对比,从中发现问题,总结经验和教训。在实际工作中,往往从以下三个方面对建设项目进行后评估:

(1)影响评价。通过项目竣工投产(营运、使用)后对社会的经济、政治、技术和环境等方面所产生的影响来评价项目决策的正确性。如果项目建成后达到了原来预期的效果,对国民经济发展、产业结构调整、生产力布局、人民生活水平的提高、环境保护等方面都带来有益的影响,说明项目决策是正确的;如果背离了既定的决策目标,就应具体分析,找出原因,引以为戒。

(2)经济效益评价。通过项目竣工投产后所产生的实际经济效益与可行性研究时所预测的经济效益相比较,对项目进行评价。对生产性建设项目要运用投产运营后的实际资料计算财务内部收益率、财务净现值、财务净现值率、投资利润率、投资利税率、贷款偿还期、国民经济内部收益率、经济净现值、经济净现值率等一系列后评估指标,然后与可行性研究阶段所预测的相应指标进行对比,从经济上分析项目投产运营后是否达到了预期效果。没有达到预期效果的,应分析原因,采取措施,提高经济效益。

(3)过程评价。对工程项目的立项决策、设计施工、竣工投产、生产运营等全过程进行系统分析,找出项目后评估与原预期效益之间的差异及其产生的原因,使后评估结论有根有据,同时,针对问题提出解决办法。

上述项目后评估的内容能量化的一定要量化,要由集团公司根据项目分类和性质提前组织建立项目后评估指标,包括量化指标和非量化的描述结论两部分,每项量化指标有权重。将项目后评估的实际量化指标得分和非量化指标的描述录入到项目后评估的对应表单,非量化指标按单项的评价结论最后由项目后评估组组长在征询评价组的意见后平衡出一个总分,然后和量化指标合计成项目后评估总分并得出结论,最后形成项目的环评报告、经评报告、安评报告和项目后评估的总体报告。

应该说,项目后评估不仅服务于企业投资决策,成为企业对投资活动进行监管的重要手段,也是政府对企业投资活动的主要监管手段,可影响政府对企业特别是央企今后投资的取向限制,是项目管理的进一步延伸。

总之,每个 ERP 产品的项目管理模块或单独的项目管理产品可能不一定完全拥有上述功能,特别是竣工验收和项目后评估这两项功能大多没有或不够完善,多数 ERP 产品中项目管理功能的优势在于基建项目。所以用户在选择 ERP 产品时,要注意项目管理功能是否与自己的企业需求一致,是否有竣工验收和项目后评估这两项功能。如果原产品这两项功能弱,就应该看其客户化能力如何。目前从国家层面对项目竣工验收和项目后评估越来越重视,这对软件公司在其产品的完善方面也是一个促进。

另外,项目管理各业务应用模块之间紧密衔接,如图 11.14 所示,体现项目的全过程管理。

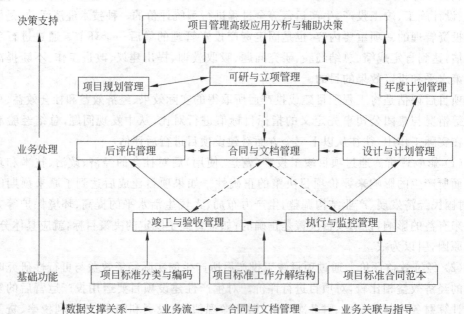

图 11.14　项目管理各业务应用模块之间的关系

11.3　项目管理流程

企业集团项目管理流程一般要贯穿总部、分公司和基层企业(含项目单位)至少三个层级,涉及项目启动、计划、执行、控制和结束五个管理过程,这样就相对增加了每个项目管理的过程环节。基于企业集团的项目分类,项目管理流程一般分为基建项目管理流程、研发项目管理流程、生产项目管理流程、检修项目管理流程、维护项目管理流程五大类流程。

企业集团项目管控流程比较复杂,一般分为集团公司管控流程、分/子公司管控流程和基层企业管控流程三个等级。而且不同的项目分类和项目群,其流程审批环节也不尽相同。最简单的项目管理流程是不穿透组织机构,只在基层企业使用的单一项目流程,如基层企业基建项目管理流程如图 11.15 所示,产品研发项目管理流程主要如图 11.16 所示,企业集团完整的项目管理流程如图 11.17 所示。

其实图 11.15 至图 11.17 所示的流程都是示意图,说明的是流程流转的主要节点和控制逻辑,如不详细描述,这些流程尚不能在 ERP 系统中实现。要保证每个项目流程在 ERP 系统中清晰定义,流转顺畅,首先要清楚以下内容:

- 项目所属分类。

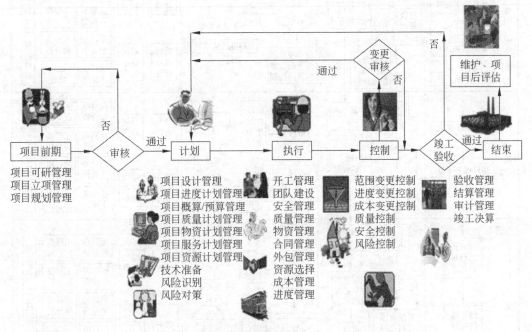

图 11.15　基层企业基建项目管理流程

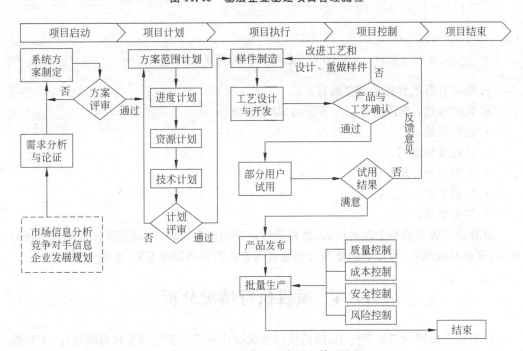

图 11.16　企业产品研发项目管理流程

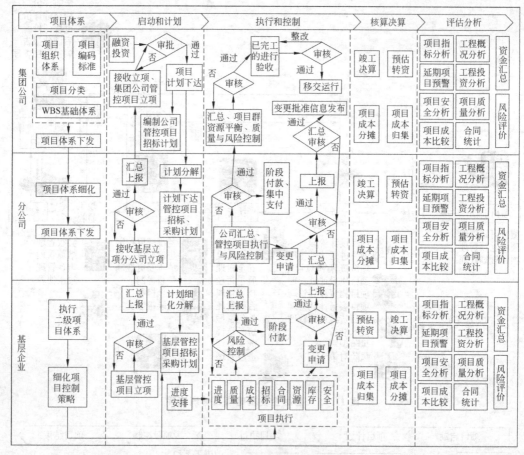

图 11.17　企业集团项目管理流程

- 是项目群项目还是独立项目。
- 管控级别：集团公司、分/子公司、基层企业。
- 流程模板。
- 流程流转部门。
- 流程节点处理岗位。
- 控制方式。
- 结果展现。

流程设计者要清楚上面的内容，然后进行详细的流程梳理，绘制需要在系统中实现的流程，经领导批准后，将批准的流程由实施者和企业用户共同在 ERP 系统中完成。

11.4　项目执行情况分析

按照企业集团的年度责任书，项目执行情况统计分析主要包括项目指标统计、工程概况分析、延期项目预警、工程投资分析、项目安全分析、项目质量分析、项目成本比较、合同执行情况分析、项目资金汇总及风险评价等内容，用于对项目的执行情况进行综合考评，即对集团公司本部相关各部门、分/子公司和基层单位的项目开展情况、项目投资、收益等进行综合性考核,实现项目的源头控制和全过程动态监管。项目执行情况分析的展现方式主要有两种:报表和图形分析。

注意:集团公司总部各部门、分/子公司和基层单位所使用的分析图表格式是一样的,只不过各部门、单位按权限限制允许看的内容不一样。

11.4.1 项目执行情况统计报表

1. 项目指标统计

项目指标统计包括两部分工作:一是确定管控指标,二是确定报表格式。

(1)项目管控指标。项目管控指标分为集团公司、分/子公司和基层企业三级指标,每类项目都有这三级定义,其中集团公司基建项目指标涉及投资额、施工规模、新增生产能力以及到位资金和造价等,集团公司项目管控指标最好控制在 50 个以内。例如,集团公司基建项目指标如表 11.7 所示。

表 11.7　集团公司基建项目指标

序号	指 标 名 称	计量单位	小数位数	统计周期	数 据 来 源	指标状态	主管部门
1	计划总投资	万元	2	月	来源于基层 ERP,其他应用系统还是集团公司 ERP	原有/新增	计划部
2	自开工累计完成投资	万元	2	月			计划部
3	本年计划投资	万元	2	月			计划部
4	本年完成投资	万元	2	月			计划部
5	建设规模	万千瓦	2	月			计划部
6	本年施工规模	万千瓦	2	月			计划部
7	本年新开工规模	万千瓦	2	月			计划部
8	本年计划投产规模	万千瓦	2	月			计划部
9	累计新增生产能力	万千瓦	2	月			计划部
10	本年新增生产能力	万千瓦	2	月			计划部
11	自开工累计资金到位	万元	2	月			计划部
12	本年资金计划	万元	2	月			计划部
⋮	⋮	⋮	⋮	⋮			⋮

分公司除集团公司要求指标外,还要增加工程造价(万元)、垂直运输工程指标、每 $100m^2$ 建筑面积主要工料指标(万元)等。基层企业指标分解得更细,包括基层企业汇总指标和明细指标,以及基层企业指标与一、二级指标的对应关系。

(2)指标统计报表格式。指标统计报表包括指标汇总统计、分项统计和明细统计等,汇总统计包括集团公司、分/子公司、基层企业的项目资金汇总表和核准项目概览等。例如,集团公司基建项目资金汇总表格式一般如表 11.8 所示。

表 11.8　集团公司基建项目资金汇总表

统计部门:　　　　　　　　　统计日期:　　　　　　　　计量单位:万元

项目分类	项目群	组织		项目编码	项目名称	管控层级	项目状态	计划总投资	自开工累计完成投资	本年计划投资	本年完成投资	自开工累计资金到位	资金缺口	项目批准时间	实际开始时间	实际结束时间	备注
		分公司	基层单位														
新建项目	百万火电机组	分公司1	基层单位1		1号机组												
					2号机组												
		合计															
		分公司2	基层单位4		3号机组												
			⋮														
		合计															
		⋮															
	水电	分公司6	水电站1		大坝												
					厂房												
					⋮												
		⋮															
		合计															
	⋮																
改建项目	供热改造																
	⋮																
⋮																	
集团公司总计																	

项目明细统计一般集中在基层企业,但上级单位有权查看。除基建项目指标外还有生产项目指标、检修维护项目指标、物流项目指标等。

2. 项目执行情况统计

项目执行情况统计通常包括以下内容:

(1)工程概况。包括项目总览、项目明细、工程概况统计、概算统计、基建投资年报等。

(2)工程投资。包括融资来源统计、资金到位情况统计、利息计算表、借款汇款统计、单项工程造价统计等。

(3)合同管理。包括招标信息统计、合同汇总统计、供应商合同统计、延期合同统计、变更合同统计、设备材料明细统计。

(4) 工期进度。包括项目延期统计、设备到货计划等。

(5) 质量管理。包括质量达标率排名、项目质量问题统计、项目质量奖惩统计报表等。

(6) 安全管理。包括项目安全事故统计、整改项目汇总、安全评价排名等。

(7) 风险管理。包括项目风险评估、风险评估综合评价排名等。

(8) 竣工结算。包括竣工决算表、改造项目工程移交资产表等。

与工程投资相关的报表大部分集中在财务管理模块实现,在项目管理模块展现的报表基本以工程造价表为主,而工程造价表一般由工程项目的各项指标构成,包括费用指标(含分部分项指标、措施项目指标和总造价等)、工程量指标及消耗量指标。如单项工程造价统计表、工程总造价汇总表及同类工程造价对比表等。其中,集团公司项目造价表汇总表如表 11.9 所示。

表 11.9　集团公司基建项目工程造价汇总表

统计部门：　　　　　　　　统计时间：　　　　　　　货币单位：元

分公司	项目分类	项目子类	项目编码	项目名称	项目造价分项内容														备注
					分部分项工程费		措施项目费		其他项目费		税费前工程造价合计		规费		税金		工程造价		
					金额	单方造价/元/m²/占总造价比率/%	金额	单方造价/元/m²/占总造价比率/%	金额	单方造价/元/m²/占总造价比率/%	金额	单方造价/元/m²/占总造价比率/%	金额	单方造价/元/m²/占总造价比率/%	金额	单方造价/元/m²/占总造价比率/%	金额	单方造价/元/m²/占总造价比率/%	
分公司1	新建项目	发电能化																	
		⋮																	
⋮																			

当然报表格式可以根据需要定制。例如,只统计发电企业的工程造价,并按核电、火电、水电、风电、太阳能等进行小类内的统计排名。

11.4.2　项目执行情况分析

项目执行情况分析图一般包括三大类,即柱形图、折线图和饼图。

1. 柱形图

柱形图主要用于投资总额、质量验评结果、安全事故累计及项目概算对比分析等,如

图 11.18 至图 11.20 所示。

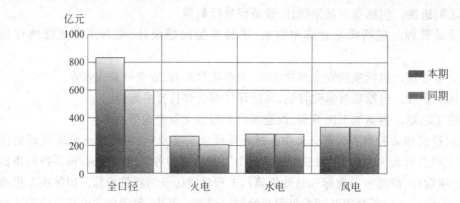

图 11.18 2012 年××分公司基建项目投资总额

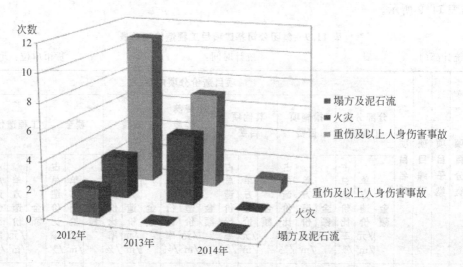

图 11.19 集团公司基建项目安全事故统计

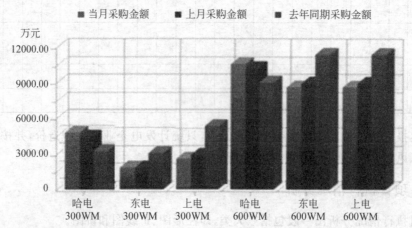

图 11.20 集团公司 2013 年 3 月大修项目设备及备件采购金额对比变化图

2. 折线图

折线图主要用于趋势对比分析,如投资趋势分析(如图 11.21 所示)、项目资金对比统计、采购资金趋势分析、合同支付比例预警、物资采购价格分析、质量事故趋势等。

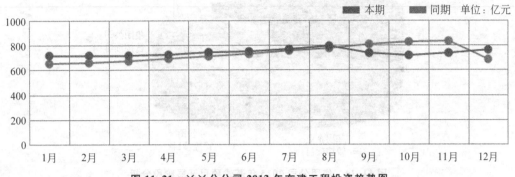

图 11.21　××分公司 2013 年在建工程投资趋势图

3. 饼图

饼图主要用于类比分析,如项目投资对比分析、合同支付情况分析、延期项目分析、同期对比分析等,如图 11.22 和图 11.23 所示。

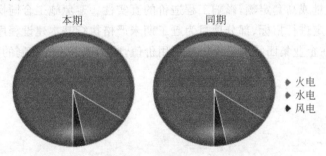

图 11.22　集团公司发电基建项目投资同期对比分析

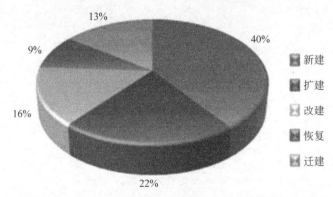

图 11.23　集团公司 2010 年基建项目各分类投资所占比例

图形分析可以进行多级钻取,如图 11.24 所示,初始图形由项目启动计划、执行和验收三个阶段构成,当鼠标单击某个阶段区域时(如执行阶段),该执行阶段会拆分为事先定义好的三部分,即基层企业管控项目、分公司管控项目和集团公司管控项目所占百分比,再单击其中一部分可继续向下钻取,直到项目的执行明细。

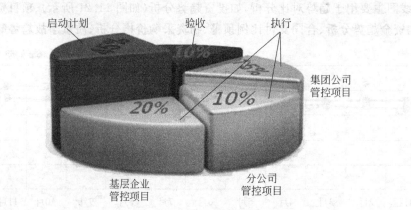

图 11.24　集团公司 2013 年基建项目开展阶段分析

ERP 系统的所有功能模块都不是孤立存在的,和其他模块或多或少地有联系,项目管理模块也不例外。它与财务、生产等模块紧密结合,共享信息。所以信息的标准化和一致性非常重要。另外需要注意的是项目管理除相关制度约束外,也要从管理流程着手,避免重报多报工程量或高套定额,影响工程造价的真实性。避免施工合同操作程序不规范、部分工程未按规定进行招标、部分项目为赶工期未严格执行基本建设程序等现象的发生,体现 ERP 系统在企业集团特别是央企的使用价值,减少可以人为控制的损失。

第 12 章

人力资源管理

人力资源管理是企业集团 ERP 系统不可或缺的功能。企业集团在进行跨行业、跨产业整合,拓展新项目、新领域,提升资本利用率,升级产品,提升客户满意度等方面的所有举措都离不开企业员工,离不开人力资源。更准确地说,企业员工是一切企业行为的最终载体,是唯一的、最重要的执行力量,是 ERP 系统功能正常运行的基础。所以,人才是企业之本,是企业最宝贵的战略性资源,是企业的核心竞争力。因为只有通过人才才能帮助企业集团实现其战略目标。

12.1 人力资源管理概述

12.1.1 人力资源管理基本概念和发展阶段

1. 人力资源管理基本概念

人力资源管理是指根据企业发展战略的要求,有计划地对企业人力资源进行合理配置,通过对企业中员工的招聘、培训、使用、考核、激励、调整等一系列过程,调动员工的积极性,发挥员工的潜能,为企业创造价值,确保企业战略目标的实现。人力资源管理是企业的一系列人力资源政策以及相应的管理活动,这些活动主要包括企业人力资源战略的制定,员工的招聘与选拔、培训与开发、绩效管理、薪酬管理、员工流动管理、员工关系管理、员工安全与健康管理等,即,企业运用现代管理方法,对人力资源的获取(选人)、开发(育人)、保持(留人)和利用(用人)(如图 12.1 所示)等方面所进行的计划、组织、指挥、控制和协调等一系列活动,最终达到实现企业发展目标的一种管理行为。

图 12.1 企业人力资源管理方法

2. 企业人力资源管理发展阶段

我国企业的人力资源管理与国外相比,发展略有迟缓,但经历的阶段基本一致,包括手工人事管理、e 时代(电子化)的人事管理、人力资源管理、人力资本管理四个阶段,如图 12.2 所示。

其中,第一阶段主要是手工记录纸质的人事管理信息,包括组织管理、企业招工、毕业生按国家统分计划接收、休假管理、在职员工薪酬计算和发放、退休职工薪酬发放等工作,

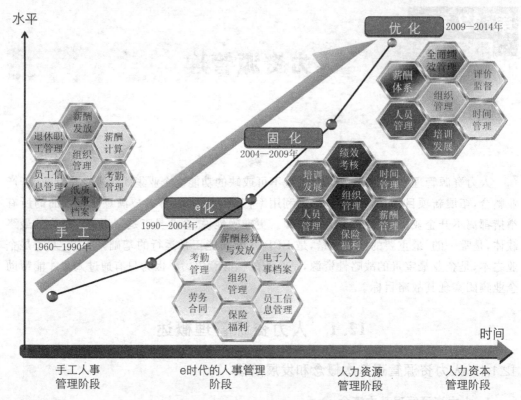

图 12.2　企业人力资源管理发展阶段

工作量大,容易出错。

第二阶段起始于 20 世纪 80 年代末 90 年代初用 CCED 电子表格进行薪酬计算、统计管理和员工基本信息管理,发展到人事信息管理功能的电子化和网络化,如人员管理、薪酬的核算与发放、考勤管理、组织管理、劳务合同和保险福利等功能,但各功能基本上是用独立的软件,没有统一规划,容易造成基本信息和统计数据的不一致。

从第三阶段开始,人力资源管理已在 ERP 系统中形成了比较完整的功能,主要包括组织管理、人员管理、培训发展、薪酬管理、绩效考核、时间管理、保险福利等,每项功能都比上一阶段的功能更加完善或增加深度内容,如干部选聘以及继承的职位管理等。

第四阶段人力资本管理主要功能有选聘管理(人才供应链管理)、人力成本管理、职业发展管理、薪酬体系管理、全面绩效管理、知识管理、胜任力管理、职位体系管理以及培训、时间、保险福利、组织和人员信息管理等。

总之,传统人力资源管理是人力资本管理的技术基础。人力资本管理是通过"目标管理"与"胜任力管理"理念的结合来提升人力资源管理水平,从而获得更高水平的价值实现。也就是说,人力资本管理更加关注人才所具备的能力素质、知识技能以及内驱力、价值观等真正带来价值产出的要素,从而提出更加量化和更具针对性的管理方案。另一方面,人力资本管理注重核心职位、关键人才的保留、发展与使用,从更加量化的视角关注企业在员工管理方面的投入产出效能。

12.1.2　人力资源管理核心数据

人力资源管理核心数据包括组织、员工、职位体系、职称、社会保险、住房公积金、个人所得税、用工合同信息以及相关的编码等。其中职位体系、职称与任职资格密切相关。

1. 人力资源管理核心数据标准

在人力资源管理中,组织、员工、职类、职种、职称等是企业集团的核心数据,所以需要从集团层面制定和规范分类、名称和编码等相关标准,企业集团在制定标准时要遵循国际、国家、行业等标准的执行顺序。例如,企业的行业分类、专业划分、工种划分等均有相关标准,组织机构、职类、职称等有相关编码规则。这些标准和规则都是企业应该遵守的,也是企业交流、发展的需要。

2. 企业集团组织机构编码标准

企业组织机构代码应和自然人的身份证代码属性一样,在我国境内是唯一的且始终不变。组织机构代码有组织的标识工作在我国起步较晚,共分三个阶段。第一阶段是组织机构代码起步阶段(1989—1995 年),它建立了组织机构代码工作的基础;第二阶段是组织机构代码发展阶段(1996—2001 年),它从管理与技术两个方面入手,彻底解决组织机构代码数据质量问题,其主要成果是在 1997 年颁布的《全国组织机构代码编制规则》,该规则规定组织机构代码由 8 位数字(或大写拉丁字母)本体代码和 1 位数字(或大写拉丁字母)校验码组成。本体代码采用系列(即分区段)顺序编码方法,企业组织机构代码如表 12.1 所示。第三阶段是组织机构代码列入国家电子政务、电子商务和诚信体系建设等重大工程的统一规划阶段(2002 年至今),2008 年 11 月 11 日,国家质检总局发布第 110 号总局令,《组织机构代码管理办法》正式颁布,并于 2009 年 3 月 1 日起实施。它使组织机构代码工作全面进入有序化的发展轨道,并与国家其他的重要信息化工程协调发展。

表 12.1　企业组织机构代码举例

机 构 代 码	机 构 名 称
10169286X	中国石油化工集团公司
717802596	中国石油化工集团公司机关服务中心
717801921	中国石油化工集团公司经济技术研究院
799761790	中国石油化工集团公司审计局武汉分局
799418634	中国石油化工集团公司审计局广州分局
164118865	中国石油化工集团公司工程定额管理站
⋮	⋮
10001002X	中国华能集团公司
550723158	中国华能集团公司湖南分公司
89035044X	中国华能集团公司南方分公司
781720181	中国华能集团公司信息中心
863052949	中国华能集团公司山东分公司
10001002X	中国华能集团公司
⋮	⋮

　　组织机构代码是按照国务院的要求建立的社会管理制度,是通过向我国境内依法成立、注册、登记的各类法人及其分支机构颁发唯一的、始终不变的代码标识,并将其基本信息汇集形成一个国家海量数据库,以实现国家经济和社会的现代化管理。我国境内的任何企业都应该遵守该标准。

　　这些组织机构代码在 ERP 系统中还不能满足要求,需要进行扩充,如企业集团总部、分/子公司要扩充到部门,基层企业要扩充到班组等,这时一般需要增加 6 位编码,其中,1位标识部门性质,1 位标识部门类型,4 位标识部门名称,如表 12.2 至表 12.4 所示。

表 12.2　部门性质(第 10 位)

代　码	部　门　性　质	备　注
1	领导班子	企业领导班子成员
2	管理	计划、财务、人资、党群、审计、各企业本部等
3	经营	金融、物流、证券、营销等
4	生产	发电、化工、采矿、安全、运输等
5	生产辅助	燃料、除尘、除灰、化学、化验、脱硫、脱硝等
6	专业技术	点检、继保、热控、设计、调试等
7	检修	机、炉、电、辅控检修等
8	后勤服务	仓库、车辆、食堂、宿舍等
9	其他	未包括在上述专业内的

表 12.3　部门类型(第 11 位)

代　码	部　门　类　型	备　注
1	部(局)	
2	处室	
3	科室	
4	分场(分厂)	
5	车间	
6	班组	
7	其他	
8、9、0		

表 12.4　部门名称(第 12~15 位)

代　码	部　门　名　称	备　注
0001	总经理工作部	综合管理部
0002	规划发展部	
0003	计划与投融资部	发展计划部

续表

代码	部 门 名 称	备　注
0004	人力资源部	
0005	财务与产权管理部	财务部
0006	安全生产部	安全环保部、安全监察部
0007	工程管理部	基建工程部
0008	市场营销部	市场开发部
0009	核电部	
0010	审计部	监察审计部
0011	思想政治工作部	企业文化部
0012	监察局	监察部
0013	燃料管理中心	燃料管理部
0014	计划调运管理部	
0015	证券与资本运营部	
0016	物资供应部	物流管理部
0017	采矿作业部	
0018	信贷管理部	
0019	发电部	
0020	设备部	维护部
0021	生产技术部	
0022	MTP 分厂	
0023	热控班	
0024～9999	生产、维护班组	

除此之外，要考虑 ERP 多维立体型组织的需求，例如采购组织、库存组织等需要单独编码，但编码的数量很少。

3．员工信息编码标准

员工信息分为三类：

（1）与薪酬核算无关的主要信息，包括员工个人信息，如工号、姓名、性别、职种、职级、职位、人员标识（身份证、护照、签证）、婚姻状况、学历、毕业学校、政治面貌、出国信息、家庭关系和项目及成果信息等。

（2）与薪酬核算相关的主要信息，包括个人所得税、住房公积金、社会保险（含养老保险、失业保险、医疗保险、工伤保险、生育保险等）。

（3）人事档案管理主要信息，包括入职档案（个人简历、应聘登记表、体检报告、身份证复印件、学历学位证书、劳动（务）合同、应届毕业生就业/失业协议等）、培训档案、职位档案、薪酬考核档案、奖惩档案和离职档案等。

上述信息大部分都有国家编码标准,如性别、职种、职级、职位、人员标识(身份证、护照、签证)、婚姻状况、学历、毕业学校、政治面貌、家庭关系等,在国家编码标准 GB/T 2261.1—2003《个人基本信息分类代码　第 1 部分:人的性别代码》至 GB/T 2261.4—2003《个人基本信息分类代码　第 4 部分:从业状况(个人身份)代码》、GA/T 517—2004《常用证件代码》、GB/T 4761—2008《家庭关系代码》、GB/T 4762—1984《政治面貌代码》等相关标准中有明确定义,企业可以直接引用。

需要企业集团自己制定编码标准的包括工号编码标准、培训级别编码标准、出勤类型编码标准、缺勤类型编码标准、企业年金账户操作类型编码标准、绩效考核类别编码标准和优秀人才级别编码标准等。其中工号编码标准与组织机构编码标准是人力资源最核心的编码标准。

12.1.3　企业人力资源管理主要功能

企业人力资源管理模式包括统管型、监控型、粗放型和混合型四种,其中混合型比较适合多业态的大型或超大型企业集团。但不管是何种管理模式,企业人力资源管理的主要功能均包括组织管理、人员配置、薪酬管理、时间管理、保险福利、绩效管理、培训管理、职称管理、劳务合同管理、能力管理、人才库和图表分析等功能。这些功能在集团公司、分/子公司、基层企业多级架构中各有侧重,通常企业集团总部侧重的人力资源管理功能如图 12.3 所示。

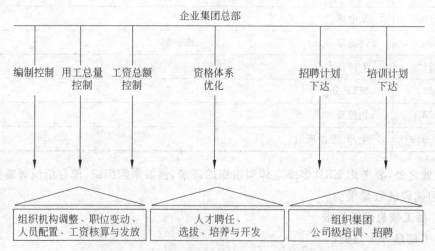

图 12.3　企业集团总部侧重的人力资源管理功能

企业集团内各分/子公司和基层企业要在企业集团公司总部制定的人力资源管理框架下开展相关工作,负责控制和管理自己所辖范围内的组织管理、人员配置、薪酬、培训和绩效管理等功能。分/子公司和基层企业的人力资源管理范围和权限不能超出企业集团约定的范围。综合企业集团公司、分/子公司和基层企业的实际业务需求,人力资源管理的主要功能如图 12.4 所示。

图 12.4 人力资源管理的主要功能

"能力管理""人才库"和"图表分析"是图 12.4 中下面的功能的高一层次管理和分析功能,每项功能涉及多个模块。例如,"能力管理"包括人所具备的能力素质、知识技能以及内驱力、价值观等真正带来价值产出的要素,与绩效、人员配置、薪酬和职业发展等都有关系;"人才库"包括技能人才数据库、技术人才数据库和管理人才数据库;"图表分析"包括各职能模块的图标分析与综合分析。

企业集团人力资源全方位管理的主流程如图 12.5 所示,重点业务的详细流程将在 12.2 节及以后各节的具体功能中介绍。

说明:人力资源管理模块要和 ERP 系统中的所有模块交互信息,因为任何模块都离不开人和组织。人和组织的相关信息必须以人力资源管理模块为准,其他模块共享此信息即可。另外,人力资源管理模块也要获取其他模块的相关信息,作为绩效管理和个人发展的重要依据等。

从图 12.5 中可以看出,企业集团人力资源全方位管理的主流程包括选才(规划招聘录用)、育才(评估设计开发)、用才(优化记录监督)和留才(规划激励薪资)四个方面的 15 个关键业务节点,这些业务节点奠定了企业集团人力资源管理和分工的工作根基。其中,"选"的关键就是看人不走眼,它是人才育好、用活和留住的基础;"育"就是依据企业集团的发展战略目标和对人才的需求,在工作岗位上通过言传身教和脱产集中培训等方式提高员工的岗位技能和管理素质,注重全方位复合型人才的培养,固化知识资本,建立人才储备库,提高人才培养效率及收益率;"用"就是建立基于岗位需求的职业成长计划,人尽其才,各司其职,加强绩效管理,支持通过绩效积分、工时记录等方式实现记录绩效、及时激励等机制;"留"就是建立优秀管理人才、营销人才和技术研发人才的激励机制,为这些人才创造提升机会,提高人才的自我发展动力。

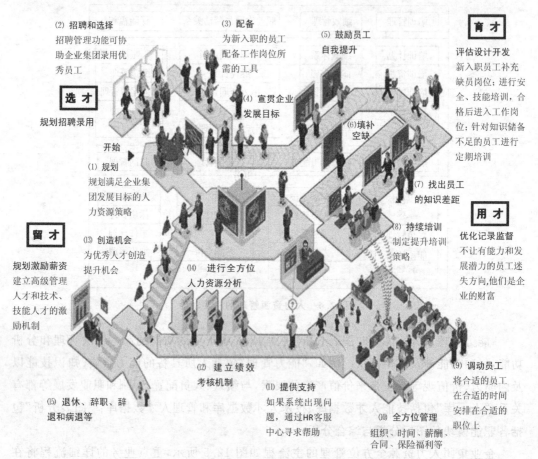

图 12.5　企业集团人力资源全方位管理的主流程

12.2　组织管理

组织管理要能灵活支持企业集团的组织结构,如多层级、多维度和职位交叉(一人多职、少数职位交叉的情况)以及多种企业类型(如上市公司、分公司、子公司、专业公司和直属公司等)和不同的分/子公司规模等管理模式。

组织是依据企业集团战略而建立的,也会因战略的调整而调整。所以,ERP 系统组织的管理要既能满足企业集团进行统一的组织架构设置与监控,也能满足分/子公司和基层单位的日常管理需要以及临时项目组织的管理需求。

具体地说,在 ERP 系统中,企业集团组织管理就是要实现对组织机构管理、定员管理、职位管理的流程支持和信息记录以及相应的统计和分析。

12.2.1　组织机构管理

组织机构管理的主要功能如下：

(1) 支持企业集团组织框架多层级管理。

- 支持企业集团组织机构的新建、撤销、合并、更名、调级、职能变更和划转的灵活处理，并在组织机构发生变动时实现该组织机构内原有各类信息数据的自动合并、更新、撤销等功能，并支持历史记录的查询。
- 支持企业集团组织框架可以根据实际业务的变动而进行灵活的规划、设计和调整，可以灵活定义并识别各组织机构之间的上下级关系，并支持历史记录的查询。
- 支持组织机构的变更历史记录及支持性文档管理，如配套文档的导入等，支持与协同办公等系统的数据共享。
- 支持与组织架构设置配套的职位、职务、成本中心等管理功能。

(2) 支持对组织机构中部门的灵活管理。

- 支持根据企业的需要创建虚拟组织、非常设机构以及挂靠管理部门（如项目部、应急指挥中心等）的功能。
- 支持按多种排序方式进行部门顺序的调整。
- 支持按多种排序方式进行员工在部门的排序位置的调整。
- 支持组织机构中部门变动的审批流程。

(3) 支持组织机构体系中机构、部门职责的管理。

- 建立组织机构时提醒部门职责的建立，支持职责的灵活定义和设定，并支持职责变化的历史记录，可以实现灵活的输出和打印。
- 配套的文件、批号的存储等功能。
- 部门的层级查询、权限管理（企业集团领导、分/子公司领导、基层企业的厂长、部门经理等可以查看的部门职责不同，如企业集团领导可以查看所有部门的职责，基层企业部门经理只能查看本部门和与本部门有业务联系的本基层企业相关部门、上级单位相关部门的部门职责）。

(4) 支持组织机构相关报表的灵活设置和输出。

- 支持对组织机构图打印的层级、范围设置。
- 支持对组织机构图格式的灵活设定，如横向排版、纵向排版及虚实线等设置等。
- 支持多种分类方式的统计和图表分析，如机构合并、机构更名、新建机构等的统计及多种组合的图表分析。
- 支持组织机构图至 Visio/Word/PDF 等文档形式的任意导出。

织机构图可以横向排列，也可以纵向排列，如图 12.6 所示。

要求在组织机构图中能实现多级钻取，即单击任一组织单元，可以查看组织明细信息，如组织代码、组织名称、组织分类（或企业性质）、组织人数及所在地等信息。另外，还能按组织进行多方位的比较分析，如组织的人工成本比较分析、组织超编和缺员分析等。

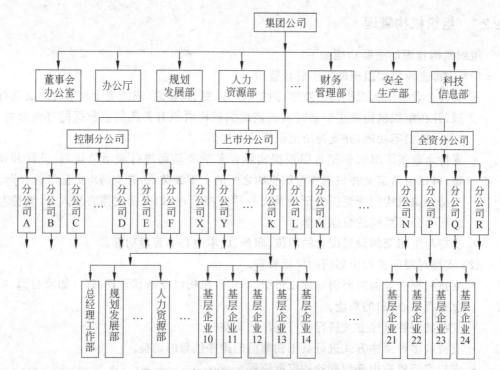

图 12.6 企业集团组织机构图纵向排列示例

12.2.2 定员和职位体系管理

1. 定员管理

企业定员即劳动定员或人员编制,是指在一定的生产技术组织条件下,为保证企业生产经营活动正常进行,按一定素质要求,对企业配备各类人员所预先规定的限额。劳动定员与劳动定额的区别是:劳动定员是对劳动力使用的一种数量、质量界限;劳动定额是对劳动消耗量的规定。

劳动定员是劳动定额发展的产物,它作为企业生产经营管理的一项基础工作,是企业用人和企业内部各类员工调配的主要依据,不仅可以激发员工钻研业务和技术的积极性,提高员工素质,还对企业人力资源开发与管理有很大的推动作用。

劳动定员最关注的是企业集团内各级企业用工总量和各类人员的比例,同时要考虑用工成本。主要功能如下:

(1) 支持企业集团内各级企业用工定员的设定及各类人员的分类定额设定。

(2) 依据人员配置中的员工信息统计实际的用工人数并进行其与定员的差额分析,对于不足或超编比较多的企业或重要职位进行自动预警提示,为制定招聘、调配计划提供重要的参考依据。

(3) 支持定员信息的历史记录和查询、输出功能。

(4) 支持各级机构中不同限制条件下的员工个人信息自动统计和图表分析功能。

2. 职位体系管理

职位体系管理的主要功能如下：

（1）支持灵活的职位体系管理。

- 支持多框架结构、多种职位体系划分标准。
- 支持职位编码的设置。
- 支持职位说明的灵活设置与存储，包括职位的工作要求、职位目标、职责、任职资格、上下级关系等可灵活维护和修改。
- 支持职位说明书的自动导入、导出及多媒体信息的存储。
- 支持对职位体系变更历史的记录和查询。

（2）支持职位设置与员工信息的关联。

- 支持职位体系和员工信息的关联匹配，实现职位和人员的对应。
- 支持对员工兼岗信息（即一位员工同时兼任两个职位以上的工作）的维护。
- 支持员工职位信息的设置和维护，包括职位级别、人员编制情况等。

（3）支持对各级单位的组织机构、定员、职位体系的具体信息的查询及打印等功能，并能以表格、图形等方式灵活展现。例如，某企业集团职位的人员分布如图 12.7 所示。

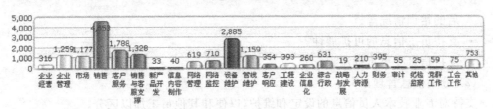

图 12.7　某企业集团各类职位人员分布图

（4）针对一些客户化需求报表，系统提供报表开放工具，满足企业在报表格式、字体大小、报表输出形式等方面的需求。

12.3　人员配置管理

人员配置管理包括人员信息管理、招聘管理、用工总量控制、人员变动和干部管理等功能。

12.3.1　人员信息管理

人员信息管理主要是实现对企业员工基本信息、分类信息、出国政审、人事档案管理、劳动纪律的流程支持和信息记录以及相应的综合统计和分析。人员信息管理需求如图 12.8 所示。

人员信息管理核心功能如下：

（1）员工信息管理。

- 支持对员工信息的灵活分类，包括基本信息（如姓名、性别、民族、政治面貌、通信地址、证件信息、入职岗位等）、工作经历、关系人信息、教育背景、资格信息和入职

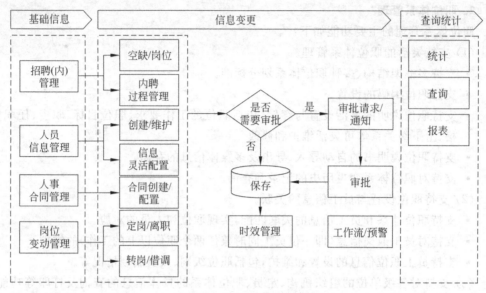

图 12.8　人员信息管理需求

后的培训情况等。

- 支持员工信息的可扩展性。
- 支持信息变更审批流程。

（2）分类信息管理。

支持对专业技术人员信息的设定和维护，以便和其他员工加以区分。

- 支持专业技术职称的等级序列管理。
  - ◆ 支持对人事基本信息中专业技术职称的维护功能，支持多个专业技术职称输入。
  - ◆ 支持对员工专业技术资格信息的详细记录功能，如专业系列、专业、专业技术任职资格名称、专业技术任职资格级别、发证机构、公布文号、聘任情况等信息。
  - ◆ 支持对员工专业技术资格任职信息的详细记录功能，如聘任开始时间、聘任结束时间、专业系列、从事专业、聘任文号、聘书号等信息。
  - ◆ 支持专业技术人员的分类管理，可以按照专业分类或者技术分类进行灵活设置，便于日常工作中对专业技术人员的统计和查询。
  - ◆ 支持申报时间的自动提醒和发布功能、申报资格的控制、符合条件人员的检索及自动提醒功能。
  - ◆ 支持对职称评审专家基本信息的管理，支持企业集团内跨基层单位的评审专家信息检索和调配。
  - ◆ 支持公司、分/子公司、基层单位等多层次技术专家体系的灵活设定，可以按照专业分类或者技术分类进行设置，便于日常工作中的统计和查询。
  - ◆ 支持对各层级技术专家信息的统一设定和维护，实现对专家人才的全面信息管理，在基本人事信息的基础上，可以记录每个专家擅长的技能、完成的重大项目、发表的论文等。

- 支持对专业技能人员信息的设定和维护。
  - 支持对人事基本信息中技能信息的维护功能,并且支持一个员工拥有多个专业的技能等级。
  - 支持对员工职业技能资格信息的管理和维护,如职种类别、职种、职种级别、取得资格时间、资格证书编号、发证机构等信息。
  - 支持对员工技能序列聘任情况的管理和维护,如员工担任技师(高级技师)的聘任职业资格类别、聘任职业资格等级、聘任起始日期、聘任终止日期等信息。
  - 支持对技能鉴定专家基本信息的管理,支持跨基层单位的评审专家信息检索和调配。
- 支持公司、分/子公司、基层单位各层面上董事、监事信息的单独设定和管理,以区别于普通员工。
  - 支持公司治理结构与董事、监事信息的对应分析,以满足董事、监事的任命规定。
  - 支持董事、监事人员的任职资格、任职历史等信息的记录和管理。
- 出国政审管理。
  - 支持与办公自动化系统的衔接,实现出国政审过程的在线处理。
  - 支持对员工出国时间、出国目的、出访国家信息的记录和查询。

(3) 人员增加管理。
- 支持系统内调入人员信息的自动转入。
- 支持通过招聘模块录入员工个人信息。
- 支持批量录入员工个人信息。
- 支持各种录入方式的审批流程。

(4) 人事档案管理。
- 支持人事档案的目录、档案号和柜号的自动生成,生成规则可自由定义,可以按类打印。
- 支持包括申请、审批、出库、归还等环节在内的人事档案借阅管理,各环节可以进行灵活的设定,如超限时间等。
- 支持档案(材料)转入、转出通知单的设置和打印,支持一张通知单多人同时转出功能。
- 支持档案转入转出台账的自动按年度生成。

(5) 综合查询。
- 支持企业历年人员增加、减少台账的管理。
- 支持生成统一格式的商调函和内部调动通知单、行政介绍信、薪酬转移单等。
- 支持常用的人事信息报表的灵活设定和生成,并能以表格、图形等方式灵活展现。
- 针对一些客户化需求报表,系统提供二次开放的平台,能够满足企业在报表格式、字体大小、报表输出形式等方面的需求。

12.3.2　招聘管理

招聘选拔的核心目标是提高关键职位的甄选效率,并基于"人才匹配度"保障招聘成功率。通俗地讲,人员任用讲究的是"人、职位匹配,适职位,适人"。找到合适的人却放到了不合适的职位与没有找到合适的人一样会令招聘工作失去意义。招聘合适的人才并把人才配置到合适的地方才算完成了一次有效的招聘。每个企业集团都要有适合自己甄选人才的招聘体系,一般由需求分析—招聘计划—费用预算—招聘方案—招聘实施—后续评估等一系列环节所构成,其中关键点在于做好需求分析,即首先明确企业到底需要什么人,需要多少人,对这些人有什么要求,以及通过什么渠道去寻找企业所需要的这些人,目标和计划明确之后,招聘工作会变得更加有的放矢。招聘管理核心功能包括外部招聘和内部招聘两部分。

1. 外部招聘管理

外部招聘管理是面向社会的招聘或股份制基层企业之间的招聘。

(1) 招聘方案管理。

* 灵活设置招聘选拔管控规则和模板,支持企业集团应用不同的招聘选拔模式。
* 支持通用招聘方案和定制招聘方案的管理及各种约束条件的组合。

(2) 支持对外部招聘需求和招聘计划管理。

* 支持公司、分/子公司、基层单位多级年度招聘需求的收集和汇总。
* 支持公司、分/子公司、基层单位多级年度招聘计划的制定和分级审批功能。
* 支持对年度招聘计划的执行落实情况的监控管理。

(3) 支持外部招聘信息的自动生成和不同招聘渠道的信息发布。

* 支持与协同办公系统衔接进行基层单位之间招聘信息的发布管理。
* 支持外部招聘网站信息的发布管理。
* 支持传媒招聘信息的发布管理。
* 支持校园招聘信息的发布管理等。

(4) 支持对外部应聘者信息的管理功能。

* 提供对应聘者基本资料的维护管理功能,支持网上简历的录入,可按照设定的标准进行自动筛选,收集并管理应聘人员的简历和资料。
* 提供对应聘者履历资料的存储管理功能。
* 提供对应聘者按公司、分/子公司、基层单位等不同层级的分类管理功能,实现企业内部各层级各单位间应聘者信息的互通。

(5) 提供对外部招聘过程的管理功能支持。

* 提供自动筛选的功能支持,可对比空缺职位所需技能与应聘者所具备的技能来决定应聘者的合适程度。
* 支持面试通知、背景调查表的自动打印。
* 支持面试、笔试等过程的时间管理、地点管理以及过程信息记录等功能。
* 支持对应聘人员面试、笔试资料和结果的分类、汇总、审核功能,并形成上报审批表。
* 支持基层单位之间应聘者面试信息的共享。

（6）支持对外部应聘者的录用管理功能。

- 支持对招聘结果的申报、调配申请等审批功能，并可自动将审批结果通知相关部门。
- 支持基层单位间招聘人员的比对功能，避免重复录用。
- 支持招聘回函和录用通知的自动打印。

（7）支持招聘成本的灵活归集和管理，提供对外部招聘成本的统计和分析功能。

2. 内部招聘管理

内部招聘管理的主要功能如下：

（1）支持内部分层级招聘需求的收集、计划的制定以及监控等功能。

（2）支持内部招聘过程的信息管理。

- 支持内部招聘信息的分级在线发布（门户、协同办公系统信息发布、邮件等）和在线查看功能。
- 支持对内部招聘的在线申报、资格审查、评定过程记录等功能。
- 支持内部招聘结束后将相应的人事信息自动转入新的职位，并支持批量调动。

（3）支持根据已有的职位任职条件要求，在员工群体中挑选最适合该职位的员工进行参考。

3. 综合控制及图表功能

综合控制及图表功能如下：

（1）企业集团汇总公司总部、分/子公司、基层单位的人员需求，确定招聘的总量并对专业分布和区域平衡进行控制。

（2）支持面试通知、录用通知的批量发布。

（3）支持人员流动管理方面的基本图表设定和生成，并能以表格、图形等方式灵活展现，如图 12.9 和图 12.10 所示。能进行最佳招聘途径分析等。

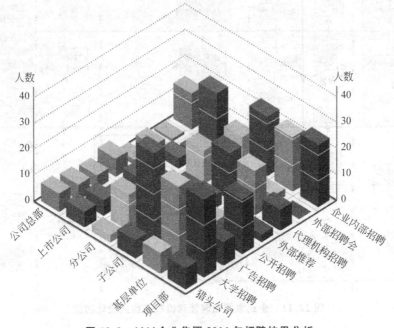

图 12.9　××企业集团 2014 年招聘结果分析

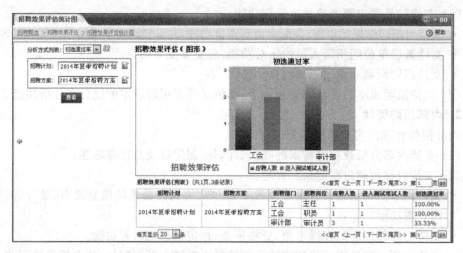

图 12.10　××企业集团公司本部 2014 年招聘效果评估

（4）针对一些客户化需求报表，系统提供二次开放的平台，能够满足企业集团在报表格式、字体大小、报表输出形式等方面的需求。

总之，不管是外部招聘还是内部招聘，其主要管理流程及相关统计如图 12.11 所示。

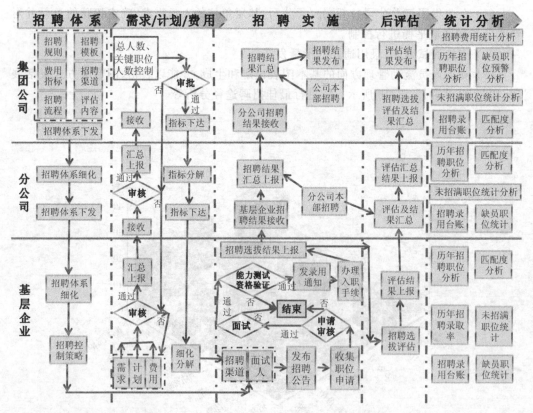

图 12.11　企业集团招聘管理流程及相关统计功能

12.3.3　人员配置和动态优化分析

动态优化包括人员变动、干部管理和用工总量控制等功能。动态优化的根本目的是保证企业更好地运用人力资源,即合理而充分地利用好员工在体力、智力、知识力、创造力和技能等方面的能力,并通过一定的途径创造良好的环境,使其与物质资源有效结合,以产生企业最大的社会效益和经济效益。

把人员招聘进来并进行初期合理有效的配置后,随着时间的推移,在该职位上工作的人也可能变得不再适合这个工作职位的要求或其能力已远远超出该职位的要求。这时,动态优化的一项重要工作就是要重新进行工作分析与人才测评,对职位责任、职位要求及现有人员的知识、技能、能力等进行重新定位。该升的升,该降的降,该淘汰的淘汰,使人力资源的配置趋于合理。这是企业人力资源持续达到优化配置的关键因素。

在 ERP 系统中,动态优化要结合绩效管理、能力管理和培训发展等相关信息综合确定普通职员和干部的调配、晋升、降职、轮换、解雇等调整手段。人员配置动态优化的主要功能如下。

1. 人员变动管理

(1) 职位变动管理。

- 支持员工职位变动业务的流程
  - ◆ 员工调配流程。
  - ◆ 员工晋升流程。
  - ◆ 员工轮换流程。
  - ◆ 支持每一员工的职位、职务变动类型、原因、时间等信息的记录及支持性文档的管理。
- 支持职位变动时后续业务处理的自动化触发和管理。
  - ◆ 支持与薪资福利的衔接,当员工发生职位变动时,系统自动提醒进行薪酬福利等的调整。
  - ◆ 支持职位聘期时间管理,可以灵活设定职位的在职时间要求,并对员工职位在职时间进行提醒。

(2) 人员减少管理。

- 提供涉及员工减少业务的流程支持功能,支持在线申请,主要流程包括员工的辞职、辞退、退休、调离等。
- 支持与招聘管理的衔接,当员工离职时,自动生成空缺职位资源和招聘需求。
- 支持每一员工减少的去向、原因、时间等信息的记录及支持性文档的管理。
- 提供减少人员的离职清单。

(3) 人员借调管理。

- 借出单位通过标识可以区分借调人员,借入单位能查询到其权限范围内的借调人员个人信息。
- 支持借调人员工作审批流程的变动。

2. 干部管理

干部通常是国内企业对领导的称呼,比较通用的称呼是企业高管。《公司法》规定企业高管的职位包括董事长(及董事)、总经理(CEO)、副总经理、总工程师、总经济师、总会计师(财务总监)、营销总监、行政总监、人事总监、监事会总监等。干部是企业员工中的精英,其管理技巧、领导艺术和团队协作精神决定了企业是否能够健康持续发展,所以对这些干部(高管)的管理更为重要。

干部管理的内容如下:

(1) 支持干部评价和测评。

- 管理技巧测评。包括计划、组织、协调、命令、控制、激励、沟通、执行和评估组织绩效等能力。
- 领导艺术测评。包括前瞻性(即把握企业集团方向性的能力)、员工认可度、用自身的言行影响下属、通过"教练"方式激励下属、善于放下权力、善于双向交流、机敏地使用权力和信守承诺等。
- 社会责任感评估。包括企业安全生产指标完成情况、环保指标完成情况和灾害等重大事件处置能力等。
- 廉政评估。包括是否存在违规、违纪、受贿、铺张浪费、官僚主义、小团体/宗派、不公平合理的奖励制度,如按亲疏程度分配等。

(2) 保持干部发展空间和发展通道畅通,破除顶尖人才集中在大城市,边远落后地区高管和管理人员奇缺的不合理状况。

(3) 支持企业按职级、职等对各级高管人员、管理人员和普通员工进行分级设定和维护。

- 支持高管人员的培训记录。
- 支持高管人员的年度考核、提升考核记录等。

3. 用工总量控制

用工总量控制是企业集团降低人力成本的一个重要途径,可通过加强劳动用工计划管理,采用人员配置优化和劳动用工规范等手段,严禁计划外用工,限制用工总量的无序增长等方式来进行控制。同时,强化薪酬总额和企业经营效益挂钩的管理模式,合理控制人工成本。老企业应把握好控制用工总量和盘活用工存量的关系,通过优化劳动组织形式、开展针对性培训等手段,解决员工队伍冗员和结构性缺员的问题,提高员工的岗位胜任能力。

要实现用工总量的合理控制,首先要分析用工总量失衡的原因,找出问题的关键点;然后进行有效定位,采取相应的控制措施。企业集团用工失衡的原因主要有以下几种:

- 没有经过国家相关部门批准,盲目扩建,过度投资,打破企业再生产的良性循环,导致企业集团冗员大量出现,用工成本及其关联成本增加,束缚企业集团发展,同时容易出现劳动纠纷。
- 人才激励机制不合理,造成发达地区人员超编、偏远地区严重缺员的不合理现象。
- 人才规划和企业发展速度不匹配,使企业的人才类别、人才层次、人才结构和人才规模与企业的发展阶段不匹配或不适应,即没有在合适的时间找到合适的人来做适合的工作。

- 继承下来的老企业中员工冗员较多。
- 结构配置不合理,干部比例过高,内耗现象严重。

针对上述原因,在 ERP 系统中实现用工总量控制的功能如下:

- 支持企业增员需求上报、核准流程。
- 设置用工总人数,并可分解到基层企业,进行定职定员,在总量中适当考虑社会责任用工人数(如退伍军人、残障人士等),控制企业计划外用工。
- 对没有通过国家审批项目的用工进行预警,提示超编人数,形成超编人数和薪酬总量报表。
- 定期分析发达地区超编的人数、职位,边远地区缺员人数、职位,合理推行人才流动机制的实施。
- 根据企业现状和发展规划,计划近期急需的人才、人数和薪酬等。
- 支持老企业的职位合并,鼓励员工在企业集团内部流动,简化审批流程。
- 建立以劳动合同到期管理和绩效管理为基础的人员退出机制。
- 推进人力资源精细管理,实行素质性淘汰机制和职位轮换机制。

4. 人员配置分析

人员配置分析是 ERP 系统人力资源管理用工总量控制的一项主要工作。人力资源配置是否合理,对企业集团的短期绩效和长远发展都有重大影响,因此,对此应予以足够的重视。人员配置分析一般包括用工总量配置分析、结构配置分析、质量配置分析、工作负荷状况分析和使用效果分析等。具体分析方法如下:

(1)用工总量配置分析。ERP 系统要支持多角度的用工总量配置分析,包括按组织机构(如图 12.12 所示)、行业分类、区域和入职渠道等,让实际值与定员做比较,分析出当期人力过剩或人力不足或两者兼而有之的情况之后,关注如何合理配置人力供给与需求,即找出用工总量失衡的关键点和原因,给出可操作的解决方案。

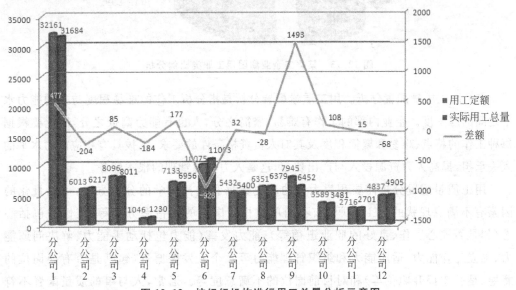

图 12.12　按组织机构进行用工总量分析示意图

说明：图 12.12 中，差额为正表示缺员，需要补充；差额为负表示超编，需要减员。

比较可行的方案是，当新建分公司缺员时，首先考虑企业集团内部调剂，如图 12.12 中分公司 9 缺员 1493 人，可优先分流分公司 6 和分公司 2 中的超编员工，这种方法风险小，成本低，而且可以使员工感到有盼头，有机会，有归属感。对于缺员的高管和专业技术人员，企业内部没有合适人选的，考虑外部招聘补充。

应该说，用工总量控制已成为企业集团发展的战略性问题，不是 ERP 系统本身能解决的，其核心是从管理体制上进行制约，不能搞一言堂。要有机制保证企业定员的合理性，特别是高管的定员编制及薪酬标准要符合《公司法》等相关国家标准，留人机制要向专业技术人员和偏远地区倾斜。

（2）用工结构配置分析。用工结构配置的合理性依存于组织结构的合理性，如果组织结构本身臃肿、繁杂，那么用工结构的配置就不可能得到很好的优化。所以要事先优化企业集团内的组织结构，并在此基础上进行用工结构配置分析，分析现有人力资源的实际使用情况和效果，得出当前人力资源实际使用率并寻找出造成实际上浪费的可能性，确定用工结构合适的配置比例，如企业集团职类（包括管理类、技术类、营销类、生产类和作业类）比例。依据确定的用工结构配置比例和用工分布情况，进行用工结构配置和用工项目分析，如图 12.13 和图 12.14 所示。

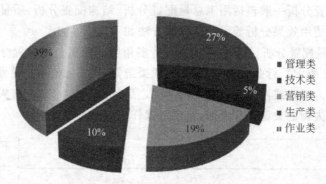

图 12.13　某化工企业集团用工职类比例分析

（3）用工质量配置分析。用工质量配置分析是指分析工作的难易程度与人的能力水平之间的匹配度。企业内部的工作有难易、繁简之分，人也有能力高低之分，因此要根据每种工作的特点、难易和繁简程度及其对人员资格条件的要求，选拔具有相应能力水平的人去承担，提高人力资源投入与产出比率，这是人力资源管理的根本任务。

用工质量配置分析需要积累大量的历史数据和选择科学的分析方法，可以量化的因素有不满意现状的员工辞职率、不同单位相同岗位的出错率分析等，定性的包括心态（如是否安心工作、良好的职业道德等）、能力发挥（能力包括动手能力、解决问题能力、独立工作能力、适应能力和组织管理能力等）、个人发展愿景（包括是否有换岗位的意愿、是否想提升职位等）和对目前岗位的不满意度等。通常，人与事的质量配置不符主要有两种情况。一种是现有人员素质低于现任岗位的要求，可称"人才低消费"；另

组织	项目	分类	实际人数	比率
基层企业A	岗位经验	五年以上	305	64.21%
		三年到五年	79	16.63%
		三年以下	89	18.74%
	工作经历	十年及以上	386	81.43%
		八年到十年	8	1.69%
		六年到八年	15	3.16%
		四年到六年	50	10.55%
		二年到四年	11	2.32%
		二年以下	4	0.84%
	技能等级	高级技师	2	0.42%
		技师	54	11.39%
		高级工	233	49.16%
		中级工	87	18.35%
		初级工	35	7.38%
		其他	63	13.29%
	年龄	25以下	1	0.21%
		25至34	94	19.83%
		35至44	210	44.30%
		45至54	155	32.70%
		55以上	14	2.95%
	学历	大本以上	131	27.64%
		大专	175	36.92%
		中专	51	10.76%
		中专以下	117	24.68%
	员工性质	本企	240	33.90%
	职称	高级	5	0.88%
		中级	20	3.53%
		初级	202	35.63%
		其他	154	27.16%

图 12.14　某基层企业用工人员分布表

一种是现有人员素质高于现任岗位的要求,可称"人才高消费"。对于前者,可考虑采用技能性培训或转岗等方法来调节现有人员的使用情况;对于后者,就应考虑将其提升到更高的岗位担任工作,以发挥他们更大的潜力,避免产生习惯性"人才高消费"现象,造成人力资源的浪费。

用工质量中的人才低消费和人才高消费分析一般有两种方式,一是按组织机构分析,如图 12.15 所示,二是按职类分析,如图 12.16 所示。

通过分析可以找出超标多的分公司和职类,便于进行合理调整。

(4) 工作负荷状况分析。人与事的关系还体现在事的数量是否与人的承受能力相适应,使人在工作时能够保持身心健康。企业各级组织的相关活动是一个相互联系、相互依赖、前后衔接的有机整体,每个部门的人力资源配置都应与其所承担的工作量相适应,要使其工作负荷与员工身心承受能力相适应,保证员工的体力强度、脑力强度适中,精神状态良好,工作时间也要适度,不能超过一定的范围,即给员工形成一种合理的压力与动力。

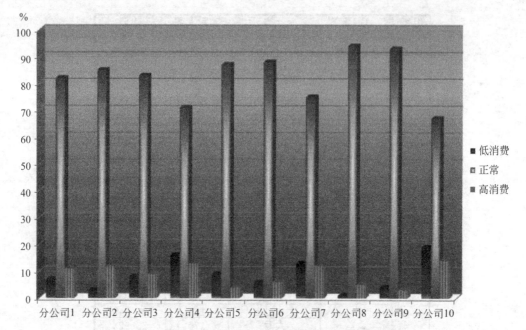

图 12.15　人才低消费和人才高消费分析（按组织机构）

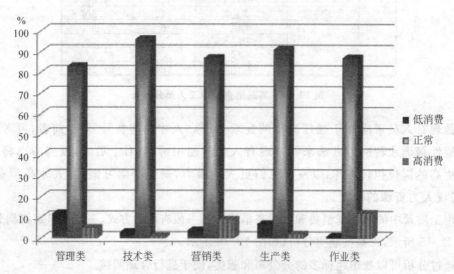

图 12.16　人才低消费和人才高消费分析（按职类）

　　在实际操作方面,若工作负荷过重,应减轻工作负荷或再增加一个岗位来分担原岗位的工作;若工作负荷不够,则应考虑合并相应岗位或增加该岗位工作内容。无论是工作负荷过重还是工作负荷过轻,都不利于人力资源的合理配置和使用。工作负荷状况分析一般如图 12.17 所示。

　　这些分析可以多级钻取,例如单击工作负荷重区域,可以显示哪些职位负荷过重以及每种职位的平均负荷超重比例等。

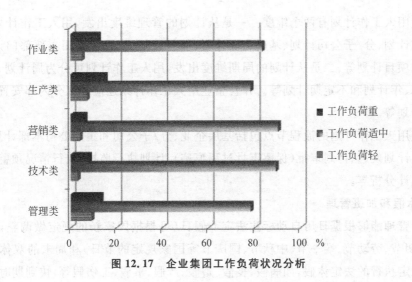

图 12.17　企业集团工作负荷状况分析

12.4　时间管理

时间管理就是根据企业集团所在国家或当地的日历安排企业的运作时间以及员工的作息时间。其功能主要包括考勤(含远端考勤模块)、工作计划、休假和加班等管理,实现与员工薪酬、绩效等和时间有关的数据共享及成本核算。时间管理是企业人力资源管理中最传统的基础工作,也是企业薪酬发放和绩效考核管理的主要依据。

1. 考勤管理

考勤管理是时间管理的核心功能,主要功能如下:

(1) 能同时支持集中式的考勤管理和分散式的考勤管理,即支持考勤员录入、考勤机收集和员工自助式录入等多种考勤信息采集方式。

(2) 支持轮换班次定义、员工排班、考勤汇总计算等功能。

(3) 支持请假、出差、加班、补休、调班、停工等考勤业务管理。

(4) 支持薪酬模块直接引用月考勤结果进行薪酬的相关计算。

(5) 支持自定义法定假期与企业假期。

(6) 支持分部门管理考勤数据,各集团公司本部、分/子公司和基层企业可以独立管理本单位的考勤。

(7) 提供常用的考勤数据报表。

2. 用人工作计划

企业集团的用人工作计划要满足机构重组、机构撤销、企业关停、新建项目组织、生产企业等员工重新安置和用工的需求,这不只是人力资源一个部门的工作,需要和发展部、计划部、技术研发部、生产部乃至工会等多部门进行沟通协商,全盘考虑,制定有预见性的、满足企业集团发展需求的用人工作计划。

企业用人工作计划有两个维度。一是从计划的管理维度出发,用人工作计划可分为企业集团计划、分/子公司计划、基层企业计划、部门计划(含企业集团本部部门计划)、个人计划和项目计划等;二是从计划的周期维度出发,用人工作计划可分为周计划、月计划、季度计划、年计划和不定期计划等。并且企业用人工作计划还应能区分内部安置类计划、招聘类计划等。

企业用人工作计划的流程节点包括基层企业、分/子公司和集团公司本部计划需求上报、审核、计划发起、计划审批(保留审批过程痕迹)、计划执行监控、执行情况预警、计划后评价和统计分析等。

3. 休假和加班管理

时间管理能够根据日历自动标注法定节假日(可根据国家新的规定做调整,如元旦、春节、清明节、劳动节、端午节、中秋节、国庆节等国家规定的节日)和周末的双休日,支持按国家规定执行的法定休假,如病假、丧假、婚假、产假、事假、工伤假等,快到期时预警,并通过短信通知当事人,超期时报警,按制度进入到考核期。

除法定节假日外,员工的其他休假要履行手续,如员工因病、伤必须治疗时,可凭县级以上医院证明,须填写《休假申请单》,然后按照企业集团请假流程审批后方可休假。通常,病假期间薪酬待遇如下:

- 员工一个月内休病假天数不超过 5 个工作日时,休病假期间基本薪酬享受 80% 的日薪酬,绩效考核薪酬按当月绩效考核分数享受绩效薪酬。
- 员工一个月内休病假天数超过 5 个工作日,不足 10 个工作日时,休病假期间基本薪酬享受 70% 的日薪酬,绩效考核薪酬按当月绩效考核分数享受绩效薪酬的 80%。
- 员工一个月内休病假天数超过 10 个工作日,不足 15 个工作日时,休病假期间基本薪酬享受 60% 的日薪酬,绩效考核薪酬按当月绩效考核分数享受绩效薪酬的 50%。
- 员工一个月内休病假天数超过 15 个工作日时,休病假期间基本薪酬享受 50% 的日薪酬,不享受绩效考核薪酬。

因工作需要而必须加班的,如抢险、赶工、事故处理、迎检等,应结合企业集团休息制度和薪酬制度支付高于平时工作日的日薪酬。例如,节假日按国家规定一个工作日按300% 的员工日薪酬支付报酬。

时间管理较其他模块的管理功能成熟、简单,从时间维度出发包括时间记录、时间评估和时间数据的应用三个方面,如图 12.18 所示,其中包括了考勤、工作计划、休假和加班等管理。

图 12.18　时间管理

12.5　薪 酬 管 理

　　薪酬管理是指在企业集团发展战略指导下,对企业集团的薪酬体系、薪酬发放计划、薪酬调整、薪酬总额控制、薪酬支付等进行确定、分配和调整的动态管理过程。它是人力资源管理的重要组成部分,是企业集团吸引、保留、激励和保护人才的重要手段。

12.5.1　薪酬体系管理

　　薪酬体系是指薪酬的构成,即企业集团每位员工的工作薪酬由哪几部分构成。一般而言,企业员工的薪酬由基本薪酬(即本薪)、奖金、津贴/补贴和福利四大部分组成(如图 12.19 所示)。这四部分的具体内容(薪酬项目)、四部分内容所占比例及薪酬标准等是薪酬体系的设计内容。具体地说,企业集团薪酬体系一般包括薪酬类别、薪酬项目、发放周期、薪酬规则、薪酬标准、薪酬结构、薪酬项目权限、薪酬账套和税率表等。

　　薪酬体系设计要根据企业集团的实际情况,并紧密结合企业集团的发展战略和文化底蕴,系统、全面、科学地考虑各项因素,及时根据实际情况进行修正和调整,遵循按劳分配、效率优先、兼顾公平及可持续发展的原则,充分发挥薪酬的激励和引导作用,有效、合理地控制企业集团人力资源成本,为企业的生存和发展起到重要的制度保障作用。

　　目前,针对企业有五种主流的薪酬体系,即基于岗位的薪酬体系、基于绩效的薪酬体系、基于技能的薪酬体系、基于市场的薪酬体系和基于年功的薪酬体系。ERP 系统要支持这些主流的薪酬体系,实现薪酬类别、薪酬项目、发放周期、薪酬规则、薪酬标准、薪酬结构、薪酬项目权限、薪酬账套和税率表的管理。

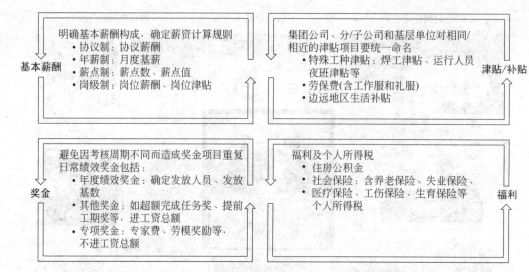

图 12.19   企业员工薪酬体系构成及注意事项

ERP 系统要满足企业集团内各分/子公司不同质企业、不同薪酬体系的管理需求,至少要实现图 12.19 所示的薪酬体系的管理功能。

1. 基本薪酬管理

基本薪酬管理的功能如下:

(1)年薪管理。

- 支持对年薪制薪酬体系的管理。
- 支持年薪发放管理和延期兑现绩效薪金的管理。

(2)支持基本薪酬体系的灵活设定和管理。

- 提供不同层级、不同体系的薪酬体系设定,支持薪酬的差异化管理。
- 支持根据不同的职类、职位实行不同的薪资制度,不同的薪资方案可以定义不同的薪资项目、不同的计算公式、薪酬的上下限等。
- 支持最低薪酬底线的设定,实发额不得低于底线。
- 支持灵活设定薪酬调整的提醒事项。

(3)支持手动和批量变动(含导入)改变薪酬项的有关数据。

(4)支持薪酬变动的流程和信息管理功能。

- 支持对薪酬变动申请、审批流程的管理。
- 支持员工基本薪酬历史演变信息的记录功能,包括演变原因、演变时间、薪酬级别等信息。

2. 津贴/补贴管理

津贴/补贴管理的功能如下:

(1)支持常用津贴/补贴标准的设定。

(2)支持津贴、补贴税前还是税后发放的灵活设定。

(3)支持经常性发放和偶尔发放津贴补贴的区别。

(4)可灵活设置每项津贴、补贴是否进入小时薪酬计算标准等。

（5）津贴/补贴可灵活分类，具有可扩展性。

3. 奖金管理

奖金管理的功能如下：

（1）支持灵活、差异化的奖金体系管理。

- 支持奖金类别和条目的分层/级管理，以满足公司、分/子公司、基层单位不同业务范围的业务需求。
- 支持奖金享受资格的灵活定义，如试用期内的员工不享受变动奖金等。
- 支持基于绩效评估结果进行的奖金管理方式，按照公司绩效考核规则核定部门绩效奖金，并自动发布和控制部门实际分配额度。
- 支持奖金二次分配管理，各单位部门有权修改奖金发放系数或金额。

（2）为了更好地实现对奖金的管理，系统需要提供相应的支持管理功能。

- 支持部门绩效薪酬分配结果的网络输入、修改、汇总等功能。
- 支持不同层级的奖金分析功能，和超额预警提示。

4. 福利及个人所得税管理

福利及个人所得税管理的功能如下：

（1）支持住房公积金管理。

（2）支持社会保险（含养老保险、失业保险、医疗保险、工伤保险、生育保险等）管理。

（3）支持交通费和通信费等其他福利管理。

（4）支持灵活的个人所得税计算方法，可设定奖金是否进入薪酬总额、个人所得税等。

12.5.2　薪酬计划与总额管理

薪酬计划包括薪酬支付计划和薪酬调整计划两种，具体调整内容如下。

1. 薪酬支付计划管理

薪酬支付计划管理的功能如下：

（1）支持公司本部、分/子公司、基层单位层面的薪酬总额计划管理。

- 支持公司本部、分/子公司、基层单位等几个层级的薪酬总额计划的编制和调整。
- 支持基层单位薪酬总额计划的输入及权限分配。
- 支持薪酬总额的日历设置，能够实现对薪酬总额计划使用情况的自动统计和跟踪。

（2）支持薪酬预算调整，支持基于部门预算控制的加薪幅度，并支持当前预算和前一年度的预算余额做结转。

2. 薪酬调整计划管理

薪酬调整计划包括薪酬水平、职位薪酬调整计划以及薪酬组成调整计划等，其调整的重点一般是：调整企业集团全部/部分员工的薪酬水平，提高薪酬的外部竞争力；调整员工薪资构成比例，体现以职位和职务为基础，按照贡献和绩效支付劳动报酬的原则；简化企业和员工的薪酬等级，增大薪酬激励机制的弹性。调整计划的执行，包括调整后的起薪时间点、调整范围和调整幅度等。通常调整范围分为两类，即薪酬水平调整和职位工资调整。

（1）薪酬水平调整的功能如下：

- 奖励性调整。主要是对员工优良绩效进行的奖励，如销售职位奖金、安全生产奖金等。
- 生活指数调整。主要用于弥补通货膨胀给员工带来的收入损失，如最低工资不低于当地最低生活标准水平。
- 效益性调整。当企业集团效益好时，对全体员工的薪酬进行整体性的提高调整；当效益不好时，根据企业集团的实际情况进行再次调整。
- 工龄性调整。将员工的资历和经验当作一种能力和效率而予以奖励的调整方案。

（2）职位工资调整的功能如下：

- 职位工资是员工薪酬的主体，根据每个职位的要求制定相应的考核标准和考核办法，按半年及年终考核，依据考核情况调整兑现。
- 员工每年年初进行一次职位工资层级调整，调整的主要依据是上年度绩效考核成绩。层级调整包括层级晋升、层级不变动、层级降低三种，凡年度绩效考核优秀者，职位工资晋升一个层级；年度绩效考核有待改进者，职位工资下降一个层级；年度绩效考核称职者，职位工资层级不变。

（3）薪酬调整后的反馈。在薪酬调整后，ERP 系统应支持调整后员工的诉求信息反馈，以便及时发现并解决问题，确保达到预期效果。调整后的反馈目的是在 ERP 系统中留有痕迹。

除此之外，ERP 系统要能通过变动人员情况自动提示需要更新发薪人员的清单、薪酬标准和起薪时间等，

3. 薪酬总额管理

薪酬总额是在集团公司、分/子公司和基层单位完成年度经营计划目标基础之上的人力成本总和，通常它根据企业集团的发展战略、年度目标和经营效益以及社会平均工资上涨情况等因素来综合决定。薪酬总额管理包括两部分：一是薪酬总额分配，二是薪酬总额监控。

薪酬总额分配至少要支持两种分配方案：

（1）按组织机构的多层薪酬总额分配方案，即集团公司薪酬总额→分/子公司（含总部机关）薪酬总额→基层单位薪酬总额，每级组织机构再将上级给定的薪酬总额细分到自己所管辖的部门和员工，将年度总额细分到月、半年等会计期间。

（2）按职类进行薪酬总额分配，定义每一职类薪酬总额所占比例，如企业高管薪酬所占企业薪酬总额比例等。

薪酬总额监控主要是监控各级企业是否按计划核发薪酬，已发的薪酬总额与计划薪酬总额差距是否过大，超过限值的（一般用百分比标识）要预警，并标注原因。

12.5.3 薪酬支付管理

薪酬支付管理包括薪酬计算规则管理、计算和统计维度管理、薪资发放方式管理、账户管理和薪酬成本归稽管理等，具体要求如下：

（1）支持灵活的薪酬计算规则。

- 支持工龄中断的管理，自动实现与工龄有关的薪资项的计算。
- 支持根据考勤时间/计算规则和转正时间自动计算出员工的加班津贴、出勤补贴和薪酬更正等。
- 支持根据公司规定和个人相关等级，自动生成节日有薪薪酬、代扣社会保险费、住房补贴和婚丧产假薪酬。
- 允许用户定义当员工工作期不满整月时，按日计算薪酬，如果员工旷工则扣除当天所有基本薪酬等。扣除标准薪酬可以灵活设置。
- 支持根据员工工作年限、是否发放过休假费等相关福利项目因素自动计算出员工休假费。休假费的计算可精确到月度。
- 支持其他一次性扣款信息的批量导入，如水电费、交通费、电话费等，并能自动生成相关汇总财务信息，按照费用科目归类。

（2）支持根据不同的维度进行薪资的计算和统计。

- 支持根据员工职类自动进行不同种类的薪资计算（如企业高管薪酬、研发人员薪酬、一线员工薪酬、劳务工的劳务费用、内退人员的生活费等）。
- 支持根据组织层次进行薪资的计算。
- 支持根据日历周期进行薪资的计算。

（3）支持灵活的薪资发放管理方式。

- 支持月度薪酬、奖金的多次发放管理，支持补发的分析及计税管理。
- 支持对不在册员工的薪酬发放。
- 支持系统内调动人员调入、调出单位同时发薪合并计税。
- 支持借调人员的薪酬两地发放、合并计税。
- 调动人员的薪酬性收入的转移及查看权限设定问题。

（4）支持提供完整的薪资支付历史记录。

- 提供薪酬字典管理，提供灵活的薪酬表、薪酬单的设定和展现方式。
- 提供例外薪酬支付汇总统计及超计划薪酬支付（如按组织）统计分析。

（5）支持薪酬账户管理。

- 支持手动和批量维护员工薪酬账户，实现个人收入台账、薪酬性收入台账和个税基数台账的管理。
- 支持个人月均收入、月均薪酬性收入情况的灵活管理。

（6）支持自动进行薪酬成本核算。

- 支持按成本中心进行薪酬成本归稽，并导入财务的总账，进行薪酬成本核算。
- 支持跨地区、跨部门、跨工种的不同薪资结构及处理流程，支持与之相适应的薪资核算方法。

（7）支持薪资数据银行报盘处理，支持多种报盘格式。

应该说，薪酬管理是和人力资源管理其他功能模块关系最密切的功能模块，它和组织、人员信息、时间管理、绩效管理、福利管理和自助服务等都要进行信息交互。薪酬管理与人力资源管理其他功能模块接口如图 12.20 所示。

图 12.20　薪酬管理需要与人力资源管理其他功能模块获取的信息

12.6　培 训 管 理

　　企业培训通常包括技能培训(如电厂的集控全能值班技能培训、锅炉检修工岗位技能培训等,是对已上岗人员的培训)、取证培训(如会计师、人力资源师、招标师、物流师、监理师和 CIO 等取证培训)、达标上岗培训(是对将要上岗人员的技能培训)、能力提升培训、发展提高培训和政策宣贯培训等类别。

　　企业培训经费一般按人工成本固定比例统一提取,专款专用。企业培训管理的内容主要包括培训计划、培训资源、培训过程、培训费用和综合查询等管理功能。具体说明如下。

1. 培训计划管理

培训计划管理的主要功能如下:

(1) 支持培训需求的收集和管理。

- 支持集团公司本部、分/子公司、基层企业各层级员工根据职业生涯建议及绩效评估结果,提出个人培训申请,要求培训的申请实现网上电子审批,并逐级分类汇总至集团公司人力资源部。
- 支持利用员工预先课程报名的功能来实现对潜在课程需求的收集和评估。
- 支持员工个人的培训需求和发展计划同公司提供的培训机会的比较分析。

- 支持利用报名历史记录与实际上课出勤记录,规划及预测可能的培训需求。
- 支持培训计划的变更。

（2）支持集团公司本部、分/子公司、基层企业（拓展至基层企业→部门→班组等）多层级培训计划的制定和管理。

- 支持人力资源部根据企业规划和各部门培训需求制定培训计划,并跟踪培训计划实施情况。
- 支持培训计划表的设定,内容包括培训内容、培训时间、培训地点、培训对象等。
- 支持按照层级进行培训计划的存储和执行情况记录。

（3）支持分层级的教育培训流程管理以及相应的费用审批和费用管理。

2. 培训资源管理

培训资源管理的主要功能如下:

（1）支持培训资源的管理,包括培训老师、培训教室、培训设备或培训教材等。

（2）支持集团公司范围内各层级的评价标准和题库管理。

- 支持按各级职位体系建立统一配套的评价标准和相应的试题库,供招聘、考核时各所属企业选用。
- 提供相应的流程支持服务,确保所属企业编制的试题经分/子公司批准后可存入试题库。
- 提供相应的保障机制,确保由集团公司建立各类人员的试题库,基层单位新增的试题,经分/子公司审查后方可进入试题库,试题库供公司下属各单位共享。
- 支持试卷的自动生成、在线考试。

（3）支持对培训资源的个性化设置,如培训时间表、职位的必修课程以及培训人数限制等。

3. 培训过程管理

培训过程管理的主要功能如下:

（1）支持培训信息的发布管理。

- 支持培训活动的安排,通过网络报请领导审批,提供培训信息分级发布功能。
- 支持培训活动信息的在线查询功能。

（2）支持在线的培训报名管理。

- 支持对员工培训报名的资格审查,自动检核报名的员工是否符合上课资格。
- 支持自动给学员发送电子报名确认信以及培训课程时间地点安排等信息。
- 支持培训管理的预设流程,可以将培训课程的报名状况以及是否继续接受报名自动通知培训主管,并把报名学员的背景信息自动通知讲师,方便讲师的授课准备工作。
- 支持培训群组的管理。

（3）支持员工培训档案库的建立与维护。

- 支持将员工的培训情况与员工的基本信息间的自动衔接。
- 支持培训结果归档功能,并支持输出多种培训报表,支持用户格式的自定义管理。
- 支持将员工培训所学得的技能或资格自动关联到员工的基础信息,并触发相应的信息调整提示。

（4）支持对培训的评估管理。

- 支持对老师、学员与课程等各方面项目的评估，以评估培训效果。
- 支持不同评估标准的预设，也支持应用户的需求做调整改变。
- 支持培训跟踪分析工具，帮助培训管理员评估每次的培训活动。

（5）支持对培训总结的管理。

- 支持培训组织者对培训的总结。
- 支持培训教师对培训的总结。
- 支持培训参与者对培训的总结。

4. 培训费用管理

培训费用管理的主要功能如下：

（1）支持根据集团公司、分/子公司、基层企业等进行多层级的培训预算分配，并记录各层级员工培训费用记录的更新，实现与培训预算的比较。

（2）支持开课相关成本的自动计算。

（3）支持将内部培训成本与财务会计模块相集成。

5. 综合查询管理

综合查询管理的主要功能如下：

（1）提供常用考勤设置和信息管理方面报表的灵活设定和生成，并能以表格、图形等方式灵活展现。

（2）针对一些客户化需求报表，系统提供二次开发的平台，能够满足企业在报表格式、字体大小、报表输出形式等方面的需求。

集团企业各级培训管理流程如图 12.21 所示。

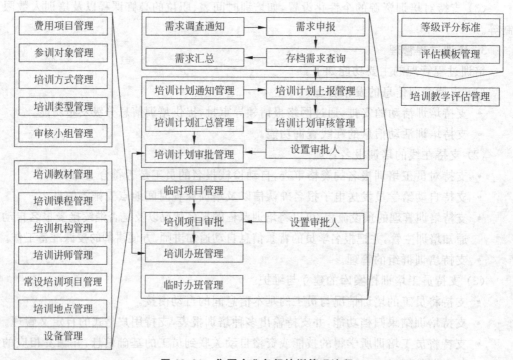

图 12.21　集团企业各级培训管理流程

为减少集中培训的费用支出，企业集团通常利用培训软件进行在线培训，在线培训管理软件的功能一般如图 12.22 所示。

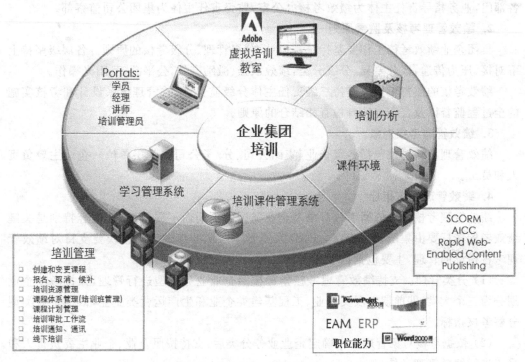

图 12.22 在线培训管理软件功能

12.7 绩 效 管 理

绩效管理是现代企业广泛运用的一种以开发人力潜能为中心的科学管理模式，其绩效管理体系就是以实现企业最终目标为驱动力，以关键绩效指标和工作目标设定为载体，来实现对企业各层、各类人员工作绩效的客观衡量、及时监督、有效指导、科学奖惩，从而调动全员积极性并发挥各岗位优势，以提高企业绩效，提升管理水平，实现企业的整体目标的管理体系。

企业绩效管理的核心内容包括绩效管理体系、绩效管理体系实施、对绩效管理体系实施过程的考核监督、绩效管理评价结果的核查和确认后评价结果的应用等。

12.7.1 绩效管理体系

绩效管理体系包括管理组织、考核原则、考核对象、考核指标、考核监督等内容。

1. 绩效管理组织

绩效管理组织一般包括绩效考核办公室、绩效考核监督组和绩效考核领导小组，该组织按企业组织机构分级设置，分为集团级、分公司级和基层单位级。各级企业成立绩效考核领导小组，全面负责所管企业的绩效考核工作，绩效考核领导小组下设绩效考核办公室,负责绩效考核的组织实施和整体管理。

同时应明确,对分/子公司、直属直管企业绩效考核的考核责任主体为集团公司本部各部门,业务指导责任主体为绩效考核办公室,监督责任主体为集团公司监察部。

2. 绩效管理考核及监督原则

集团企业绩效考核工作要坚持统一设计、分级管理、分级考核的原则。各层级坚持上下对接、压力传递,区分差异、分级分类,绩效双挂、激励有效,公平公正、阳光操作。

绩效考核的监督工作应坚持三级责任主体分级监督、绩效管理体系设计和考核实施的全过程监督以及自查与监督检查相结合的原则。

3. 绩效管理考核对象

绩效管理考核对象包括各级企业(集团公司、分/子公司和基层单位)、企业主要负责人和员工。

4. 绩效管理考核指标

绩效管理考核指标依据考核对象及企业类型的不同而不同,但考核内容特别是关键绩效考核指标要由集团公司确定。ERP人资管理系统的绩效管理模块要支持对绩效管理考核指标的管理,主要包括以下两类:

(1) 分类管理。支持绩效管理考核指标按照企业业务类型进行管理,如将考核企业划分为三个大类,即前期发展类企业、工程基建类企业和生产运营类企业,依据企业类型分解考核指标。

(2) 依据考核对象管理。在确定企业业务分类后,支持按照企业、企业主要负责人和员工进行绩效管理考核。

① 企业考核指标。

- 支持企业绩效考核指标的统一、分级管理。所谓集中是指企业集团关注的考核指标由集团公司绩效考核办公室统一设定;分级管理是指各级企业在集团公司统一设定的企业绩效考核指标基础之上,依据企业实际情况进行扩充和细化分解。
- 支持企业减分项关键指标考核管理,包括"挂钩率""离散率""覆盖率""核查扣分"和"重大损失事件扣分"。其中重大损失事件考核内容主要包括对发生企业负有责任的重大群体性事件、重大审计事件、重大负面新闻事件、重大纪检监察案件、重大法律纠纷案件和重大内控缺陷的考核。
- 支持企业加分项关键指标考核管理。包括社会责任(安全、环保、抢险救灾、扶贫助学等)、超额完成年度核定经营指标、荣获国家/行业奖励、获得国际/国家级认证。
- 企业单项考核指标。集团公司选取各级企业与公司战略、公司整体效益、公司重大业务事项、公司主要管理过程紧密相关的指标作为各企业的关键考核指标。关键考核指标要体现以经济效益为中心,并能实现同类可比,如利润总额、年产量等。
- 支持集团公司本部、分/子公司本部部门绩效考核管理。部门绩效考核内容包括关键考核指标、责任连带考核、重要任务考核、基层满意度测评四部分。
- 综合指标考核。企业综合得分=Σ(单项关键考核指标得分×权重)×效益贡献系数－挂钩率扣分－离散率扣分－覆盖率扣分－重大损失事件扣分－核查扣分＋加分项。

② 企业负责人考核指标。

- 企业考核指标完成情况得分。该项得分低于上级给定值(如 100 或 96 等)的,按核定指标扣减企业负责人得分;超额完成的,按核定指标增加企业负责人得分。
- 员工满意度测评得分。
- 个人违规违纪扣分。
- 创新嘉奖。
- 企业主要负责人绩效得分和企业综合得分、员工满意度测评得分密切相关,具体得分依据的公式如下:
  - ◆ 当企业综合得分≥100 分、员工满意度测评得分≥85 时,企业主要负责人绩效得分＝绩效薪金基数得分×权重＋员工满意度测评得分×权重＋创新嘉奖基数得分×(企业综合得分－100)/(120－100)×权重－个人违规违纪扣分。
  - ◆ 当企业综合得分≥100 分、员工满意度测评得分＜85 时,企业主要负责人绩效得分＝绩效薪金基数得分×权重－(100－员工满意度测评得分)×权重＋创新嘉奖基数得分×(企业综合得分－100)/(120－100)×权重－个人违规违纪扣分。
  - ◆ 当企业综合得分＜100 分、员工满意度测评得分≥85 时,企业主要负责人绩效得分＝绩效薪金基数得分×权重＋员工满意度测评得分×权重－个人违规违纪扣分。
  - ◆ 当企业综合得分＜100 分、员工满意度测评得分＜85 时,企业主要负责人绩效得分＝绩效薪金基数得分×权重－(100－员工满意度测评得分)×权重－个人违规违纪扣分。

③ 企业员工考核指标。

- 支持对员工绩效指标体系的灵活设定和管理,支持对不同类别员工差别性的指标设定,如领导层、普通员工等。
- 支持按定性或定量任意设定单项考核指标,支持多种考评方式,如 360 度多对一的考评,也可以采取记名或不记名方式,提供在线的考评功能。
- 支持同评估模式下不同的绩效指标和频率,如月度、季度、年度以及定期、不定期的评估等。
- 员工绩效综合得分＝Σ(单项关键考核指标得分×权重)＋临时性工作得分×权重＋(上级、同级、下级)测评得分×权重－考勤(迟到、早退、病事假等)分值×权重－违章考核分。

12.7.2　绩效管理体系实施和评价结果管理

绩效管理体系的实施包括两部分,一是实施过程管理,二是绩效考核结果记录、汇总和分析。其中实施过程管理分为常规过程管理和例外过程管理。常规过程管理有标准的业务处理流程和评分标准,例外过程管理有加分和减分处理,例如救灾抢险加分、重大安

全事故减分,分值由上级绩效考核管理办公室确定。绩效考核结果记录管理如下:

(1) 企业绩效考核指标结果记录管理。

- 企业绩效考核中企业减分项关键指标分值、单项指标分值记录和审批流程。
- 企业加分项关键指标分值记录和审批流程。
- 部门绩效考核内容结果记录和审批流程。
- 企业绩效考核综合指标得分的自动汇总,按汇总得分和企业贡献情况对同类企业进行排序分级。
- 同类企业按照各项指标修正后计算的综合得分进行排序。对于分/子公司管理的三级企业,按照与公司考核直属直管企业相同指标的得分分值进行总排序。
- 集团公司按照企业综合考核得分对分/子公司、基层企业进行分类、分段分析,其中基层企业按生产运营类、工程基建类、前期发展类进行不同类别的独立分析,生产运营类企业又可按照火电、水电、新能源、非电再次分类。绩效考核结果按分值进行分段,例如:
  - ♦ A 段为企业综合考核得分 100 分以上(含 100 分)。
  - ♦ B 段为企业综合考核得分 100 分以下,80 分以上(含 80 分)。
  - ♦ C 段为企业综合考核得分 80 分以下。
- 集团公司绩效考核指标实行月度统计展示、半年预考核、年终预考核、次年清算考核的方式。

  其中,次年清算考核是指在次年 1 月初由业绩考核办公室组织,公司本部各部门针对企业考核指标上年全年的实际完成情况,自动获取其他功能模块数据或手工录入各考核指标上年全年实际完成值,经部门领导和分管领导审核后,由各分/子公司、直管企业在平台上完成数据确认,进行企业清算考核得分计算和考核分级,报公司业绩考核领导小组审定。清算考核数据确认过程中,企业应与业绩考核办公室、本部各部门进行充分的沟通。人力资源部依据考核结果清算企业剩余工资额度。

- 支持绩效考核表的自行设计、计分公式的自行定义管理,支持对考核结果自动进行权重换算、分值计算、汇总等。
- 企业绩效考核结果与各企业工资总额和企业负责人薪酬分配挂钩。企业工资总额按照基本工资、绩效考核工资、总经理嘉奖、单项奖和企业主要负责人绩效薪金五部分兑现。各级企业纳入考核的绩效考核工资额度不得低于上级企业下达的绩效考核工资额度。

(2) 企业负责人绩效考核结果记录管理。

- 共享企业绩效考核综合指标得分。
- 录入员工满意度测评得分。
- 录入个人违规违纪扣分。
- 汇总企业主要负责人综合得分,进行集团公司内排名,并设置权限保护。

(3) 员工绩效考核结果记录管理。

- 绩效考核单项指标结果的自动记录,如消缺率、定期巡检的工作量、机组优化运行指标完成率等,支持与 EAM、运行优化模块接口。

- 手工录入员工绩效考核单项指标结果,如管理工作量、例外工作和相互打分结果等。

- 支持员工绩效考核结果的自动汇总,支持编制相关的绩效管理报告,为调整和完善绩效考核指标提供数据的分析保证。

- 支持对员工绩效考核的结果分数的自动统计、排序、汇总与存档,以备查询和检索,并设置权限保护。

- 支持绩效考评结果同奖金、晋升、培训等业务模块的紧密衔接。

- 支持对员工个人考评结果的后续跟踪管理功能。

    ◆ 能够自动将考核结果转给薪酬管理,使考核结果影响个人薪酬的核算。

    ◆ 绩效评估结果与培训模块集成,提供人事发展决策参考及培训计划建议(如图 12.23 所示)。

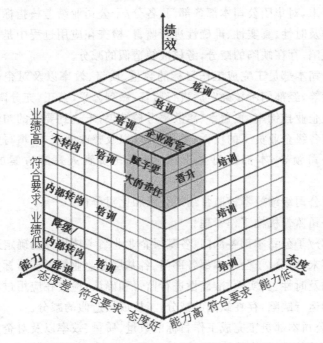

图 12.23　绩效评估结果与个人能力、职业态度和培训之间的相互依存关系

(4) 综合管理。

- 灵活的权限控制功能,支持权限范围内企业、企业主要负责人、员工绩效考评结果的查询。

- 提供灵活的报表统计和查询功能。

    ◆ 提供常用绩效考评管理方面报表的灵活设定和生成,并能以表格、图形等方式灵活展现。

    ◆ 针对一些客户化需求报表,系统提供二次开放的平台,能够满足企业在报表格式、字体大小、报表输出形式等方面的需求。

12.7.3 绩效管理体系实施考核监督和结果应用

企业绩效考核监督责任主体(如企业各级监察部或监察审计部)为保证绩效考核结果的真实性和公平性,要对绩效管理体系实施过程进行考核监督,对绩效管理评价结果进行核查,即主要工作就是对考核办法、考核指标的制订进行监督;对考核过程、考核结果执行"三公"(公开、公平、公正)情况进行监督;对半年和全年考核结果的运用进行监督;对是否存在弄虚作假情况进行监督等。于次年年初提交针对绩效考核的专项监督报告,其内容主要包括设计缺陷、运行缺陷、员工反映、整改建议等方面内容。监督责任主体要对监督报告的真实性负责。同时监督报告按照规定的程序和要求,要在绩效管理模块中予以公布。具体监督的工作内容如下:

(1) 集团公司监督机构工作管理。

- 年初,对集团公司本部各部门、各分/子公司业绩考核指标的确定进行监督。
- 年中和年末,对集团公司本部各部门、各分/子公司业绩考核指标完成情况以及员工业绩的及时性、真实性、准确性进行监督,检查在应用过程中是否存在设计缺陷和运行缺陷,存在缺陷的减分,考核成绩造假的减分。
- 对集团公司本部员工完成工作目标的数量、质量、效率以及对企业和部门目标的贡献程度等,经部门考核确定后进行监督,做到公平、公正,充分调动员工积极性。
- 抽查基层企业挂钩率、覆盖率、离散率考核结果,未达到要求的扣分。
- 支持收集各级企业员工的投诉、举报、异议以及整改建议,并填写处理意见。
- 对集团公司领导、本部部门主任、分/子公司负责人薪酬方案的执行情况进行核查。
- 支持集团公司级绩效考核监督结果公示和比对分析。

(2) 分/子公司监督机构工作管理。

- 年初,对分/子公司本部各部门、各基层企业业绩考核指标的确定进行监督。
- 年中和年末,对分/子公司本部各部门、各基层企业业绩考核指标完成情况以及员工业绩的及时性、真实性、准确性进行监督和确认,检查在应用过程中是否存在设计缺陷和运行缺陷,存在缺陷的减分,考核成绩造假的减分。
- 对分/子公司本部员工完成工作目标的数量、质量、效率以及对企业和部门目标的贡献程度等,经部门考核确定后进行监督,做到公平、公正,充分调动员工积极性。
- 核查基层企业挂钩率、覆盖率、离散率考核结果,未达到要求的扣分。
- 支持收集基层企业员工的投诉、举报、异议以及整改建议,并填写处理意见。
- 对基层企业负责人薪酬方案的执行情况进行核查。
- 支持分/子公司级绩效考核监督结果公示和比对分析。

(3) 基层企业监督机构工作管理。

- 年初,对本基层企业业绩考核指标的确定进行监督。
- 年中和年末,对本基层企业业绩考核指标完成情况以及员工业绩的真实性、准确性进行监督,检查在应用过程中是否存在设计缺陷和运行缺陷,存在缺陷的减分,考核成绩造假的减分。

- 检查本企业绩效考核实施细则是否存在设计缺陷、运行缺陷,对实施效果进行打分,存在缺陷的减分,考核成绩造假的减分。
- 支持收集本基层企业员工的投诉、举报、异议以及整改建议,并填写处理意见。
- 支持基层企业绩效考核监督结果公示和比对分析。

绩效考核监督功能要能满足灵活的权限控制功能和操作审计功能,满足分级统计报表和分析。

企业集团各级人力资源部负责对所辖企业绩效考核结果应用的组织实施。绩效考核评价结果的运用包括以下四个方面。

(1) 岗位职务调整。

- 各企业绩效考核结果与企业负责人职务调整挂钩。对企业主要负责人的绩效评价结果,按照干部管理权限,作为企业负责人履职考核和任免调整的重要依据。
- 为衡量不同岗位人员绩效完成情况的优劣程度,建立员工绩效比,纳入员工绩效考核档案,作为员工岗位职务调整变动的重要依据。

(2) 工资总额。

- 各分/子公司、直属直管企业业绩考核结果与各企业工资总额和企业负责人薪酬分配挂钩。
- 企业工资总额按照基本工资、业绩考核工资、总经理嘉奖、单项奖和企业主要负责人绩效薪金五部分兑现。
- 基本工资、总经理嘉奖和单项奖按照公司有关规定执行。业绩考核工资和企业主要负责人绩效薪金按照各企业业绩考核结果兑现。
- 各级企业纳入考核的业绩考核工资额度不得低于上级企业下达的业绩考核工资额度。

(3) 企业负责人薪酬。

- 企业负责人薪酬由基本薪金、业绩考核薪金、总经理嘉奖和中长期激励四部分组成。
- 企业主要负责人绩效薪金基数依据企业调节系数确定。企业调节系数根据企业规模、管理难度、管理层级和企业人数等因素确定。
- 企业负责人岗位出现变动的,绩效薪金按岗位标准和月数分段计算。
- 企业或企业负责人出现下列情况之一时,由集团公司业绩考核领导小组根据具体情节,扣发企业负责人绩效薪金和总经理嘉奖,并对责任企业进行通报批评和追溯考核;情节严重的,给予企业负责人纪律处分;涉嫌犯罪的,依法移送司法机关处理。
    - 违反《会计法》《企业会计准则》等有关法律法规、规章制度,虚报、瞒报财务状况和经营成果的。
    - 违反有关法律法规、规章制度,导致重大决策失误、重大安全与质量责任事故、严重环境污染事故、重大违纪和法律纠纷事件、重大群体性事件等,给企业造成重大不良影响或造成国有资产流失的。
    - 考核指标数据不真实,弄虚作假的。

（4）监督结果的运用。

- 集团公司各级监督机构要将考核过程、考核结果在一定范围内公开，切实接受职工群众监督。
- 各级监督机构负责对考核结果的异议进行受理，组成调查组进行调查核实，并在三十日内向异议人反馈处理结果，同时将反馈处理结果录入系统中，留下处理痕迹。
- 对于绩效考核工作中出现弄虚作假行为的，依据有关规定提出处理意见。

简而言之，绩效管理功能主要是实现对企业、部门、企业主要负责人和员工绩效管理的流程支持、信息记录以及相应的统计和分析。绩效管理能够实现企业集团组织目标的逐级分解与落实，做到绩效考核工作"横向到边，纵向到底，全员覆盖"。给企业带来的价值是管理转变、管控得力和服务共享。

需要强调的是，企业不能为绩效而绩效，并浪费很多的人力、物力专门为绩效而工作，而要形成长效机制，由信息系统和特定的人管理。同时，企业仍需要一种挑战精神，鼓励员工产生"基于自发的动机"，形成"激情集团"，提升创造力。

第 13 章

生 产 管 理

生产管理是制造企业的核心环节,没有质量合格的产品,企业就无法正常生存,也就谈不到企业发展。本章生产管理主要包括四个方面的内容,即生产计划管理、生产过程管理、质量管理和事故异常管理,限于篇幅,本章只对与 ERP 有关的内容做框架性讲解。

13.1　生产计划管理

生产计划是关于企业生产运作系统的总体计划,是企业在计划期应达到的产品品种、质量、产量和产值等生产任务的计划和对产品生产进度的安排。它反映的并非某几个生产岗位或某一条生产线的生产活动,也并非产品生产的细节问题以及一些具体的机器设备、人力和其他生产资源的使用安排问题,而是指导企业生产计划期生产活动的纲领性方案。

生产计划一般包括主生产计划、能力需求计划、物资需求计划和生产作业计划等。

13.1.1　主生产计划

制造企业的主生产计划(Master Production Schedule, MPS)是指在可用资源条件下,说明企业要计划生产什么产品,什么时候生产,生产多少等等,就是确定每一具体的最终出厂产品在每一具体时间段内生产数量和装配的计划。主生产计划是 ERP 系统所有计划中的关键环节,它根据企业各种产品的生产规划、销售预测、客户实际订单(含受托订单)、半成品和终端产品的库存量、仓储能力、额外需求等,计算出产品在各周期的总需求量与负荷能力和作业能力匹配度,经过调整平衡后形成可执行的主生产计划,并由它来驱动物资需求、采购和能力需求等计划的生成。

1. 主生产计划要素

在主生产计划编制与执行过程中,与主生产计划相关的要素如图 13.1 所示。需要强调的是,主生产计划不是一个生产部门能独立完成的,它依赖于其他部门的相互配合,配合的结果可以使主生产计划和能力计划符合销售计划要求的顺序,并能适应不断变化的市场需求;同时,主生产计划又能向销售部门提供生产和库存信息,提供可供销售量的信息,作为同客户洽商的依据,起沟通内外的作用。

需要注意的是,主生产计划必须切实可行,也必须便于企业达到需求量和需求时间的相互协调一致,否则会给企业带来灾难性的后果。因为每个企业的生产能力和其他资源是有限的,需要统筹兼顾,才能使企业在客户服务水平、库存周转率和生产率方面都能得

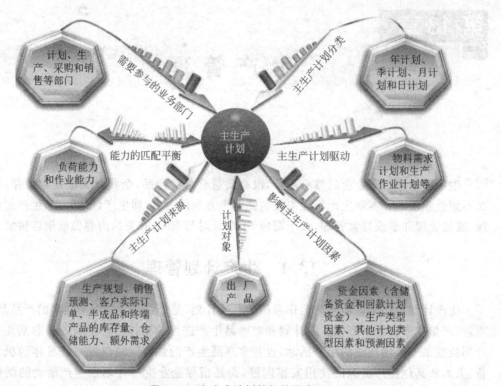

图 13.1 主生产计划的相关要素

到提高。

所以,在制订主生产计划时应考虑以下问题:在每一级的制造和装配过程中,产品或部件选型的数目是否最少;产品是否可分解成独立的、可识别的零件或组件;企业生产能力、财务状况、关键材料以及高费用的生产工艺之间的制约关系;主生产计划针对制造设备的健康状况,适当留有余量,以便安排设备的消缺和检修;主生产计划制订后在有效的期限内应保持适当稳定,不切实际的随意改动将会破坏原有合理的、正常的优先级计划,削弱系统的计划能力。

2. 主生产计划常用计划方式

企业主生产计划常用的计划方式包括面向库存生产和面向订单两类。其中面向订单的一类又可细分为量身定做(也称面向订单设计)和面向订单生产两种。

面向库存生产的生产依据是需求预测,就是在接到客户订单之前,根据市场需求进行预测,然后依据预测结果,采购原材料,组织生产,完成生产,把合格的产成品存放在库房。待接到客户订单,最终产品从成品库直接发货。这种计划方式的优点是缩短交期,客户不需要长时间等待即可获得产品,主要适用于办公类用品、水泥、化肥、服装等制造企业。其缺点是制造企业无法准确预知产品的需求量而进行有效的库存控制,容易造成库存积压。

量身定做的生产依据是客户的定制订单。制造企业依据定制订单完成产品设计、生产线改造、试制、产品批量生产、组装、验收、入库、发货。这种定制产品往往结构复杂,且生产量相对较小,一般是在接到合同或客户订单或至少接到一份意向书之后才能开始设计过程,主要适用于飞机、卫星、特种机床、流程设备、大型发电机组等产品的制造企业。其优点是消费者可以对产品进行选择,降低成本和积压的风险,减少制造企业的资金占用。缺点是产品种类比较多,需求波动比较大,单个订单对产品的需求数量比较小,需求变更频繁,生产过程比较复杂。

面向订单生产的生产依据是非客户定制的标准件订单(也称通用件订单),其计划方式又可细分为纯粹的面向订单生产和面向订单装配等。在采用纯粹面向订单生产的计划方式时,产品的设计已经完成,但生产用的原材料尚未采购,需要依据客户订单进行采购并组织生产。当然有些采购提前期很长的原材料,也可在接到客户订单之前根据预测进行采购;采用面向订单装配的计划方式,通用的零部件在客户订货之前就计划、生产并储存入库,收到客户订单后,把它们装配成最终产品即可。当产品有许多可选特征,而客户又不愿等备料及生产所需的时间时,就可以采用这种生产计划方法。面向订单装配的计划方式的优点是交货期相对较短,可以提供给客户多样性和定制化的产品,在一定程度上满足了客户的个性化需求。实际上,面向订单装配的计划方式相当于大规模定制,即以大批量制造的成本来完成定制化的生产。

3. 主生产计划编制

对于一个综合性的制造企业集团而言,上述几种主生产计划的计划方式可能都会用到,甚至企业内部一条生产线的主生产计划也可能按时间段混合编制。例如,某大型制造企业在某段时间内有几条生产线采用面向订单生产的生产计划方式,而另外几条生产线采用量身定做的生产计划方式;一条生产线以面向订单生产的生产计划方式为主,以面向库存生产的生产计划方式为辅等等。关键是合理适中,最好是不积压也不空闲。ERP系统要支持上述常规的计划方式和混合编制计划模式。

需要强调的是,主生产计划的编制需要考虑企业集团经营目标、经营风险、销售前景预测、销售计划、采购提前期、原材料的库存量、制程计划、产能、设备健康状况和检修安排、人员配置和环境安全等因素,平衡后按时间维度由粗到细进行编制,依次包括年主生产计划、季主生产计划、月主生产计划和旬主生产计划等,其中年主生产计划的编制流程如图13.2所示。

编制年主生产计划需要注明产品、类别以及预计的生产数量。然后以此为基准来细化季主生产计划、月主生产计划、旬主生产计划和日主生产计划,使计划要求越来越明确,越来越具体。当然,要让主生产计划准确、可行,一定要注意以下几个方面:

(1) 经过批准开始执行的主生产计划不要作大幅度变更,以保证产品的品质和交期,如果变化过大,说明主生产计划的编制不合理,变更多的主生产计划要在生产管理功能模块的主页面进行提醒,并对负责人进行绩效考核。

(2) 要注重计划的稳定性,平衡销售旺季和淡季的生产能力,适当留有余量,同时避免插入过多的紧急订单,保证主生产计划的稳定和均衡。

(3) 原材料因某种原因不能按时到货时,采购部门要及时通知生产部门,对主生产计划做适当调整。

(4) 企业各相关业务部门要加强沟通,使主生产计划的执行能达到企业的产供销平衡。

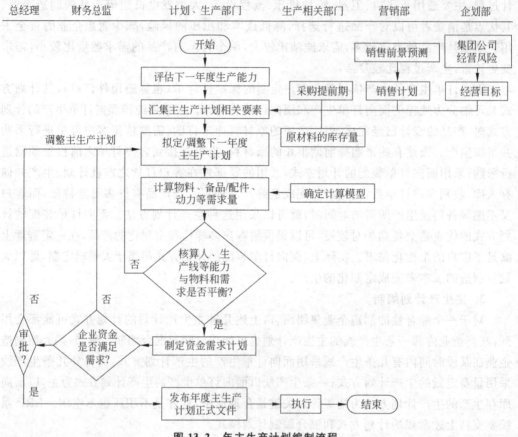

图 13.2 年主生产计划编制流程

13.1.2 能力需求计划

能力需求计划是对生产过程中所需的能力进行核算的计划方法,主要用于确定是否有足够的生产能力来满足企业的生产需求。其作用就是分析和检验各个层次主生产计划的可行性,即估算主生产计划中所需的能力是否可用,是否存在冲突。如果冲突多,就应采取措施进行作业能力/生产负荷的调整,以减少作业能力和生产负荷之间的冲突。广义的能力需求计划可分为粗能力需求计划(RCP,又称为产能负荷分析)和细能力需求计划(CRP,又被称为能力计划)。

1. 粗能力需求计划与细能力需求计划的比较

粗能力需求计划仅对主生产计划所需的关键生产能力做计算,是比较粗放、快速的能力核算方法,经过粗能力需求计划分析,发现主生产计划所需的生产能力存在短缺时,需要预警提醒,并在生产实施或资源投入过程来临之前解决问题,防止主生产计划中存在超越可用物资和可用能力的项目;而细能力需求计划是在物资需求计划下达之前检查生产车间执行生产作业计划的可行性,即根据物资需求计划、企业生产能力等进行能力模拟,同时根据各生产车间(或生产线)能力负荷状况来判断计划可行性,以便尽早发现生产活动的瓶颈所在,提出合理的解决方案,实现短时间范围内的均衡生产与快捷生产。

比较粗能力需求计划和细能力需求计划,其区别如表 13.1 所示。

表 13.1　粗能力需求计划和细能力需求计划的区别

项　　目	粗能力需求计划	细能力需求计划	备　　注
生产能力	关键生产能力	全部的生产能力	
计划依据	主生产计划	物资需求计划	
计划对象	独立需求件	相关需求件	
现有库存量	计划时不扣除现有库存量	计划时扣除现有库存量	细能力计划还要考虑在制库存和安全库存
订单范围	计划及确认的订单	所有订单	
批量计算	因需定量	批量规则	
提前期计算	提前期偏置	准备、加工提前期	

粗能力需求计划和细能力需求计划尽管有以上差别,也有相同的流程步骤,就是都要确定超负荷时段和原因,以及超负荷时进行作业能力和负荷能力的调整。其中作业能力调整包括加班、增加人员和设备、提高工作效率、更改工艺路线、增加外委加工等;负荷能力调整包括调整生产批量、修改主生产计划、推迟交货期和撤销订单等。也可以对作业能力与负荷能力同时调整。

2. 能力需求计划应该具备的功能

ERP 系统生产管理模块下的能力需求计划管理应包括以下功能:

- 支持粗能力需求计划和细能力需求计划的分类管理。
- 支持利用产品结构和工艺路线来创建粗能力需求计划清单及依据主生产计划计算产品的分时段能力清单。
- 计算细能力需求计划的负荷及作业可用能力,包括:计算需要投入运行的设备和人员等,按工种分类;计算产品每道工序的开工时间和完成时间;按时段计算生产线和生产车间的总负荷。
- 支持灵活的能力核算方式,核算并确定粗能力需求计划和细能力需求计划中超负荷的时段及原因,然后给予预警提醒。
- 支持粗能力需求计划和细能力需求计划中超负荷状况的调整。
- 生成各生产线及生产车间的综合工作负荷表,包括生产线别、计划生产量、预估产能并比较结果、差异处理,以决定应加班、赶工、增加人力或机器设备或委外加工等,以免延误交期。
- 支持可变的时间周期长度、周期数。
- 支持依据能力需求分析报告反查到主生产计划和物资需求计划。
- 支持负荷及作业能力的综合分析,包括分析能力与主生产计划的匹配度,能力需求计划的状态分析(如已完成、未完成、提前完成、延期等),推迟交货期和撤销订单统计,瓶颈资源(能力)分析,以及常规的能力需求计划日报、月报和年报等。

13.1.3　物资需求计划

企业的物资需求计划按用途分为两大类别：一类是企业生产产品的物资需求计划，另一类是厂房、生产线、设备和专用工具采购、维修的物资需求计划。本节以第一类别的物资需求计划为主讲解，第二类别将在第17章中介绍。

企业生产产品的物资需求计划是指根据产品结构各层次物品的从属和数量关系，以每个物品为计划对象，以完工时期为时间基准倒排计划，按提前期长短区别各个物品下达计划时间的先后顺序，是一种制造企业的物资计划管理模式。其目的是：及时取得生产所需的原材料及零部件，保证按时供应客户所需产品；保证尽可能低的库存水平；计划企业的生产活动与采购活动，使各部门生产的零部件、采购的外购件与装配的要求在时间和数量上精确衔接。

为保证企业生产产品的物资需求计划准确性，ERP系统要支持用户在制订物资需求计划前就能共享以下基本数据：

- 主生产计划。制订物资需求计划的一个最重要的数据来源。
- 物料清单(BOM)。明确物料之间的结构关系以及每种物料需求的数量，是物资需求计划系统中最为基础的数据。
- 库存。反映每个物料品目的现有库存量和计划接收量的实际状态。
- 提前期。决定每种生产产品何时开工，何时完工。

这四项数据至关重要，缺少其中任何一项或任何一项中的数据不完整，物资需求计划都不会准确。因此，在制订物资需求计划之前，这四项数据都必须先在系统中完整地建立好，并保证其可靠、可执行。

综合考虑上述信息，依据主生产计划中物资的需求量、需求时间和提前期来制定计算规则，计算物资的毛需求量(即从物资品目的第一层开始逐次展开，直到最低层级的原材料毛坯或采购件为止)和净需求量(标注是否有批量要求)等，然后进行物资需求计划。企业生产产品的物资需求计划流程一般如图13.3所示。

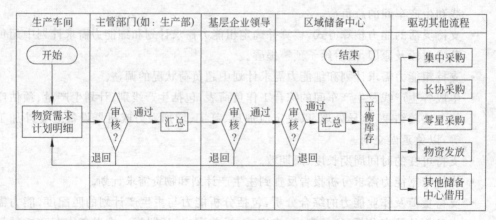

图13.3　企业生产产品的物资需求计划流程

其中，企业生产产品的物资需求计划明细表如表13.2所示。

表 13.2　企业生产产品的物资需求计划明细表

填报单位：　　　　　　　　　　　　　　　　　　　　　　　货币单位：元

序号	物资编码	物资名称及规格	生产线编码	生产线名称	最终产品名称	计量单位	标准价	合计		是否集采	是否在集团公司电子商城采购	需求计划项目	最后审批人	审批节点	备注
								数量	金额						

13.1.4　生产作业计划

生产作业管理要解决的基本问题是稳定地生产出质量无缺陷的产品、不断降低生产成本,同时缩短交期。而生产作业计划是生产作业管理的一项基本工作,是主生产计划工作的延续,是把主生产计划规定的任务一项一项具体分配到每个生产车间、每条生产线和每个操作岗位。其作用是通过综合考虑企业的人力、物力和环境等因素,实现一系列的计划安排和生产调度工作,保证企业每个生产环节在品种、数量和时间上的相互协调和衔接,组织有节奏的均衡生产,取得良好的经济效果。生产作业计划编制工作的主要内容包括:收集和利用为编制生产作业计划所需要的各项资料,设备和生产线负荷率核算与平衡,制定期量标准、编制生产作业计划和生产作业计划实施控制等。

1. 生产作业计划用到的两个基本概念

(1) 生产类型。包括大量生产、成批生产和单件小批生产。

(2) 计划单位。计划单位是编制生产作业计划时规定生产任务所用的计量单位。它反映编制生产作业计划的详细程度,即各级分工关系,常用的计划单位有产品、部件、零件组和零件。

2. 资料收集

为编制生产作业计划,需要收集和共享的各类资料如下:

(1)共享生产任务方面的资料,包括主生产计划、订单、新产品试制计划等。

(2) 收集技术资料,包括产品图纸、工艺文件、产品技术检验规范、外协零件清单、按车间编制的零件明细表等。

(3) 共享生产能力方面的资料,包括各工种生产工人情况、生产设备和生产线负荷情况、生产面积利用情况、工作定额和生产能力查定情况。

(4) 收集生产准备工作方面的资料,包括工艺装备准备情况和原材料、外协件、配套库存及供应情况等。

（5）共享前期预计生产完成情况和在制品结存及分布情况等。

3. 计划单位选择

生产作业计划单位要根据企业的管理水平、生产特点、生产类型和产品特点等进行选择，产品、部件、零件组和零件这四种计划单位中没有任何一种能适用于所有生产类型企业，而是各有其适用范围和优缺点，具体如下：

（1）产品。采用这种计划单位的优点是可以简化基层企业级生产作业计划的编制，便于生产车间根据自己的实际情况灵活调度。缺点是整个生产的配套性差，生产周期长，在制品占用量大。

（2）部件。采用这种计划单位的优点是生产配套性较好，生产车间具有一定的灵活性。缺点是编制计划的工作量加大。

（3）零件组。采用这种计划单位的优点是生产配套性更好，能减少生产阶段间零件组的搁置时间，从而减少在制品及流动资金的占用。缺点是计划工作量大，不容易划分好零件组，生产车间灵活性较差。

（4）零件。采用这种计划单位的优点是生产配套性很好，在制品及流动资金占用最少，生产周期最短；同时，当发生零件的实际生产与计划有出入时，易发现问题并调整处理。缺点是编制计划的工作量很大。

四种计划单位的优缺点比较如表 13.3 所示。

表 13.3　四种计划单位的优缺点比较

计划单位	生产配套性	在制品占用量	计划工作量	车间灵活性
产品	差	最大	小	强
部件	较好	较大	较大	较强
零件组	好	较少	大	较强
零件	最好	少	最大	差

需要说明的是，同一种产品的不同零件可以采用不同的计划单位，如关键零件和主要零件采用零件计划单位，而一般零件则采用依附产品的计划单位，ERP 的生产管理功能要支持这种混合计划模式。

4. 制定期量标准

期量标准（又称作业计划标准）是指为制造对象（产品、部件、零件组、零件）在生产过程中的运动所规定的生产期限（时间）和生产数量的标准。企业不同类型的期量标准如表 13.4 所示。

表 13.4　企业不同类型的期量标准

生产类型	期 量 标 准
大量生产	节拍、流水线工作指示图表、在制品定额
成批生产	批量、生产间隔期、生产周期、在制品定额、提前期、交期
单件小批生产	生产周期、提前期

企业最终要使用哪些期量标准要视企业的生产类型而定。

5. 生产作业计划编制

传统的生产作业计划编制方法有在制品定额法、提前期法、生产周期法和订货点法。随着科学技术的迅速发展,企业生产规模不断扩大,生产的产品品种日益增多,与其对应的企业生产作业计划编制方法也在增多,逐渐出现了成组技术计划法、网络法、准时生产制方法、混流生产方法等新的生产作业计划编制方法。其中"大量生产"类型企业的生产作业计划编制流程一般如图 13.4 所示。

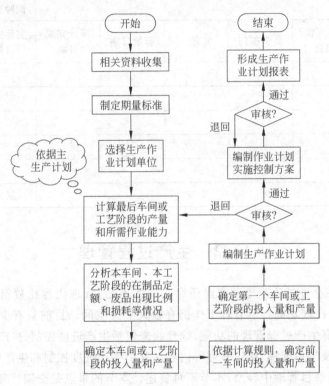

图 13.4 "大量生产"类型企业的生产作业计划编制流程

"大量生产"类型企业的生产过程具有产品品种少、产量大、生产工艺稳定、工作专业化程度高、生产联系性强等特点。只要保证各车间、各工段之间的衔接,解决好在制品、半成品的储备和供应,就可以保证生产的连续性。当然不管何种生产类型的企业,完备的生产作业计划编制流程是生产作业管理的基础工作,其成果之一就是最后形成的试生产作业计划报表,其格式如表 13.5 所示。

生产作业计划实施控制包括调度控制、计划执行时间控制、插单的优先控制规则以及控制生产作业计划完成情况等。除此之外的失控点还包括计划的准确性和及时性。失控的后果会导致产品生产进度延误,严重影响客户交期。

表 13.5　试生产作业计划报表格式

制定部门：　　　　　　　　　　制定日期：　　　　　　　　　　　年　月　日

产品名称		产品编号		规格/型号		客户名称	
试生产数量		制作开始日期		制作结束日期		提交客户确认日期	
试生产线编号		试生产线名称		计划用工量		计划优先级	
试验项目						试验次数	
序号	工作内容/项目	负责部门	负责人	起始日期	预计完成日期	实际完成日期	备注
备注							
核准			审查			制表	

13.2　生产过程管理

ERP 系统在企业的生产管理方面还存在一些不足，管理内容比较粗放，和生产控制系统的接口及生产现场的控制管理工作仍有很大上升空间。目前只有少数国际、国内知名的 ERP 系统有生产过程管理的功能，综合起来包括生产进度控制、生产成本控制、交期管理、生产排程及工单管理、接口管理等内容。其中生产进度控制和生产成本控制已在前面的财务管理和项目管理中涉及，本节不再赘述。本节的重点是交期管理、生产排程及工单管理、接口管理。

13.2.1　交期管理

交期是指从订单下达日开始至产品交付日之间的时间。企业沿用的交期计算方法一般为：交期＝行政作业时间＋原料采购时间＋生产制造时间＋运送与物流时间＋验收和检查时间＋其他预留时间。

交期的控制和管理一般按时间段分为两部分：一部分是计划阶段的交期协调，另一部分是制造过程中的交期控制。

1. 交期协调

交期协调是在计划前期针对营销部门已接收的客户订单，计划部门先进行产能、库存及工作负荷复核，分析是否能如期交货或更改交期。如不需要更改交期则纳入生产作业计划。如果需要更改则向营销部门反馈"订单变更作业通知单"等。营销部门协调客户，如果客户同意变更交期,就进入生产作业计划流程;如果客户不同意,营销部门通知计划部门对企业的综合生产能力进行重新评审。经过评审确实无法依客户的订单交期日交货时,计划部门应填写"异动事项通知单",注明订单取消的原因,再依权限送呈主管领导,决定是否取消订单。主管领导批准取消订单后,营销部门通知客户取消订单。经过综合生产能力评审和主管领导批准必须接收的订单,依据企业实际情况进行作业能力调整(如更改工艺路线、插单、加班、增加人员和设备以及外委加工等)。企业计划阶段的交期协调管理流程如图13.5所示。

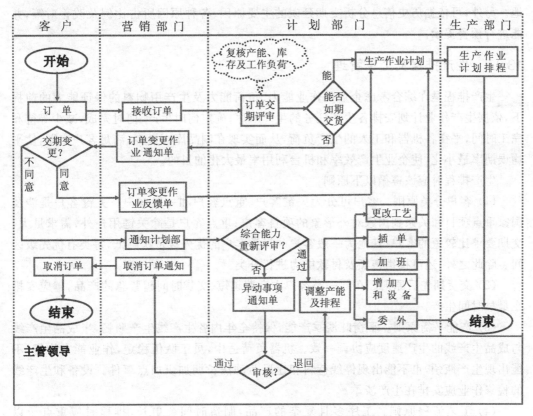

图13.5 企业计划阶段的交期协调管理流程

除此之外,ERP系统的生产管理模块还要支持一张订单采购多种产品、多个交货期,并允许分批交货和分批结算。

2. 交期控制

制造过程中的交期控制主要是保证订单产品在制造过程中交期不被延误,它需要企业提前做好预案,以免给企业造成更大的损失。预案中需要考虑的因素如下:

(1)作业能力不足(如春节期间的用工荒、重要岗位职员离职和设备故障等)。

(2)生产负荷不平衡,过轻或过重。

(3)上游厂家的生产用材料不能按时到货。

(4)采购资金短缺,金融危机。

(5)操作事故。

（6）自然灾害。

上述情况经过预案调整弥补后，如果仍不能满足交期，应填写"交期异动通知单"，注明订单号、客户名称、产品名称、订单数量、异动原因、建议内容等信息发送给单位主管领导签核。主管领导同意延期后，将"交期异动通知单"传递给营销部门，由营销部门与客户沟通新交期及相关补偿事宜。

当然，对交期的控制和管理也可以从交期组成公式中寻求空间，如节省行政作业时间、原料采购时间、运送与物流时间、验收和检查时间等，给生产制造时间留出可调节的余地。另外，可依据历史信息分析交期延误的主要原因、各种原因所占比例及改善对策，并能进行预警提示。

13.2.2　生产排程及工单管理

生产排程是在综合考虑企业的作业能力、负荷能力及生产用物料的保证能力的前提下，依据生产作业计划安排各生产任务的生产顺序，确定何时生产、何时完成，减少等待和完工时间，平衡各机器和工人的生产负荷，从而实现在制品库存最少，满足客户交期，使平均误期率最小化，使企业生产效率和机台利用率最大化的目的。

生产排程时应该遵循以下原则：

（1）客户分类原则。客户可分为关键客户、重点客户和一般客户。关键客户是涉及国家重点项目和关系到国家对外形象的项目客户；重点客户是除关键用户外，需求量大、交期要求比较短的客户；其他为一般客户。三类客户的优先级依次降低，每类有优先级区间。除此之外，还可按销售额及付款能力进行分类。

（2）交货期先后原则。在同一类客户中交期越短、交货时间越紧急的产品，越应安排在最早时间生产。

（3）产能平衡原则。平衡旺淡季产能，保持全年内各生产线生产顺畅，半成品生产线与成品生产线的生产速度应协调一致。机器负荷适中，员工队伍稳定，作业能力均衡，不能出现生产瓶颈，也不能出现停线待料和违反劳动法长期加班加点事件。设备和生产线的检修作业应安排在生产淡季。

（4）工艺流程原则。工序多且复杂的产品，制造时间会更长，排程时应重点予以关注。

（5）稳定性原则。维持排程的稳定性，减少插单作业。

1. 生产排程及工单管理

在 ERP 系统中，生产排程是工单管理的一项主要工作，是在生产作业计划的框架下进行详细分解。因此，生产排程要继承生产作业计划的内容，包括：使用超时或加班的数量；在不同时间点上来自供应链上游物料项的可用性；企业与供应商的物料采购协议，以及计划结束时需要建立的各种物料的季节性库存量等。

工单可分为三大类：产品生产工单（简称生产工单）、产品返修工单（简称返修工单）和设备等维修工单（简称维修工单，将在第 17 章介绍）。本小节的重点是生产工单。

生产工单在进行排程之前，首先要制定和标准化企业产品的用料构成、工时定额、设备、生产线、工序、模具、量具和作业指导书等信息，然后对通过交期评审后的订单进行汇总,并按交期对订单进行分解。最后综合新产品试制、新产品销售预测以及季节性产品的库存量等因素进行生产排程。生产排程及工单管理的主要内容如下:

(1) 产能分析。依据生产作业计划和交期协调管理,细化产能分析,确定到工种、职员、生产线及设备等,产能不足的制定改善措施,需要外委的走外委流程。

(2) 交期分解。对于采购多种产品、多个交货期的订单进行分解,合并相同交期、相同产品的数量,形成工单要生产的数量。

(3) 生产排程。对于重复制造模式的企业,按客户分类的优先级和交期分解结果进行生产排程,形成定期工作工单,精确指定开工时间和完工时间,并在指定开工日期前批量生成工单。

(4) 生成工单。无法批量生成的工单直接录入,包括批准后的插单及新产品试制等工单。然后依据物资需求计划、产品的用料构成及要生产的产品数量形成精确的物料清单,导入或填写物料清单,通知采购部门备料。

(5) 工单计划。包括实际开工时间、完成时间,所需工种、工时、具体操作员工数量(含正式员工和临时雇用员工)、工作负责人、监护人、作业指导书等。

(6) 生产备料。核实现有库存物资是否短缺,如果短缺,是外购还是生产,并明确外购多少,生产多少。备料单确认后,系统将依据外购数量、生产数量,自动生成采购计划。

(7) 工单领料。备料工作开始后,不足部分的物资等待采购或生产,已有的材料可用工单做领料单先领取,以备进行生产使用。当生产领料满足开工条件时即可进行生产。

(8) 工单执行。员工进入工位时间、工序进料时间,记录进入生产线各道工序的物资量,并根据领料量计算物资剩余量。将多领或错领的物资退还仓库,对退料单进行确认后,物资直接入仓。

(9) 工序记录。用于对产品生产的每道工序进行详细记录,以便及时了解产品的完成情况。

(10) 产品检验入库。检验合格的半成品或成品由车间填写“生产入库单”办理产品入半成品或成品库,检验不合格的产品入废品库。

(11) 工单完成。本次工单完成后,根据产品的检验结果统计产品合格率、次品率和工时等,核算产品直接成本。

(12) 生产过程追溯。能按产品结构、零部件代码、时间等信息对工单执行情况进行查询,以及对产品主要生产过程进行追溯。

(13) 报表分析。生成每条生产线、每个车间及企业的生产日报、周报,分析生产线和员工的负荷率,加班成本、设备生产能力评估及进度和例外事件报告等。

排程时要注意每道工序的交期,如果组装车间和零部件车间有一定的距离或不在同一城市,还要考虑运输时间,同时注意在制品库存,以及设备和工人在工作期间内的闲置时间等,可通过图形和报表进行分析。

综合各类生产企业的管理需求,生产排程及工单管理的流程通常如图 13.6 所示。

2. 委外管理

委外是指企业生产力不足,或技术水平达不到要求,或企业现有的材料不能直接用于产品生产或出售,而委托外包厂商加工成新的材料或包装物、低值易耗品等物资。委托加

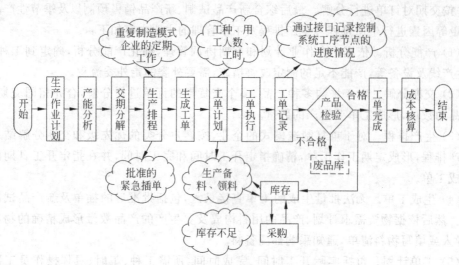

图 13.6　生产排程及工单管理流程示意图

工物资的成本应当包括加工中实际耗用物资的成本、支付的加工费用及应负担的运杂费、支付的税金等。

　　经过综合能力评审须委托外包厂商加工时,与有意向的外包厂商确认后应填委外通知单,需要自己出料的要填写委外领料单,委外领料单应包括委外单号、日期、生产单位、应完工数量、产品名称、完工日期、完工形态、料件编号、数量等,经主管领导审批同意后,签订委外加工合同,并依据委外领料单领料。外包厂商加工完成后,通知企业验货,验收合格的接收入库,送入企业库房,走付款流程;不合格的退货。完成后进行成本核算和归稽。通常,委外加工管理流程如图 13.7 所示。

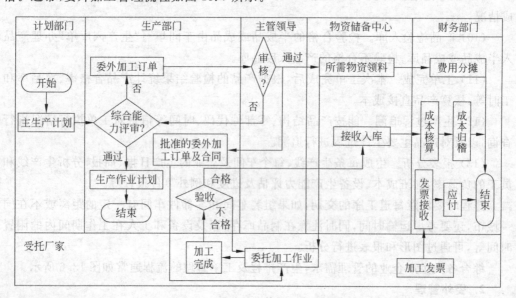

图 13.7　委外加工管理流程示意图

13.2.3 接口管理

传统 ERP 系统本身的生产过程实时管理功能较弱,其重点在计划管理,包括主生产计划、粗能力计划和细能力计划,以及收集生产数据等。目前,流行的大型 ERP 系统生产商已将产品开发延至 MES(制造执行系统),作为 ERP 系统的可选模块或独立产品。这时,MES 除了细化主生产计划和收集生产数据外,还有批次级的生产控制和调度管理功能,例如,批次级的工艺流程变更,对制造设备、人员和物料的验证控制,批次分拆、合并,批次的生产订单变更等现场调度功能,小的 ERP 系统基本没有此项功能。

因此,综合主流的 ERP 系统与 MES(制造执行系统)和 DCS、PLC 及所属的 SFC(车间控制系统,也称现场自动化系统)的接口方式有三种:

(1) ERP 系统与 MES 做接口,MES 再与 DCS、PLC 等做接口,目前这种接口方式比较多,如图 13.8 所示。

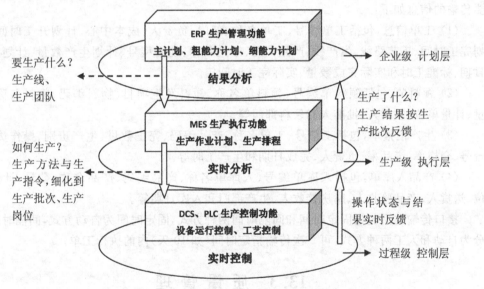

图 13.8　ERP 系统与 MES、SFC 之间主流的接口方式

(2) ERP 系统通过自己的 MES 与 DCS、PLC 等做接口,这种适合 ERP 系统生产商有自己的 MES 产品,而企业又没有使用其他 MES 产品的情况。

(3) ERP 系统直接与 DCS、PLC 做接口,这种适合 ERP 系统没有自己的 MES,企业又未实施 MES 的情况。

应该说,ERP 生产管理的优势不在实时管理和实时控制,而在过程管理。ERP 系统生产过程管理的根基在于与 MES 或生产控制系统等进行友好的接口。接口技术本身没有难点,难点在于传输哪些数据及传输频率,通俗地讲就是两个系统的数据如何对接。如果 ERP 系统厂商也有 MES 产品,接口就相对容易或不需要接口;如果 ERP 系统厂商没有 MES 产品,需要与其他厂家的 MES 接口,接口就会比较复杂。

这时,ERP 系统向 MES 传递在某段时间内要生产什么,包括主生产计划、粗能力计划、细能力计划以及基础的组织、部门、员工和工艺路线等信息;接收来自 MES 的产量信息(包括成品、半成品、次品),工单原料/物料消耗信息(包括原料/物料消耗量、剩余量等)、工单资源消耗信息(包括工时、工具、动力、水和油等)及检验结果和控制结果信息共享等。

MES 除向 ERP 系统传递上述信息外,还要向 DCS、PLC 等控制系统传递生产方法与生产指令,即根据生产排程进行调度管理和批次级的生产控制,根据工单制成工作指令,形成 DCS、PLC 等生产控制系统的机器控制指令;接收来自 DCS、PLC 等生产控制系统的所有数据,包括设备运行状态、物料投入产出情况等,并进行简要分析。

成熟的 ERP 系统的 MES(如 SAP MES)已采用条码或 RFID 技术实现对单件物料的全程跟踪和质量监控,实现从原料到半成品到成品入库的全过程、全工序、全流程细节性监控,并通过报表和看板等手段提高现场管理的实时性和精确性。

实现上述接口功能需要共享的信息包括组织、部门、员工、物料、设备、工艺路线、工序和批次等信息,这些信息发生变化时,要以 ERP 系统中的信息为准进行同步和校验。需要传输的信息如下:

(1) 工单信息,包括工单编号、工单名称、部门、负责人、成本中心、计划开工时间、计划完工时间、工艺路线、生产线、产品代码、产品名称、规格型号、计划生产数量、计划生产日期、标准工时和实际完成数量、实际完工时间等。

(2) 领料单,包括领料单编号、领料单名称、领料发生项目、物料编码、物料名称、数量、计量单位、领料人、批准人和领料部门等。

(3) 生产汇报单,包括工单号、工单名称、产品编码、完工数量、生产班别、操作员、机台号、合格率、废品率、负责人、完成日期和生产工时等。

(4) 产品入库单,包括入库单编号、入库单名称、产品编码、产品名称、数量、计量单位、送货人、产品验收人、库房接收人、生产部门和入库日期等。

接口传输类型包括固定时间和间隔时间两种方式,固定时间为自动方式,间隔时间可分为自动和人工两种方式,可一次传输指定时间(如 10 天)内的执行工单。

13.3　质量管理

质量管理是企业内部建立的、为保证产品质量或质量目标所必需的、系统的质量活动。它根据企业特点选用若干体系要素加以组合,加强从设计研制、生产、检验、销售到使用全过程的质量管理活动,并给予制度化、标准化,成为企业内部质量工作的要求和活动程序。

可以说,质量是企业发展的命脉,没有合格的产品,就无法满足客户的需求,企业也不可能长远发展。

全面质量管理是以搞好产品质量、让客户满意为目的的管理体系,包括质量策划、质量检测、质量控制、质量文档等。其实施方法包括标准化、计量化、流程化与信息化、组织化、质量教育、量化、质量改进、质量成本分析、质量缺陷分析、设备管理和物料管理 11 项内容。有些质量管理的内容要分解到其他章阐述,如设备管理在第 17 章介绍,物料管理在第 14 章和第 15 章都做了介绍。本节的重点内容是质量策划、质量控制和质量检验。

13.3.1 质量策划

质量策划是一系列活动,它包括设定质量目标,规定达到质量目标所必需的作业过程和相关性资源,其中很重要的工作是质量计划。质量计划是针对企业特定的产品、过程、项目或合同的要求而制定的文件,是质量策划结果的展现之一。

产品质量是企业的生命,它是在制造过程中实现的,而不是依靠检验实现的,检验只是检测和验证产品质量的一种有效手段。

产品质量计划是主生产计划的一个分支,是针对特定的产品、项目或合同规定专门的质量措施、资源和活动顺序的文档,可融入其他计划中。质量计划提供了一种途径将某一产品、项目或合同的特定要求与现行的通用质量体系程序联系起来,告诉所有干系人如何通过各种质量相关活动来保证项目达到预期的质量目标,企业为实现质量目标要做哪些工作。

1. 梳理影响企业质量策划的因素

影响企业质量策划的因素一般包括:

(1) 国际、国家和行业标准、质量管理体系等影响企业对产品质量目标的要求或程序。

(2) 客户和其他相关方的需求和期望。

(3) 与计划内容有关的业绩或成功经历。

(4) 目前企业存在的问题点或难点。

(5) 其他相关企业的经验教训。

(6) 生产线、生产设备和模具等健康状况和精度等。

2. 理清企业质量策划主要内容

质量策划主要内容包括:

(1) 策划依据。国际、国家和行业标准、质量管理体系和客户要求,并以此来设定企业具体的质量目标。

(2) 适用范围和时限。范围包括基础设施、生产环境、加工/调试设备以及具体生产的产品等。时限是指质量计划实施的开始时间和结束时间。

(3) 质量目标。保证产品在各个生产阶段的合格率。

(4) 达到目标的途径。即达到质量目标所需要的过程。这些过程可能是链式的,从一个过程到另一个过程,最终直到目标的实现;也可能是并列的,各个过程的结果共同指向目标的实现;还可能是上述两种方式的结合,既有链式的过程,又有并列的过程。事实上,任何一个质量目标的实现都需要多种过程。因此,在质量计划时,要充分考虑所需要的过程。

(5) 职责和权限。确定相关部门和干系人的职责和权限,明确工作界面,避免出现重叠、遗漏和推诿扯皮现象。

(6) 所需资源。包括人、监测分析设备/器具、材料、检测信息、经费、环境等。

(7) 实现方法。包括度量方法、所采取的措施、检查方法、分析方法、考核方法和作业指导书等。

（8）质量控制。包括文件和资料控制、采购控制、生产过程控制、不合格产品控制和预防纠正措施等。

（9）其他需求和评审认可。包括评价质量业绩成果的指标,完成质量目标后的奖励方法,所需的文件和记录等。另外,质量计划应就其完整性进行评审,并要经过指定的专家小组认可,认定依据是专家签字的质量计划评审报告。

3. 质量计划编制要求

对质量计划的编制有以下要求:

（1）质量计划可以单独编制,也可以融入生产作业计划,但必须是方便抽取的数据项或集合。质量计划包括质量保证计划和质量跟踪控制计划。

（2）质量计划要与质量保证标准、质量手册和程序文件的通用要求与特定产品、项目或合同要求建立关联。

（3）对于产品结构简单、品种单一或形成系列产品的,能用一个质量计划包容时,就不必针对每个产品都制定质量计划;对于结构复杂的产品或新产品一定要制定独立的生产质量计划。

（4）质量计划可高于但不能低于通用质量体系文件的要求。应明确质量计划所涉及的质量活动,并对其责任和权限进行分配。质量计划应由技术负责人主持,相关部门及人员参加制订,同时考虑相互间的协调性和可操作性。

（5）当现行产品技术状态发生显著变化时,应考虑编制新的质量计划。

（6）质量计划要明确检验时间、检验路线、检验点和检验流程,自动监测的可进行实时点检。

4. 质量计划编制

质量计划一般分为制造质量计划、工序质量控制计划和质量检验计划三种,具体内容如下:

（1）制造质量计划是使生产制造进入一种准备就绪状态,主要工作包括:

- 工艺流程、工艺路线安排。
- 制定工艺文件、工艺定额,确定关键工序和特殊工序。
- 生产能力验证。
- 配备工装、防护用品、工具和测试仪器等。
- 生产基础设施准备(包括场地、水、电、气、密封油和润滑油等)。
- 制定控制方法、控制标准和检验标准。
- 人员配备与培训,列出培训人员范围、培训内容、培训期次和执行时间等。
- 制定制造质量计划、工序质量控制计划和质量检验计划模板。

（2）工序质量控制计划可理解为制造质量计划的特定内容,主要包括:

- 确定质量控制点,明确计量单位和控制技术。
- 确定要控制的质量特性,建立性能标准。
- 确定发生生产质量事故的应急预案。
- 编制工序控制文件,包括质量控制点明细表、工序质量分析表、作业指导书等。
- 质量控制点的合理性分析和改进。

- 存储、提供任意时段、任意时点的质量记录清单。

（3）质量检验计划也可并入企业制造质量计划中,内容包括:

- 确定检验流程,包括检验程序、检验点的设置、检验路线、检验时间和采用的检验方式等。
- 检验用质量缺陷严重性的分级表。
- 确定按质量缺陷严重性分级的预警方式。
- 编制检验用作业指导书等。
- 配置测量和试验用仪器仪表及设备等。
- 人员配备、培训和资质认可等。

ERP 系统要支持这三种计划的编制、审批流程管理以及三者之间的相互制约关系。

13.3.2　质量控制

1. 质量控制

质量好坏的评价不仅仅来自客户,还要从整个社会的角度来评价,尤其关系到生产安全、环境污染、生态平衡等问题时更是如此。所以企业对产品质量的控制应该是多方位的,当然考虑成本因素,要"将好钢用在刀刃上",在有限资金内重点进行关键、重要节点的质量控制,质量控制基本原则如下:

（1）做好采购工作,杜绝"三无产品",保证原材料的质量。

（2）现场管理、操作、检查、检验人员上岗前要培训,应掌握所从事岗位的技能。所有干系人要清楚控制点、计量单位和事故应急预案等。

（3）质量控制的严格程度应视产品类型、用途、客户要求、生产条件等情况而有所不同,允许结合企业的具体情况,使用不同的控制方法。

（4）关键工序的质量控制以加强过程控制为主,辅以必要的多频次的工序检验。

（5）从工序流程分析着手,找出各环节(或分工序)影响质量特性的主要原因,研究控制方法,采用"点面结合"手段进行工序过程的系统控制。

（6）根据产品的工艺特点,加强工艺方法的试验验证。严格控制工艺参数及影响参数波动的各种因素,使工序处于受控状态。

（7）要使用合格的模具、设备、测量器具及工装等。使用过程中的测量工具、测量仪表和测量系统要定期进行精度和可靠性校验,达不到可靠性和精度要求的进行调整和更换,确保测量精度在国家标准规定的范围内。

（8）要对工作环境(如粉尘、温度、湿度、辐射和噪音等)进行控制,满足员工健康和工艺水平的要求;排放的烟气、废水及余料等处理要符合国家安全、环保标准的要求。

质量控制的目的就是保证不企划不良品,不制造出不良品,不让不良品出厂和流通,它是质量管理的重要环节。ERP 与 MES 或控制系统结合能完成的质量控制功能如图 13.9 所示。

2. 质量竞争力指数

质量竞争力指数是按照特定的数学方法生成的,用于反映质量竞争力整体水平的动态性经济技术指标。它包括两个二级指标、6 个三级指标、12 个观测变量。

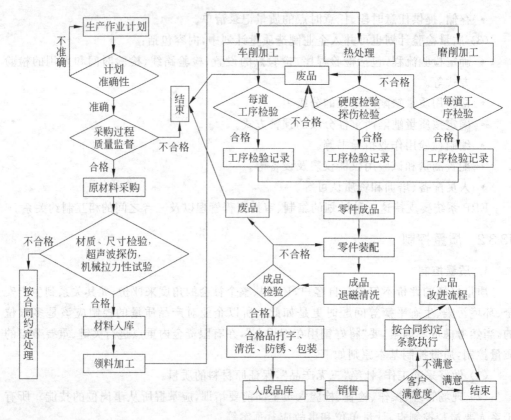

图 13.9　产品质量控制流程示意图

两个二级指标分别是"质量水平"指标和"发展能力"指标。质量水平指标反映的是"质量发展的当前状况",是对"现状"的测量。质量水平指标又包含 3 个三级指标,分别是"标准与技术水平""质量管理水平"和"质量监督与检验水平",依次反映"技术水平""管理水平"和"绩效水平"。发展能力指标反映的是"质量发展的持续能力",是对"潜力"的测量。与发展能力有关的 3 个三级指标是"研发与技术改造能力""核心技术能力"和"市场适应能力",反映的分别是"投入能力""创新能力"和"适销能力"。

每个三级指标又由两个易于测量、具有明确经济意义且相互独立的统计指标构成,共有产品质量等级品率、产品监督抽查合格率、研究与试验发展经费比重、国际市场销售率等 12 个观测变量。各统计指标的具体含义如表 13.6 所示。

表 13.6　质量竞争力各统计指标的具体含义

序号	统 计 指 标	指标内容说明
1	产品质量等级品率	企业按照不同层次标准组织生产与经营活动时,根据标准水平划分的加权产品值之和与同期工业总产值的比率,代表企业承诺的产品技术水平
2	微电子控制设备比重	微电子控制设备占生产经营用设备原价的比重,用于反映企业生产与经营过程的自动化程度
3	质量管理体系认证率	每亿元工业产值中质量管理体系认证证书的比率,用于反映质量管理基础能力

序号	统计指标	指标内容说明
4	质量损失率	质量损失总额与工业总产值的比率,体现了质量管理的经济效益
5	产品监督抽查合格率	接受国家质量监督抽查的产品中属于合格品的样品数所占的比率,反映企业自检合格产品的符合性质量
6	出口商品检验合格率	出口商品总额中合格品商品额所占的比率,反映出口商品的符合性质量
7	研究与试验发展经费比重	研究与试验发展经费支出总额与产品销售收入总额的比率,反映研发投入的力度
8	技术改造经费比重	用于技术改造的经费总额与产品销售收入总额的比率,反映技术改造投入的力度
9	每百万元产值拥有专利数	每百万元工业总产值所拥有的专利数,用于评价自主创新能力
10	新产品销售比重	新产品销售收入总额占产品销售收入总额的比率,反映新产品的开发能力
11	平均产品销售收入	所有制造业企业的平均产品销售收入,反映产业集中度的高低
12	国际市场销售率	出口商品总额占产品销售收入总额的比率,测量产品在国际市场上的竞争力

13.3.3　质量检验

质量检验从属于质量控制,是质量控制的主要活动。质量检验在生产过程中发挥以下职能:一是保证职能,二是预防职能,三是监督职能。保证职能是指通过对原材料、半成品的检验,鉴别、分选、剔除不合格品,并决定是否接收该产品或该批产品。保证不合格的原材料不投产,不合格的半成品不转入下道工序,不合格的产品不出厂。预防职能是指通过质量检验获得的信息和数据,为质量控制提供依据,发现质量问题,找出原因及时排除,预防或减少不合格产品的产生。监督职能是指将质量检验结果信息公示,让企业各级主管领导和不同车间的干系人实时掌握某个原材料和某条生产线产品的质量情况,在自己的职责范围内采取应对措施,减少二次浪费和质量问题。

常用的质量检验方法有全数检验和抽样检验。全数检验是将送检批的产品或物资全部加以检验而不遗漏的检验方法。它比较适合以下几种情况:批量较小,检验简单且费用较低;产品必须合格;产品中如有少量的不合格,可能导致该产品产生致命性影响。抽样检验是从一批产品的所有个体中抽取部分个体进行检验,并根据样本的检验结果来判断整批产品是否合格的活动,是一种典型的统计推断工作。它比较适合以下几种情况:对产品性能检验需进行破坏性试验;批量太大,无法进行全数检验;需较长的检验时间和较高的检验费用;允许产品有一定程度的不良品存在。

质量检验的主要内容如下:

(1)进料检验。是企业制止不合格物资进入生产环节的首要控制点。企业依据采购订单,对采购的产品进行入库前验收检验,不合格的退回给供应商,以保障企业物料库存的良性。

(2)制程检验。是指对进料入库后到成品入库前各阶段的生产活动的品质检验。检验方式主要有以下几种：

- 首件自检、互检、专检（专职检验员）相结合。在进料验收后，由于批次抽检及仓库存放等原因，进料也会有品质问题，所以在产品上线时要对产品的首件进行品质确定，就是进行首件的确认及批次生产过程中的品质规范及督导，从而提高制程品的成材率，降低生产成本。
- 材料核对。
- 过程控制与抽检、巡检相结合，保证合适的巡检时间和频率，严格按检验标准或作业指导书检验。包括对产品质量、工艺规程、机器运行参数、物资摆放、标识、环境等的检验。
- 多道工序集中检验。
- 逐道工序进行检验。

（3）成品检验。也称入库检验或终检（制程），是针对产品完工后的品质验证，以确定该批产品可否流入下道工序或成品库，保证入库品的性能、外观、包装良好且符合要求。

（4）出厂前检验。检验产品性能是否完好，包装是否受潮等等。

（5）工序检验。如返工、报废的工序是否合理，进行新工艺流程工序检验，确定能否插入或删除需要重新加工的或不需要加工的工序任务。当工序发生变化时系统要自动给相关人员发送提醒消息。

（6）外协检验。检查外协询价单、外协订单等信息是否完备。检查外协送出、外协送回信息是否与外协合同要求一致。检验外协产品的性能、外观、包装等是否满足要求，统计外协单位的准时率、不合格率及失败成本等，以便对外协单位的业绩进行跟踪管理。

13.4　事故与异常管理

事故、异常事件管理是企业生产管理的重要组成部分。在企业建设、生产运营和报废处理时，有可能发生不可预知的事故和异常事件，其中，许多事故、异常事件是安全意识淡漠和管理不善造成的。所以，为了避免类似情况的频繁发生，造成不可挽回的损失，要有管理体系和管理系统来支撑，以减少生命和企业财产的损失。ERP 系统在事故、异常管理和统计分析方面有 MES 和 DCS 无法可比的优势。ERP 系统要能支持事故、异常事件定义和多级分类、分级管理，并支持按分类的汇总和统计分析。

事故与异常管理的主要功能如下。

13.4.1　事故与异常分类管理

1. 事故定义与分类管理

事故是发生在人们的生产、生活活动中，造成人身伤害或财产、经济损失的预期之外的事件。

《企业职工伤亡事故分类标准》（GB 6441—1986）将企业工伤事故分为 20 类，分别为物体打击、车辆伤害、机械伤害、起重伤害、触电、淹溺、灼烫、火灾、高处坠落、坍塌、冒顶片帮、漏水、放炮、瓦斯爆炸、火药爆炸、锅炉爆炸、容器爆炸、其他爆炸、中毒和窒息以及其他伤害等。

事故一般分为如下等级：

(1) 特别重大事故。是指造成 30 人以上死亡，或者 100 人以上重伤（包括急性工业中毒，下同），或者 1 亿元以上直接经济损失的事故。

(2) 重大事故。是指造成 10 人以上 30 人以下死亡，或者 50 人以上 100 人以下重伤，或者 5000 万元以上 1 亿元以下直接经济损失的事故。

(3) 较大事故。是指造成 3 人以上 10 人以下死亡，或者 10 人以上 50 人以下重伤，或者 1000 万元以上 5000 万元以下直接经济损失的事故。

(4) 一般事故。是指造成 3 人以下死亡，或者 10 人以下重伤，或者 1000 万元以下直接经济损失的事故。

被定义为事故的事件发生时，要第一时间上报，并对已知的事故有预防措施和应急预案。

2. 异常事件分类

应该说，异常可能会导致事故，前者是因，后者是果。所以为了避免事故的发生，企业一定要管理好异常事件。

异常事件分类是企业异常事件管理、预警和分析的基础。企业异常事件分类要根据企业规模、管理精细化程度而定。大型集团企业异常事件可分为大、中、小三类，主要异常事件可细化到异常事件小类。如图 13.10（企业异常事件分类架构）所示，异常事件大类一般包括计划异常、作业方法异常、资源异常、机器异常、原材料异常、产品质量异常、人员

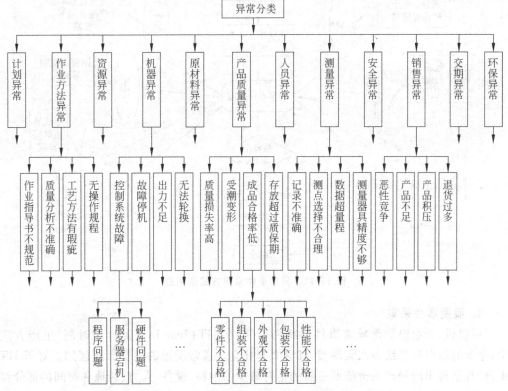

图 13.10　企业异常事件分类架构示意图

异常、测量异常、安全异常、销售异常、交期异常和环保异常 12 类。每一类又可细分为子类，形成异常事件分类树。ERP 系统要支持这种以分类树为基础的异常事件管理。

限于篇幅，多级异常事件分类没有在图 13.10 完整展现，例如，资源异常包括生产所需的水异常、气异常、油异常、厂房和工位异常、资金异常等。

13.4.2 事故与异常事件管理

事故与异常管理应该是 ERP 系统生产管理中的一项基本功能，事故与异常事件管理主要包括事故与异常事件管理定义、采集、管理和分析。

1. 事故与异常事件采集

事故的采集除生产线、设备停运为自动采集外，一般以人工采集为主。事故采集的关键是采集的时效性和采集内容，事故内容包括上报时间、发生时间、持续时间、结束时间、事故分类、事故等级、事故性质、涉及的企业、人员伤亡数量、直接经济损失和社会影响等。其中，上报时间非常重要，它给事故处理带来不可估量的影响。在 ERP 系统中，事故管理不复杂，最基础的是采集记录，然后是分析警示，所以最关键的是通过 ERP 系统进行警示和预防。

异常事件采集分为人工采集、自动采集及二者结合的采集方式，采集内容来自 EAM、人力资源、采购、库存、销售、生产和财务等多个模块，采集方式如图 13.11 所示。

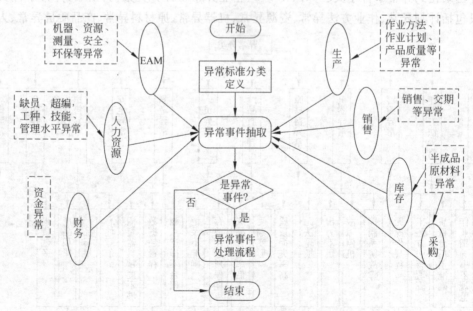

图 13.11　异常事件采集方式示意图

2. 浪费事件采集

可以说，企业浪费是异常事件的特例事件，在 JIT(Just In Time，即时制)生产方式中，企业的浪费被总结为八大浪费，其含义与社会上通常所说的浪费有所区别。对于 JIT 来讲，凡是超出增加产品价值所必需的绝对最少的物料、设备、人力、场地和时间的部分都是浪费。因此，JIT 生产方式所讲的企业浪费可归纳为八大类，分别是不良修正浪费、过分加工浪费、动作浪费、搬运浪费、库存浪费、制造过多过早浪费、等待浪费和管理浪费。

这些浪费在企业特别是国企中存在得较多,它有多种原因,主要是管理问题和整体意识。为了减少企业浪费,ERP 在浪费管理方面主要是以数据为依据起到警示作用,间接增加企业效益。

3. 事故与异常事件管理

对确定的事故、异常事件进行提前防御,对突发的事故、异常能有效处理,对已发生的事故、异常进行分析和止损,是事故与异常事件管理的主要工作。事故与异常事件管理要看其来源,来源于哪个模块就在哪个模块管理,如图 13.11 所示,若是机器、资源、测量、安全、环保等事故、异常事件,要在 EAM 模块管理;作业方法、作业计划和生产质量等事故、异常事件,要在生产管理模块进行管理。但所有事故、异常事件管理结果要集中在此模块展现,以便让生产作业和管理人员及时掌握第一手信息。

(1) 事故、异常事件提前防御管理。梳理本企业和同类企业曾经发生的事故和异常事件(由前面的采集过程完成),分析发生前和发生过程中相关参数和动作等发生的变化及发生后对生产排程和制程的冲击,综合模拟出判据,依据判据对可能发生的事故和异常事件进行预警,并采取应对措施。

对不良修正浪费、过分加工浪费、动作浪费、制造过多过早浪费及等待浪费等制定考核标准。

(2) 事故、异常事件处理。企业若突发事故时,要第一时间上报并组织人员及时处理,待事故得到遏制后,先进行事故情况采集,然后进行事故原因分析和防范措施补充,并将处理结果在协同办公系统和 ERP 系统中进行公示。异常事件虽然不像事故那样影响大,但比事故发生的比例高,且有可能演变成事故,因此异常事件的处理更为复杂。不同分类的异常事件处理流程各不相同,综合分析各类事故和异常事件,其处理流程一般如图 13.12 所示。

针对每类的事故和异常事件,ERP 系统都可设定各自对应的判定规则。能自动判定的,系统直接判定;需要人工协助的,相关干系人要及时给出判定结果。如果产品质量异常,首先要界定是设计问题、原材料问题、工艺问题、环境问题还是操作问题等,然后进入到下一步流程处理。例如,如果是原材料问题,那就要考虑是否需要调整排程,当原材料问题解决后,为了不影响交期,要考虑是否需要加班,以及是否需要向供应商索赔和给客户赔偿等等。

而对于八大浪费的异常事件处理就是消除浪费,当然这是一个循序渐进的过程,也要求企业领导认可它是一种浪费。如针对过分加工浪费,要分析判断其浪费的直接或主要原因究竟是过分设计、过分品质、过分加工、过分检验哪一种或几种原因引起的。定位具体原因,然后协同领导平衡处理,当然要考虑产品市场的占有率和发展前景。

(3) 事故、异常事件处理结果管理。对于企业事故处理结果除在协同办公系统、档案系统保留外,还要在 ERP 系统中进行管理,以便作为绩效考核依据,并起到教育警醒作用。异常事件处理结果基本上在 ERP 系统中管理,如果异常事件采集、处理办法和处理结果信息比较规范和完善,可形成异常事件处理故障树。

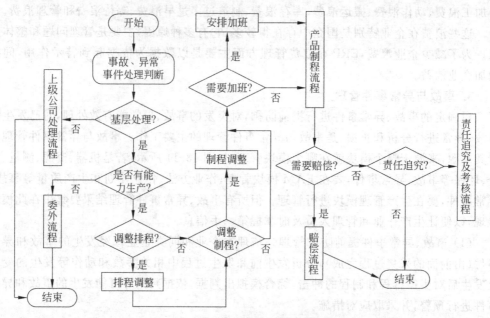

图 13.12 事故、异常事件处理流程示意图

13.4.3 事故与异常事件分析

事故与异常事件分析主要是通过报表和图形分析分级展现,集团公司、分/子公司和基层企业的报表和图形格式基本内容一致,但展现的内容要分级处理。

1. 报表分析

企业事故、异常事件报表分析包括汇总分析表、明细表、评估分析表、对比分析表和预警报表等。常见报表格式一般如表 13.7 至表 13.10 所示。

表 13.7 ××××集团公司 2015 年 1~6 月发生异常事件汇总统计

分/子公司	基层企业	异常事件等级	异常数量	受伤人数	直接经济损失	主要责任人	分公司排名	集团公司排名
××分公司	A 基层企业	一级异常						
		二级异常						
		三级异常						
	B 基层企业	一级异常						
		二级异常						
		三级异常						
	⋮	⋮						
⋮								

表 13.8　××××分公司 2015 年一季度订单异常事件明细统计

订单合同编号	订单合同名称	订单产品	订单异常说明	订单日期	业务员	客户名称	客户联系人	客户电话	订单异常责任人	解决责任人	预防措施	跟进人	主管领导审查	领导审批	基层单位

表 13.9　××××集团公司 2015 年上半年发生事故同期对比

分公司	2015 年 1～6 月				2014 年 1～6 月				同期对比±%			
	事故起数	死亡人数	受伤人数	经济损失(万元)	事故起数	死亡人数	受伤人数	经济损失(万元)	事故起数	死亡人数	受伤人数	经济损失
分公司 1	9	0	18	56.7	13	1	14	78.2	−30.8	−100	28.6	−27.5
分公司 2	1	0	0	11.2	1	0	1	21.7	0	持平	−100	−48.4
分公司 3	7	0	3	49.1	6	2	5	105.4	16.7	−100	−40	−53.4
分公司 4	0	0	0	0	2	0	1	14.9	−100	持平	−100	−100
分公司 5	2	1	3	786.9	5	2	9	126.4	−56.7	−50.0	−66.7	522.5
分公司 6	1	0	2	36.2	3	0	4	52.7	−66.7	持平	−50.0	−31.3
⋮												

表 13.10　××××分公司 2016 年交期变更汇总表

基层单位	订单号	订单描述	变更原因	供应商	客户	生产车间负责人	原排程期间	原交期	变更后交期	客户是否已同意变更	变更提报人	变更审核人	领导审批

2. 图形分析

图形分析可以更直观地反映企业各方面存在的事故及异常状况,并能通过数据模型预判,进行预警提示。ERP 系统应能完成如图 13.13 至图 13.17 所示的事故、异常事件图形分析。

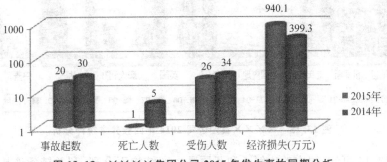

图 13.13　××××集团公司 2015 年发生事故同期分析

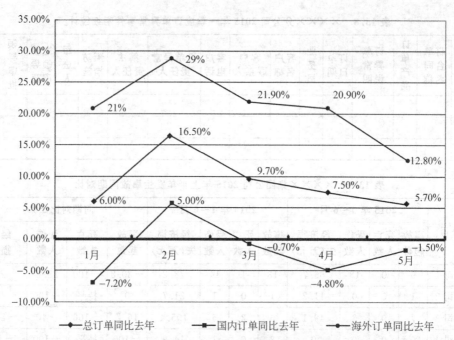

图 13.14　某奶制品企业 2015 年与 2014 年前 5 个月相比还原乳采购订单的变化情况

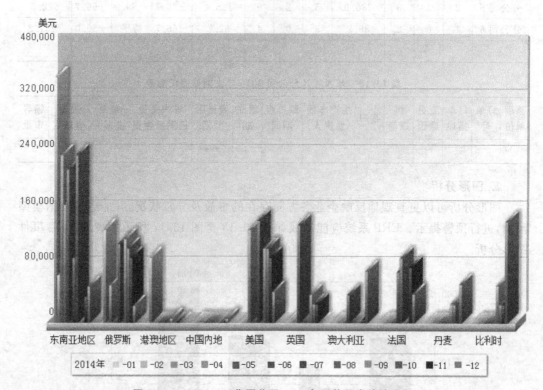

图 13.15　××××集团公司 2014 年回款异常统计分析

　　由图 13.14 可知,国内的生鲜乳和还原乳生产结构不合理,利益链条连接不紧密,当海外的同类产品价格降低时,制造企业只能选择大量进口海外同类产品,凸显国内奶制品行业抵抗风险能力的薄弱。

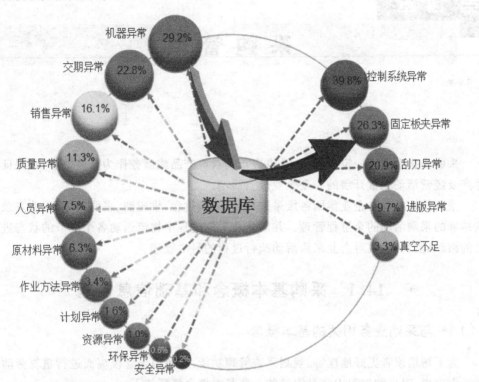

图 13.16 ××××集团公司 2016 年上半年异常事件所占比例分析

如图 13.17 所示,该企业在 2016 年上半年八大浪费中浪费最多的是库存。

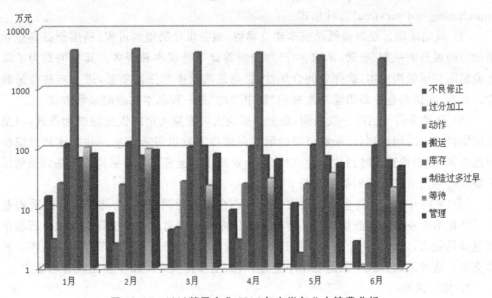

图 13.17 ××基层企业 2016 年上半年八大浪费分析

第 14 章

采 购 管 理

　　采购是指企业在一定条件下,从供应市场获取产品或服务作为企业资源,以保证企业生产及经营活动正常开展的一项企业经营活动。

　　采购管理是针对企业集团各级采购计划、采购过程、供应商、采购接收、采购发票到采购结算的采购活动的全过程管理。并对企业采购过程中物流运动各个环节的状态进行严密的跟踪、监督,实现对企业采购活动执行过程的科学管理。

14.1　采购基本概念和基础信息管理

14.1.1　与采购业务相关的基本概念

　　为了帮助读者更好地理解、规划采购管理功能,避免因概念模糊而进行重复劳动或造成规划偏离,对采购过程中常易混淆的一些基本概念解释如下。

1. 采购形式

　　企业常见的采购形式分为战略采购(sourcing)、日常采购(procurement)、采购外包(purchasing out-services)三种形式。

　　(1) 战略采购。是以最低总成本建立物资、服务供给渠道的过程,是围绕提高企业集团能力而展开的采购、仓储、运输、生产和销售等环节的成本和服务。其目的是为了降低企业集团持续采购成本,确保合同合规性,提高采购效率和采购质量,进一步防范采购风险。目前,在国内企业集团稳步发展的"集中采购"是一种基本的战略采购方式。

　　(2) 日常采购。也称一般采购,是企业采购人员根据确定的供应协议和条款,以及企业的物料需求时间计划,以采购订单的形式向供应方发出需求信息。并安排和跟踪整个物流过程,确保物料按时到达企业,以支持企业的正常运营。日常采购通常是以最低采购价格获得当前所需资源的简单交易。

　　(3) 采购外包。就是企业在聚力自身核心竞争力的同时,将全部或部分的采购业务活动外包给专业采购服务供应商。专业采购供应商可以通过自身更具专业的分析和市场信息捕捉能力,以辅助企业管理人员进行总体成本控制,降低采购环节在企业运作中的成本支出。这种采购方式不太适合中小企业,对大型和特大型集团企业比较有诱惑力。

2. 集中采购

　　集中采购是指企业集团的采购实施单位,以合同方式或以确定的程序有偿获得根据企业经营需求指定的集中采购范围(如集中采购目录)以内的或者规定限额以上的工程、物资及服务的行为。

集中采购包括以下几种典型模式:

- 集中采购,统一储备,统一结算。
- 集中定价,分开采购。
- 集中订货,分开收货付款。
- 集中订货,分开收货,统一结算。
- 集中采购后调拨等运作模式。

采用哪种模式,取决于集团对下属公司的股权控制、税收、物料特性、进出口业绩统计等因素,集团企业内可能同时存在几种集中采购模式。

集中采购的主要优点是批量大、优惠多,能提高与卖方的谈判力度。集中采购可实施集中配送,降低采购、运输和储备成本,有利于企业择优选购,保证采购质量;同时,可减少采购人员,也便于采购人员的培养与培训。

集中采购的主要缺点是增加了采购流程环节,延误时效,不适用于以下几种情况:紧急采购,非共性物料的集中采购,折扣很小或无折扣。集中采购的采购活动往往与使用单位分离,不利于规格、性能等参数的确认。

3. 服务采购

服务采购是指企业对除货物和工程以外的各类社会服务、金融服务、科技服务、商业服务等需求对象进行获取的过程,包括与工程建设项目有关的投融资、项目评估咨询、工程勘察设计、工程监理、项目管理服务等。服务招标中还包括各类资产所有权、资源经营权和使用权出让等招标活动。

与货物、工程采购相比,服务采购的标的——服务或相关服务具有无形性、评审侧重质量而不是价格、无法存储、易变、不可分割、不能再销售、服务采购复杂等属性。

4. 工程采购

工程采购是为工程项目、建筑项目、建设项目等进行的采购,其采购项目需要的建筑材料、工程设施、建筑工程设备等在采购数量、规格、重量、质量标准等方面不同于其他采购。

5. 询价采购

询价采购是对几个供应商(至少三家)的报价进行比较,以确保价格具有竞争性的一种采购方式。适用于合同价值较低的标准化货物或服务的采购。

6. 即时制采购

即时制采购对应即时生产(JIT,又称无仓储生产、零库存管理、短周期制造)。其基本含义是通过零缺陷的质量改进,减少调试设置时间、工位等待时间,缩小生产批量,从而缩短生产周期,将库存降低到最低水平。

7. 采购因素

企业采购因素包括采购品质、采购价格、交期、服务和配合度。其中采购品质需要控制的内容包括对供应物料品质的控制(包括物料的生产过程、设备、环境等内容)、进货检验(包括物料的数量、规格、质量等内容)、对采购物流过程中品质的控制(包括交货时间、地点、方式等内容)。影响采购价格的因素包括 5 个方面:物料成本、供需关系、季节变化、市场环境、交货条件。

8. 电子招标投标

根据招标投标相关法律法规文件进行的以数据电文为主要载体,应用信息技术完成招标投标活动的全部过程,为电子招标投标。其中,数据电文是指以电子、光学、磁或者类似手段生成、发送、接收或者存储的信息。

9. 招标投标交易平台

招标投标交易平台是招标投标当事人通过数据电文形式完成招标投标交易活动的信息平台。招标投标交易平台主要用于在线完成招标投标全部交易过程,编辑、生成、对接、交换和发布有关招标投标数据信息,为行政监督部门和监察机关依法实施监督、监察和受理投诉提供所需的信息通道。

10. 招标投标公共服务平台

招标投标公共服务平台是为满足各交易平台之间电子招标投标信息对接交换、资源共享的需要,并为市场主体、行政监督部门和社会公众提供信息交换、整合和发布的信息平台。公共服务平台具有招标投标相关信息对接交换、发布、资格信誉和业绩验证、行业统计分析、连接评标专家库、提供行政监督通道等服务功能。

11. 招标投标行政监督平台

招标投标行政监督平台是行政监督部门和监察机关在线监督电子招标投标活动并与交易平台、公共服务平台对接交换相关监督信息的信息平台。行政监督平台应当公布监督职责权限、监督环节、程序、时限和信息交换等要求。

12. 招标投标监督通道

招标投标监督通道是招标投标交易平台、公共服务平台为行政监督部门和监察机关依法在线监督、监察电子招标投标活动提供的信息通道。

13. 招标投标数据项

招标投标数据项是电子招标投标系统中为满足功能控制、数据交换、信息共享的需要,反映业务对象特征属性的结构化数据。

14. 招标投标信息资源库

招标投标信息资源库是电子招标投标系统中反映相关业务对象特征属性的数据项,按照对接交换、查询发布、统计分析等特定功能需要和标准进行分类集合的数据库。

15. 发标

发标是招标人按资格预审公告、招标公告或者投标邀请书载明的时间、地点发出资格预审文件或者招标文件的活动。

16. 电子开标

电子开标是通过交易平台在线完成投标文件拆封解密、展示唱标内容并形成开标记录的工作程序。

17. 电子签名

电子签名是运用电子密码技术,在数据电文中以电子形式所含用于识别签名人身份、并表明签名人认可其中内容的数据。"签署"是指招标投标当事人对数据电文进行电子签名的行为。

18．电子印章

电子印章是模拟在纸质文件上加盖传统实物印章的外观和方式进行电子签名的形式。

19．开标记录

开标记录是记录参加开标的单位、人员、开标过程以及展示唱标内容等相关信息，并经电子签名的数据文件。

20．电子评标

电子评标是招标项目评标委员会通过交易平台的电子评标系统，按照招标文件约定的评标标准和方法，对电子投标文件进行评审，并形成评标报告电子文件的工作程序。

14.1.2　采购基础信息及编码标准

采购基础信息标准主要包括采购基础信息收集、分类、编码、描述及存储等管理标准，这些标准是采购功能得以正常使用的重要支撑。采购业务涉及的信息分类包括采购分类、物资分类、需求计划分类、供应商分类、制造商分类和招评标专家专业分类等，以及与这些分类相关的信息（如物资、供应商、制造商、合同、资质序列、行业和专业类别、资质等级、奖惩类型等）编码。因篇幅有限，本节只介绍比较主要的分类和编码标准。

1．采购分类标准

企业集团常用的采购分类方式不是一种，它根据不同的业务需要会有多种分类方式，ERP 系统要至少支持以下三种以上的分类方式：

- 按照采购标的物的属性分类：工程采购、物资采购和服务采购。
- 按照选择交易主体方式分类：招标采购、询价采购、单一来源采购、竞争性谈判采购、议价采购、定价采购和公开市场采购。
- 按照采购组织模式分类：集中采购、分散采购和混合采购。
- 按照采购手段分类：传统方法采购和电子方法采购。
- 按照支付对价方式分类：购买、租赁、委托（雇佣）、借贷、征收和交换等。
- 按交易主体国别和采购标的物来源地分类：国内采购和国际采购。
- 按照供需双方的关系分类：自行采购和委托采购。

其中，按照采购标的物属性分类的第一层编码为：A—工程（包括工程咨询、工程施工、其他工程）、B—货物、C—服务。

2．物资分类与编码

物资分类可使用 GB/T 7635—2002《全国主要产品分类与代码》，该标准与国际接轨，符合联合国的 CPC 标准。该标准由相对独立的两部分组成。第一部分为"可运输产品"，按产品的产业源及产品的性质、加工工艺、用途等基本属性进行分类；第二部分为"不可运输产品"，主要依据产品的产业来源、产品形式和服务的方式、环境、供方、受方等属性进行分类。其中"可运输产品"分类结构有六层 8 位数字码，前五层是每一层 1 位码，第六层是 3 位码，采用了非平均分配代码方法，共列入 50 000 多个类目。第一部分"可运输产品"第一层由五个部类组成，代码为 0～4，代表的意义描述如下：

- 0 部类：农林（牧）渔业产品；中药。

- 1 部类：矿和矿物；电力、可燃气和水。
- 2 部类：加工食品、饮料和烟草；纺织品、服装和皮革制品。
- 3 部类：除金属制品、机械和设备外的其他可运输物品。
- 4 部类：金属制品、机械和设备。

第二、第五层代码为 1～9，第三、四层代码为 0～9，第六位用 3 位数字表示，代码为 010～999，采用顺序码和系列顺序码；第五层和第六层代码之间用圆点（·）隔开，信息处理时应省略圆点符号。

"不可运输产品"分类结构如图 14.1.2 所示，分类采用层次码，每层用一位阿拉伯数字表示，即五层 5 位数字；如果上位类不进一步细分的产品下位类的代码用 0 表示，以保证同层类目代码等长；本部分第一层代码从 5 开始，以便与本标准第一部分代码相衔接。

第二部分"不可运输产品"第一层由五个部类组成，代码为 5～9，代表的意义描述如下：

- 5 部类：无形资产；土地；建筑工程；建筑物服务。
- 6 部类：经销业服务；住宿服务；食品和饮料供应服务；运输服务；公用事业商品销售服务。
- 7 部类：金融及有关服务；不动产服务；出租和租赁服务。
- 8 部类：商务和生产服务。
- 9 部类：社区、社会和个人服务。

物资分类与编码除国家标准外，也有行业标准，如《汽车和挂车类型的术语和定义》《核仪器仪表分类与代码》《石油工业物资分类与代码》《电力物资编码标准》等。

3. 需求计划分类

企业物资需求计划分类方式有多种，如按时间分类、按采购分类和按用途分类等。按时间分类可分为年、季、月和追加物资需求计划；按采购分类可分为工程采购需求、货物采购需求和服务采购需求，或集中采购需求、分散采购需求等；按用途可分为生产物资、维修物资和劳保办公物资三大类物资需求计划。

4. 采购专家相关编码

采购专家是指以独立身份为企业集团的采购活动提供评标、评审和采购咨询服务的专业人员。采购专家分为两类，其类型代码用 1 位顺序码表示：

- 1—招标人代表。
- 2—专家库成员。

其中，成为专家库成员的专家专业分类可分为五类四个层级，用 7 位字码表示。其中第一层编码为：

- A—工程（包括工程咨询、工程施工、其他工程）。
- B—货物。
- C—服务。
- D—产权。
- E—土地。

第二级到第四级每级 2 位，对应《评标专家专业分类标准（试行）》（发改法规〔2010〕1538 号）中的一级类别至三级类别。专家库成员的专家专业分类示例如表 14.1 所示。

表 14.1 专家库成员的专家专业分类示例

一级类别	二级类别	三级类别	四级类别
C—服务	13 招标代理服务	01 工程类代理 02 货物类代理 03 服务类代理 04 产权类代理 05 土地类代理	01 中央投资项目 02 政府采购项目 03 机电国际招标项目 04 通信建设项目 05 其他 如果没有四级类别,可以用 00 补足
D—产权	另行制定	另行制定	另行制定
E—土地	另行制定	另行制定	另行制定

专家编码规则采用组合码,编码长度为 17。排列顺序从左至右依次为：10 位公共服务平台标识代码,1 位专家库在公共服务平台中的序列号,6 位专家在专家库中的序列号(根据登记入库的先后自动排序)。

14.2 采 购 计 划

ERP 系统要支持企业集团的采购计划管理,包括提供标准计划模板,支持下属分/子公司的计划自动汇总、分类、排序和自定义工作流的审批,对采购计划过程进行监控管理等功能。

企业集团的采购计划按流程节点顺序可分为需求计划、采购计划、采购执行计划和采购工作安排。其中,需求计划是指所需部门、基层单位根据基建、生产等实际需求提报的需求计划单,但未考虑合同履约情况、在途物资和库存物资等情况,只是单纯地使用需求计划。采购计划是指各级采购部门综合考虑合同履约情况、采购提前期、在途物资和库存物资等情况,综合平衡后实际要进行采购的计划。采购执行计划是集团公司综合相关部门的审核意见,并考虑项目进度、企业资金可用情况等由集团公司采购领导小组批准的可执行的采购计划。采购工作安排是依据采购执行计划而做的集中采购和分散采购工作安排。

采购计划按照采购标的物的属性可分为工程采购计划、物资采购计划和服务采购计划。

无论如何分类,采购计划都是企业集团战略采购的初始环节,是有效节约采购成本、防止资金被套、防止库存积压、防止生产缺料和防止不能及时进行设备消缺与检修的基础工作。只有做好企业集团采购计划,才能有效防止企业集团在生产、维修等过程中发生缺料和库存积压等现象,从而影响生产、延误交期和增加库存成本,造成企业人力和物力的浪费等等。

14.2.1 采购计划流程

1. 工程采购计划流程

工程采购计划包括工程项目、建筑项目、建设工程项目中的勘察、设计、施工、监理、咨询、设备和物资采购及大件运输等采购计划。

工程采购计划的审批流程涉及企业集团内部的公司级、分公司级和外部的设计单位、承建商和物流公司等多个协作单位,审批环节比较复杂。

　　企业集团工程采购计划主要流程节点如图 14.1 所示,而工程采购计划实际流程的流转顺序是一个多次交互的过程。例如,设计单位的设计往往在立项审批前就开始,承建商和业主之间也要进行多次沟通,反复审核。

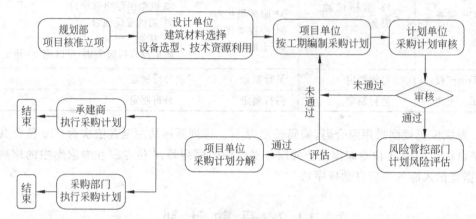

图 14.1　企业集团工程采购计划主要流程节点

2. 物资采购计划流程

　　物资采购计划包括企业生产产品、设备/设施维修、办公和劳保用品三大类所需物资采购计划。其中企业生产产品采购计划是指根据产品结构各层次物品的从属和数量关系,以每个物品为计划对象,以完工时间为时间基准倒排计划,并按提前期长短区别各个物品下达计划时间的先后顺序,是一种工业制造企业内物资计划管理模式。设备/设施维修物资采购计划要考虑设备/设施维检修计划、采购提前期和日常消缺等因素,制定所需物资的采购计划;办公和劳保用品物资采购计划较前两种计划相对简单,按劳保制度和办公用品配备标准等进行考量即可。

　　当然,为了减轻 ERP 系统对无效数据的处理压力,物资采购需求计划一般先在集团公司下发的计划模板中上报,待批准为执行计划时再录入到 ERP 系统的基层单位需求计划模块中。当然如果集团公司使用的 ERP 系统、数据库和服务器等能支持海量数据,并具有良好的性能,也可将所有物资计划过程都在 ERP 系统中进行管理,同时要求提高基层企业物资需求计划上报的准确性。

　　企业集团的采购计划流程与 ERP 系统的部署密切相关,主要有四种实施方案:第一种方案是整个企业集团使用一套 ERP 系统,所有采购计划都在一套 ERP 系统的需求计划和采购申请功能中完成(如图 14.2 所示),没有与电子招投标系统接口;第二种方案是集团公司和分/子公司、基层单位使用多套 ERP 系统,基层级和分/子公司级的采购需求计划一般在分/子公司级 ERP 系统的需求计划和采购申请功能中完成,各分/子公司和集团公司的 ERP 系统做接口,但没有与电子招投标系统接口;第三种、第四种方案是上述两种情况与电子招投标系统自动接口,批准的采购执行计划作为电子招投标的依据。

　　第三类服务采购计划流程与物资采购流传大致一样,只不过服务采购计划提出的部门可以是企业的任一部门,而且服务采购大多是一次性的。

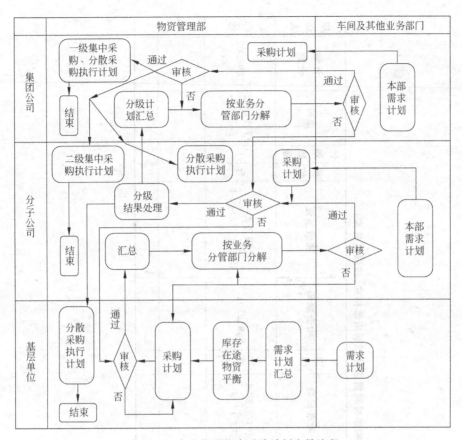

图 14.2　企业集团物资采购计划审批流程

14.2.2　采购计划功能

ERP 系统要支持工程采购、物资采购和服务采购三类采购的需求计划编制,基层企业内的汇总、审批,形成采购计划上报分/子公司,分/子公司汇总、审核,结果上报到集团公司,集团公司物资管理部汇总,多业务部门审核,形成执行计划的所有操作过程管理。在采购计划流转过程中,能根据采购资金和集中采购目录的约束形成集中采购计划和分散采购计划。

1. 基层企业采购计划管理

基层企业的采购计划管理包括采购需求计划、物料平衡、采购分配单和采购计划上报四部分。

(1) 采购需求计划。工程采购计划来源于项目单位的"工程采购需求计划单";物资采购需求计划源于生产车间、检修车间和管理部门,他们通过"物资需求计划单"提出各类物资需求,经过基层的审批流程批准后,传至物资采购部门;服务采购需求必须指定项目、任务、支出类型,便于项目预算占用、成本归集及财务核算。在服务采购需求中,一般情况下,生产服务需求通过工单提出,非生产服务需求通过需求计划单提出,这样对于维修服务可确保生产成本都能真实、有效分解到具体使用设备上,实现设备成本的有效归集。

企业集团检修用物资采购需求计划如表 14.2 所示,需求计划完成情况分析如图 14.3 所示。

表 14.2　×××基层企业 2016 年检修材料需求计划明细表格式（按项目分类）

项目编码	项目描述	项目类型	项目状态	工单号	工单描述	工单状态	工单日期	批准日期	部门	物资编码	物资描述	计划数量 单位	计划数量	单价	计划金额	申请人
13020141 5 RG04*1	DCS 模板备件购置	基层掌握技改项目	已批准	358913	计算机服务器购置	下达	2014-12-04 08:27:00	2014-12-04 13:17:31	设备部	2301230101	服务器 IBMX3468840-I	台	1	17094.02 982.91	17094.02	陈帅
13020145 9 DH20*1GL																
...																

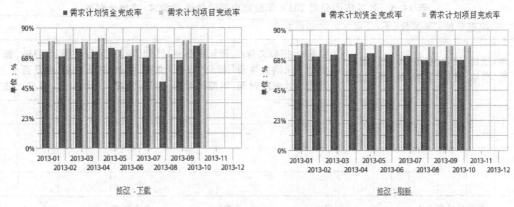

图14.3 某企业集团需求计划完成情况分析

（2）物料平衡。批准的"工程采购需求计划单"和"物资需求计划单"汇总后，要进行物料平衡，才能进入到物资采购计划环节。物料平衡最简单、最常用的原则是汇总平库，即采购员先进行物料平衡，其平衡的数据作为待处理状态存在，待完成所有物料平衡工作后，形成物资本次采购数量及需求日期，根据本次建议采购数量创建采购计划；但补库物资需求不参加物料平衡，审批通过后依据库存最大最小计划自动生成补库物资的采购计划。

（3）采购分配单。采购分配单是对基层已批准的采购计划进行归类处理，它主要依据集团公司、分/子公司制定的集中采购目录、采购金额和长期采购协议等，通过采购分配单将采购计划中的采购物资分配到一级集中采购、二级集中采购、长协采购和分散采购（基层企业也称"自采"）计划单中。

（4）采购计划上报。分配完成的采购计划经批准后按流程上报。其中进入一级集中采购、二级集中采购目录中的物资采购要执行集团公司和分/子公司的集中采购计划；属于长期采购协议的物资，如标准的备品配件和办公用品等不需要上报，可向集团公司指定的电子商城直接下订单，基层企业不需要进行招投标；自采的物资也要报到分/子公司，批准后按基层企业规定进行招投标、框架协议、指定供应商、询报价等。生产和维修需要的紧急采购物资要在事后向上级单位做说明，原则上不能超过年总采购量的5％。

2. 分/子公司和集团公司采购计划管理

基层单位按规定的范围、流程、时间要求向分/子公司和集团公司上报下一年度的年度需求计划；分/子公司和集团公司接收来自下属单位和本部各部门的采购计划，汇总审核采购内容、采购数量的合理性，以及采购分类和分级的正确性等。如果上报的物资和服务等集中采购分级不正确，可直接调整、也可退回到流程的前几级调整。

集中采购计划管理实行年计划、季调整、月安排。经逐级审核通过后，作为年度执行计划下达。另外，基层单位可每季度申报追加计划，经逐级审核通过后，作为年度执行计划的补充。但追加计划多的基层单位、分/子公司要列入年度工作考核。集团公司和分/子公司根据调整后的年度执行计划，按月下达采购工作安排。

3. 追加计划表格式

企业物资类集中采购需求/追加计划表格式如表 14.3 所示。

表 14.3　××集团公司 201×年度集中采购物资类需求/追加计划表

填报单位：××分(子)公司×××基层企业

序号	项目名称	项目类别	标的名称	单位	数量	国产/进口	预算金额(万元)	招标文件/采购文件预计完成时间	计划发布招标公告/采购邀请时间	计划交货时间	项目报批情况	项目是否列入投资计划	项目资金是否落实	备注
1														
2														

填报单位联系人：　　　　固定电话：　　　　手机：　　　　电子邮箱：

总之，采购计划是企业集团战略采购的初始环节，是有效节约采购成本、防止资金被套、防止库存积压、防止生产缺料和防止不能及时进行设备消缺与检修的基础工作。只有做好企业采购计划，才能有效防止企业在生产过程中发生缺料现象，影响生产，延误交期，造成企业人力和物力的浪费等。

14.3　采购过程管理

ERP 系统采购管理功能除传统的以订单为主的采购功能外，还向外延伸了供应商关系管理功能(如 SRM)、招标投标管理等功能，实现了主要采购过程的电子化。这些功能一部分在企业内网运行，如分/子公司、基层单位的采购需求计划、平衡库存、采购计划、询价、订单、订购、催缴、进货验收、订单接收、订单退货和发票等管理功能；另一部分在对外网站上运行，如 SRM、电子商城和招标投标管理系统等。这样的运作方式对信息的标准化程度、网络及访问安全要求很高。

14.3.1　集中采购目录与采购批次管理

1. 集中采购目录

集中采购目录可分为 A、B、C 三类，其中，A 目录为统谈分签范围，B 目录为统谈统签范围，C 目录为统谈长协范围。统谈分签范围内的采购是先进行统一集中招标，然后依据招标结果由采购需求单位与供应商签订合同；统谈统签范围内的采购也是先进行集中招标，然后由代理机构作为集采配送单位与供应商签订合同，再由集采配送单位与采购需求单位签约结算；统谈长协范围内的采购由集团公司或分/子公司与供应商签订长期协议，采购需求单位按协议确定的条款执行采购。

企业集团的集中采购目录一般分为两级：一级属于集团公司级，二级属于分/子公司级。其中一级集中采购目录由集团公司组织编制、审核和维护，二级集中采购目录由分/子公司组织编制、审核和维护。

集中采购目录格式一般有两种,一种是按供应商列出需要集采的物资(如表 14.4 所示),另一种是按物资分类列出每类物资需要集采的物资。

表 14.4 电力企业集中采购目录格式(按供应商划分)

序号	图 号	物 资 名 称	计 量 单 位
一、300MW 汽轮机 长协采购供应商:上海电气电站服务公司			
1	153.30.62.02	阀座	件
2	155.01.58.03	内六角螺钉	件
3	155.01.71.27	活塞环	件
4	155.01.81.04	内缸疏水管	件
5	155.01.82.04	双头螺栓	件
6	155.06.01.02	键	件
7	155.06.01.08	带轴肩圆柱头内六角螺钉	件
8	155.06.01.09	内六角螺钉	件
9	155.06.01.10	双头螺柱	件
⋮	⋮	⋮	⋮

各级的采购计划要严格按照集中采购目录进行分类,再汇总合并,为了保证采购计划分类和分级的正确性,可在基层企业的库存物资信息中按集中采购目录做标记,这样会减轻审核的工作量。另外要允许各级集中采购目录定期做修订。

2. 招标采购批次管理

ERP 系统要对招标采购批次进行管理,依据招标采购批次划分原则,设置招标采购批次,如图 14.4 所示。

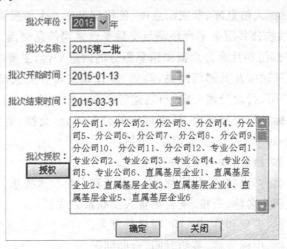

图 14.4 招标采购计划批次设置

实际上,集采的目的是想通过增加采购量来提高议价的能力,降低单位采购成本,这是企业集团战略采购的根本。它在一定程度上可以减少采购工作的差异性,提高物流服务的标准化,同时减少采购管理的工作量。但对采购物品差异性较大的企业来说应该慎用。

14.3.2 电子招标投标系统

依据国家发展改革委等八部委于 2013 年 2 月 4 日联合发布的《电子招标投标办法》及《电子招标投标系统技术规范》,电子招标投标系统根据功能的不同分为交易平台、公共服务平台和行政监督平台。

1. 电子招标投标系统主要功能

电子招标投标系统交易平台是以数据电文形式完成招标投标交易活动的信息平台,主要功能包括用户注册、招标方案、投标要求、资格预审、发标、投标、开标、评标、定标、费用管理、异议、监督、招标异常和归档等功能。需要进一步强调的功能如下:

- 在线完成招标投标全部交易过程。
- 编辑、生成、对接、交换和发布有关招标投标数据信息。
- 提供行政监督部门和监察机关依法实施监督和受理投诉所需的监督通道。保证招标投标活动当事人、行政监督部门和监察机关按各自职责和注册权限对该交易平台的正常使用。
- 为各类电子招标投标信息的互联互通和交换提供开放数据接口。
- 采用初始录入信息的真实性验证、可靠的身份识别、权限控制、加密、病毒防范等技术,具有防范非授权操作,确保数据电文不被篡改、不遗漏和可追溯的安全管理功能。
- 支持招标投标活动,企业通过电子招标投标交易平台公布项目完成质量、期限、结算金额等合同履行情况。
- 实现交易平台信息资源库管理,包括招标项目信息库、招标人信息库、招标代理机构信息库、投标人信息库、专家信息库、价格信息库 6 个信息资源库。

电子招标投标系统公共服务平台是满足交易平台之间信息交换、资源共享需要,并为市场主体、行政监督部门和社会公众提供信息服务的信息平台,主要功能如下:

- 链接各级人民政府及其部门网站,收集、整合和发布有关法律法规规章及规范性文件、行政许可、行政处理决定、市场监管和服务的相关信息。
- 连接电子招标投标交易平台、国家规定的公告媒介,交换、整合和发布《电子招标投标办法》第四十一条规定的信息,包括:
  - ◆ 招标人名称、地址、联系人及联系方式。
  - ◆ 招标项目名称、内容范围、规模、资金来源和主要技术要求。
  - ◆ 招标代理机构名称、资格、项目负责人及联系方式。
  - ◆ 投标人名称、资质和许可范围、项目负责人。
  - ◆ 中标人名称、中标金额、签约时间、合同期限。
  - ◆ 国家规定的公告、公示和技术规范规定公布和交换的其他信息。
- 连接依法设立的评标专家库,实现专家资源共享。
- 支持不同电子认证服务机构数字证书的兼容互认。
- 提供行政监督部门和监察机关依法实施监督、监察所需的监督通道。

- 整合分析相关数据信息,动态反映招标投标市场运行状况、相关市场主体业绩和信用情况。

行政监督平台是行政监督部门和监察机关在线监督电子招标投标活动的信息平台,主要功能包括:

- 具有用户注册、身份识别、权限控制、加密、病毒防范等功能。
- 开放数据接口,允许通过检测认证的电子招标投标交易平台和公共服务平台与其对接交换信息。
- 允许投标人或者其他利害关系人认为企业集团电子招标投标活动不符合有关规定的,通过行政监督平台进行投诉。

2. 采购流程

采购管理功能要支持招标和非招标的采购方式。其中,招标方式包括公开招标和邀请招标,采用哪种方式要依据采购计划分类、采购金额和供应商管理策略等;非招标方式包括询价、单一来源采购、竞争性谈判和竞价等。主要流程节点如图 14.5 所示。当然,具体到每一种采购方式,节点会更多一些,例如询价采购流程如图 14.6 所示,招标投标管理流程如图 14.7 所示。

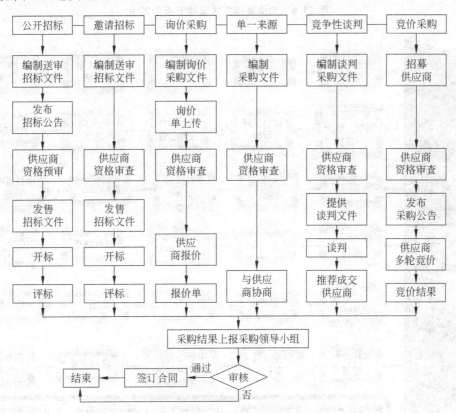

图 14.5 企业集团常用采购方式的主要流程节点示意图

需要强调的是,针对公开招标投标管理流程,招标企业或招标代理机构要根据招标方案指导和控制招标实际工作的招标执行文件(简称招标文件),它主要包括招标项目内容、范围、招标方式、招标组织形式、主要工作内容、人员职责分工、工作质量和时间进度要求等内容。

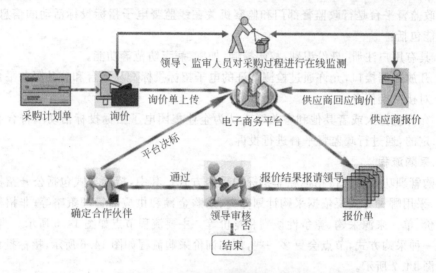

图 14.6　询价采购方式流程节点示意图

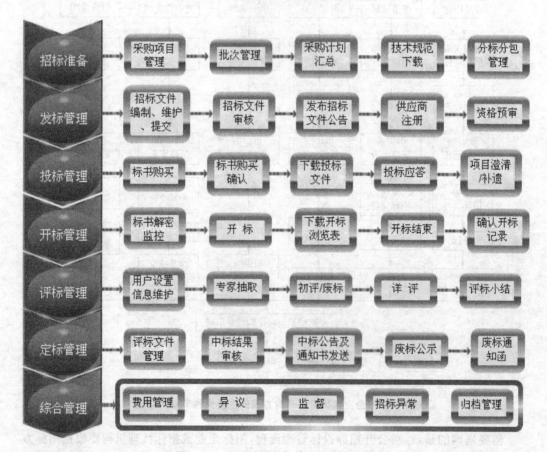

图 14.7　公开招标投标管理流程示意图

电子招标投标系统要在评标管理过程中提供如下功能：

- 评标流程定义管理。
- 评标权重比率和价格公式设置。
- 专家打分管理(技术、商务、价格)，并根据评标权重和价格公式自动汇总评分结果功能。
- 废标流程管理。
- 评标进度监控管理。

通常，开标应当在招标文件确定的提交投标文件截止时间的同时公开进行，开标地点应当为招标文件中预先确定的地点。招投标地点应提前进行封闭，大部分评标活动在封闭区域内的独立空间通过认证密钥在网络上进行(如图 14.8 所示)，只有开标和答疑等少数活动需要多方见面。

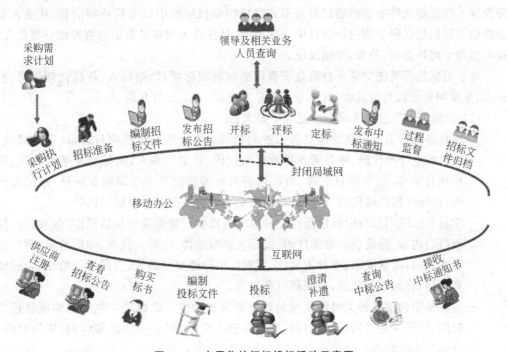

图 14.8 电子化的招标投标活动示意图

招标投标管理流程的最后一个环节是形成招标综合评标报告，报告内容主要包括：

- 基本情况。
- 招标组织机构及评标委员会成员名单。
- 开标记录。
- 投标人符合情况一览表。
- 评标方法简述。
- 废标情况说明。
- 经评审的价格。
- 评分比较及排序一览表。

- 推荐的中标候选人名单。
- 签订合同前要处理的事宜。
- 附件。

当然,应该在保证供应的前提下,依据市场价格变动规律选择有利时机进行采购。

在评标阶段,工程类和服务类的评标一般采用综合评分排序法,商务、技术和报价三部分得分加权平均后得出综合评分,按分值高低进行排序。其中,报价评分可根据各报价与有效报价平均值浮动后的基准价格的偏差值大小计算。

3. 电子招标投标系统交易平台信息资源库

电子招标投标系统交易平台信息资源库采集整合的要素信息,仅限于政府有关网站、平台公布的信息和电子招标投标系统上记录并经过验证、交换、公布的信息,主要是电子招标投标交易平台上成交的项目及其相关主体的要素信息。除上述来源以外采集的信息和投标人在投标文件中提供的以纸质形式完成招标投标的中标项目业绩信誉、从业人员业绩信誉等信息仅限于该招标项目中一次使用,禁止转入交易平台信息资源库分类集合,也不得用于对外查询、公布、交换及统计。

电子招标投标系统交易平台信息资源库应包括招标项目、招标人、招标代理机构、投标人、专家和价格六类信息库,其中专家信息库将在14.3.3节介绍。

(1) 招标项目信息库管理应满足如下要求:

- 应具备招标项目信息的建立和维护的功能。数据项应包括项目名称、项目编号、项目行业分类代码、项目所在行政区域代码、法定代表人、招标交易平台代码、招标项目编号、招标项目名称、招标内容与范围和招标方案说明及附件、招标人代码、招标代理机构代码,以及进行信息交换的公共服务平台标识码等。
- 应具备标段(包)与中标信息建立和维护的功能。数据项应包括标段(包)编号、标段(包)内容、标段(包)分类代码、投标人资格条件、中标人代码、中标价格、项目负责人、项目质量要求、项目工期(交货期)、中标通知书编号、合同订立价格、合同结算价格、合同验收质量、合同履行期限等。
- 应具备招标项目相关时间信息的建立和维护功能。数据项应包括招标项目建立时间、公告发布时间、开标时间、中标候选人公示时间、中标通知时间、签约时间、合同完成时间等。

(2) 招标人信息库管理应满足以下要求:

- 应具备招标人信息建立和维护的功能。数据项应包括招标人代码、招标人名称、负责人、国别/地区、行业代码、营业执照号码、CA 证书编号、组织机构代码、税务登记号、开户银行、基本账户账号、注册资本、币种、信息申报责任人、联系电话、联系地址、邮政编码、电子邮箱等信息。
- 应具备招标人招标业绩、奖惩、履约记录等信息管理的功能。
- 应具备招标人信息的检索和统计分析的功能。

(3) 招标代理机构信息库管理应满足以下要求:

- 应具备招标代理机构信息建立和维护的功能。数据项应包括代理机构代码、代理机构名称、负责人、国别/地区、资质类别、资质等级、营业执照号码、CA 证书编号、

　　　　组织机构代码、税务登记号、开户银行、基本账户、注册资本、信息申报责任人、联系电话、联系地址、邮政编码、电子邮箱等信息。

- 应具备招标代理机构电子招标业绩、奖惩记录和履约记录等信息管理的功能。
- 应具备招标职业资格人员的相关信息管理的功能。数据项包括姓名、性别、身份证件类型、身份证件号码、出生年月、所在行政区域代码、最高学历、联系电话、通信地址、邮政编码、所在单位、职务、职业证书编号、注册登记证书编号、从业年限、项目业绩、奖惩记录等信息。
- 应具备招标代理机构信息的检索和统计分析的功能。

（4）投标人信息库管理应满足以下要求：

- 应具备投标人信息建立和维护的功能。数据项按不同主体应相应包括投标人代码、投标人名称、负责人、国别/地区、资质序列、资质等级、资信等级、奖惩记录、营业执照号码、CA 证书编号、组织机构代码、税务登记号、开户银行、基本账户账号、注册资本、注册资本币种、信息申报和变更责任人、联系电话、联系地址、邮政编码、电子邮箱等信息。
- 应具备投标人中标业绩明细数据、奖惩与履约等信息归集的功能。
- 应具备投标人信息的检索和统计分析的功能。
- 应具备投标人黑名单的建立和管理的功能。
- 应具备投标人专业职业资格人员（注册建造师、注册监理工程师等）的相关信息管理的功能。数据项包括姓名、性别、身份证件类型、身份证件号码、出生年月、所在行政区域代码、最高学历、联系电话、通信地址、邮政编码、所在单位、职务、技术职称、职业资格序列、职业资格等级、职业证书编号、从业经历、从业年限、项目业绩、奖惩记录等信息。

（5）价格信息库管理应满足以下要求：

- 应具备工程、货物、服务分类分项单价信息的收集、整理、维护和查询的功能。
- 宜具备价格统计分析的功能。

14.3.3　评标专家管理

　　评标专家管理主要包括专家信息库、专家抽取使用、专家评价三部分功能。评标专家一共分为两类：一类是招标人代表，专家类型代码为 1；另一类是专家库成员，专家类型代码为 2。

　　专家编码规则为：采用组合码，编码长度为 17。排列顺序从左至右依次为：10 位公共服务平台标识代码，1 位专家库在公共服务平台中的序列号，6 位专家在专家库中的序列号（可根据登记入库的先后自动排序）。

1. 专家信息库

　　必要时可建立交易平台专家信息库。专家信息库管理应满足以下要求：

- 应具备专家信息建立和维护的功能。数据项应包括专家编号、姓名、性别、身份证件类型、身份证件号码、出生年月、所在行政区域代码、最后毕业院校、最高学历、联系电话、通信地址、邮政编码、所在单位、是否在职、职务、工作简历、专业分类、技术职称、职业资格序列、职业资格等级、从业年限、奖惩记录等信息（如表 14.5 所示）。

- 应具备记录专家信息入库、变更和审核验证的时间以及责任人的功能。
- 应具备专家回避情形和单位列表建立和维护的功能。
- 应具备按地区、专业等随机抽取和记录专家的功能。
- 应具备专家审核、入库、培训、考核、暂停、退出等功能。
- 宜具备专家自荐入库的功能。
- 宜具备向公共服务平台专家库推荐专家入库的功能。

表 14.5　评标专家库信息表格式

名　　称	说明	值　　域	数据类型	数据格式
专家编号		《电子招标投标系统技术规范》中附录 B.3.22 专家编号	字符型	C17
姓名			字符型	C..100
性别		采用 GB/T 2261.1—2003 中人的性别代码	字符型	C1
身份证件类型		《电子招标投标系统技术规范》中附录 B.3.16 身份证件类型代码	字符型	C2
身份证件号码		采用 GB 11643—1999《公民身份号码》	字符型	C18
出生年月			日期时间型	YYYYMMDD
所在行政区域代码		采用 GB/T 2260—2007 中的市级代码	字符型	C6
最后毕业院校			字符型	C..100
最高学历			字符型	C..30
联系电话			字符型	C..100
通信地址			字符型	C..100
邮政编码			字符型	C6
所在单位名称			字符型	C..100
是否在职		《电子招标投标系统技术规范》中附录 B.3.12 是否代码	字符型	C1
职务			字符型	C..50
工作简历			字符型	C..ul
专业分类		采用《评标专家专业分类标准（试行）》中约定的代码	字符型	C6
技术职称			字符型	C..50
职业资格序列			字符型	C..50
职业资格等级			字符型	C..50
从业年限			数值型	N..2

2. 专家抽取使用

建立评标专家信息库的主要目的是方便招标时的专家抽取,专家抽取一般根据集团公司系统内和系统外比例、回避规则、专家锁定规则以及评标项目分类来进行专家抽取,抽取方式、抽取日志和抽取流程等如下:

(1) 专家抽取方式如下:

- 直接抽取。项目经理直接手工从符合条件专家库列表中选择合适的专家,每次可抽一名或多名。
- 随机抽取。通过定制抽取专家的条件和数量,由系统自动对专家库进行检索,自动将符合条件的专家抽取出来。
- 滚动按停。设定抽取条件后,开始抽取,系统会连续不断地显示所有专家的编号,随机停止滚动时,当前显示编号的专家将会被抽取到。
- 放弃专家。对通过前面三种方式(可单独也可组合使用)抽取到的专家信息不满意,可以对所抽取到的专家进行放弃处理,可以全部放弃进行重新抽取。
- 新建临时专家。如果抽取到的符合条件的专家数量不够,可以采取手工新建临时专家的方法来增加专家数量。
- 补充抽取。已抽取的专家在接到通知后因有其他事项而不能参加评标时,要根据能确定来的专家数量与需求数量之差进行补充抽取。

(2) 专家抽取日志的功能如下:

- 显示根据哪个项目抽取。
- 显示专家信息。
- 显示抽取时间。
- 显示抽取人(项目经理)。
- 所有推荐的专家评估。

(3) 专家抽取流程如下:

招标评标专家抽取流程和抽取结果记录如图 14.9 和表 14.6 所示。

表 14.6　××集团公司 2016 年度第九批集中招标评标专家抽取记录表

批次名称:××公司脱销及通流改造项目　　　　批次编号:C04021910SZ01WZ016

序号	专家姓名	专家专业	技术职称	工 作 单 位	联系电话
1	×××	信息安全	工程师	××发电总厂	
2	×××	锅炉及其辅机	高级经济师	××集团股份有限公司	
3	×××	电气工程	工程师	××发电厂	
4	×××	电气	工程师	××发电总厂	
5	×××	经济	经济师	××发电有限公司	

招标人代表:Mmm1　抽选人:CDC　监督人:OYF　抽取日期:2014-10-11

3. 招评标专家评价

企业集团招标评标专家的考察与评价是指对专家参加评标评审工作的响应情况、实

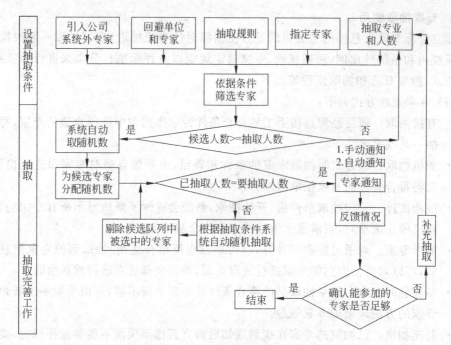

图 14.9　企业招标评标专家抽取流程

际出席和履职等情况进行记录和评价,用于对指定项目的评标专家进行考核管理,以便对专家库进行适当调整,以符合招标评标工作的要求,保证招评标质量。企业招评标专家评价内容包括客观评价和主观评价两部分。

(1) 客观评价(工作事件记录)包括以下内容:

- 工作出席记录。被抽取后或接受邀请后不能出席的专家记录,缺席扣分,出席满分。
- 异常结果记录。评标(评审)结果经主管采购管理部门审核认定为异常的招评标记录,有异常时扣分,无异常时 0 分。
- 特殊贡献记录。工作中发现重大问题,可为企业集团避免损失的专家工作记录。
- 违规事项记录。与采购相关的违规事项,一般包括:
  - ◆ 泄密。向他人透露对投标文件的评审和比较、中标候选人的推荐以及与评标有关的其他情况的。
  - ◆ 受贿。私下接触投标人,收受投标人的财物、宴请或者其他好处,妨碍评审公正的。
  - ◆ 隐瞒。有意隐瞒个人情况,不执行主动回避制度的。
  - ◆ 违法。违反法律法规规定的其他情形的。

(2) 主观评价(专家履职评价)内容如下:

- 职业素养评价。是否能客观公正地参与本次工作。
- 业务能力评价。专业知识和业务水平是否胜任此项工作。
- 工作态度评价。本次工作过程是否严谨细致、认真负责。

企业对应的专家管理部门根据考察与评价的结果,对评价不合格的专家取消其专家资格,对表现优异的专家予以表彰,在专家信息库中做标注。被取消专家资格的加入系统黑名单,特别严重的对其进行系统内通报并让其承担相应的法律责任和经济处罚。

除此之外,年度评价由系统自动汇总得出专家等级,项目经理可以根据专家的日常评价进行更改,填写年度评价并上传评价资料。然后,根据年度评价对专家进行升降级处理。

14.3.4　招标投标常用图表

招标投标常用图表包括采购需求阶段用表、招标投标过程用表和事后汇总分析图表三部分。

1. 招标投标需求阶段用表

招标投标工作一般由集团公司各级采购部门直接管理或委托招标代理机构进行。其中,物资招标项目计划来源于采购执行计划,而工程和服务招标项目一般来源于采购单位依据采购执行计划上报的招标申请。招标申请表如表 14.7 所示。

表 14.7　工程和服务招标项目的招标申请表格式

工程名称			建设地点		
报建批准文件			概(预)算(万元)		
计划开工时间		年　月　日	计划竣工时间		年　月　日
招标方式			发包方式		
投标单位资质要求			设计单位		
拟邀请投标单位名称					
工程招标范围					
招标准备前期情况	施工现场条件	水			场地平整
		路			
	建设单位供应材料或设备				如有附材料、设备清单
	建设单位意见(公章)		招标管理机构意见		
备注:					年　月　日

2. 招标投标过程用表

依据《电子招标投标办法》,电子招标投标过程中常用的数据项包括业务对象、招投标主体、交易平台或公共服务平台三部分。其中,业务对象包括项目、招标、标段、招标公告与资格预审公告等 29 个数据项;招投标主体包括招投标主体基本信息表、主体经营资质信息表、招标人/招标代理机构电子招标业绩和评标专家等 11 个数据项;交易平台或公共服务平台有 1 个数据项。每个数据项对应一个基础信息表,详细的表格信息可参考《电子招标投标系统技术规范　第 1 部分:交易平台技术规范》,因篇幅有限,这里只做简单介绍,以下各表中提及的附录均指《电子招标投标系统技术规范　第 1 部分:交易平台技术规范》中的附录。

业务对象信息表包括项目信息表、招标项目信息表和标段信息表,如表 14.8 至表 14.10 所示。

表 14.8　项目信息表

名　　称	说明	值　　域	数据类型	数据格式
项目编号		附录 B.3.2 项目编号	字符型	C..17
项目名称		自由文本	字符型	C..200
项目所在行政区域代码		采用 GB/T 2260—2007《中华人民共和国行政区划代码》的市级代码	字符型	C6
项目地址		自由文本	字符型	C..200
项目法人		自由文本	字符型	C..100
项目行业分类		GB/T 4754—2011,取 1 位行业门类字母码＋2 位大类数字码	字符型	C3
资金来源		自由文本	字符型	C..1000
项目规模		自由文本	字符型	C..1000
联系人			字符型	C..100
联系方式			字符型	C..100

表 14.9　招标项目信息表

名　　称	说　　明	值　　域	数 据 类 型	数据格式
项目编号		附录 B.3.2 项目编号	字符型	C17
招标项目编号		附录 B.3.4 招标项目编号	字符型	C20
招标项目名称		自由文本	字符型	C..100
招标内容与范围及招标方案说明		自由文本	字符型	C..ul
附件关联标识号	关联到附件表中 1～n 个附件记录	附录 B.3.7 附件关联标识号	字符型	C..50
招标人代码	组织机构代码	采用 GB 11714—1997《全国组织机构代码编制规则》	字符型	C9
招标代理机构代码	组织机构代码	采用 GB 11714—1997《全国组织机构代码编制规则》	字符型	C9
招标方式		附录 B.3.8 招标方式代码	字符型	C1

续表

名　　称	说　　明	值　　域	数据类型	数据格式
招标组织形式		附录 B.3.3 招标组织形式代码	字符型	C1
招标项目建立时间			日期时间型	YYYYMMDD hhmmss
监督部门代码		采用 GB 11714—1997《全国组织机构代码编制规则》	字符型	C9
监督部门名称			字符型	C..100
审核部门代码		采用 GB 11714—1997《全国组织机构代码编制规则》	字符型	C9
审核部门名称		自由文本	字符型	C..100
交换公共服务平台标识码		附录 B3.23 公共服务平台标识代码	字符型	C10
申报责任人		自由文本	字符型	C..100

表 14.10　标段（包）信息表

名　　称	说　　明	值　　域	数据类型	数据格式
招标项目编号		附录 B.3.4 招标项目编号	字符型	C20
标段（包）编号	由招标项目编号和标段（包）序列号组成	附录 B.3.5 标段（包）编号	字符型	C23
标段（包）名称		自由文本	字符型	C..200
标段（包）内容		自由文本	字符型	C..ul
标段（包）分类代码		附录 B.3.6 标段（包）分类代码	字符型	C7
标段合同估算价			数值型	N..20,2
标段合同估算价币种代码		采用 GB/T 12406—2008《表示货币和资金的代码》的数字码	字符型	C3
标段合同估算价单位		附录 B.3.25 金额单位代码	字符型	C1
投标人资格条件		自由文本	字符型	C..ul

　　招标主体信息表包括招投标主体基本信息表、主体经营资质信息表、招标人/招标代理机构电子招标业绩表，如表 14.11 至表 14.13 所示。

表 14.11　招投标主体基本信息表

名　　称	说　　明	值　　域	数据类型	数据格式
主体代码	采用组织机构代码	采用 GB 11714—1997《全国组织机构代码编制规则》	字符型	C9

名　称	说　明	值　域	数据类型	数据格式
主体名称			字符型	C..100
负责人			字符型	C..100
国别/地区	按国标编码	采用 GB/T 2659—2000 中的 3 位数字码	字符型	C3
单位性质		GB/T 12402《经济类型分类与代码》	字符型	C..20
行政区域代码		采用 GB/T 2260—2007 中的市级代码	字符型	C6
行业代码		采用 GB/T 4754《国民经济行业分类》中的门类和大类	字符型	C3
营业执照号码			字符型	C..50
CA 证书编号	取 CA 证书的唯一编号		字符型	C..50
税务登记号			字符型	C..50
资信等级			字符型	C..50
开户银行			字符型	C..100
基本账户账号			字符型	C..50
注册资本			数值型	N..20,2
注册资本币种		采用 GB/T 12406—2008《表示货币和资金的代码》的数字码	字符型	C3
注册资本单位		附录 B.3.25 价格单位代码	字符型	C1
信息申报责任人			字符型	C..100
联系电话			字符型	C..100
联系地址			字符型	C..100
邮政编码			字符型	C6
电子邮箱			字符型	C..100
主体类型	多个不同的主体类型用半角分号隔开	附录 B.3.14 主体角色类型代码	字符型	C..10
交易平台验证人员			字符型	C..100
交易平台验证时间			日期时间型	YYYYMMDD hhmmss

表14.12 主体经营资质信息表

名 称	说 明	值 域	数据类型	数据格式
主体代码	组织机构代码	采用 GB 11714—1997《全国组织机构代码编制规则》	字符型	C9
资质序列、行业和专业类别		附录 B.3.15 资质序列、行业和专业类别	字符型	C6
资质等级		附录 B.3.16 资质等级代码	字符型	C2
资质证书编号			字符型	C..50
信息申报责任人			字符型	C..100

表14.13 招标人/招标代理机构电子招标业绩信息表

名 称	说 明	值 域	数据类型	数据格式
招标人/招标代理机构代码	招标人/招标代理机构组织机构代码	采用 GB11714—1997《全国组织机构代码编制规则》	字符型	C9
招标项目编号		附录 B.3.4 招标项目编号	字符型	C20
招标项目名称			字符型	C..100
招标人代码		采用 GB11714—1997《全国组织机构代码编制规则》	字符型	C9
招标人名称			字符型	C..100
招标项目合同总金额				
招标项目代理收费金额	仅招标代理机构需要填写		数值型	N..20,2
金额币种代码		采用 GB/T 12406—2008《表示货币和资金的代码》的数字码	字符型	C3
金额单位		附录 B.3.25 价格单位代码	字符型	C1
招标项目合同签署时间			日期时间型	YYYYMMDD hhmmss

注：业绩仅限于在电子招投标交易平台上成交的项目。

交易平台或公共服务平台信息表如表14.14所示。

表14.14 交易平台或公共服务平台信息表

名 称	说 明	值 域	数据类型	数据格式
交易平台或公共服务平台代码		附录 B.3.1 交易平台标识代码；附录 B.3.23 公共服务平台标识代码	字符型	C11
平台类型		附录 B.3.24 平台类型代码	字符型	C1
平台名称			字符型	C..100

名　　称	说　　明	值　　域	数据类型	数据格式
运营机构代码		采用 GB 11714—1997 中的代码编制规则	字符型	C9
运营机构名称			字符型	C..100
CA 证书编号			字符型	C..50
系统访问地址			字符型	C..200
检测和认证报告附件关联标识号	关联到附件表	附录 B.3.7 附件关联标识号	字符型	C..50

除《电子招标投标系统技术规范　第 1 部分：交易平台技术规范》要求的表格外，常用的表格还有开标记录表和商务附表，如表 14.15 和表 14.16 所示。

表 14.15　××企业集团第三批集中招标投标文件开标记录表

开标日期：2014 年 12 月 28 日　　　　　　　　　　　开标地点：北京××商务中心

标段名称	序号	供应商名称	投标文件				投标保证金	投标报价/万元	投标代表签字
			密封情况	正本份数	副本份数	电子版			
××责任公司锅炉设备检修维护项目	1	A 建设公司	完好	1	4	有	电汇(8.0 万元)	483.038	
	2	B 建设三公司	完好	1	4	有	电汇(8.0 万元)	481.506	
	3	C 建设总公司	完好	1	4	有	电汇(8.0 万元)	477.071	

拆封人：　　　　唱标人：　　　　监标人：　　　　记录人：

表 14.16　商务附表格式

标段	投标人	评分项目及标准分								合计
		公司状况（标准分 54 分）						履约和服务的承诺		
		注册资金	资产负债率	净资产收益率	速动比	现金净流入	信誉	合同条款的响应程度	技术服务	
		6	6	6	6	6	24	21	25	100
标段 1	A 公司									
	B 公司									
	C 公司									
标段 2	D 公司									
	E 公司									
	F 公司									
	G 公司									

续表

标段	投标人	评分项目及标准分								合计
		公司状况（标准分 54 分）						履约和服务的承诺		
		注册资金	资产负债率	净资产收益率	速动比	现金净流入	信誉	合同条款的响应程度	技术服务	
		6	6	6	6	6	24	21	25	100
标段 3	H 公司									
	I 公司									
	J 公司									
	K 公司									
	L 公司									
	……									

3. 招标投标常规汇总分析图表

招标投标常规汇总分析图表包括汇总表和分析图等。汇总表很多，网上可以查到，这里不再赘述，分析图如图 14.10 至图 14.12 所示。

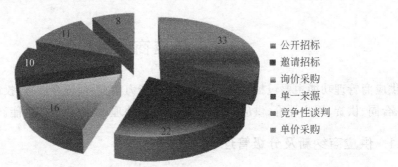

图 14.10　××企业集团 2015 年不同招标方式所占比例

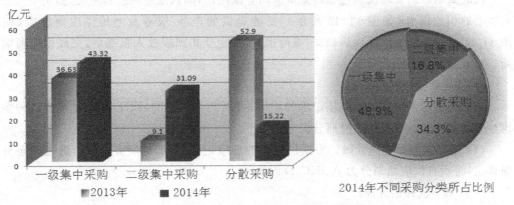

图 14.11　××企业集团 2014 年不同采购分类同期、当期对比分析

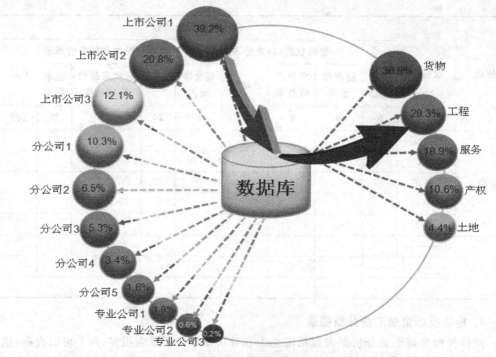

图 14.12 ××企业集团 2016 年年度采购结果的总金额分析

14.4 供应商管理

供应商管理功能主要包括供应商注册、资质能力核实、保证金办理、投标、中标通知书领取、合同、供货、用户评价、供应商分级、不良行为处理、绩效评估等功能。

14.4.1 供应商纳新及分级管理

1. 供应商纳新管理

供应商纳新的管理流程包括建立供应商登录用户,确认服务条款和声明,如实填写企业要求的相关信息(如图 14.13 所示)、所能提供的产品/服务及上传供应商资质(如图 14.14 所示)等,确认无误后提交,等待批准,被企业集团授权人批准后,完成供应商纳新。进入数字证书办理环节。

2. 供应商分级管理

企业集团对供应商的分级按需求的不同,可以是多维度的,ERP 系统要支持这种多维度的管理方式。常见的供应商分级方法如下:

(1)根据供应商业绩分级。根据供应商的业绩记录,定期对所有供应商进行动态分级评定,将所有供应商划分为 A、B、C、D 四级。

• A 级:优秀供应商;

• B 级:良好供应商;

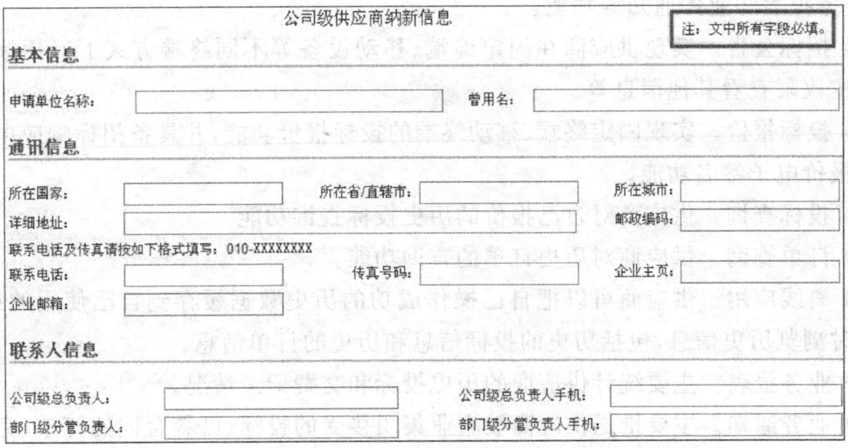

图 14.13　供应商纳新相关信息界面

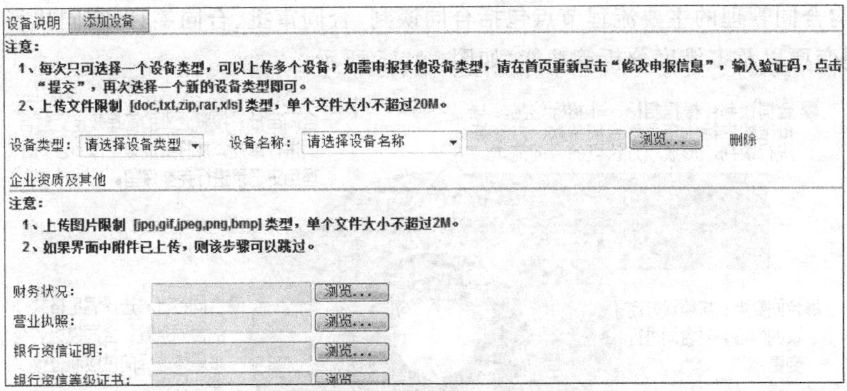

图 14.14　新增供应商所能提供的产品/服务及资质界面

- C 级：合格供应商；
- D 级：不合格供应商，应予以淘汰。

（2）根据供货能力和提供产品重要程度分级。

（3）根据供应商提供产品资金占用大小分级。

（4）按照采购组织模式分级，包括：

- 一级集中采购供应商。
- 二级集中采购供应商。
- 长协采购供应商。
- 分散采购供应商。
- 混合采购供应商。

14.4.2　供应商投标及合同管理

1. 供应商投标管理

注册成功并按要求缴费的供应商，可以实现招标公告浏览、投标报价、投标查询、离线应用、业务报表和业务通知等功能。

（1）招标公告。实现供应商在固定终端、移动设备等不同终端方式下对招标公告的浏览及按权限查看其他消息等。

（2）投标报价。实现固定终端、移动终端的投标报价功能，并具备招标响应电子签名和投标报价电子签名功能。

（3）投标查询。供应商对自己报价的历史投标查询功能。

（4）订单查询。供应商对历史订单的查询功能。

（5）离线应用。供应商可以把自己操作成功的历史数据缓存到自己使用的终端，便于脱机时浏览历史信息，包括历史的投标信息和历史的订单信息。

（6）业务报表。主要统计供应商的历史投标和交费记录情况。

（7）业务通知。主要推送供应商被企业集团接受的投标、已签合同的订单、完成送货的订单等功能。

2. 采购合同管理

采购合同管理的主要流程节点包括合同谈判、合同审批、合同签订、合同执行、合同跟踪、合同变更以及多维度分析等功能，如图 14.15 所示。

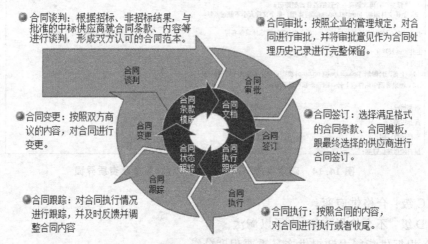

图 14.15　企业集团采购合同管理主要流程节点

企业集团要对不同合同类型的条款及合同模板进行标准化，以方便企业集团管理及综合分析，如物资采购合同的一级条款一般包括：合同主体；合同有效期与终止；产品，质量与技术要求；交货方式与费用承担；供货地点；验收方式；双方义务；结算及付款方式；违约责任与赔偿；所有权；转让；不可抗力；知识产权；争议解决；保密约定；其他约定事项；合同份数及双方持有量。

14.4.3　供应商绩效评价

为保证供应商绩效评价趋于真实和公平，供应商绩效评价应包括两大部分，即在本次招标前供应商的业绩评价（可称生命周期绩效）和参加单次投标的业绩（单次投标绩效）。

供应商生命周期绩效评价主要对供应商产品质量、合同履约、售后服务等情况进行评价。评价结果作为供应商在参与以后企业集团招标采购活动中的重要评分依据。评价的内容包括供应商在产品制造、运输交付、安装调试、运行维护等阶段信息（非供应商原因导致的问题不纳入评价范围），主要内容如下（以 35kV 及以下电力变压器供应商绩效评价为例）。

1. 产品制造阶段的主要评价内容

（1）原材料及组部件质量控制情况。

① 硅钢片、电磁线、绝缘件等原材料是否符合合同要求。

② 开关、套管、电流互感器等组部件规格型号是否符合合同要求。

③ 原材料、组部件变更是否取得项目单位认可。

④ 原材料及组部件入厂验收等管理情况是否符合要求。

（2）制造工艺控制情况。

① 产品设计。

- 型号规格是否满足合同要求。
- 采用新技术、新工艺、新材料时，是否经过试验及验证评定，是否满足相关要求。
- 如有设计变更，是否按规定程序进行及时更改。
- 主要设计参数、依据文件是否满足合同要求。

② 生产制造。

- 主要生产工序的生产工艺、设备操作规程、检测手段、测量试验设备和有关人员的上岗资格、设备制造和装配场所的环境情况是否满足要求。
- 硅钢片剪切、叠片、装配质量是否符合合同及工艺标准要求。
- 油箱焊接、拼装、试漏、喷丸、喷漆质量是否符合合同及工艺标准要求。
- 单体线圈绕制、干燥、压装质量是否符合合同及工艺标准要求。
- 线圈绝缘装配、干燥、压装质量是否符合合同及工艺标准要求。
- 器身装配、干燥、压装质量是否符合合同及工艺标准要求。
- 总装配质量是否符合合同及工艺标准要求。
- 出厂前器身检查是否符合合同及工艺标准要求，包括：油箱内壁、器身清洁情况，螺栓、垫块、上铁轭下端楔垫及器身压钉紧固情况，分接开关、引线绝缘、引线支持件及夹持件完好情况，铁心及夹件的绝缘电阻测量结果及密封状态。

（3）组装试验检验情况。

① 试验使用的仪器、仪表和设备是否在检定、校验的有效期内。

② 产品试验项目及试验结果是否符合合同要求。

2. 运输交付阶段的主要评价内容

（1）收货及检验情况。

① 产品运输。

- 各组件、部件是否对号装箱，包装箱上是否有"向上""防震""易碎"等标记。
- 装箱件是否齐全，无错漏。
- 各接口封闭是否牢固。
- 是否根据产品拆卸一览表要求进行分类装箱。

- 三维冲撞记录仪是否安装在规定位置,安装是否规整、牢固。
- 冲撞记录仪电源是否充足,记录指示是否处于初始状态。
- 电抗器启运时冲撞记录仪电源是否开启,并确认记录纸的运行速度。

② 产品交付。

- 物资数量与装箱单是否相符。
- 附件名称及台数与装箱单是否相符。
- 备品备件与装箱单是否相符。
- 专用工器具与装箱单是否相符。
- 出厂资料与装箱单是否相符。
- 外观是否完好无破损。
- 外包装是否完好无破损。
- 零部件表面是否光洁,是否无损伤。
- 按照装箱清单检查零部件、使用说明及附件是否齐全。
- 散热器、油管、储油柜、升高座等是否密封良好。
- 套管是否固定牢靠,瓷裙是否无损伤。

(2) 到货及时情况。

- 到货时间是否符合合同要求。
- 到货地点是否符合合同要求。

3. 安装调试阶段的主要评价内容

(1) 现场安装设备质量情况。

- 投运前的交接试验是否满足合同及相关标准要求。
- 变压器经多次(五次)全电压冲击合闸后是否无异常。
- 空载试运行 48 小时是否无异常。
- 负载试运行,负载逐步增加,从 25%、50%、75% 到 100% 增加负载,满载 2 个小时是否无异常。
- 带电后,检查本体及附件所有焊缝和连接面,是否有渗油现象。
- 试运行期间冷却器的启动和投入组数是否无异常。

(2) 现场服务情况。

- 是否按合同规定履行技术协助、校准、培训等服务。
- 指导安装过程中出现问题,供应商售后人员是否在规定时间内有效解决。

4. 运行维护阶段的主要评价内容

(1) 设备质量情况。

① 运行故障。

- 是否存在投运以后因设备缺陷造成的障碍,主要包括设备不能承受额定电压、机组停运、线路跳闸等。
- 是否存在投运以后因设备缺陷造成的事故,主要包括绕组匝间短路、绕组接地、相间短路、断线及接头开焊,套管炸毁、闪络和漏油,分接开关表面熔化与灼伤,相间触头放电或各接头放电等。

② 非正常退役报废。

是否存在因供应商原因导致设备退役,报废年限未满足合同要求。

(2) 售后服务情况。

- 供应商售后服务响应时间是否满足合同要求。
- 供应商售后人员是否在规定时间内有效解决。
- 运行设备在合同质保期外出现故障后,供应商是否积极配合业主解决。

供应商在招投标过程的单次投标绩效评价指标一般包括价格、产品质量、交期、供货种类、供货金额、配送、技术创新和服务,每个指标所占权重不同,同种物资对于所有供应商评价指标的权重是一样的,但允许不同种类物资的权重不一样。例如,对于关键备件或核心原材料,其产品质量权重高;对于普通材料和生产辅料等,其定价结构权重高,等等。

供应商在招投标过程的投标绩效评价如表14.17所示。

表 14.17 ××企业集团××招标项目供应商综合评价一览表

标段名称	投标人	投标价格/万元	评标价格/万元	评标基准价/万元	价格得分	资信得分	技术得分	综合得分	综合排序	推荐排序
标段1	Q公司	209.092	209.092	201.08	96.02	96	89.91	93.58	2	2
	S公司	202.1412	202.141	201.08	99.47	96	93.40	96.87	1	1
	Z公司	223.768	223.768	201.08	85.58	97	96.26	90.42	3	
标段2	A公司	27.600	27.600	30.22	95.66	96	95.23	95.48	1	2
	B公司	16.800	16.800	30.22	77.79	99	95.86	86.98	4	1
	C公司	24.840	24.840	30.22	91.09	95	91.47	91.46	2	
	D公司	43.000	43.000	30.22	39.08	97	94.31	66.83	5	
	E公司	75.000	75.000	30.22	0.00	99	90.16	45.52	6	
	F公司	79.000	79.000	30.22	0.00	94	90.03	45.21	7	
	J公司	21.040	21.040	30.22	84.81	96	93.56	89.30	3	

供应商业绩全程评价包括单次评价、年度评价和长期评价三种。其中,单次评价涵盖招投标过程评价、供货过程评价和服务评价三大部分的八项指标,加一定权重的生命周期绩效分值,如表14.18所示;而供应商年度供货业绩全程评价表如表14.19所示。

表 14.18 供应商单次供货业绩全程评价表

供应商编码				供应商名称		
联系人		地址及邮编			电话及传真	
项 目	标准分值	考 核 内 容			得分	考核人
价格	30	(1) 根据市场最高价、最低价、平均价,企业制定标准价格,标准价格对应15分。 (2) 每高于标准价格1%,标准分扣2分;每低于标准价格1%,标准分加2分。 (3) 同一供应商供应多种物料时,得分按平均计算				

项　目	标准分值	考 核 内 容	得分	考核人
产品质量	30	(1) 生产用物资以交货批退率考核： 批退率＝退货批数/交货总批数 得分＝标准分值×(1－批退率) (2) 检修用物资以退货金额所占比例考核： 退货比率＝退货金额/交货总金额 得分＝标准分值×(1－退货比率)		
交期	14	(1) 生产用物资交期考核： 交货延期率＝延期批数/交货总批数 得分＝标准分值×(1－交货延期率) 延期 1 天加扣 1 分，延期造成停工待料 1 次加扣 2 分。 (2) 检修用物资交期考核： 交货延期率＝延期物资金额/交货总金额 得分＝标准分值×(1－交货延期率) 延期 1 天加扣 1 分，延期造成延误 1 天加扣 2 分，严重的列入供应商黑名单		
供货种类	4	供货种类： 1～2 种：1 分； 3～5 种：2 分； 6～8 种：3 分； 9～10 种：4 分； 11 种以上 5 分		
采购金额	4	单次采购金额： 50 万元以内：1 分； 50～100 万元：2 分； 100～500 万元：3 分； 500 万元以上 4 分		
配送	3	(1) 无配送：0 分； (2) 费用含在总报价中，不额外增加费用： • 配送到二级城市：1 分； • 配送到县城：2 分； • 配送到终端用户：3 分		
技术创新	4	(1) 常规产品：1 分； (2) 行业领先：2 分； (3) 国内领先：3 分； (4) 国际领先：4 分		
服务	10	(1) 有服务团队：2 分； (2) 服务团队网点部署到中等城市：1 分； (3) 接到服务请求当天有响应：1 分； (4) 在双方约定的时间内解决问题：4 分； (5) 用户评价高：2 分； (6) 用户投诉属实：1 次扣减 2 分		

续表

投标分值	
生命周期 绩效分值	
总分	投标分值×权重＋生命周期绩效分值×权重
备注	(1) 本次得分为 90～100 分者为 A 级:优秀供应商,可根据实际情况加大采购量; (2) 本次得分为 76～89 分者为 B 级:良好供应商,可持续采购; (3) 本次得分为 60～75 分者为 C 级:合格供应商,可减少采购量,并进行提醒和辅导; (4) 本次得分在 60 分以下者为 D 级:不合格供应商,应予以淘汰

表 14.19　××企业集团 2016 年供应商年度供货业绩全程评价表

供应商 编码	供应商名称	评价 次数	累计 得分	平均 得分	平均得 分排名	供应商 地址	联系人	联系 电话	备　注

除此之外,还有在本次招标前供应商所有的累积业绩评价以及供应商黑名单等。

14.5　采购接收及退货流程

采购模块中除采购计划、集采和招投标业务外,还包括服务接收、物资的到货接收、检验入库、退货、换货、报损、采购发票信息录入和采购结算等相关业务活动。本节主要介绍物资采购接收和退货业务流程。采购接收和退货业务流程包括一、二级仓储中心和基层企业仓库的接收和退货,其中,一级仓储中心直接接收供应商订单,二级仓储中心大部分接收一级仓储中心的调拨和部分物资的订单采购,基层企业主要接收二级仓储中心的调拨和部分物资的订单采购等。本节主要介绍一级仓储中心和基层企业的接收和退货操作流程。

14.5.1　接收流程

接收流程是企业集团向供应商或服务商订购的物资到货或服务开始时,由物资、仓储业务人员和质检人员等检验入库、接收或拒收,并填写检验记录或拒收理由的过程。

1. 一级仓储中心接收流程

物资接收流程的管理范围包括采购物资的实物接收和发票接收两部分,涉及实物接收和发票接收两个流程。其中一级仓储中心的实物接收流程如图 14.16 所示。

如图 14.16 所示,一级仓储中心的实物接收主要包括两种来源:一种是与供应商有沟通且得到供应商回告,另一种是没有得到供应商回告。有回告的订单基本信息包括物资编码、描述、物资分类、定价、折扣、进价、应收数等已经确认,可整单接收,录入的信息一

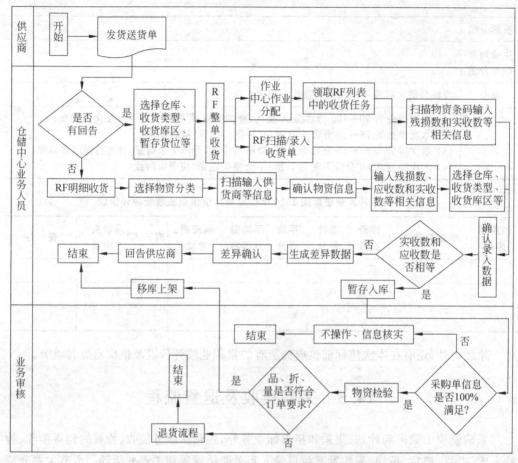

图 14.16　一级仓储中心实物接收流程示意图

般只包括残损数和实收数。没有回告的订单信息除物资编码、描述和计量单位等信息是确定的以外,其他信息要通过选择或录入来补充,如供应商信息、残损数、应收数、实收数和仓库、库区货架等。

采购物资到货后,除需要仓储中心业务人员的常规检查外,一些特殊物资(如易燃易爆物资、精密计量器具和耐高压备件等)需要有国家承认资质的专门检验员检测,合格后方能入库。而发票接收流程比实物接收流程简单,包括发票检查、差异修订、运费和杂费的分摊等。

2. 基层企业接收流程

接收流程参与的角色主要包括仓库保管员、物资计划员、物资部主管领导、生产专业人员和质检员,并由这些人组成验收小组。其中仓库保管员的职责是对物资的品名、数量和型号等进行确认,并负责物资的入库操作;物资计划员的职责是负责发票的接收;物资部主管领导的职责是对计划员和保管员的工作进行审核;生产专业人员的职责是负责物资的常规核对,确认是否是所需物资和数量等,并协助质检员做质量检查;质检员的职责是负责对物资品质的检查。

接收流程的流程如图 14.17 所示。

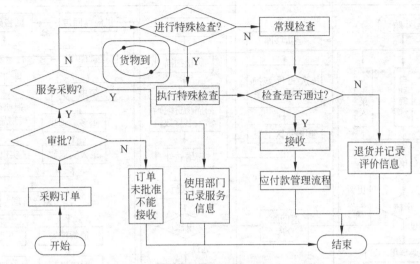

图 14.17　基层企业接收管理流程示意图

需要说明的是检验方法、拒绝接收理由是验收小组设定的。通常在送验收小组进行检验前,仓库保管要录入检验方法和拒绝接收理由,并选定相应的检验方法。检查完成后,质检员和生产专业人员要登记检验信息,并提交检验结果,然后由仓库保管员依据检验结果录入退货或接收信息,完成物资的实物采购过程。剩下的是与财务人员协同进行采购发票信息录入和采购结算。同时,形成对供应商本次采购的阶段性评价。

目前有一些软件使用工单做服务接收。除此之外,仓储中心和基层企业还要接收来自分销商和客户的产品退货。

14.5.2　退货流程

退货流程是到货接收检查时发现质量问题,或入库保管及发放使用后发现质量问题,经与供应商协商,退回向其购买的物资的过程。

1. 一级仓储中心退货流程

一级仓储中心退货流程和一级仓储中心接收流程是一个相对的过程,原则上不允许无订单退货。其退货流程如图 14.18 所示。

仓储中心退货流程的难点是批量操作后的差异处理,包括退货损失差异和拒收损失差异等,其中退货损失在财务上形成损益,而拒收损失一般要追加到库存。

2. 基层企业退货流程

基层企业退货流程的角色包括物资采购员、物资部主管领导、仓库保管员和物资使用者。其中物资采购员的职责是负责与供应商联系,落实退货事宜,并提出退货申请;物资部主管领导的职责是对提出的退货申请进行审核;仓库保管员的职责是执行退货操作;物资使用者的职责是负责将使用过程中发现问题的物资提交给物资部门。

已接收入库的物资退货给供应商的流程如图 14.19 所示。

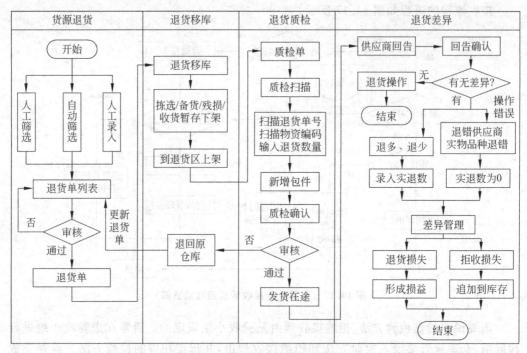

图 14.18　一级仓储中心退货流程示意图

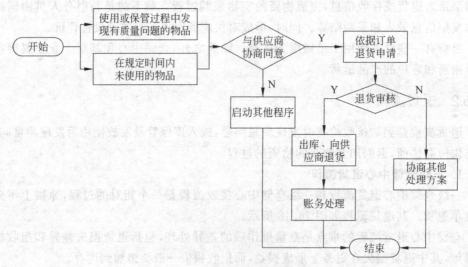

图 14.19　退货给供应商流程

需要强调的是,应注意退货过程的差异处理。

除上述功能外,还要有基本的统计分析功能,如进行集团公司、分/子公司和基层单位三个层面的采购统计分析等。

第 15 章

库 存 管 理

从物流的观点来看,库存是为了满足未来需要而暂时闲置的资源,流速为零的存货(原材料、半成品、成品、维修用物资等)就是库存。库存包括两大类:一类是静态库存,往往存放于物流节点的仓库中;另一类是动态库存,也叫在途库存,通常处于汽车、火车、轮船、飞机等交通工具上。

因库存占用企业资金,增加管理成本,所以企业最理想的状态是零库存。但对大型企业而言这是很难实现的,只能对销量好的产品,或已有企业电子商城系统且商城内的产品供应充足,能在预定的时间内到达目的地的采购产品,如劳保、办公用品、标准配件和材料等,可实现零库存。其他的原材料、半成品、成品等和维修用物资等都需要有一定数量的库存。

企业集团 ERP 库存管理功能要实现按组织层次的分级管理,一般划分为以下三级:①公司级库存管控功能,包括一级仓储中心、一级联储、跨分公司之间的让售、调拨/借用、闲置/报废物资集中处置、库存指标管控等功能;②分/子公司级库存管控功能,包括二级联储、分/子公司内部调拨/借用,库存指标管控;③仓储中心和基层企业管控功能,包括库存物资领用、退库、盘点、报损、调拨/借用、闲置/报废、移库和零价格物资管理等功能。

本章讲解的重点是物资主数据管理、仓库管理、联储管理、主要库存管理流程等。

15.1 物资主数据管理

物资主数据是指企业管理、经营活动中不可缺少的物资基础信息的总称,它包含物资本身最基本的属性、参数,涉及企业采购、生产、储存、销售和维修等活动所需要的全部物资信息,是 ERP 系统的核心数据。

对于企业集团而言,物资主数据管理应更具有组织层次,通常需要将物资主数据按组织架构进行管理。集团公司管理物资主数据的基本数据,如物资编码、名称、物资分类、计量单位和计价方式(如先进先出、加权平均等)等;分/子公司按集团公司制定的编码原则对一、二级仓储中心的仓库编码、仓库名称、立体货架编码等进行管理;基层企业(工厂)可维护自己的计划交货期、实际用料、库存数量等信息。

当然,物资主数据内容较多,从是否利于用户操作、管理和信息安全角度出发,企业集团各级部门使用物资主数据的内容各不相同。ERP 系统一般采用视图的方式对物资主数据进行屏蔽和过滤,让不同部门的用户看到不同的物资主数据视图,如财务部门看到财务的物资视图,采购部门看到采购的物资视图,销售部门看到销售分销视图,仓储中心看到库存信息视图,维修部门看到维修物资信息视图,等等。

不同的 ERP 产品对物资主数据视图的管理有差异,主要集中在管理内容的多少、界面风格和布局等。另外,如果 EAM(Enterprise Asset Management,企业资产管理)部分选用的不是 ERP 产品自己的功能,其物资主数据视图的差异可能更大。

15.1.1　ERP 物资主数据视图管理

ERP(如 SAP)物资主数据视图包括基本数据、采购数据(对应工厂信息)、对外贸易进口、采购订单文本、MRP1-4(与库存地点(也称库存组织)相关)、会计部分(与工厂关联移动平均价、标准价和总库存量等相关)、成本部分等视图。其中,采购数据视图内容如图 15.1 所示。

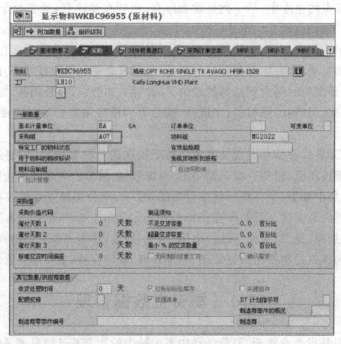

图 15.1　SAP 物资主数据的采购数据视图

SAP 物资主数据主要用于以下功能模块:

- 采购中的采购订单处理、货物运输管理、库存管理、发票过账和发票校验。
- 销售中的订单处理。
- 质量管理中的质量检验和质量认证。
- 物资需求计划、生产计划和排产。

15.1.2　EAM 物资主数据视图管理

EAM 物资主数据视图(如 Infor 公司 EAM 产品)一般包括记录视图、备注、仓库、库存、供应商和事务(交易历史)等。说明如下:

- 记录视图。包括物资编码、物资、库存组织、计量单位、物资大类、物资小类、价格信息以及标注是否是资产等(如按资产跟踪、可维修备件、停止使用等选项),如图 15.2 所示。

- 备注信息。用于存放产品图片和特殊说明等。
- 仓库。物资所在仓库信及物资采购所用订单明细信息。
- 库存。库存台账信息,包括物资所在仓库、货位、当前库存量及等待维修数量等。
- 供应商。发生过交易的供应商信息。
- 事务。操作、交易历史。

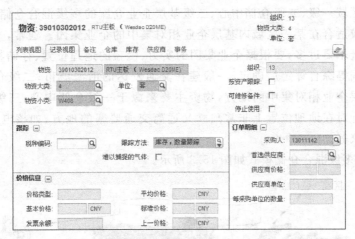

图 15.2　物资基本信息记录视图

15.2　仓库管理

仓库是指在产品生产或商品流通过程中用来暂时存放各种物品的、必备的周转场所,是企业连接供应、生产、销售的中转站,是库存管理中的基础。

在实际应用中,ERP 系统要能管理三种仓库,即实体库、虚拟库和寄售库。实体库不用解释了。虚拟库主要是企业集团的公司级库存信息数据仓库,要和下级的实体仓库信息保持一致,但没有实物,主要用于集团层面的库存信息分析和管理。寄售库对于制造企业而言有两种,一是上游供应商在企业的寄售库,二是企业对下游销售商和客户的寄售库。

寄售库是一种常用的供应链协作方式,是指上游供应商将物资(原材料、半成品、维修用的成品)存放在企业库存中,在企业没有使用之前,物资的所有权归供应商,企业只有在使用物资时才支付费用。另外,企业也可将自己生产的产品采用寄售方式存储在下游销售商和客户的仓库,这样可以节省企业内部仓库,但存在财务和物资不能被收回的风险。

15.2.1　仓库分布规划

仓库从征地、建设、使用到维护或租用,对企业而言都是一笔不少的费用。所以为保证企业生产和销售的良性运转,减少仓储的运维费用,并确保安全和环保,仓库的网点分布和每个网点仓库实体的布局都要做统一规划。

1. 仓库网点分布规划

对于企业集团的仓库网点怎样分布更为合理，一直没有明确的指标。目前常见的仓库网点分布方式有两类：

- 仓库直接建在基层企业，集团公司和分/子公司负责宏观管理。这种分布方式比较适合基层企业地理位置分散的企业集团；或由于历史原因，先有基层企业，后成立集团公司，基层企业已有仓库的情况。
- 建立区域一级、二级仓储中心、三级基层企业仓库的多级混合仓储模式，这种模式比较适合在某一区域内基层企业相对集中的企业集团。通常，一级仓储中心的数量不要过多，要根据企业集团的实力、覆盖的地理位置、存储物资属性和服务范围等综合评定后确定，一般建在交通发达的沿海城市；二级仓储中心要建在基层企业相对集中的地方，物资主要来源于一级仓储中心；三级基层企业仓库只针对在地理位置上非常独立又远离交通要塞的地方，如核电站、危化品生产厂家等。

企业集团多级混合仓储模式如图15.3所示。

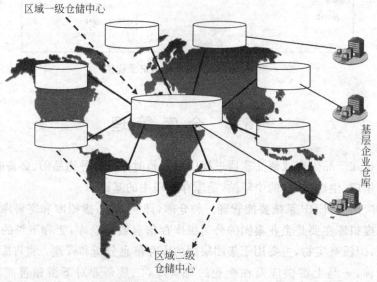

区域一级仓储中心

基层企业仓库

区域二级仓储中心

图 15.3　企业集团多级混合仓储模式实体仓库网点分布示意图

2. 实体仓库布局规划

仓储中心和基层企业仓库均为实体库。这些实体库一般划分为原材料、半成品、成品、维修用物资等七大类库存（如图15.4所示）。每大类库最多再向下分为两级，如原材料库可再下分为直接材料库和辅料库，维修用物资可分为材料库、备品备件和设备库等，原材料库又可分为大宗原材料库和一般原材料库等。而对于有辐射、有污染的危化品需要独立的存储仓库。

确定每个仓库面积所要考虑的主要因素如下：

- 物资储备量，它决定了所需仓库的规模。

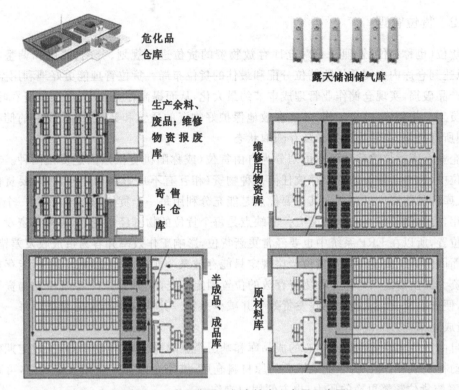

危化品
仓库

露天储油储气库

生产余料、
废品；维修
物资报废
库

维修用物资库

寄
售
件
库

半成品、成品库

原材料库

图 15.4　企业集团二级仓储中心布局示意图

- 平均库存量，主要决定所需仓库的面积。
- 仓库吞吐量，反映了仓库实际出入库的货物量，与仓库面积成正比关系。
- 货物品种数，在货物总量一定的情况下，货物品种数越多，所占货位越多，收发区越大，所需仓库面积也越大。
- 仓库作业方式，机械化作业必须有相应的作业空间。
- 仓库经营方式，如实行配送制需要有配货区，进行流通加工需要有作业区。

不同级别的仓库存储物资种类和物资储备量差异很大，如基层企业仓库和区域一级仓储中心相比是"小巫见大巫"。但区域一级仓储中心一般不存储寄售产品和废品等，仓库地理位置距离基层企业稍远。距离基层企业近的是区域二级仓储中心。

仓库布局和仓库分类确定后，仓库的管理功能更为明确。一般仓储中心的管理功能如下：

- 存货，发货。
- 分拣，配货。
- 验货，保养。
- 条码管理。
- 流通加工。
- 物资出入路径追踪。

15.2.2　货位管理

货位(也称料位)管理是指对仓库存放物资的货位进行规划、分配、使用和调整等管理,以达到仓库内空间最优的储位分配和最佳的货位布局。货位管理能更好地利用空间,减少产品破损,实现仓储作业管理成本节约最大化,从而提高作业效率,增加物资吞吐量,改善员工工作环境,减少工伤,并能有效地保护好物资的质量和数量,维护良好的储存环境,使所有待储、在储物资处于随存随取状态。

企业仓库货位按移动属性可划分为自由货位(或称随机货位)、固定货位两种。在自由货位中,每一个货位均可以存放任何一种物资(相互有不良影响者除外)。只要货位空闲,入库各种物资均可存入。其主要优点是能充分利用每一个货位,充分发挥每一个货位的作用,提高物流中心的存储能力。其缺点是每个货位的物资经常变动,每种物资没有固定的位置,所以在 ERP 系统中也要经常更新货位,影响工作效率并容易造成收发差错。

而固定货位就是对某一货位严格规定只能存放某一规格品种的物资,而不能存放其他物资。其主要优点是每一种物资存放的位置固定不变,减少了 ERP 系统中的物资移位操作,便于收发、盘点,能提高收发货效率并减少差错。其缺点是不能充分利用每一个货位,造成存储能力的浪费。

自由货位比较适合仓储中心的成品库和基层企业的报废库、闲置库等,通过定期整理或自动补缺来节省空间;非就地堆叠的原材料仓库、维修仓库等宜使用固定货位,可减轻 ERP 系统货位频繁更换的压力,也方便用户操作。

另外,企业仓库货位按存储物资的属性可分为以下几种:

- 原材料货位,应用在原材料仓库。
- 半成品货位,应用在半成品仓库。
- 成品货位,应用在成品仓库。
- 维修货位,应用在维修物资仓库。
- 寄售物资货位,应用在寄售仓库。
- 余料货位,应用在原材料仓库和废品库,其中余料能继续使用的放在原材料库,不能使用的放在废品库。
- 联储货位,应用在逻辑库的联储仓库,物理货位与原材料仓库和维修物资仓库中同类、同型号的物资在一起。
- 破损货位,应用在报废仓库。
- 功能失效货位,应用在报废仓库。
- 不合格品货位,应用在报废仓库。
- 退货货位,应用在报废仓库。
- 报废货位,应用在报废仓库。
- 闲置货位,应用在报废仓库。
- 零价格物资货位,应用在原材料仓库和维修物资仓库。

ERP 系统要支持上述货位功能的管理以及同种物资批次管理,具体包括货位编码、货位名称、存量、存货批次和货位状态等信息。利用货位的精细化管理,可以比较精确地计算仓库利用率。

15.3　联储管理

联储是企业集团的产物,是抵御市场风险、降低运营成本的一种保障措施。

15.3.1　企业集团联储物资范围

1. 联储物资范围

企业集团的联储主要是指在非即时制(JIT)生产方式下的一种先进的集中存储方法,联储物资的范围一般包括原材料、维修物资和成品。

- 原材料联储。采用一、二级仓储中心进行储备,这样基层企业最多只需存储两日内生产用的原材料。短期所需的各种原材料由各级仓储中心储备,避免因原材料市场和价格市场不稳定而带来的不良影响,保证生产的稳定性。
- 维修物资联储。维修物资主要是指占用资金高,不经常损坏,而损坏后不易修复和难于购买,且同型号的设备至少在多家基层企业使用,一旦损坏会影响安全生产的主要设备及备件。联储方式包括企业集团内部联储(例如,某型号的设备及备件只在二级仓储中心或某基层企业仓库存储一到两个,其他所需企业不再存储)、同类企业集团之间联储、寄售及和供应商联储等多种方式,这样可减少库存储备资金。
- 成品联储。采用一、二级仓储中心进行储备,储备的目的是:①平衡淡旺季销量;②作为国家战略储备(石油战略储备、抢险物资战略储备等);③稳定市场,即在市场价低时购入存储,价高时平价出售,抑制货币贬值。例如,2013 年年初,在国内高等级皮棉大量入储,国内棉花市场价格高企,现货市场可供资源较少的情况下,中国储备棉管理总公司及时投放储备棉,缓解了纺织企业原料紧缺的局面。后两个目的的联储需要国家政策指导和补贴。

总之,联储的目的是:优化库存结构,以最低成本保证物资供应,稳定市场,提高企业集团资金利用率及企业抗风险能力。

2. 联储相关信息

为便于企业集团的联储管理,除实际仓库外,还可建立逻辑库,如联储仓库。联储仓库的物品分布在实际仓库(如维修物资仓库)中的同种型号物品的货位区,并有逻辑货位编码。但联储物资的出库审批流程不同于一般物资的出库流程,核算方法也因使用单位的不同而有差异。

和其他功能一样,实现企业集团公司内部联储的基础在于标准化,包括同类设备和备件标准化、编码标准化、名称标准化和审批流程标准化等。在此基础上需要确定的内容如下:

- 联储方式。包括企业集团内部联储、同类企业集团之间联储、寄售、与供应商联储。

- 联储目录。包括一级联储物资目录、二级联储物资目录。
- 联储级别。集团公司级为一级,分/子公司级为二级。
- 联储数量。即一、二级联储物资目录中每个物品对应的联储数量。
- 与联储相关的其他信息。包括物资编码、物资描述、组织、仓库、实际库存数量、价格、计量单位、借用数量、联储状态(超出、欠储)、借用状态(在库、借用、归还)以及联储货位等。

15.3.2 维修物资联储管理流程

原材料和成品的联储管理并不复杂,使用仓储中心管理即可。比较难管理的是分布在基层企业库存中的维修用物资(主要指设备及备件)的联储。特别是同类企业集团之间的联储尚处于探索试验阶段,还未完全成熟。比较成熟的联储方式为集团公司内部联储、与上游制造厂家进行联储和寄售三种方式。因篇幅有限,下面重点讲解集团公司内部联储。

1. 联储物资发布管理流程

企业集团公司本部和分/子公司本部相关部门不参与一、二级联储物资的借用、归还等流程操作,而主要负责对这些流程的监督,一、二级联储物资目录发布和目录内容修改以及一、二级联储计划下达等功能。一、二级联储物资目录发布和目录内容修改流程比较简单,如图15.5和图15.6所示。

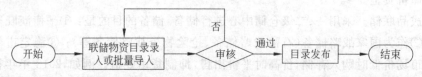

图 15.5　集团公司级联储物资目录发布流程

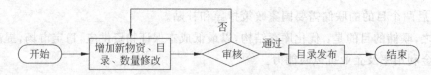

图 15.6　集团公司级联储物资目录内容修改流程

2. 联储物资使用管理流程

联储物资使用方法一般分为让售、调拨和借用三种方式。其区别是:让售和调拨要走财务账,使用后不用归还,原存储单位或仓储中心再做计划购买;借用不走财务账,借用单位买到联储物资后归还原借用物资。

下面以联储物资借用管理流程为主进行介绍。联储物资借用管理流程包括跨分公司的集团公司级联储物资借用、分公司内部电厂之间联储物资借用、联储基层单位自用储备物资三种管理流程,如图15.7至图15.9所示。

注意:联储物资能够借用的前提是保证储备单位联储的物资性能良好、可用。

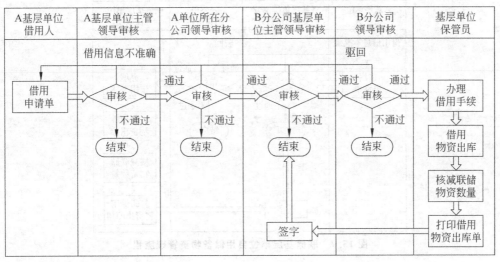

说明："B分公司领导审核"内容为可选项。

图 15.7　跨分公司联储物资借用管理流程

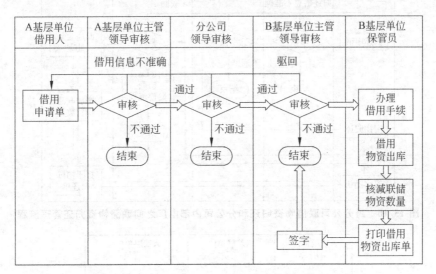

图 15.8　分公司内部基层单位之间联储物资借用管理流程

3. 联储物资归还管理流程

联储物资归还管理流程是和联储物资借用管理流程相对应的,包括跨分公司的集团公司级联储物资归还、分公司内部电厂之间联储物资归还、联储基层单位自用储备物资归还三种管理流程。

(1) 跨分公司联储物资归还和分公司内部电厂之间联储物资归还管理流程基本一致,如图 15.10 所示。

(2) 联储基层单位自用储备物资归还管理流程比较简单,业务操作只在基层企业内部完成,如图 15.11 所示。

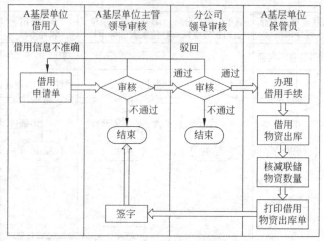

图 15.9 联储基层单位自用储备物资管理流程

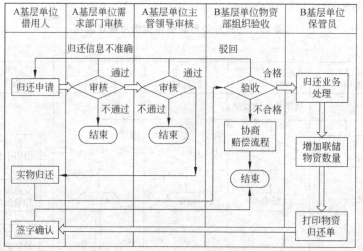

图 15.10 跨分公司联储物资归还和分公司内部电厂之间联储物资归还管理流程

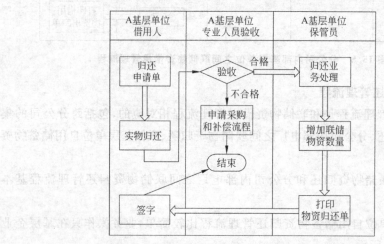

图 15.11 联储基层单位自用储备物资归还管理流程

ERP 系统要能对联储物资的相关信息进行管理,包括联储级别、联储定额、借用数量、联储状态(超出、欠储)、借用状态(在库、借用、归还)和凭证等信息。

15.4 库存物资管理流程

不论是 ERP 还是 EAM,其库存管理功能都比较成熟,主要包括仓储中心和基层单位的库存物资台账、多仓库多货位、库存物资领用、退库、盘点、调拨/借用、报损/报废、闲置物资处置、移库、零价格物资管理、EOQ(Economic Order Quantity,经济订货量)、库存定额、ABC 分析等管理以及每笔交易的追溯管理。

本节重点讲解库存物资领用、退库、盘点、报损/报废、闲置物资处置、移库、零价格物资管理。

15.4.1 领用流程

物资领用流程主要包括二级仓储中心从一级仓储中心领用,基层企业从二级仓储中心领用和基层企业从自己的仓库领用三种。一级仓储中心到二级仓储中心可采用调拨方式。物资领用的概念是对使用者而言的,对于仓储中心和基层企业仓库就是发放/出库操作。发放的对象包括原材料、半成品和维修用物资等。另外,从仓储中心领用和从基层单位仓库领用的流程有区别,仓储中心可按组织进行归类分拣、包装发放,基层单位仓库可直接发放到工位和维修班组。

1. 仓储中心领用流程

仓储中心领用流程主要介绍基层企业从二级仓储中心领用流程,该流程(如图 15.12 所示)针对所服务基层组织的工单和需用计划的领料单进行领料,并能实现单据之间的转换,即领料单→出库单→拣货单→出库单(核实签字)。实现这些单据上的物资自动获取的基础是要达到账、卡、物一致,同时单据上的信息准确无误。

2. 基层企业仓库维修用物资领用流程

基层企业仓库的维修用物资领用流程主要针对工单领料、领料单领料和借料单领料等情况进行物资领用。确认领用的对象和数量,并记录交易的结果。领用流程的管理范围是仓库保管员的发放物料过程,以及领料单审批、领料人领用核对过程。参与该流程的角色主要是仓库保管员和领料人。其中仓库保管员的职责是负责对领料的实物领用和数量检查以及领用项目和领用单位等信息的录入。领料人的职责是负责提供单据和实物领取。领用流程如图 15.13 所示。

15.4.2 退库流程

退库流程是针对二级仓储中心向一级仓储中心退库以及基层企业的工单余料、物资质量问题和操作错误等情况进行的物资退库操作。本节以基层企业用户退库为主进行讲解。

企业集团基层企业的退库流程管理范围是将已出库的物资退回到基层企业仓库或二级仓储中心,是物资领料的逆向操作。其中,基层企业物资使用单位向本企业仓库的物资

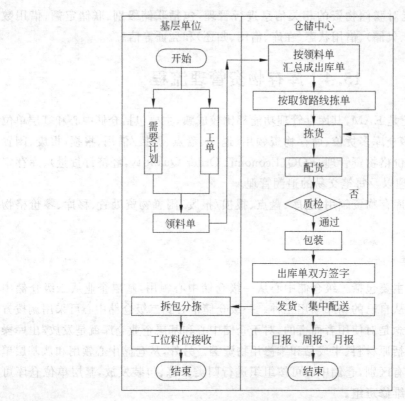

图 15.12　二级仓储中心物资领用示意图

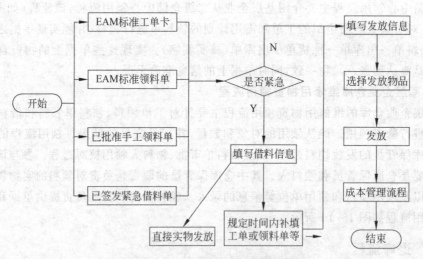

图 15.13　基层企业维修用物资领用流程

退库流程如图 15.14 所示,该流程中参与的角色包括仓库保管员和物资使用者。仓库保管员的职责是负责验收退还物资是否完好,有无损坏,并执行退货操作,属产品质量问题的要与采购员联系,属领用操作错误的直接做退库操作;物资使用者的职责是负责将使用过程中发现问题的物资或工单余料退给基层企业的仓库保管员或二级仓储中心。例如,

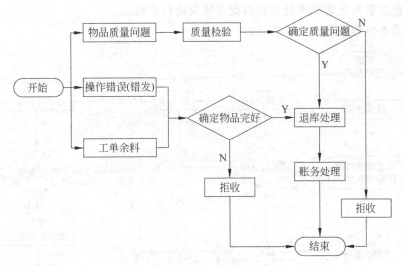

图 15.14　基层企业物资退库流程

当某基层企业的工单计划做得不准确或其他原因造成领用的物资未使用完时,使用退库流程退出剩余物资以有效控制成本。

　　注意:ERP 和 EAM 要对操作次序、时间和一致性进行限制,如果使用工单领料和退库,退库操作必须在工单关闭前完成,原则上不允许关闭的工单退库。如果有特殊情况,在工单关闭后确实需要退库的,要重新将工单打开,完成退库操作,该操作需要由主管领导批准。退库时一定要按领用时的部门和项目原样退库,否则会造成账务混乱。

15.4.3　盘点流程

　　库存盘点流程用于对仓储中心、基层企业仓库进行库存数量和实际数量核对的管理过程。系统要支持多种盘点方法,如周期性盘点、连续盘点和抽样盘点等。ERP 和 EAM 系统要能提供以下盘点功能:

- 生成盘点文档。
- 打印库存清单。
- 盘点中的物资移动冻结。
- 参照盘点文档输入计算结果。
- 盘点差额清单。
- 参照盘点文档把差额过账。
- 生成大规模差额重新计算文档。
- 任何年度内每种物资的盘点记录管理。

　　库存盘点流程的管理范围涉及所有库房,盘库可以根据具体的工作安排进行整个仓库的盘点,也可以只针对某个库位、某个备件或 ABC 分类中的某个分类备件进行盘点。参与角色主要有基层企业仓库保管员、仓储中心台账管理员和分拣员等。其中基层企业仓库保管员和仓储中心台账管理员的职责是做好盘库前准备工作,如打印盘点列表清单,实施具体盘库工作等,盘库后填写实际数量,核查无误后生成盘点差异报表,报相关领导审核。企业主管领导的职责是负责对盘点结果进行审核。

库存盘点流程如图 15.15 所示。

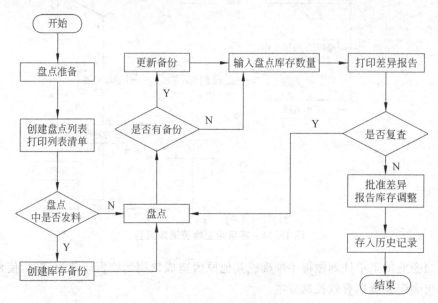

图 15.15　库存盘点流程

15.4.4　报损报废物资处理流程

报损是指企业在销售、生产等过程中,因原材料、产品、生产线、设备和其他固定资产的部分或全部功能失效以及库存盘亏等而进行的评定、审核处理流程。

报损报废物资范围如下:

- 原材料的报损报废。指因储存不当或超期存储而老化变形、锈蚀腐烂、降低标准也不能使用的金属材料、油料、木材、水泥、粮食等各类原材料。
- 产品的报损报废。指组装废品、零件废品、工序废品、因质量原因被客户退换的产品、不能再使用的工单余料及超期存储的失效产品。
- 维修物资的报损报废。指修理费用接近同种新产品价格的设备及模具;主要部件和主要零件损坏严重,无修理价值的设备及模具;陈旧过时,精度和技术指标都无法恢复或无改造价值的仪器设备;国家规定不准使用的仪器设备或已到报废期的设备;无修复价值的各类办公设备和用具,如计算机、打印机、服务器、电视和各类家具等。
- 例外事件的报损报废。指原材料、产品和维修物资等被盗,人为破坏或因自然灾害被毁坏等。
- 盘亏物资报损。指盘点时盘亏的物资。

企业报损报废流程如图 15.16 所示。

流程解析如下:

(1) 仓储中心台账管理员和基层单位仓库保管员依据盘库结果、生产线上的废品清

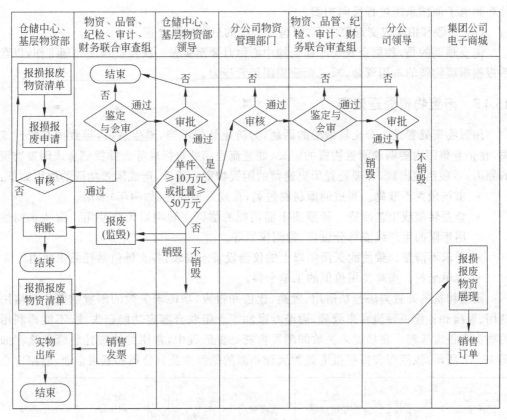

图 15.16　企业报损报废流程示意图

单和客户退货清单等,定期整理出报损报废物资清单,该清单包括报损报废物资明细,如物资编码、描述、计量单位、数量、组织代码和报损报废原因等。

（2）仓储中心台账管理员和基层单位仓库保管员依据报损报废物资清单,提出报损报废申请。

（3）仓储中心台账管理员和基层单位仓库保管员所在部门领导审核批准。

（4）所在部门领导审核通过的结果提交给由主管企业物资、品管、纪检、审计和财务等部门组成的联合审查组进行审核。完全否定时结束流程,部分否定时驳回重新整理报废清单。

（5）联合审查组审核通过的报废物资清单报请所在企业领导审核。领导不同意时可退回到前面的任一节点。

（6）企业领导同意后,按物资金额有三个流向。当单件物资金额大于等于 10 万元和本次报损报废物资总金额大于等于 50 万元(企业依规自己规定金额限制)时报上级公司定夺。当单件物资金额小于 10 万元和本次报损报废物资总金额小于 50 万元时,有两个选择,一是不合格产品直接销毁;二是其他有价值的报损报废物资整理出清单发布到电子商城系统的反向拍卖板块进行拍卖。

（7）报给分公司的报损报废物资经过分公司物资部门的汇总审核及联合审查组和分公司主管领导的相应审批流程,最终形成三个流向:一是不能报废,二是报废销毁,三是发布到电子商城系统进行反向拍卖。

（8）销毁和拍卖成交都要出库，但盘亏报损的只做销账处理。

需要强调的是，基层企业仓库和仓储中心每月要至少做一次报损报废处理工作，以盘活报损报废物资的占用资金，减轻企业集团经营压力。

15.4.5　闲置物资处理流程

闲置物资处置是一个比较敏感的话题，为防止处置不当，滋生腐败，导致国有资产流失，在企业集团内要明确闲置物资的定义、处置流程和处置标准等。并找到造成闲置物资的原因，对症消除根源，合理处置历史遗留的闲置物资。通常，造成闲置物资的原因如下：

- 市场预判不准确。买进的原材料过剩，在规定期间内（如两年）未用。
- 企业转型或工艺改造。转型前未能消耗的物资在转型后无法使用。淘汰未到使用年限的生产线或部分设备、检测仪器等。
- 需求不清楚。致使购买两年以上的仪器设备未安装，各类低值易耗品未使用。
- 工单余料。指有使用价值的工单余料。

闲置物资的处置方法包括借用、置换、让售和报废，功能未失效的闲置物资一般使用借用、置换和让售三种流程来处理，而经专家和审查组联合鉴定功能已失效、不能再利用的物资走报废流程。在功能未失效的闲置物资处置流程中，常用的物资让售管理流程如图 15.17 所示，该流程和报损报废处置流程相似的是都涉及分公司和基层企业、仓储中心

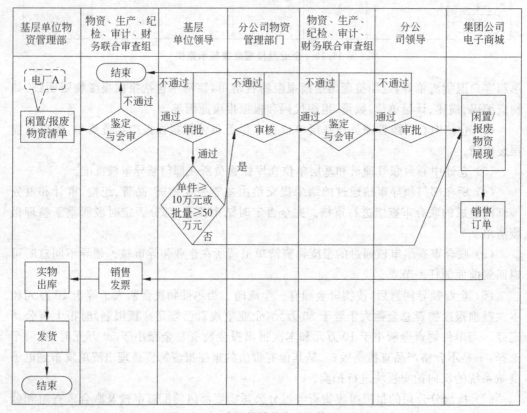

图 15.17　企业闲置物资让售管理流程

的生产、物资、财务等多个管理部门和主管领导,并需要先整理闲置物资清单,经过相关部门及主管领导批准后通过接口传递到集团公司的电子商城系统进行展现和销售。

除上述功能外,ERP 和 EAM 系统要能实现闲置物资汇总统计,闲置物资交易历史统计,闲置物资总金额按分公司、基层单位等排名,用于对企业绩效的考核等功能。

15.4.6 移库移位流程

在企业集团的仓储中心和基层企业的库房,移库移位操作肯定会发生。发生移库移位的原因主要如下:

- 仓储中心、基层企业库房采用移动料位存储。
- 为提高货架利用率,将存量少的物资集中货位管理。
- 将盘点发现的残损品移至报废库管理。
- 仓库存储物品重新规划分区管理。
- 基层企业维修仓库中的物资被确定为联储物资时,该物资要移至联储物资逻辑库。
- 库存分析后发现不合理存储,生成移库单。

仓储中心移库移位一般是批量作业,要先生成移库单,移库单经批准后形成下架列表,下架工作以及下架物资及数量核对工作完成后,经审核生成上架单列表,上架,审核确认后完成移库移位处理。仓储中心的移库移位管理流程如图 15.18 所示。

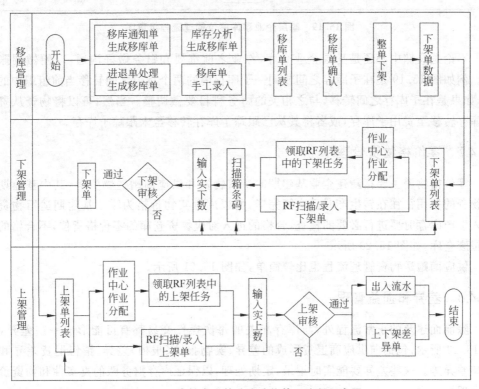

图 15.18 仓储中心的移库移位管理流程示意图

基层企业仓库的移库移位操作有成批操作也有单个物品操作,操作流程如图 15.19 所示。

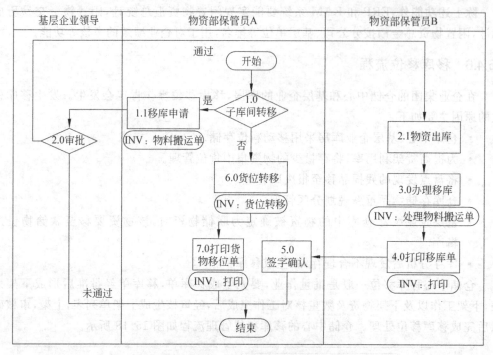

图 15.19　基层企业移库移位管理流程示意图

不论是仓储中心还是基层企业仓库,作业之前都要和财务做好沟通,以便做调账处理。例如图 15.19 是在子库存之间或同一子库存内的两个货位之间转移当前组织中的物资,如果是在子库存之间转移,与之相关的财务科目要做调整。当然,可以将物资从资产子库存转移至费用子库存,或者将其从已跟踪子库存转移至未跟踪子库存。

15.4.7　零价格物资管理

零价格物资主要指新建企业基建期的遗留物资和供应商赠送物资等,其中基建期遗留物资的费用往往在转生产时已决算完毕,所以库存实物价格为零。基建期遗留物资在转入生产库存时要进行必要的检查,合格的进入对应物资仓库的零价格货位,不合格的进入报废仓库,如图 15.20 所示。

供应商赠送物资管理流程也比较简单,如图 15.21 所示。

15.4.8　差异和损益管理

除前面述及的正常流程外,与库存相关的每次操作交易都有可能形成一些差异,如图 15.22 所示,包括向供应商退货形成的差异、实物报缺(报损)差异、销售退货差异和上下架差异等。这些差异要能实时记录,定期处理,以保证库存财务账的真实性和物资价格的合理性。

ERP 的库存管理功能要能自动形成差异列表,因为各种差异靠人工统计既费工时,

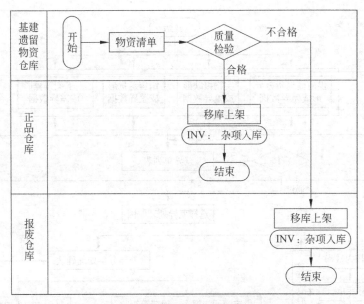

图 15.20　基建期遗留物资处置流程示意图

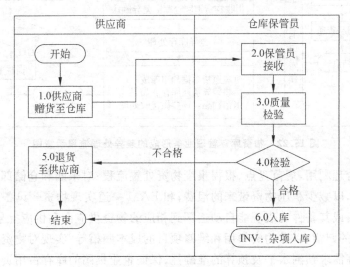

图 15.21　供应商赠送物资管理流程

差错率又高。另外,为保证统计的准确性,差异列表要经过审核。审核通过后的差异列表中的内容根据引起差异的原因有不同的处理方法。例如,实物报损的走移库流程,将报损物资移至残损品库;经审核差异取消的,取消占用库存资金;有差异的,依据差异分类选择不同的差异处理方法,包括向供应商退货时退多、退错(如退错供应商、退错物资等)、退少,以及实物报缺和上下架差异等。对于差异通常主要有两种处理方式,一种是追加到库存,另一种是走损益单。

库存管理的目标就是:保证企业生产所需的各种物资能按质、按量、按时供给,同时盘活库存积压和闲置物资;利用物资库龄分析报表提醒仓储中心、基层企业注意报废物资

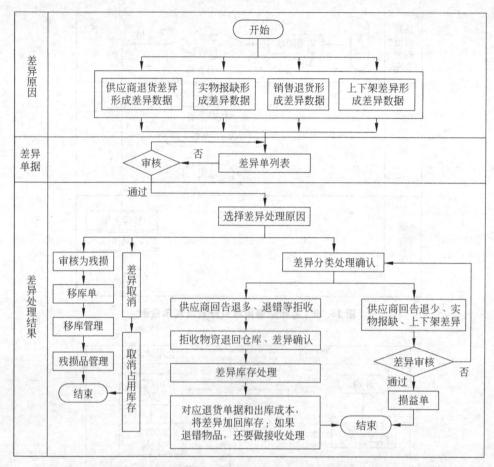

图 15.22　物资库存管理业务形成的差异处理流程示意图

的到期情况,合理利用,规范盘点、报损报废物资处置流程;对采购和仓储部门设定相应的绩效考核指标,以减少积压物资带来的浪费;和 EAM 一道实现物资—设备—资产的全生命追踪,对设备或其备件的表现能自动追溯到相应的物资供应商和供应批号;实现物资领用和产品成本的归稽,以及物资领用和维修项目的成本归稽等;实现对物资耗用的实时跟踪和分析,提高需求预测水平及预算的准确性,保证企业集团的库存占用资金在一个合理的水平。

与库存相关的损益处理流程比较简单,是在库存差异确认后完成的,如图 15.23所示。

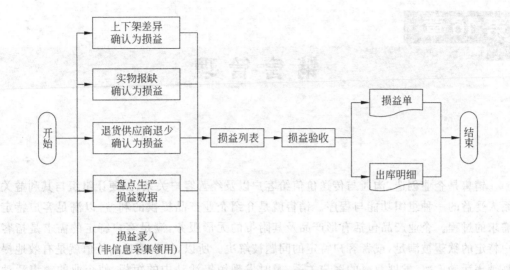

图 15.23　与库存相关的损益处理流程

第 16 章

销售管理

销售是企业创造、沟通与传送价值给客户以及经营客户关系，以便让组织与其利益关系人受益的一种组织功能与程序。销售就是介绍企业产品提供的利益，以满足客户特定需求的过程。企业产品包括有形产品及其附带的无形服务，满足客户特定的需求是指客户特定的欲望被满足，或者客户特定的问题被解决。所以，销售管理的价值就是有效地提高销售活动效率，发展双赢的客户关系，及时发现销售活动中的短板，使企业的销售活动可视、可控，并通过积累的历史数据和市场的预判，对企业产品销售做出预警及实现客户群体的引导等。

16.1　销售管理主要功能和销售信息资源管理

大型 ERP 系统都有自己的销售模块，主要包括客户、销售订单和客户/服务架构管理等功能，和其他财务、项目、生产等 ERP 系统功能模块一起运行在企业内网，用来接收已经确认的销售订单，并进行销售指标和业绩考核、销售合同管理等。在企业外网上和客户直接打交道的一般使用 CRM（客户关系管理），也有的将其归入到 ERP 管理范围之内。

ERP 系统的销售模块和 CRM 通过无缝连接，能够实现企业集团销售作业的闭环管理。

16.1.1　销售管理主要功能

企业集团需要一体化的销售解决方案。这就促使企业要综合、协调、无障碍地运用 ERP 系统的销售和 CRM 产品功能，实现企业对销售环节的管控，全面掌握与客户的销售过程。并对未来的销售收入预期进行预估，从而不断调整销售过程中的相关策略，直至赢得客户，形成订单；同时通过 ERP 与 CRM 的接口，了解客户的应收账款情况，以便对客户进行全面的评估。经过对主流的 CRM 产品（如用友 TurboCRM、SAP CRM、Oracle CRM 和金蝶 TEEMS CRM）进行分析，其一级功能一般如图 16.1 所示。

CRM 在一级功能的基础上还可细分出许多子功能，即二级功能。需要说明的是，不同的 CRM 软件产品其功能优势各不同，一、二级功能均有所区别。总结多种 CRM 软件产品功能和不同企业需求的功能，适合企业集团的 CRM 软件产品功能（含一、二级功能）应该如图 16.2 所示。

CRM 系统是企业最前端的客户交互平台，用来处理售前、售中、售后、服务四方面的问题。因此，企业集团为了以较低成本赢得更大的经济效益，要拓展多种营销渠道，并能

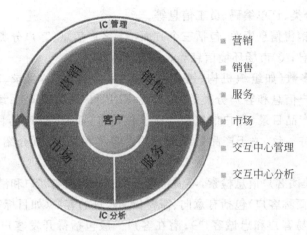

图 16.1　CRM 一级管理功能示意图

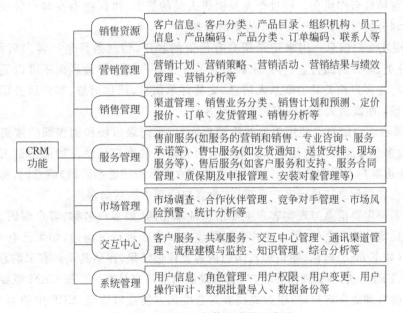

图 16.2　CRM 二级管理功能示意图

预计客户的关键需求,打破最直接地和客户沟通的瓶颈,智能地为客户提供服务。

16.1.2　销售信息资源管理

销售信息资源是企业信息资源的一部分,是销售功能得以正常运行的基本保障,如果销售业务涉及的信息资源不规范、不标准、不一致,将会给销售业务活动乃至生产管理等造成很大困扰,所以基础工作一定要扎实。

1. 销售信息资源管理

企业销售信息资源包括以下内容:

- 企业内部销售信息资源,包括组织机构、销售团队、产品分类、产品目录、产品编码、产品分类、订单编码、员工信息等。

- 企业外部销售信息资源，包括三个方面：①客户信息、客户分类、联系人等；②合作伙伴信息；③市场环境信息等。

上述信息中多数（如组织机构、销售团队、产品分类、产品目录、产品编码、产品分类、订单编码、客户信息和客户分类等）需要在 ERP 和 CRM 两个系统中共享。其中最为核心的信息是产品目录、客户信息和合作伙伴信息，而 CRM 产品目录与电子商城的产品目录应该保持一致，关于产品目录部分的内容将在第 18 章介绍，本节重点介绍客户信息。

为方便企业集团客户信息检索，习惯将客户信息分为现实客户和潜在客户两大类，其中现实客户（通常简称客户）包括有意向、需要长期跟进的客户（如目标客户、准客户）和已交易的客户（如交易客户和忠诚客户）；潜在客户一般包括待开发客户和竞争者的客户。其中，待开发客户是指对某类产品（或服务）存在需求且具备购买能力的客户，这类客户与企业存在着销售合作机会。经过企业及销售人员的努力，可以把潜在客户转变为现实客户。这样划分的目的是便于 CRM 的界面管理。

（1）现实客户信息。用来记录所有有价值的客户，信息条目包括客户名称、客户编码、客户分类、客户所属行业、客户来源记录等。在客户信息管理界面还可以通过相关列表查看所有与客户相关联的联系人信息、交易订单信息、回款信息、客户服务信息等。需要说明的是：回款额大于 0 的客户是交易客户。

（2）潜在客户信息。使用单独的管理界面，用来记录市场和销售部门搜集的各种客户商机，大多是未经过筛选且不知道是否有明确需求的客户信息。如果营销人员与客户联系过，知道客户有采购产品的需求（主要是在立项阶段或选型阶段）或意向，那么就可以将这条潜在客户信息转移到客户管理，成为客户管理中的意向客户。

潜在客户主要信息与现实客户主要信息基本相同，如客户名称、客户编码、客户来源和客户地址等。除此之外，潜在客户要记录该客户是否进行过沟通，如果已有沟通，记录沟通方式（如 E-mail、电话、微信等）、沟通内容及评估结果，评估其是否有采购意向。

通常，ERP 一般不管理潜在客户，其管理的重点是交易客户。而 CRM 既要管理现实客户也要能管理潜在客户，所以为提高查询速度和方便接口管理，ERP 中的客户和 CRM 系统中的潜在客户最好分开管理。

2. 客户管理

客户是企业生存和发展的动力源泉，是企业的重要战略资源之一，属于企业的核心机密。客户管理主要包括客户信息管理、分类/分级管理、客户价值管理和客户安全性管理等。

（1）客户信息管理。

客户信息管理是针对现实客户、潜在客户的所有信息录入、分配、变更、查重、合并和共享等管理，是客户管理的基础工作。

（2）客户分类/分级管理。

企业对客户进行分类（客户细分）和分级的目的是为了按照客户的行为、需求、偏好以及价值等因素有针对性地为客户提供相应的服务，即对不同客户提供不同的产品，或者开展差异化的市场、销售、服务活动。

不同行业中的企业,其客户分类的标准互不相同,CRM 要支持同一企业集团内对客户按不同的标准细分,常规的分类方式如下:

- 按照客户价值分类。从客户的价值方面来看,不同的客户为企业带来的收益不同,短期的客户带来的收益较小,长期稳定的客户带来的收益更多。所以,按照客户价值进行分类,可分为关键客户(A 类客户,包括大客户和关系到国家安全、民生的客户)、主要客户(B 类客户)、普通客户(C 类客户)、一次性客户(D 类客户)四类。
- 按照行业性质分类。可分为金融业,旅游、饭店、餐饮、娱乐服务业,党政军部分,批发和零售贸易,房地产业,交通运输、仓储业,电信运营业,通信、电子设备制造和计算机应用服务业,采掘业,公共服务业,科教、文卫,其他行业共 12 类客户。
- 按地理位置分类。可分为海外、国内两类。其中海外可分为亚洲区、欧美区和非洲区等;国内客户又可分为国家级、省级、地区级等客户。
- 按客户属性分类。可分为老客户、新客户、竞争对手客户和流失客户等。
- 按客户忠诚度分类。按客户从陌生到忠诚可分为潜在客户、目标客户、准客户、交易客户和忠诚客户。

而客户分级一般是根据客户对于企业的贡献率等各个指标进行多角度衡量与加权计算后确定客户级别。应该说,客户分级是一个复杂的工程,企业要根据自身的需要,按统一标准做出规划。通常企业客户分级要考虑的因素如下:

- 客户信用状况。统计企业现实客户最近一年的付款是否及时,是否存在拖延,如果有拖延,要记录拖延的天数、金额及原因,然后根据这些因素来判定客户的级别。
- 客户下单情况。统计企业一年以上的现实客户下单情况,按照其下单金额从大到小进行排列,并兼顾下单数量及下单趋势等多方面进行综合评价。
- 客户的发展前景。按现实客户的稳定性(即忠诚度)、流失风险和客户发展能力进行评价。分析意向客户的采购欲望,挖掘意向客户的潜在价值,预估通过营销策略使其成为现实客户的可能性。潜在客户分级的几个要素包括企业性质、资产规模、营业额/销售额、发展速度和潜在需求等。
- 客户对企业利润的贡献率。综合考虑现实客户下单金额、产品生产成本与销售利润,分析现实客户对企业利润的贡献率,即以年为周期,计算最近一年、三年客户对企业利润的贡献比率,并按贡献比率大小进行优先级的排名。除此之外,还包括累计销售额、年度/季度/月度平均销售额、信用状况、销售利润率、销售额增长率等。
- 客户社会影响力。考虑客户在行业内的话语权,是否是行业标准制定的参与者,企业性质和社会责任等因素,对企业进行分级。

企业要综合考虑上述因素,并按一定的比例进行加权,最终确定客户级别,并通过差异化的流程来为不同级别客户提供差异化的服务,或者针对不同级别客户采取不同的市场、销售策略。

客户分类与客户分级的区别是：客户分类一般相对稳定，客户所属的类别在短时间内通常不会发生大的变化，主要依赖产品功能上的差异进行分类；客户分级更多的是从企业自身的角度出发，根据对客户价值的分析判断做出的主观划分，更多的是着眼于不同级别客户的价值的大小，即依据客户价值形成产品性能/服务品质的差异化，比如更快的交货期、更优惠的价格、更好的付款条件（货到付款或更长的信用期、更大的信用额度等）。

另外，企业应注意收集客户反馈，适当调整个别客户分类和分级，提高分类、分级的准确率。由于客户的经营是动态的，一次暂停进货或节假日等因素都会导致某些客户的分类、分级指标数据不完善，由此产生对分类、分级结果也可能不准确。因此，系统要能支持后续对分类、分级做适当调整，但切忌频繁调整。

（3）客户价值管理。

对任何企业而言，资源都是有限的，所以并不能为所有顾客提供使其满意的产品和服务。因此，企业应当以有限的资源主要满足其有价值的客户的需求，求得最大化客户价值与最大化企业价值的平衡。

客户价值管理是一个新课题，比较主流的做法是从三个不同的侧面进行管理：

- 企业为客户提供的价值管理。企业让客户从企业自身的服务中得到满足。即企业从客户的角度来感知企业提供的产品和服务的价值，可通过客户对购买产品的质量、性能、可靠性、外观和服务等方面的评价及投诉等来综合评定，并依据评定结果对相关部门和干系人的绩效进行核定。
- 客户为企业提供的价值。根据客户消费行为和消费特征等变量测出客户能够为企业创造的价值。客户价值衡量了客户对于企业的相对重要性，是企业进行差异化决策的重要标准。
- 企业和客户互为价值感受主体和价值感受客体的客户价值，称为客户价值交换。

目前，客户价值交换可以量化的内容还没有落实到企业认可的程度，因此企业的主要精力集中在前两项的应用。其中，企业集团应用最好的是客户为企业提供的价值管理与分析，如图 16.3 和图 16.4 所示。

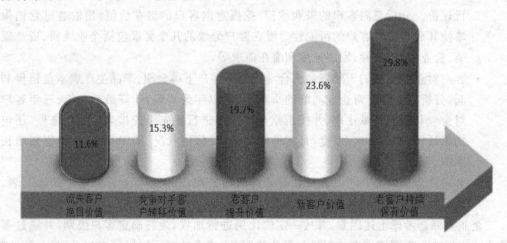

图 16.3　企业集团 2015 年客户价值分析——客户属性价值分析

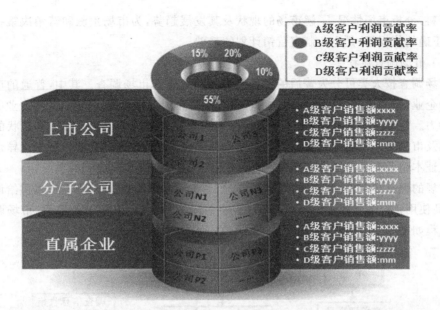

图 16.4　企业集团客户价值分析——销售额与客户对企业利润的贡献率分析

企业应该清楚,客户价值并不是一成不变的,它只在一定期间内相对稳定。所以,对于客户价值的评估要有时间约束,如一季度、一年等。客户价值在选择的时间段内,其直观的核算方法是

客户价值＝CRM 毛利＝购买金额－产品成本－营销费用

在完整的客户关系生命周期内(从建立关系到未流失的最近一期),参照客户交易的历史价值、市场环境、客户新需求等综合因素能预判客户今后的价值更有意义。

总之,客户价值评估功能要包括客户的综合特征、交易情况、财务贡献、联络状况四个方面的多项指标,如客户规模、行业、交易额、利润贡献、服务情况等,综合评估客户的价值,帮助企业找出对企业价值较大的客户群,为企业采取有针对性的营销服务政策提供量化的决策支持,并推动客户持续升值。

除此之外,客户的安全性和一致性也很重要,要从技术上和管理上防止客户信息泄露,保证客户信息的一致性和完整性,从而提高销售业务人员的操作效率。

16.2　市场管理和营销管理

市场管理和营销管理是企业销售产品的基础和产品定位的依据。

16.2.1　市场管理

市场管理主要包括市场调查管理、合作伙伴管理、竞争对手管理和市场风险预警。市场管理以信息搜集与分类为主,帮助企业在千变万化的市场环境中发挥自己的优势,抓住市场机遇,同时规避风险,提高企业竞争能力。

1. 市场调查管理

市场调查是指运用科学的方法,有目的、有系统地搜集、记录、整理有关市场营销的信

息和资料,分析市场情况,了解市场的现状及其发展趋势,为市场预测和营销决策提供客观的、正确的依据等,是企业制定营销计划的基础。

(1) 市场调查流程

市场调查按大类可分为普通的市场调查和层次化的市场调查。其中,普通的市场调查是为企业管理提供数据,层次化的市场调查是为企业的决策提供依据,并为企业的竞争寻求动力。所以,市场调查的真正意义就在于使管理者通过市场调查数据和现状的综合分析以及市场诊断来明确企业发展方向和市场定位,并依靠产品质量和提高差异化的能力来保证本企业产品在同类产品中的竞争优势。

常规的调查步骤可固化为流程模板,如产品市场需求调查模板、产品市场供给调查模板、产品使用情况调查模板、客户满意度调查模板等。综合这几种调查模板,市场调查的主体流程如图 16.5 所示。

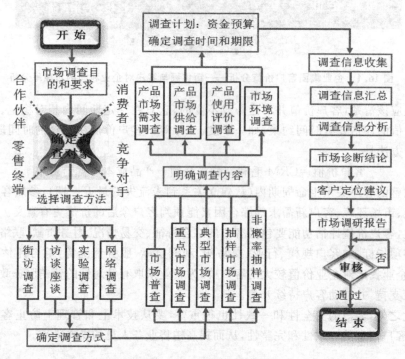

图 16.5　企业市场调查主体流程

通常,企业市场调查内容主要由四部分组成:

- 产品市场需求调查。主要了解市场产品需求的数量、结构,产品市场寿命周期,对新产品的需要,以及与此有关的企业用户的发展能力(潜在需求量)和普通消费者的收入水平、人口数量和构成等一系列影响产品市场需求的因素,为企业发展生产的投资部署、产品定价格、定服务政策等提供依据。
- 市场商品供给调查。主要是对生产同类产品的企业生产水平和经营特点的调查,包括同类企业的数量和分布、各企业的生产规模、可提供产品的数量、发展新产品的动向,产品成本、价格以及产品销售渠道等,企业要提供超过竞争对手的产品性能所要付出的代价等方面的调查。

- 产品使用、评价调查。包括市场占有率、产品质量评价及售后服务评价等,如客户满意度调查。
- 市场环境调查。包括总体环境调查、产业环境调查和竞争环境调查等。

(2) 信息收集

市场调查最常用的信息收集模板采用问卷形式,问卷可以是调查表形式,也可以是文字形式。不论是哪种问卷,其设计质量都直接影响到市场调查的质量。所以,问卷的设计要与调查的主题密切相关,条理清楚,问题简明,容易让被调查者接受。而且,针对不同的调查内容和调查对象,要采用不同的问卷形式。

通常调查问卷依据调查内容分为五大类:产品市场需求调查问卷、产品市场供给调查问卷、产品使用情况调查问卷、客户满意度调查问卷和市场环境调查问卷。每类调查问卷还可以细分,如产品市场需求调查问卷可分为企业、事业单位客户调查问卷;社区、家庭和个人调查问卷;企业客户调查问卷还可细分为关键客户、主要客户、普通客户和一次性客户的调查问卷等。调查问卷具体分为几级更合适,要依据产品的销售范围和 CRM 的支持能力而定。例如,关键的企业客户需求调查问卷格式如表 16.1 所示。

表 16.1　××××企业集团关键的企业客户市场需求调查问卷

	企业名称			
企业集团基本信息	联系人		职务	
	电话		手机	
	邮箱		微信	
	企业性质		总部地址	
	总人数		分布情况	
	主营业务			
	主要供应商			
同类产品采购信息	使用的产品	□产品 1　□产品 2　□产品 3　□产品 4　□产品 5　□产品 6 □其他:		
	最满意的产品			
	满意的理由	产品	□性能　□价格　□可靠性　□易用性　□交期	
		服务	□三包　□服务响应及时　□退货、换货处理流程简单　□服务态度好　□客户投诉便捷	
	年需求量			
	主要招标方式			
	电子招标入会流程			
新需求	核心功能			
	基本服务			
	增值服务			

此类问卷一般是纸质文本,在企业访谈和街头调查时手动填写,然后再整理录入系统;目前比较流行的是网络调查,调查按公开程度可分为三类:开放调查、普通客户调查和核心客户调查。其中开放调查面向所有会员和游客(可能成为客户、潜在客户和宣传者),如果企业觉得自己的网站影响力不够,可委托专业的调查机构在大型公开网站(如新浪、126 邮箱和京东商城等)上进行,然后将收回的有效答卷导入 CRM 系统。电话调查可由调查人员直接记录在系统中。

网上调查有单指标单选、多指标单选、单指标多选和多指标多选等方式。当然,不论哪一种方式,都要进行问卷的逻辑控制,即根据被访者回答问卷题目时的不同回答情况,控制问卷显示、隐藏或跳过特定的题目或选项,以保证回答问卷时符合正常、正确的逻辑关系。

通常,一个问卷逻辑由逻辑控制和实施条件两部分组成,即:当满足设定的实施条件时,实施这条逻辑中的逻辑控制操作。问卷逻辑控制的实施控制方法一般包括以下几种:

- 题目可答控制。当满足设定的实施条件时,被控问题才允许被回答。
- 选项控制。当满足设定的实施条件时,被控问题中的特定选项被控制成为显示/不显示、有效或无效。
- 跳转控制。当满足设定的实施条件时,从源题目直接跳转到目标题目或结束页面,源题目至目标题目或结束页面之间的所有题目被跳过。

总之,市场调查有助于企业更好地掌握国家政策,吸收国内外先进经验和最新技术,改进企业的生产技术,提高管理水平;有助于企业知己知彼地制定产品策略、价格策略、分销策略、广告/促销策略以及目标市场定位等,进一步增强企业的竞争力和生存能力。

2. 业务合作伙伴管理

企业合作伙伴是指企业与企业、企业与组织、人之间达成的最高层次的合作关系,即在相互信任的基础上,双方为了实现共同的目标而采取的共担风险、共享利益的长期合作关系。

企业合作伙伴一般包括战略合作伙伴、供应链合作伙伴、渠道合作伙伴。

- 战略合作伙伴是指通过合资合作或其他方式,能够给企业带来资金资源、先进技术、管理经验,提升企业技术进步的核心竞争力和拓展国内外市场的能力,推动企业技术进步和产业升级的国内外先进企业之间的合作。
- 供应链合作伙伴是指在供应链内部两个或两个以上独立的成员之间形成的一种协调关系,以保证实现某个特定的目标或效益。建立供应链合作伙伴关系的目的在于通过提高信息共享水平,减少整个供应链产品的库存总量,降低成本,并提高整个供应链的运作绩效。
- 渠道合作伙伴是指同一渠道的不同企业之间为了共同利益的最大化而结成的联盟与合作关系。渠道合作伙伴可按管理类型、业务属性、评定业绩、复合程度等不同需求进行分类,如图 16.6 所示。

渠道合作伙伴的信息主要包括合作伙伴名称、类别、产品领域、合作行业等,如图 16.7 所示。

合作伙伴管理除基本信息管理外,还包括合作伙伴的需求管理、销售业绩管理和擅自变动价格及解约风险管理等。可以说,合作伙伴,如渠道合作伙伴,其需求是经常变动的,

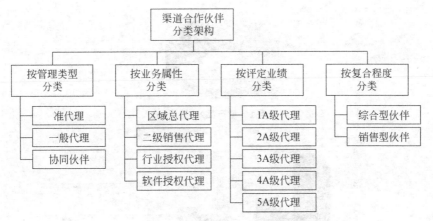

图 16.6　渠道合作伙伴分类

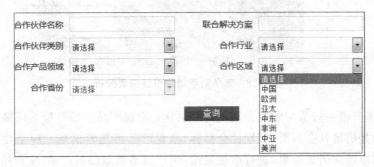

图 16.7　渠道合作伙伴部分信息

但核心内容主要有三个方面：
- 渠道合作伙伴需求的销量。
- 渠道合作伙伴需求的利润率。
- 渠道合作伙伴需求的合作稳定性。

所以企业在制定营销政策时要了解合作伙伴的需求，适时平衡企业、合作伙伴和客户的关系，达到多方共赢。

3．竞争对手管理

竞争对手管理包括竞争对手的基本信息、产品信息管理，对竞争对手的营销策略、销售市场、产品优势和服务优势进行分析，找出企业自身与竞争对手的差异，调整战略，发挥企业自身的优势，有能力抵御竞争对手的恶意竞争。其中，竞争对手销售市场分析如图 16.8 所示。

16.2.2　营销计划管理

产品市场营销是企业在创造、沟通、传播和交换产品中，为顾客、客户、合作伙伴以及整个社会带来价值的一系列活动、过程和体系。产品市场营销要与企业的产品研发、生产、销售、财务等工作环节协同发展，并贯穿于企业经营活动的所有过程，才能更好地落实、实现企业的整体经营目标。

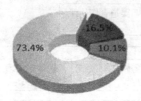

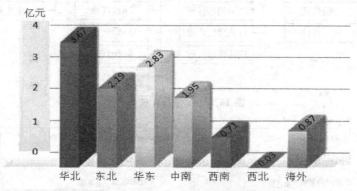

图 16.8　竞争对手销售市场销量分析

产品市场营销一般分为宏观和微观两个层次：宏观产品市场营销是反映社会的经济活动，其目的是满足社会需要，实现社会目标；微观产品市场营销是一种企业的经济活动过程，是根据市场调研的结果，进行市场定位，生产出适销对路的产品，使产品从企业流转到终端客户，满足客户需要的过程。

产品市场营销管理主要功能包括营销计划管理、营销活动管理、营销线索管理、营销渠道管理和营销分析等。其中，营销计划是其他功能的基础，好的营销计划能保证企业"正确地做事"，避免市场风险。

营销计划管理功能如下：

- 计划目标值管理。包括年度、季度、月度等营销计划目标值，详细的可以到周计划或日计划目标值。目标值有定量和定性两种，如产品销量（金额）和市场占有率等为定量指标，扩大知名度和影响一般为定性指标。
- 营销计划需求。确定准备营销的产品，如计划的是单一产品、系列产品还是多个系列产品打捆营销，以及在哪个时间段营销等。
- 营销资源平衡。营销资源包括费用、渠道、租用场地、参与人员和赠送礼品等。其中营销费用的管理很重要，为避免营销费用无计划超支，CRM 要具备预算费用超支预警及限制下一节点费用等功能。
- 活动计划。包括人员组织、活动渠道安排、时间安排、日计划分配等。
- 营销计划分析。包括营销计划完成率、滞后计划、营销结果及营销费用等统计与分析。

营销费用特别是新产品的营销费用往往存在不确定性，但为了将钱用在刀刃上，可在营销费用预算的控制逻辑中选择总额控制方式，并对能完成产品营销任务且节约资金的员工进行绩效奖励。产品营销计划及费用预算总额展示如图 16.9 所示。

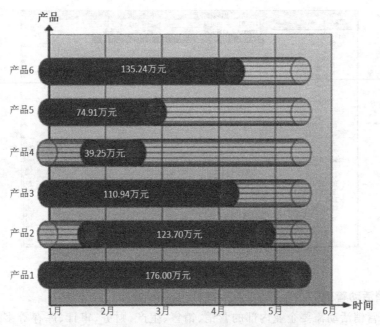

图 16.9　企业产品营销计划及费用预算总额展示图

16.2.3　营销方式分类与营销活动管理

1. 营销分类管理

营销分类一般最多分为营销类别、大类和子类三个级别,其中的营销类别如下:

- 体验式营销。
- 一对一营销。
- 全球化营销。
- 关系营销。
- 品牌营销。
- 深度营销。
- 网络营销。
- 兴奋点营销。
- 数据库营销。
- 文化营销。
- 连锁营销。
- 直接营销。
- 组合营销。

营销分类管理包括各级分类的增加、删除和修改管理,原则上确认后的营销分类和组织分类、项目分类、物资分类、设备分类等一样不能轻易增加、删除和修改,特别是营销类别这一级,所有修改都要经过审批并保留审批过程,以便追溯。营销分类的管理界面如图 16.10 所示。

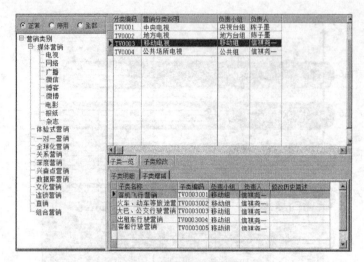

图 16.10　营销分类管理示意图

2. 营销活动管理

成功的营销活动需要企业内部的营销、销售、生产、财务、审计、库存等多个相关部门协同合作,不能只是营销部门的独角戏。因为任何一个环节的拖沓和失误都会导致营销活动的低效或失败。

针对不同的企业战略、企业文化、品牌影响力,以及不同的产品、不同的营销对象和不同的时间点,采取的营销方式和营销流程是不相同的,CRM 系统要能支持新流程的快速定制和成熟流程的高频次使用。常规的营销活动管理流程如图 16.11 所示。

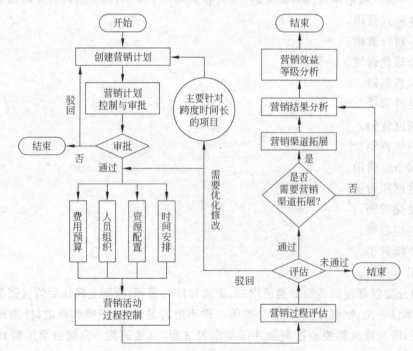

图 16.11　企业营销活动管理流程示意图

营销活动的中心应该围绕企业产品,因为不论是企业客户还是个人客户,其购买的不是产品而是产品的功能和用途,所以产品概念在市场上能够引起消费者注意,并成为引导消费者购买行为的因素总和。

当然,针对不同的产品生命周期(如研发期、初销期、成长期、成熟期和衰退期),其营销方式各不相同。如在初销期,客户往往习惯性拒绝,营销方式可采用传统的单向传播方式(如漏斗营销,如图 16.12 所示)和新兴的社会化营销(如波纹营销,如图 16.13 所示)。

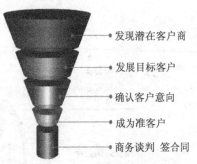

定位目标客户群

- 发现潜在客户商
- 发展目标客户
- 确认客户意向
- 成为准客户
- 商务谈判 签合同

图 16.12　漏斗营销方式

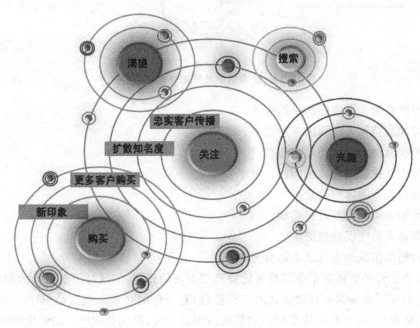

渴望　搜索　忠实客户传播　扩散知名度　关注　兴趣　更多客户购买　新印象　购买

图 16.13　波纹营销方式

传统的营销方式需要企业有资源优势,但费用最终还是出自客户,所以为了保证企业产品的价格优势,要通过 CRM 加强对营销活动的控制。营销活动控制一般包括年度计划控制、盈利能力控制、效率控制和战略控制四类。每一类活动的控制都不是孤立的,它们之间相互影响,相互作用。例如,从企业集团宏观角度考虑,营销效率与企业营销效益、营销盈利能力和营销社会效益密切相关,因此,也可将这四个方面统称为全面的企业营销效率,如图 16.14 所示。

全面的企业营销效率中的每类内容都有它的控制指标和考评办法。例如,在营销效率控制方面,营销队伍的效率考评指标通常如下:

- 每个营销人员平均每天进行销售访问的次数。
- 每次营销人员访问平均所需要的时间。

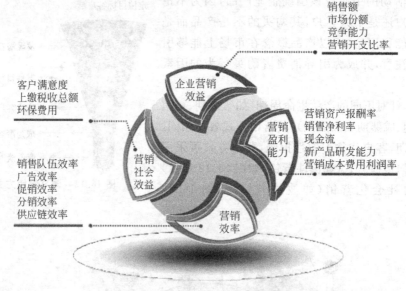

图 16.14 全面的企业营销效率核心内容

- 每次营销人员访问的平均收入。
- 每次营销人员访问的平均成本。
- 每次营销人员访问的招待费。
- 每 100 次营销人员访问的订货单百分比。
- 每一期新的客户数量。
- 营销人员的创意营销奖励。
- 营销人员失误造成的损失。
- 营销队伍成本占总成本的百分比。

而社会化营销更依靠企业的战略优势和对市场的预判,如通过历史数据的积累、对客户需求的洞察以及品牌和营销方式的有机整合,有条件的企业形成大数据中心或利用社会开放的数据中心,再利用社交网络和新型的沟通方式,形成企业产品的营销策略。

所以企业要想成为基业长青型企业,就要有巩固老客户和快速吸引新客户的营销策略,这需要 CRM 能够智慧地利用大数据的分析结果,帮助企业准确预判。

16.3 销售管理

企业集团全面的销售管理一般由 ERP 与 CRM 或 ERP 与电子商城或 ERP、CRM 与电子商城共同完成。目前比较成熟和普遍的是利用 ERP 和 CRM 的集成,但 ERP 与电子商城系统的集成在国家宏观政策的支持和引领下已在蓄势待发。本节重点讲解 ERP 和 CRM 的联合销售管理,包括 CRM 的营销渠道管理、报价管理,ERP 的计划、订单管理等。电子商城系统部分将在第 18 章中讲解。

16.3.1　营销渠道管理

人、品牌和营销渠道是企业的无形资产,其中营销渠道是企业生产线的延续,也是企业变数最大的资产。它包括某种产品的供产销过程中涉及的所有企业和个人,如资源供应商、生产企业、商人中间商、代理中间商、辅助商(如运输企业、公共货栈、广告代理商、市场研究机构等)以及最终消费者或客户等;而分销渠道与营销渠道的区别在于分销渠道不包括供应商、辅助商等,这是现代营销学之父菲利普·科特勒教授的观点。而肯迪夫和斯蒂尔给分销渠道所下的定义是:分销渠道是指"当产品从生产者向最后消费者或产业用户移动时,直接或间接转移所有权所经过的途径"。总之,本节所讲的营销渠道依据菲利普·科特勒教授的观点包括市场营销渠道和销售渠道两部分内容,如图 16.15 所示。

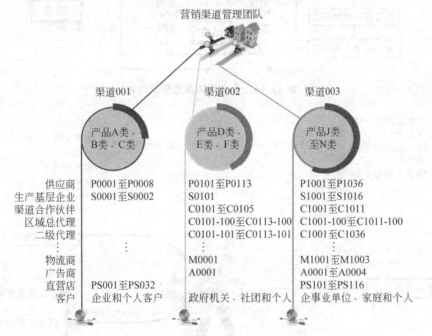

图 16.15　企业集团营销渠道构成示意图

针对大型集团企业生产产品的多样性及客户对象的不同,分销渠道往往不只一种,一般包括直接分销渠道(如图 16.15 中所示的渠道 001),一般适用于大型设备、专用工具、中间件以及海鲜产品的销售等;间接分销渠道(如图 16.15 中所示的渠道 002 和渠道 003),适用于除不易长期储存的海鲜、药品等以外的其他任何物品。

CRM 要能支持多种渠道管理模式,并能根据企业集团的需要定制不同的渠道分类和某个具体渠道中的层次数、各层次的密度和各层次的中间商种类等,实现企业营销渠道的管理功能。其功能主要包括渠道建立、渠道加入、渠道拓展信息记录、渠道合并、渠道关闭、渠道绩效管理、渠道管理人员配置、渠道风险评估、渠道转让、渠道权限管理等功能。

与营销渠道相关的管理流程较多,因篇幅有限,本节只简单介绍营销渠道管理流程(如图 16.16 所示)和其子流程——营销渠道监管(如图 16.17 所示)。

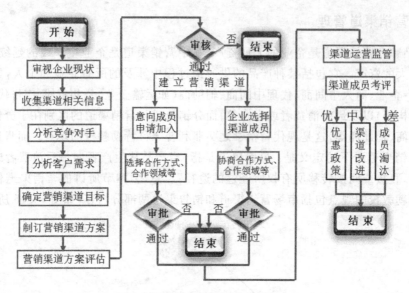

图 16.16 企业营销渠道管理流程

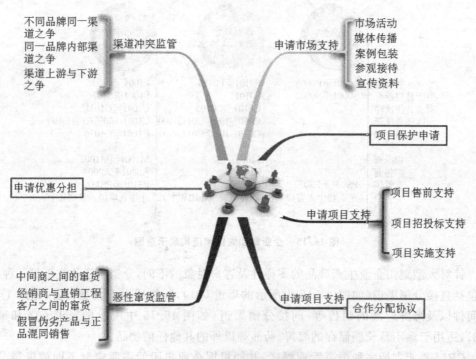

图 16.17 企业营销渠道监管

除此之外,还可采用借渠道方法,即借另外一个企业的渠道代销自己企业的产品,俗称"傍大款"。总之,渠道是现金流,是利润。企业可以不向银行贷款,但不能忘了向渠道融资。所以,渠道是企业可持续发展的生命线,谁掌握渠道,谁就更有能力获得资金,也就更容易掌握市场。

16.3.2　产品销售定价和报价管理

销售定价管理是指在调查分析的基础上,选用合适的产品定价方法,为销售的产品制定最为恰当的售价,并根据具体情况运用不同价格策略,以实现企业经济效益最大化的过程。

企业销售各种产品都必须确定合理的产品销售价格。产品价格的高低直接影响到销售量的大小,进而影响到企业的盈利水平。产品定价是一项综合性的复杂过程,它要依据客户群体的消费需求、企业盈利需求及市场占有率需求等情况而定,通常要考虑以下因素:

- 价值因素。价值就是凝结在产品中无差别的人类劳动,即产品价值。可细化为技术价值、生产产品的社会必要劳动时间及产品的独特性优势(创意价值)等。
- 成本因素。成本是影响定价的基本因素。产品成本一般包括资金成本(考虑银行贷款的利息等)、生产成本、管理成本、交易成本、风险成本(如违约成本等)以及社会责任成本(如安全成本、环保成本等)。
- 市场供求因素。市场供求变动对价格的变动具有重大影响。当一种产品的市场供应大于需求时,就会对其价格产生向下的压力;而当其供应小于需求时,则会推动价格的提升。所以,产品价格很大程度上由客户需求来决定,这一点在奢侈品的定价方面表现得更为明显。
- 市场竞争因素。产品在市场中的地位可分为市场补缺者、市场领导者、市场挑战者、市场跟随者四类,其地位与产品竞争程度密切相关,并影响产品定价的主动权。处于市场补缺者和领导者地位的产品,有明显的定价优势;而处于市场跟随者的产品则基本丧失了企业自己定价的主动权。所以,市场竞争越激烈,对价格的影响也就越大。因此,为了做好定价决策,企业必须充分了解竞争者的情况,最重要的是竞争对手的定价策略。
- 政策法规因素。各个国家对市场物价的高低和变动都有限制和法律规定,同时国家会通过生产市场、货币金融及税收政策等手段间接调节价格。企业在制定定价策略时一定要很好地了解本国及所在国有关方面的政策和法规。

产品定价管理除考虑不同产品的定价策略外,还要考虑同一产品在其全生命周期的定价策略,即产品在导入期、成长期、成熟期、衰退期各个阶段的定价策略也要随之而变。而对于不同产品,就是要利用"差异化战略",不断创新,不断推出新产品,使产品的生命周期缩短,形成一种强制更新、强制淘汰的企业内部竞争格局,从而使价格随着产品的不同生命周期而做阶梯式的下调或上升(如图 16.18 所示)。

企业产品定价基本流程如图 16.19 所示。

应该说,产品定价是企业给产品制定的一个标准价,标准价可分为企业内部标准价和终端销售标准价,终端销售标准价的报价可在网站上公布。客户注册成功后登录网站,即可浏览企业所有产品的标准报价。

报价规则和报价属于企业的商业秘密,对外公开的报价一般是终端零售价;当然,除

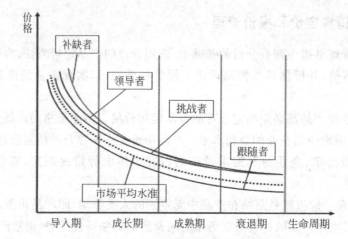

图 16.18　产品生命周期定价策略趋势图

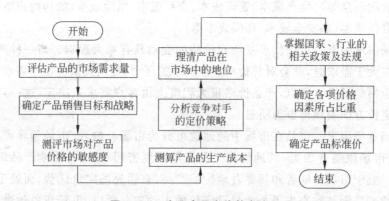

图 16.19　企业产品定价基本流程

标准价报价外,企业还要制定产品在销售时的报价规则和报价浮动区间,以便销售人员根据不同的客户群体和产品不同的生命周期等进行有规则的浮动报价。报价功能包括优惠折让规则、报价浮动区间、浮动比例定义和审批等。通常价格浮动方式分类如下:

- 产品促销。
- 优惠折让,针对不同的客户群,使用不同的优惠策略(参照不同客户级别(如关键客户、主要客户等)的历史贡献、回款能力等)。
- 内销价。企业集团对内部企业客户的报价依据自己的价格规则,不对外公开。
- 新产品调价。
- 老产品改良调价。
- 变相调价。所卖的主打产品价格不变,但赠送配件、其他产品或服务等。

同时,对每个区域销售人员的报价、销量等进行审计考评,考评其是否在公司允许的范围内规范开展业务,超额完成任务的给予一定的经济奖励。另外,对客户的回款能力进行跟踪,不能按合同及时回款的,取消再次合作的优惠价格或优惠调低,能及时回款的保持优惠价,或提高服务等级等。

16.3.3　销售计划管理

在企业运营过程中保持一个连续的、一致的单一计划来应对不断变化的市场非常重要。实际运作过程中,如何保证计划的一致性呢?关键的是:销售计划的制定要依据营销计划获得的订单、企业内部订单、生产能力、库存情况、往年的销售情况及市场预测等综合因素,并能在企业遇到重大突发情况时做适当调整。

在做销售计划时,有一个关键信息——销售计划分类需要注意,它对销售计划报表和图形分析等很重要。企业销售计划的分类有很多种,主要划分方式如下:

- 按地域范围划分,可以分为企业内部销售计划和外部销售计划两大类。其中,企业内部销售包括集团内分公司之间、基层企业之间、基层企业内各车间之间的销售计划等;外部销售以区域划分,分为国内区域销售计划(可再细分为华北区、华中区、华南区等)、海外区域销售计划(细分为亚洲区、欧美区等)。
- 按时间长短划分,可以分为周销售计划、月度销售计划、季度销售计划、年度销售计划等。
- 按组织范围划分,可以分为企业总体销售计划、分公司(部门)销售计划、基层企业和个人销售计划等。
- 按产品属性划分,可分为企业生产的产品销售计划、服务销售计划、闲置物资销售计划和报废物资销售计划等。
- 按产品组合状态划分,可以分为单品销售计划、增值销售计划、交叉销售计划等。

CRM 及 ERP 要提供销售计划的分层管理(如图 16.20 所示)和订单冲减,即完成销售指标的向下分解和财务数据的向上归稽,将订单冲减已制定的计划。其中销售指标包括产品销量、市场占有率、销售时间、销售范围、销售预算和目标对象,以及相关的经营环境、销售组织、机构人员编制、销售渠道和事务支持等;财务数据包括利润、毛利率、实售预算、销售成本、销售价格以及让利价格区间等。

经过批准的销售计划要严格执行,不能轻易变更。销售计划变更一般控制在不可抗因素(如自然灾害、战争等,以及因这些因素发生的原材料短缺)、生产线(含设备)和厂房等发生故障影响出力的因素以及由于市场因素使得大量订单取消等。通俗地讲,就是排除销售计划编制的人为因素。

除此之外,通过增值销售计划和交叉销售计划等可实现企业的精细化管理,增加企业的竞争优势。交叉销售是一种发现客户多种需求并满足其多种需求的营销方式,从横向角度开发产品市场,是企业、营销人员主动积极地向现有客户、市场等销售其他的、额外的产品或服务的一种营销方式。

鼓励直营店和销售人员开发不同的交叉销售方式,经过一段时间的积累后,评估谁的交叉销售方式更有效,有效的交叉销售方式可推广为主打产品的销售方式。CRM 可依据多年的销售信息进行挖掘,推荐交叉销售和增值销售方案供企业选择。即通过 CRM 和 ERP 无逢集成来规范企业的销售行为,实时掌握和控制销售方式和销售过程,实现企业销售的总目标。

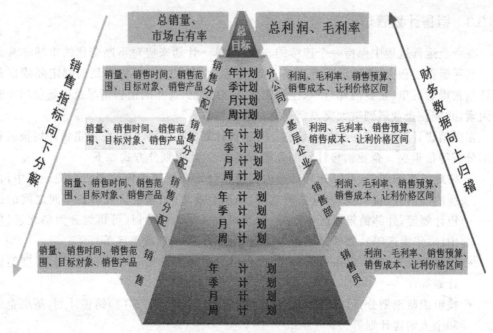

图 16.20 企业销售计划的分解与成本/利润归稽图

16.3.4 销售订单管理

销售订单是购销双方共同签署的、确认购销活动的标志,是企业销售业务中三方关联的一方。可以说,销售订单是企业产品在销售活动中的起点,是企业详细记录产品的循环流动轨迹、积累企业经营运作信息的关键内容,同时也是制定企业生产计划的一个主要来源。

1. 销售订单分类和订单信息

销售订单分类是 CRM 和 ERP 销售业务活动中很重要的参数,不同的 ERP 支持不同的销售订单分类,分类主要是方便销售数据的统计与分析,便于企业跟进各种类型销售订单的完成率。常见的销售订单分类方法如下:

- 按产品属性划分,可分为企业生产的产品销售订单、服务销售订单、闲置和报废物资销售订单。
- 按订单属性划分,可分为标准订单、现金销售订单、紧急销售订单、销售退货订单、销售维护单据、分期付款销售、委托销售/寄售、催货订单、销售询价单、销售报价单、销售计划协议、销售合同及销售项目建议,其中:
  - ♦ 寄售订单划分为寄售拣配、寄售补货、寄售发货和寄售退回。
  - ♦ 催货订单划分为 A 类订单(重要的订单,需要计划一次拜访)、B 类订单(需要通过电话或 E-mail 来催货的订单)、C 类订单(只有当不能按指定日期交货时才进行跟催的订单)、D 类订单(只有当收到一个要求跟催的请求时才进行跟催的订单)。
- 按销售范围划分,可分为企业集团内部销售订单和外部销售订单两类。

- 按时间长短划分,可分为单次订单、短期订单和长协订单。

销售订单信息主要包括订单号、客户代码、订单类型、订单状态、订单内容(产品编码、描述、数量、价格、需求日期、交运日期以及税率、是否单独装运的要求等)、有关日期信息(订货日期、登记日期以及最后更改确认日期)、有关交运的信息(运输地点、所有权变更地点、运输路线等)、与客户有关的信息(客户采购号、采购者姓名等)以及其他信息(销售地区代码等)。

其中,订单状态随企业管理需求和 ERP 管理思想的不同而不同,而且订单在 ERP 系统中要重新拆分和组合成工单,所以要实现订单的全生命周期管理,需要将生产过程中的工单状态与订单状态进行联动,实现状态信息共享。综合考虑拆分与不拆分的订单,其订单状态一般包括以下数种:

- 创建。标识新建订单,订单状态为"创建"的订单无法进行发料和报工确认等操作。
- 接收。来自 CRM 和企业内部的需求订单。
- 部分下达。因企业生产能力和工序等原因,销售订单只能部分下达为工单,如仅下达订单中的部分零部件生产时出现此状态。
- 已下达。销售订单全部下达为生产工单,并可进行领料和派工等工作。
- 物料未检查。未进行零部件物料的可用性检查。
- 物料短缺。零部件物料在进行可用性检查后发现存在短缺,致使工单延期。
- 物料部分领用。因存货不足,所需原材料、零部件、中间产品等部分领用。
- 物料全部领用。所需原材料、零部件、中间产品等全部领用。
- 部分生产。因生产能力和库存等原因只能部分生产。
- 全部生产。订单中所需要的产品全部投入生产。
- 部分确认。订单中所需要的产品只进行了部分完工确认,如完成部分数量的产品或完成了部分工序等,部分产品入库。
- 技术完成。订单未完成但不再继续生产,可以标记为"技术完结"标识,这时订单对零部件的需求同时删除,并对订单进行完工结算。
- 挂起。一般是因为客户的信贷问题,也可能是一些特殊的情况,如信贷证明收不到、客户要求延期交货等。
- 全部确认。所有订单产品全部完工,并验收入库。
- 差异计算。订单进行过账差异运算。
- 拣货。产品存放到仓储中心库房时使用拣货状态。
- 发货。库存数量满足订单所需数量后发货。
- 物流。产品已出库,还未送达到客户,在送货的过程中。
- 结算。订单成本核算、结算。
- 关闭。订单做账务关闭,不允许再对订单发生任何过账操作。一般情况下,财务月末对订单进行结算后,如果确认不会再有追加发料等业务发生,则应该将订单进行关闭。
- 删除。对订单做删除标识,但数据仍然存在于数据库中,状态可恢复。如果想彻底删除,则需对订单进行归档处理。

- 结束。产品已送达客户。

这些状态大部分与 ERP 的生产管理功能模块共享节点信息,并由生产管理模块主导订单状态的改变,如从工单下达到关闭各节点,只有拣货、发货、物流和结算与工单无关,其他节点的状态均来自工单。另外,对于 ERP 的订单管理,"关闭"是订单的最终状态,结束状态来自 CRM 的客户接收单。

2. 销售订单管理

销售订单管理包括订单信息管理、订单管理流程、订单处理流程、结果分析及异常订单处理等。

(1)订单信息的管理界面如图 16.21 所示。

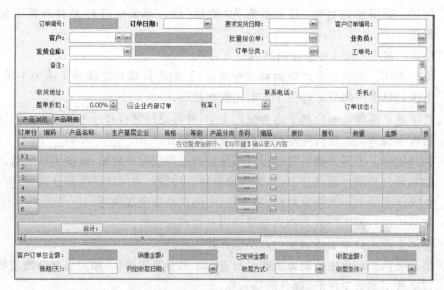

图 16.21　订单信息的管理示意图

(2)订单管理流程。在产品销售订单、服务销售订单、闲置和报废物资销售订单处理流程中,订单处理环节最多的是库存不足、需要生产的订单,这种订单管理流程一般如图 16.22 所示。

(3)订单处理流程。当仓储中心货源充足时,订单处理流程相对简单,其流程节点一般包括订单接收、拣货、发货、物流、关闭和结束。闲置和报废物资的销售订单处理流程已在 15.4 节中作了介绍,这里不再赘述。

(4)结果分析将在 16.5 节介绍。

(5)异常订单处理。销售订单的交期变更、交货地点变更、订单欠款以及订单处理流程异常等都属于异常订单范围。但在程序上最不容易处理的是订单处理流程异常,如销售退货订单行工作流程报错等,它不是订单本身的异常,也不是操作错误,而是在一定程度上属于系统缺陷(bug),这时要提供系统管理员的后台管理手段,来修复异常订单和退货订单等。

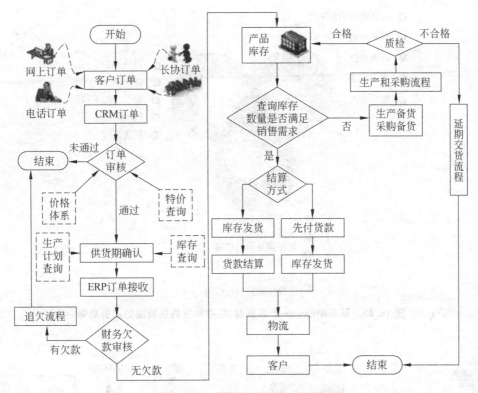

图 16.22　销售订单流程示意图

16.4　服务和交互中心管理

随着新媒体技术井喷方式的涌现,人与人之间以及人与企业间的沟通行为发生了重大改变。为适应和利用这种新媒体的沟通方式,企业销售迅速向互联网和服务转型,以便吸引更多的客户。这种需求迫使服务和交互功能分离,服务和交互中心也成为企业集团的核心价值部门。

16.4.1　服务中心功能

以销售流程为主线,服务可以划分为售前、售中和售后三个阶段。其中,售前功能主要包括服务的营销和销售、专业咨询、合理建议、适用方案、服务承诺等;售中功能主要包括发货通知、送货(物流)安排、现场服务(如安装和施工调配等)、使用培训、送达签收等;售后功能主要包括客户服务和支持、服务合同管理、质保期及申报管理、服务应答、安装对象管理(含安装对象的质量跟踪,为"维修还是替换"的抉择提供信息支持,提供和发送替代产品,提供和执行拆卸服务、返厂维修、退货处理、翻新处理、二手产品销售)、服务备件、常规问题处理培训等,如图 16.23 所示。

如果按服务流程大的节点划分,CRM 服务功能可划分为三个层级:服务需求来源、服务任务派发、服务实施和结果分析,如图 16.24 所示。另外,CRM 不同的功能、不同的

- 服务的营销和销售
- 专业咨询
- 合理建议
- 适用方案
- 服务承诺

- 发货通知
- 送货(物流)安排
- 安装和施工调配
- 使用培训
- 送达签收

- 客户服务和支持
- 服务合同管理
- 质保期及申报管理
- 安装对象管理
- 服务备件
- 常规问题处理及培训

图 16.23　服务中心——产品售前、售中和售后各阶段的服务功能

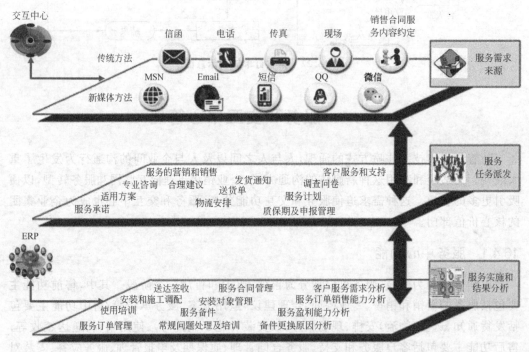

图 16.24　CRM 服务中心不同流程节点层级的服务功能

CRM 厂家其管理界面各有差异,企业在选择时要关注自己常用的功能界面是否友好。

而安装对象管理是服务中心比较复杂的管理功能,涉及 ERP(或 EAM)中的维修管理、库存管理、财务管理等相关功能模块中的业务管理流程以及定损和报价流程等,所以与安装对象管理相关的功能管理界面要把需要与 ERP 接口的信息包含在内。例如,返修订单管理至少要包括客户申请信息、返修产品信息、返修作业内容、工作流、服务历史、产品范围及相关的财务信息。

总之,不同的 CRM 其功能管理的粗细程度会有差别,售价也会有差异,所以企业要根据自己的实际需求、与 ERP 接口的难易程度和未来发展的需要来采购 CRM。

当然,不论使用何种 CRM,都需要企业认识到:售前服务的关键是树立客户前期对企业和产品的认知和偏爱,售中服务是把这种认知和偏爱变成交易,售后服务是引导客户树立和强化对产品购买的积极决策、稳固忠诚和积极评价。而售前、售中、售后的服务功能有效联合起来,就会加快产品的销售过程,提高客户的购买效率,并帮助企业更明智地认识到"服务能够赋予品牌灵魂和生命""服务就是品牌的最好展示方式"。

16.4.2　服务中心主要工作流程

服务中心工作流程的环节较多,包括售前的服务营销和销售、专业咨询、合理建议、适用方案、服务承诺等流程;售中的送货(物流)安排、现场服务(如安装和施工调配等)等流程;售后的客户服务和支持、服务合同管理、质保期及申报管理、服务应答、安装对象管理、服务备件、常规问题处理培训等流程。服务中心既是这些流程的入口,也是最后的出口,既是起点也终点。而且,服务中心中间的流程节点可能要流转到企业经营管理过程的任何一个环节,需要穿越至少两个系统,所以,从系统中保证流程的顺畅无阻和高效可控很重要。

因篇幅有限,下面只介绍四种典型的服务流程:专业服务咨询、现场服务、返厂维修以及服务培训。

1. 专业服务咨询流程

专业服务咨询是由专业知识和实践经验皆丰富的专家团队深入企业现场,运用现代化的手段和科学方法,对企业进行诊断,找到企业在管理、运营、技术、营销等方面的不足,然后进行培训、方案规划、系统设计与辅导等,解决企业面临的难题,促使其在这些方面得到明显改善,达到提升企业竞争力的一种专业服务活动。专业咨询一般包括企业发展战略咨询、投融资咨询、会计咨询、市场营销咨询、生产管理咨询、工程技术咨询、业务流程重组与管理信息化咨询等。专业服务咨询流程如图 16.25 所示。

2. 现场服务

现场服务流程的关键内容包括服务计划、排程与派工、现场执行、执行结果确认和开票五个关键环节,如图 16.26 所示。

其中,服务计划由计划外的服务(如服务请求/服务通知、远程服务等)、服务计划/预防性维护(如任务清单、选择/使用服务策略、挂接服务合同和服务安装对象等)、预测资源负荷、排程/服务间隔(如基于时间的排程、基于计数器/设定值的排程和组合排程)等组成由服务计划触发后续过程,目的是避免计划外的高成本维修,减少服务费用,并通过服务计划历史数据的积累来优化利用服务工程师资源,提高服务质量。排程与派工包括预定服务日期的日程安排、资源排程/派工、资源优化等,能够灵活简便地实现排程和服务日程调整等。现场执行主要包括现场工作内容确认(如工作时间、物料、外部服务、工具和差旅等成本)、现场工作实施,实施结果确认包括实际完工时

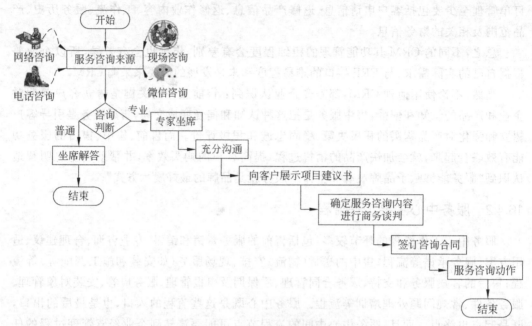

图 16.25　CRM 专业服务咨询流程

图 16.26　CRM 现场服务主流程

间、用料及是否有意外损失等,能通过闭环的服务订单管理优化资源利用。现场服务支持多种开票方式,如固定价格或按成本估算值、基于消耗的资源、考虑质保条款及组合方式等,并能支持多种支付方式。

　　总之,使用 CRM 的现场服务功能要能够提升现场服务反应速度,缩短交付时间,保证服务备件的可用性及减少服务运作成本。

　　3. 返厂维修

　　返厂维修流程主要包括维修申请、备件查询(确定返厂维修的产品是否需要备件及备件的库存情况,以便初步确认维修所需时间)、技术检测(计划、控制、记录技术检测过程,判断是需要维修还是直接更换)、维修计划与报价(根据产品缺陷判断结果生成产品维修单或产品更换单,下达维修计划与报价单)、维修执行(与 EAM 接口,进行维修排程、派工,实现维修状态的跟踪处理、完工确认、已用备件及库存信息更新、维修成本核算等)、发货(维修产品经检验合格后,与物流系统接口发货)、开票(向客户开发票,并按发票金额及约定的付款方式进行付款)。返厂维修流程的关键节点如图 16.27 所示。

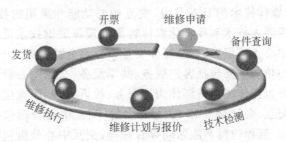

图 16.27 返厂维修主要流程

4. 服务培训

服务培训有多种方式,如现场培训、远程培训、集中上课培训和网络课件培训等。培训流程从前期沟通到培训的实施和效果的监控共有 6 个关键节点,如图 16.28 所示。培训内容主要包括企业产品的使用、保养、维护、常见问题处理,以及和企业的沟通渠道、加盟渠道、新产品性能介绍等。

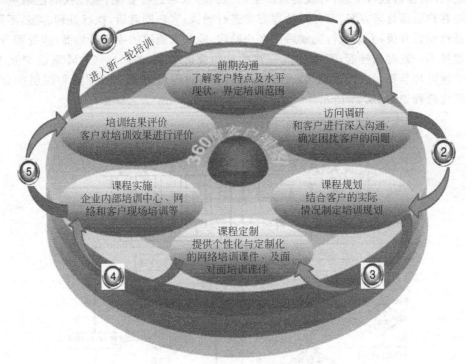

图 16.28 服务培训流程

其实企业应该很清楚,客户需要的不是最先进的机器,而是问题解决方案,当然也包括服务方案。企业服务的优劣可直接影响客户的满意程度和产品销量。所以,企业特别是企业集团要有意识地将自己的服务做成独一无二的品牌,才能保证自己的竞争优势。

16.4.3　交互中心功能

近几年,随着新媒体技术的日新月异,交互中心功能和采用的技术也在发生本质变化,全网搜索、智能机器人技术和社会化媒体客服处理等关键技术得到了较好的应用,逐步形成全媒体交互中心。通俗地讲,全媒体交互中心＝全媒体交互＋大数据分析。

全媒体交互中心功能主要包括客户服务、共享服务、交互中心管理、交互中心分析等功能。其中客户服务包括传统与新媒体沟通服务、投诉管理、满意度调查和知识管理等;共享服务包括员工交互、会计交互和IT服务台等;交互中心管理包括沟通渠道管理、传统与新媒体接入管理、流程建模和座席向导管理等;交互中心分析包括沟通分析、投诉预警分析、基于流程分析和综合分析等。

因篇幅有限,本节只介绍投诉管理、满意度调查管理功能。

1. 投诉管理

投诉管理要能支持多媒体投诉来源渠道,记录和汇总客户投诉的诉求,支持多种文档类型的证据上传,进行投诉核查(投诉的真实性,是否是第一次投诉,同类投诉有无处理结果等),将核查结果反馈给客户;查清造成有效投诉的原因,属于企业内部原因的要进行责任认定,并对投诉进行定级;对投诉按产生的原因和区域进行分配,被授权的区域业务负责人与客户协商处理方案,双方对处理方案进行确认;客户同意后,执行处理方案,不同意的可进行投诉升级;方案执行完成后交客户验收,验收未通过的要进行协商,或处理升级,或在意见不一致时先挂起;双方达成一致意见的投诉结案(关闭)。CRM系统交互中心在每个投诉环节要能进行跟踪,以便在发生问题时进行处理历史的回放和深层次分析。投诉管理流程如图16.29所示。

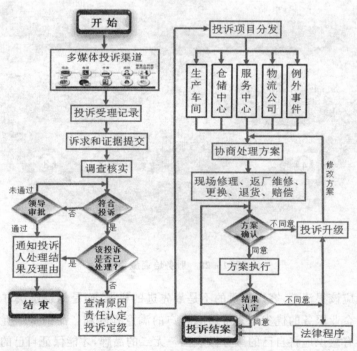

图 16.29　企业 CRM 投诉管理流程

其实投诉的应对方法和处理效果更能影响企业的长远发展,如果企业能够认真倾听客户的心声,借助有效的管理手段提升产品质量和服务质量,就能保证企业良性发展,也能减少投诉率。总之,不能使企业的投诉平台成为"救灾"现场,让客户失望,不愿投诉,最后放弃选择。迫使客户不愿投诉而悄悄走掉,才是对企业的最大伤害。

2. 满意度管理

满意度应该从企业的产品、服务、销售渠道、企业形象四个维度来进行测量和评估(如图 16.30 所示),支持根据测量和评估结果进行综合分析,确定每个维度中的短板和最矮短板,提出量化的、可操作的改进措施,从而稳步提升客户满意度和忠诚度,提高企业产品销量、品牌知名度和企业形象。

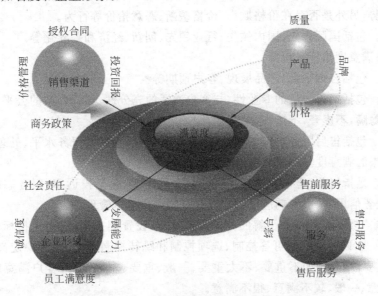

图 16.30　企业满意度四个维度组成示意图

CRM 要对满意度的四个维度的指标进行全面管理,包括指标分解、指标权重、计算模型、客户期望值和满意度分析等。当然最关键的是确定指标内容以及指标的获取方式,它是满意度管理中所有相关活动的基础。如果指标与获取方式设定不合理,获得的结果容易偏离真实性,这样再好的 CRM 及分析手段也没用。满意度指标要根据企业的发展现状、在行业内的位置以及客户的接受程度等来制定,一般的满意度指标体系结构如下。

(1) 企业形象满意度指标。包括:

* 社会责任。包括环保指标、安全指标、工作环境、员工健康、员工培训、薪酬、工会权利等。

* 诚信度。通指企业是否生产假冒伪劣产品,是否存在商业欺诈、银企之间的信用危机、虚假会计信息、虚假广告、偷税、漏税和骗税等。

* 企业发展能力。包括营业收入增长率、资本保值增值率、资本积累率、总资产增长率、营业利润增长率、技术投入比率、营业收入三年平均增长率和资本三年平均增长率。

* 员工满意度。包括物质回报(如报酬、社会保险、公司福利等)、成长与发展(晋升

制度、晋升机会、个人能力和特长发挥等）、认可与赞赏、培训与学习等。

（2）销售渠道满意度指标。销售渠道满意度包括三个层面的满意度，一是客户对渠道的满意度（在下面的服务满意度中体现）；二是渠道对企业的满意度，如对授权合同、投资回报、商务政策等的满意度；三是企业对渠道的满意度，主要指企业对渠道内的经销商的满意度，包括是否按企业的价格体系执行，是否存在擅自变更售价（赠送礼品）、窜货等行为，是否擅自超指定区域范围经销等，是否有以次充好等损害企业产品形象的行为。

（3）产品满意度指标。包括：

- 质量。包括产品性能、功能、产品质量、包装质量、可靠性、耐用性、可维修性等。
- 价格。包括高、次高、适中、低等几个等级，以及与竞争对手比较时其价格的优势和劣势，另外是否存在价格欺诈、价格垄断、恶意抬价等行为。
- 品牌。包括国际领先、国内领先、行业领先、创新、经济和差异化等。

（4）服务满意度指标。包括：

- 售前。包括咨询平台、产品展现、客户预期等。
- 售中。包括销售人员的专业性、与客户沟通的充分性、签订合同的公平性等，对客户不隐瞒，不虚夸，不欺诈。
- 售后。包括售后服务功能的完善性、流程简洁性、座席的服务水平、处理时间和处理结果的满意度等。
- 综合。是指售前、售中和售后都可能包含的内容，包括投诉率、服务态度、仪容仪表、服务信用度、服务响应度、服务移情度、渠道规范管理等。

满意度调查要从企业最想了解的情况入手，合理设置调查指标、每个指标的可选项，是多选还是单选，以及题目的可答控制、选项控制和跳转控制等。另外，要定义以下两个等级：指标重要性等级，如不重要、不太重要、一般、重要、非常重要；客户满意度等级，如很满意、较满意、一般、较不满意、很不满意。

总之，需要强调的是不能将满意度调查与投诉相互割裂，二者的权重可依据企业当时的运营情况合理设定。目的就是快速找出企业经营、营销以及产品的弱点，即短板。然后，针对影响短板的相关因素，找出近期和长期需要改善的因素，逐步提升，使客户满意度稳定在一个合理的范围。

16.5　销　售　分　析

销售分析主要是利用销售及服务的历史大数据对市场营销、销售和服务进行综合分析，衡量和评估销售部门、销售渠道和服务部门的业绩，并通过差异分析来分析各个因素对销售绩效的影响，如品牌、价格、服务、销售策略等。同时，实时掌握企业营运资金周转期、成本费用、利润、净资产收益率等，以及销售收入结构分析、销售收入对比分析和按生产线、产品、销售渠道、客户等所做的销售趋势分析以及销售趋势预警等。

16.5.1　市场营销分析

市场营销分析包括客户忠诚度分析，潜在客户贡献力分析、营销活动效果分析、营销成本分析、关注度分析、市场占有率分析、客户流失原因分析、与竞争对手比较分析和市场风险预警等。其中,关注度分析、营销成本分析、市场占有率分析等如图 16.31 至图 16.33 所示。

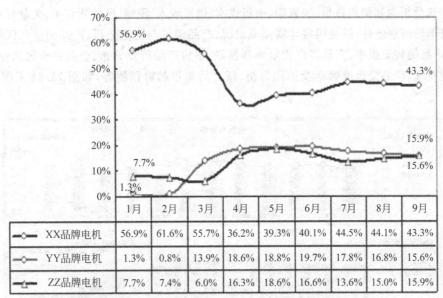

	1月	2月	3月	4月	5月	6月	7月	8月	9月
XX品牌电机	56.9%	61.6%	55.7%	36.2%	39.3%	40.1%	44.5%	44.1%	43.3%
YY品牌电机	1.3%	0.8%	13.9%	18.6%	18.8%	19.7%	17.8%	16.8%	15.6%
ZZ品牌电机	7.7%	7.4%	6.0%	16.3%	18.6%	16.6%	13.6%	15.0%	15.9%

图 16.31　2016 年 1 至 9 月三大品牌电机关注度趋势分析

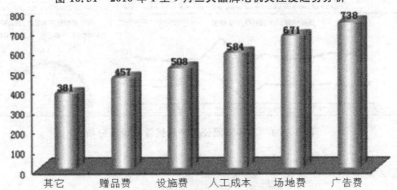

图 16.32　某企业集团营销成本分类汇总统计

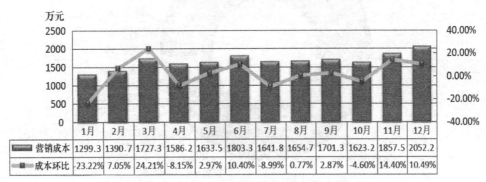

	1月	2月	3月	4月	5月	6月	7月	8月	9月	10月	11月	12月
营销成本	1299.3	1390.7	1727.3	1586.2	1633.5	1803.3	1641.8	1654.7	1701.3	1623.2	1857.5	2052.2
成本环比	-23.22%	7.05%	24.21%	-8.15%	2.97%	10.40%	-8.99%	0.77%	2.87%	-4.60%	14.40%	10.49%

图 16.33　某企业集团 2016 年营销成本与环比分析

16.5.2 销售分析

销售分析包括销售数量、销售额、销售成本、销售收入、税额、已发货订单、欠款订单和未发货订单等信息统计,以及销售计划完成情况、产品销量与价格分析、产品销量和区域销量排名、产品销售贡献率、交易客户贡献率和偏好、销售产品行业分布、企业销售团队业绩、销售渠道业绩、产品交运准确率及原因分析、新产品销售趋势预测等,如图 16.34 至图 16.37 所示。

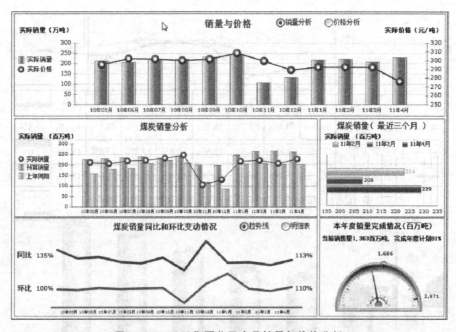

图 16.34 ××集团公司产品销量与价格分析

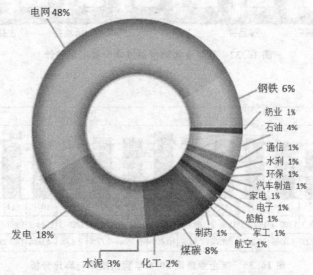

图 16.35 ××集团公司交易客户行业分布情况分析

单位：千元

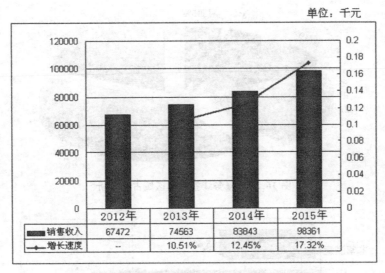

	2012年	2013年	2014年	2015年
销售收入	67472	74563	83843	98361
增长速度	--	10.51%	12.45%	17.32%

图 16.36 ××企业集团新产品销售收入增长趋势

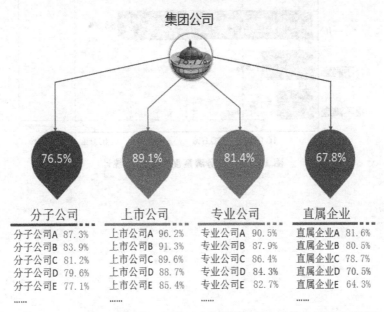

图 16.37 ××企业集团 2015 年前三季度销售计划完成情况（可向下钻取）

16.5.3 服务分析

服务分析包括专业咨询收入、服务营销完成情况、服务合同续订率、新增服务合同统计、送货准时率和准确率、使用培训满意度、客户服务满意度、客户投诉、返厂维修和翻新处理费用分析、投诉预警分析、座席绩效、服务部门绩效以及服务成本分析等。常见的分析图例如图 16.38 和图 16.39 所示。

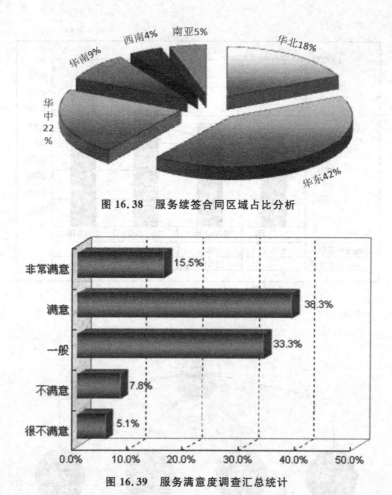

图 16.38　服务续签合同区域占比分析

图 16.39　服务满意度调查汇总统计

第 17 章

EAM

EAM 系统的应用涉及企业管理的方方面面,包括资产管理、库存管理、采购管理、检修策略管理和成本核算等功能;如果它作为 ERP 的功能模块,库存管理和采购管理等就成为 ERP 库存和采购管理的一部分,这是因为 ERP 除检修维护用设备、配件和材料库存及采购外,还包括生产产品所用原材料、半成品及成品的库存管理等。

而 EAM 的核心是企业资产管理。其基本定义为:在企业内部围绕资产从采购、安装调试、运行管理到转让报废的后生命周期的管理过程中,运用现代信息技术提高资产的运行可靠性与使用价值,降低维护与维修成本,提高企业管理水平和人员素质,加强企业竞争力的一套管理系统。具体地说,它是以企业资产的运行历史、设备台账为基础,以工作单的提交、审核、执行为主线,按照故障维修、预防维修、点检定修、以可靠性为中心的维修和状态检修等几种可能模式,跟踪、管理资产的后生命周期过程。其目的是提高企业的检修效率,降低总体维修成本。

17.1 与 EAM 相关的基础信息

与 EAM 相关的基础信息包括组织、货币、工单类型、部门、专业、缺陷类型、风险控制级别、规格型号、图号、序列号、故障体系、资产分类、设备评级、设备、资产系统位置、物理位置、项目类型、项目、物资、物资分类、物资子类、计量单位、仓库、货位、供应商、制造商、税率、安装日期、投运日期,是否运行状态、员工、工种、岗位、点检路线、工作票及其分类等相关信息和编码。其中大部分基础信息已在其他章节作了介绍,本节重点介绍资产分类、设备评级和 KKS。

17.1.1 资产分类

企业资产分类有沿用物资分类的,也有依据企业所在的行业和资产的属性在集团范围内重新划分的,目前大多数为重新划分。如火力发电企业资产一般划分为以下大类:

- 锅炉。
- 汽轮机。
- 发电机。
- 输电、配电设备。
- 烟、风系统与煤粉制备系统设备。
- 汽水系统设备。

- 水处理系统设备。
- 输煤系统设备。
- 热控设备。
- 除灰与环保设备。
- 运输工具。
- 厂房、仓库和办公楼宇等。

在大类基础上还可以细分子类,具体分几层,要根据企业的管理需要和选用软件的管理层级而定。

17.1.2　危化品分类

常用危险化学品按其主要危险特性分为 8 类:

- 爆炸品。指在外界作用下(如受热、摩擦、撞击等)能发生剧烈的化学反应,瞬间产生大量的气体和热量,使周围的压力急剧上升,发生爆炸,对周围环境、设备、人员造成破坏和伤害的物品。
- 压缩气体和液化气体。指压缩的、液化的或加压溶解的气体。这类物品当受热、撞击或强烈震动时,容器内压力急剧增大,致使容器破裂,物质泄漏、爆炸等。
- 易燃液体。本类物质在常温下易挥发,其蒸气与空气混合能形成爆炸性混合物。
- 易燃固体、自燃物品和遇湿易燃物品。这类物品易引起火灾。
- 氧化剂和有机过氧化物。这类物品具有强氧化性,易引起燃烧、爆炸。
- 毒害品。指进入人(动物)肌体后,累积达到一定的量能对体液和组织产生生物化学作用或生物物理作用,扰乱或破坏肌体的正常生理功能,引起暂时或持久性的病理改变,甚至危及生命的物品。
- 放射性物品。它属于危险化学品,但不属于《危险化学品安全管理条例》的管理范围,国家另外有专门的条例来管理。
- 腐蚀品。指能灼伤人体组织并对金属等物品造成损伤的固体或液体。

17.1.3　设备评级

设备是企业资产的重要组成部分。设备评级是指设备在运转一个阶段后,根据运转期间的技术状况和经济效果,对设备作出全面评价,定出级别,计算出这一阶段的设备完好率。设备评级目的是将一个阶段内设备运行的技术经济信息传递反馈到各级设备管理部门,以便掌握设备安全运行状况,进一步指导各基层企业加强维护保养管理;同时,收集设备资料、点检、保养和历史运行等信息,用于对设备进行分析和决策的数据支撑,并采取措施加以改造,以保持或提高设备的技术状况和经济效果。

设备评级通常分为三个级别:即一级设备、二级设备和三级设备(也有称一类设备、二类设备和三类设备的)。如发电企业的一级设备是经过运行考验,技术状况良好,能保证安全运行的设备,主要划分条件如下:

- 能持续达到铭牌出力或上级批准的出力。
- 热效率可以达到设计水平或国内同类设备的一般先进水平。

- 各种主要运行指标及参数符合设计及有关规程的规定。
- 设备本体无影响安全的缺陷,部件和零件完整齐全,腐蚀和磨损轻微。
- 附属设备技术状况良好,运行情况良好,能保证主要设备安全运行和出力。
- 保护装置、信号及主要的指示仪表、记录仪表等完整良好,指示正确,动作正常。
- 主要的自动装置能正常投入使用。
- 主要标识、编码符合国家和集团公司安全设施标准化要求。
- 设备及周围环境清洁,"七漏"(指水、风、汽、油、粉、电、煤七种物质的泄漏)已基本消除。

二级设备是达不到一级设备标准,个别部件有一般性缺陷,但能经常安全满发的设备。

三级设备是有重大缺陷的设备,不能保证安全运行,设备出力降低或"七漏"严重。

17.1.4　KKS 编码

KKS 为德语 Kraftwerk-Kennzeichen-System 缩写,即"电厂标识系统",英文可写为 Power Station/Plants Identification System,适用于火电、核电、水电和风电等各类发电企业。

1. KKS 体系结构

KKS 电厂标识系统由四部分组成,即 KKS 导则、KKS 说明、KKS 索引及项目各方之间的协定(如图 17.1 所示)。其中 KKS 导则包括 KKS 的用途和应用范围、KKS 的代码格式、KKS 代码内容和 KKS 代码的表示方法;KKS 说明包括 KKS 规则说明和应用说明两部分;KKS 索引包括 KKS 功能索引、KKS 设备单元索引和 KKS 部件索引三部分;项目各方之间的协定主要说明一些新系统、新设备的标识规则,以及 KKS 不包含部分的约定(如文档标识、代码与其他标识系统的组合)等。

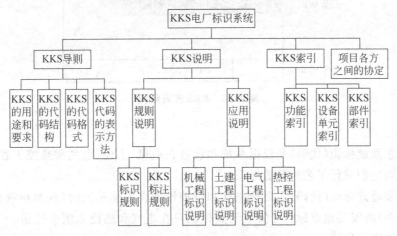

图 17.1　KKS 电厂标识系统体系结构

2. KKS 电厂标识系统的用途和要求

(1) KKS 电厂标识系统的用途如下:

- KKS 电厂标识系统根据功能、类型和位置来标识任何类型电厂中的各个装置、装置的各个部分以及各个设备。
- 发电厂各个专业中所有的规划、管理、施工、运行和维护的工程都可以使用它。
- 为了满足额外的标识要求,可将 KKS 与其他标识系统组合起来,这就大大提高了整个标识系统的实用性。

(2) 对 KKS 电厂标识系统的要求如下:

- 对各种类型的电厂及其工艺系统应有一致的方法进行标识。
- 要有足够的容量来标识电厂中所有系统、设备和建筑物的细节。
- 应有足够的扩充容量来适应新技术的发展需求。
- 要对设计、审批、施工、运行、维护和其他管理进行一致的标识。
- 要有机械、土建、电气及控制和仪表各个专业之间的适应性,并具备根据工艺过程、安装地点和位置进行标识的能力。
- 符合国家和国际的有关标准。
- 采用非语言代码,以保证国际通用。
- 具备应用计算机处理的能力。

3. KKS 代码结构

如图 17.2 所示,一个完整的 KKS 代码结构包含三种不同类型的代码:工艺系统标识、安装地点标识和位置标识。

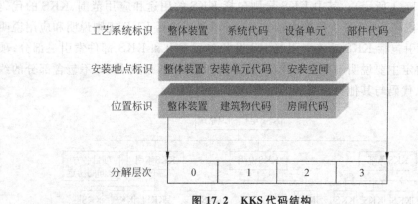

图 17.2 KKS 代码结构

其中:

- 工艺系统标识(代码)是根据系统和设备在机械、土建、电气和热控工程方面的作用对它们进行工艺相关的标识。
- 安装地点标识(代码)主要指电气和热控设备在安装单元内(例如在盘柜、控制柜内等)的安装地点标识。安装地点标识只在电气和热控系统中使用,不涉及在建筑物中的位置。
- 位置标识(代码)是建筑物中层、面和房屋内位置的标识。

每种类型的代码最多可以分解为 4 个层次,即分解层次 0、分解层次 1、分解层次 2 和分解层次 3。

（1）分解层次 0 标识电厂的下列设备：

- 电厂的发电机组。
- 非机组特定的装置，如外围化学水处理设备等公用系统。
- 即将扩建部分。

如果代码是唯一的，可省略分解层次 0，这主要由项目各方确定。

（2）分解层次 1 标识电厂设备的系统、安装单元或建筑物。

（3）对于上面的三种标识（代码），分解层次 2 规定如下：

- 工艺系统标识中的设备单元、测量和控制回路。
- 安装地点标识中的空间位置。
- 位置标识中的房间、建筑物及区域代码。

（4）分解层次 3 只适用于工艺系统标识，它用于机械、电气和热控设备以及测量控制回路部件的标识。

上述三种标识（代码）可以同时使用，也可以只使用其中一种或两种，其中最主要的是工艺系统标识（代码）。

4. KKS 的代码格式

前已述及，KKS 代码是分层表示的，每层的具体格式如图 17.3 所示，它们由字母、数字及符号构成。通常用字母表示大系统和设备分类，用数字进行编号。

分层序号	0	1			2			3	
数据字符名称	G	F_0	$F_1F_2F_3$	F_N	A_1A_2	A_N	A_3	B_1B_2	B_N
数据字符类型	A或N	N	AAA	NN	AA	NNN	A	AA	NN
举例	1	0	MAV	11	AP	001		KP	01

图 17.3　KKS 代码格式

数据字符类型中：

- A 表示字母字符（除 I 和 O 以外的罗马字母及专用符号）。
- N 表示数字字符（阿拉伯数字）。

数据字符名称中：

- G 表示前缀符号。
- F_0 表示系统代码前缀。
- $F_1F_2F_3$ 表示系统分类，其中 F_1 是主组，F_2 是组，F_3 是分组。
- F_N 表示系统编号。
- A_1A_2 表示设备组分类，其中 A_1 是主组，A_2 是分组。
- A_N 表示设备组编号。
- A_3 表示附加代码。
- B_1B_2 表示元件分类，其中 B_1 是主组，B_2 是分组。
- B_N 表示元件编号。

图 17.3 中，10MAV11 AP001 KP01 表示的意义是发电厂 1 号机组汽轮机润滑油泵。

在图 17.3 所示的代码元素(数据字符名称)中 G、F_0、F_N、A_N 和 B_N 具有编号功能,而 F_1、F_2、F_3、A_1、A_2、B_1 和 B_2 具有分类功能。其中具有编号功能的代码元素在进行编号时应遵循以下原则:

- 当前面代码元素改变时,编号要重新开始。
- 编号可以是顺序的,也可以是分组的。
- 编号不一定连续。
- 编号规则一旦建立,不得随意更改,如需改动,必须经权威部门审核批准后方可执行。
- 冗余的 0 必须写出。
- 可以建立特定用途的编号方案,但该方案不能保留作为其他方面使用。

KKS 提供的标准编号方案规则如下:

- 按流动方向:
    - 材料。
    - 能量。
- 按从规定的立足点观看的方向:
    - 从左到右。
    - 从下到上。
    - 从前到后。
    - 从里到外。
- 经维点。
- 扩建的方向。
- 直角坐标。
- 极坐标。
- 优先次序。

在工艺标识系统中,介质流动的方向与其他标识约定的方向相比具有优先权。编号 F_N 沿介质流动的方向由小到大递增。系统编号 F_N 可连续编号,也可采用十进制分组编号。

在所有的代码元素中,F_0 和 A_3 比较特殊,具体说明如下:

- F_0 用于标识多重相同或类似的自含系统或装置,如在采用母管制电厂中,一台机组有两台锅炉时就使用 F_0 区别(如 1H---、2H---),否则 F_0 为常数(如 0)。
- A_3 是附加代码,一般情况下工艺系统标识不用,但在控制阀及过压保护设备、多路供电设备和多驱动装置及共用一个传感器的测量电路中会用到。另外在安装地点标识和位置标识中会用到,表示部件特殊的安装位置或细分的房间等。

KKS 分层如表 17.1 所示。

5. KKS 代码的表示方法

一个完整的 KKS 代码共由 47 个(或更多)字符组成,其中包括工艺系统标识、安装地点标识和位置标识。如何合理、直观、科学地标识关系到整个标识的可用性。

表 17.1　KKS 分层举例说明

工艺系统分层层次		0	1	2	3	
	大型装置分层	全厂	功能	设备单元	部件	
	独立系统分层	全厂	系统代码	设备单元代码	部件代码	
工艺系统代码	机械工程	单元	系统	泵组	泵	B_1
	土建工程	单元 单元	建筑：楼层 建筑：楼层	卷联门 风扇单元	电动机 风扇	
	仪控（用于机械和土建工程）	单元 单元	系统 建筑：楼层	测量回路 测量回路	变送器 温度传感器	B_4
		单元 单元	系统 机组协调级	开环控制 闭环控制	按钮 控制器	
	电气和控制、仪表工程	单元 单元 单元	开关组 变压器 变压器 电器设备机柜 建筑：楼层	开关 风扇单元 测量回路 端子箱 测量回路 分线箱	保险 马达 指示表 端子块 烟检测器 电话插孔	B_3
	安装地点和位置分层	全厂	安装代码	安装空间代码		
安装地点代码	电气、热控系统	单元 单元 单元	开关 电气机柜 控制台	层/空间 层/空间 坐标		B_3
位置代码	土建工程	单元 单元	建筑：楼层 外围区域	房间/坐标 坐标		B_2

　　KKS 标识规则提供了一套合理的表示方法，即间隔表示法和不带间隔表示法两种。以下是间隔表示法的两个例子。

- 小间隔一行 KKS 标识表示方法：

$$=10BFA21\ GS001+10BFA61+10UAB01$$

（工艺系统标识）　（地点标识）（位置标识）

- 小间隔多行 KKS 标识表示方法：

$$=10BFA21\ GS001（工艺系统标识）$$
$$+10BFA61\qquad（地点标识）$$
$$+10UAB01\qquad（位置标识）$$

　　其中，符号＝、＋为前缀符号，用于区别标识类型。

　　但在 EAM 系统中不提倡间隔表示法，习惯使用不带间隔表示法，而且大多只使用工艺系统标识，如 10BFA21GS001。

17.1.5　设备与物资的关系

　　设备与物资的划分依据不同，安装后的设备按系统划分，是唯一的；物资按规格划分，不唯一。如图 17.4 所示,即设备与物资是一对多的关系。

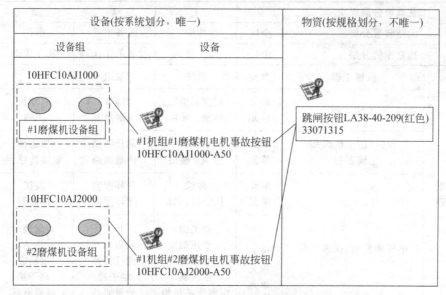

图 17.4　KKS 编码与物资编码的关系

17.2　资产与资产维护管理

资产管理的基础是资产台账、维修历史、资产状态和故障体系等。

17.2.1　资产台账

要实现资产在企业内的终身管理,就要管理好资产的静态与动态信息。其中,静态信息包括资产分类、资产编码、规格、型号、购入日期、首次启用日期、资产与物资的对应关系、制造厂家以及供应商等;动态信息包括使用后的资产状态、功能位置、结构位置(资产在设备树中的位置)、资产使用年限、折旧年限、设备保养/维护/维修历史、成本明细记录和保养记录等。

应该说,在企业办公和生产线上,主要资产就是设备和厂房。其中,设备是指在生产、运营、试验、办公与生活等活动中可供长期使用的机器、设施、仪器和机具等社会物资资源,是企业固定资产的主要组成部分。它是企业进行活动的物质技术基础,是企业生产效能的决定因素之一。所以,本章介绍的重点以设备为主。

资产编码(设备编码)为资产在企业内的终生跟踪码,用于跟踪资产计划、采购、安装、使用、保养、维护、维修、轮换、借用及报废和拍卖的所有事项。对于轮换设备而言,设备终生码和系统功能位置码明显不同,如火电企业的磨煤机电机从甲磨取下检修,然后换到丙磨,功能位置码变了,但终生跟踪码始终不变。

成本明细记录包括与设备相关的活动中的所有财务信息,如人工成本、物资成本、工具成本等,但不包含管理成本。这些成本可以按需要自动归稽到多个统计口径,如按成本中心归稽,按组织机构归稽,按设备树、生产线、班次等进行成本归稽,方便多种统计口径的成本核算。

　　设备树确切地说是设备的功能位置树,由地理位置、系统、子系统和设备功能位置组成,目的就是便于设备查找和进行系统的健康状况分析,也方便设备点检路线的设定。

　　通常,资产(设备)台账管理的内容较多,例如设备台账、设备维护/维修成本以及设备层次结构(也称设备树)等。其中,设备层次结构和设备台账管理如图17.5和图17.6所示。企业要根据自己的管理需求来选定适合自己的软件系统,并规划使用的哪些信息必须标准化。

图 17.5　设备层次结构管理界面

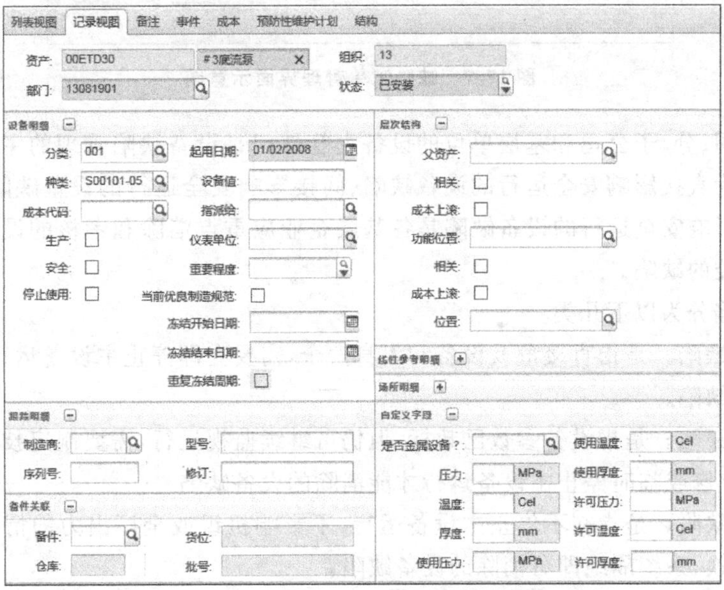

图 17.6　EAM 资产台账单条记录信息管理界面

17.2.2　设备缺陷管理

　　设备缺陷是指在生产过程中,运行或备用设备存在影响安全、稳定、经济运行及污染环境的状况和异常现象。设备缺陷管理就是从源头抓起,严格按行业、集团公司有关规程、标准的要求,对设备进行全面、认真的维护,做到缺陷管理关口前移,从设备出现劣化倾向开始就纳入缺陷管理范围,同时采取各种有效手段,降低缺陷发生的次数。缺陷工单的管理界面一般如图 17.7 所示。

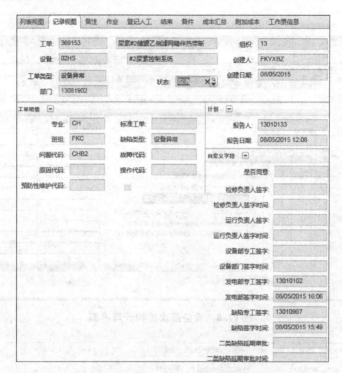

图 17.7　缺陷工单管理界面示意图

　　集团公司、分/子公司和基层单位的设备主管部门是设备缺陷管理的主要负责部门。设备缺陷分为直接影响安全运行的设备缺陷、间接影响安全运行的设备缺陷和设备异常现象。直接影响安全运行的设备缺陷是各基层企业应重点消除和考核的设备缺陷,也是集团公司管控的缺陷。

　　设备缺陷分为以下几类:

- 一类缺陷。是指直接危及设备和人身安全,需要立即停止主设备运行进行处理的设备缺陷。
- 二类缺陷。是指设备参数已超标,但仍可继续监视运行,需要制定技术方案,结合大、小修或临时停止主设备运行才能消除的设备缺陷。
- 三类缺陷。是指在不停止主设备运行,不影响机组或全厂出力的情况下,通过设备倒换、系统隔绝即可消除的设备缺陷。
- 四类缺陷。也称为间接缺陷,为不直接影响设备安全运行的缺陷(如门窗玻璃损坏、灯泡不亮等）。

- 五类缺陷。也称为设备异常，为设备运行参数或试验数据虽未超出规程规定，但已发生较明显的劣化趋势，或设备状态出现异常，需要加强监督运行的缺陷。

通常，前三类缺陷由集团公司、分/子公司管控，后两类缺陷由基层企业管控。

通常，缺陷处理流程如图 17.8 所示，包括工单申请、审批、缺陷类型判断、是否延期、资源安排、工作票、防护措施、工作许可、工作开始、完工、验收、工单关闭等流程节点。除此之外，还有紧急缺陷抢修处理。从生产的规范管理而言，要尽量减少紧急缺陷，对紧急缺陷过多的企业、车间要进行考核。

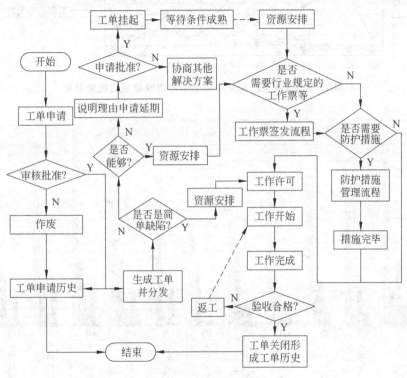

图 17.8　缺陷处理流程

系统要能够支持通过设备编码查看设备的纵向健康趋势，以及横向分析同类设备运行状态等，便于找出设备好或坏的原因。

例如，使用设备编码可以很容易地统计集团范围内某种设备的频发缺陷和跟踪时间，频发缺陷的发生周期，某种频发缺陷处理质量是否在提高（发生缺陷的周期间隔是否在延长，发生数量是否减少等），哪些设备运转得好，为什么能保持良好的状态，设备下次检修计划需要哪些改进措施等。

缺陷管理功能要提供最基本的基层企业的缺陷汇总统计、消缺率统计以及缺陷考核统计等。例如，缺陷考核统计内容包括专业、工单号、工单描述、设备、缺陷类型、申请人、工单状态、缺陷录入时间、缺陷下达时间、检修验收时间、运行（或质检）人员验收时间、消缺完成时间、消缺（作业）时间、考核项、考核金额等。例如，年度缺陷发生趋势分析如

图 17.9 所示,缺陷对比分析如图 17.10 所示。

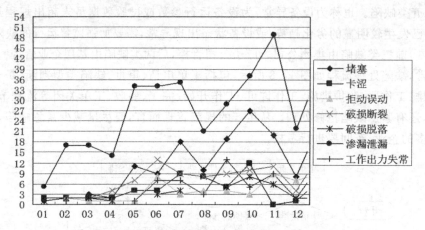

图 17.9　某发电厂锅炉专业上一年度缺陷发生趋势分析

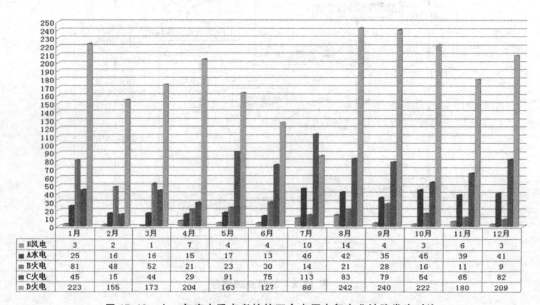

图 17.10　上一年度内重点考核的五个电厂电气专业缺陷发生对比

17.2.3　故障体系管理

　　故障体系管理是针对不同类型的设备进行特征故障定义,并确定故障原因和处理方法、手段,可帮助在以后的故障处理中快速诊断和快速解决。通俗地讲,故障体系管理是设备运行监护和维护人员等发现设备运行异常或功能失效后,依据表象的描述,专业人员定位是什么故障,分析造成故障的原因,然后采取修复行动,恢复设备正常运行功能的全面管理过程。

　　比较典型的故障分析模式是故障树分析法,主要用于设备(资产)故障分析的维护和管理。在设备管理和维修中应用故障树,可以指导事故和系统故障分析,寻找故障原因,制定维修策略和预防故障发生的有效措施。

故障树是一种对系统故障的成因由总体到部件按树枝状结构逐渐细化的演绎推理分析方法。具体地说，设备发生故障时很少是由单一原因引起的，多数情况下是由若干原因相互重叠的综合作用引起的，而故障树分析就是通过对可能造成设备故障的设计、运行、环境、人为等诸多因素进行分析，画出逻辑框图，从而确定设备故障原因的各种可能组合方式和/或其概率的一种分析技术。故障树是一种倒立的树状逻辑因果关系图，用一系列事件符号、逻辑门符号和转移符号描述产品或系统中各种事件之间的因果关系，一般通过设备分类与现象码、故障码、原因码或行动码进行对应，属于多对多的关系。

为了使企业用户能够很方便地浏览故障树的全貌，达到在做故障分析时既见树木、又见森林的效果，界面的组态应形象、简洁、明了和便于维护。如图 17.11 所示，故障分析主界面包括"列表浏览""树浏览"和"故障排除"三个标签页面。其中"列表浏览"是以表格的形式逐行显示故障树分析表的内容，"树浏览"主要以树的层次结构来表述分析对象之间的内在联系和逻辑关系，"故障排除"则显示实际解决问题的方法。

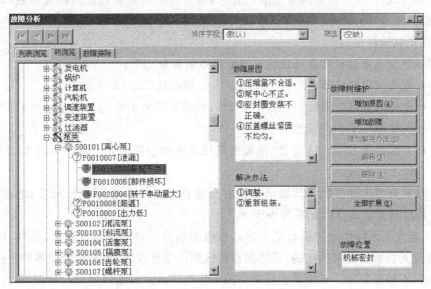

图 17.11　故障分析体系管理主界面

需要说明的是，系统要支持故障排除与工单历史相关联。为了不使故障分析树过于庞杂，采取系统→设备类→子类→故障现象→故障模式(注意故障现象和故障模式可以多层次)的层次结构，而与之对应的故障原因、解决办法和故障所在的位置在统一界面单独显示。在该界面还可完成对故障分析树的维护。支持与故障体系相关的数据统计和分析，例如分析企业某类设备的频发缺陷，并找到应对措施，降低同类缺陷的发生率。

17.3　资产维修管理

维修管理方法很多，每种维修方法都有它的适应范围，企业要根据自己的运营模式和管理特点而定。本节重点介绍设备点检、定修及状态检修管理模式。

17.3.1　设备点检管理

设备点检管理就把日常点检(包括巡检)、定期点检、专业精密点检、技术诊断和倾向管理、精度性能测试检查等结合起来,准确评价设备健康状况,预防故障发生和故障扩大,以保证企业的设备安全、稳定、经济运行。设备点检管理的内容主要包括点检基本原则、点检工作管理、点检绩效考核以及异常数据管理等。

1．点检基本原则

设备点检管理的"八定"基本原则如下:

(1) 定点。科学地分析、找准设备易发生劣化的部位,确定设备的维护点以及该点的点检项目和内容,如机械转动设备的滑动部分、回转部分、传动部分,电气设备的导电部分、绝缘部分、机构部分及重要参数等。按照点检的十大要素——压力、温度、流量、泄漏、给油脂状况、异音、振动、龟裂(折损)、磨损、松弛作为点检诊断的内容。

(2) 定标准。根据设备技术标准的要求,确定每个质量管理点的检查参数(如温度、压力、振动、流量、间隙、电压、电流、绝缘等)的正常工作范围。例如,以下是 6kV 交流电动机的高压试验标准。

- 6kV 交流电动机的高压试验质量管理点的标准如下:
    ◆ 电机绕组的绝缘电阻大于 $1M\Omega/1kV$;吸收比 R60/R15 大于 1.3。
    ◆ 电机的直流电阻线间互差小于 1%,相间互差小于 2%,历次互差小于 2%合格。
    ◆ 交流耐压 1.5Ue,1 分钟。
    ◆ 直流耐压 2.5Ue,1 分钟;泄漏电流相互差别一般不大于最小值的 100%,20μA 以下不做规定。
- 6kV 交流电动机的滚动轴承的温度质量管理点的标准为小于 85℃;滑动轴承的温度质量管理点的标准为小于 80℃。

(3) 定人。点检作业的核心是专职点检员的点检。点检员是按岗位、路线、区域、专业、设备及人员素质要求选定的,是所辖点检区的设备管理者、也是分管设备的责任主体。一经确定,不轻易变动。点检员实行常白班工作制。点检员是经过专门培训,具有一定设备管理能力,精通本专业技术,有实际工作经验,有组织协调能力的设备管理人员。

(4) 定周期。确定设备点检周期,有的点可能每班检查,有的则一日一查,有的数日一查、一周一查或一月一查等,根据具体情况确定。同时按分工分别进行日常巡(点)检、定期点检和精密点检。

根据设备的范围、各类设备的数量以及设备运行的特点确定设备的点检周期。例如,发电企业高压电动机点检周期如表 17.2 所示。

(5) 定方法。根据不同设备和不同点检要求,明确点检的具体方法(如表 17.3 所示),包括用感观或用普通仪表、工具以及精密仪表等进行监测、诊断。主要是以视、听、触、味、嗅觉"五感"为基础方法;对有些重要部位需要借助于简单仪器、工具来测量或用专用仪器进行精密点检测量。配备的点检工具包括点检仪、点温仪、测振仪、听针、点检包等。

表 17.2　发电企业高压电动机点检周期

质量管理点	点检项目	点检周期	点检类型
固定部分	线圈发热情况	每天	日常专业
	线圈、及铁芯的检查	3 年	专业精密
	定子线圈的试验	3 年	专业精密
	冷却器运行情况	每天	日常
		每周 2 次	专业
	检修后的水压试验	3 年	检修中
	接线盒运行情况	每天	日常
		每周 2 次	专业
	电缆头状况	每天	日常
		3 年	专业
转动部分	轴承或轴瓦运行状况	每天	日常
		每周 2 次	专业
	轴承或轴瓦检查	3 年	专业
	油脂、油质	按厂家要求	专业
	连轴节	每天	日常
		每周 2 次	专业
	转子运转声音	每天	日常
			专业
	转子检查	3 年	检修中
整体情况	运转声音	每天	日常
		每周 2 次	专业
	气味	每天	日常
		每周 2 次	专业
	地脚及接地线	每天	日常
		每周 2 次	专业

　　(6) 定量。在点检的同时,把技术诊断和倾向性管理结合起来,对有磨损、变形、腐蚀等减损量的点,用劣化倾向管理的方法进行量化管理。

　　(7) 定业务流程。明确点检作业的程序,包括点检结果处理对策。点检业务流程应包括日常点检和专业点检等。如果发现异常缺陷和隐患,凡急需处理的由点检员通知维修人员解决,其余的列入正常维修处理。

表 17.3　高压电动机点检方法

质量管理点	点 检 项 目	点 检 方 法
固定部分	线圈发热情况	SIS 系统
	线圈及铁芯的检查	手按、目视
	定子线圈的试验	精密仪器
	检修后的水压试验	试验设备、仪表
	接线盒运行情况	点温仪
	电缆头状况	目视
转动部分	轴承或轴瓦运行状况	测振仪、点温仪、听针
	轴承或轴瓦检查	目视、量具
	油脂、油质	目视
	连轴节	目视
	转子运转声音	耳听
	转子检查	目视
整体情况	运转声音	耳听
	气味	鼻嗅
	地脚及接地线	目视

（8）定点检要求。对点检员工作质量严格要求，要求点检员要做到以下几点：

- 定点记录。通过不断积累（量化管理），找出设备状态的内在规律。
- 定标处理。坚持按标准要求，发现问题，按标准处理。
- 定期分析。点检记录周分析，月份析，重点设备定期分析，每年有系统汇报。
- 定项设计。查出问题，需要改进的，规定计划项目，定项进行。重大问题则需提出课题，开展自主管理，发动员工提出革新、创造建议以解决问题，其余的列入正常维修处理。
- 定人改进。改进项目从设计、改进、评价到再改进的全过程都要有专人负责，保持系统性、连续性。
- 系统总结。每半年进行一次点检工作的期中总结，每年进行一次系统、全面总结，不断推进点检管理。

上述点检管理的内容和要求都必须贯彻全面质量管理的原则，不断进行 PDCA 循环，通过实践提高，再实践，再提高，不断提升管理水平。

根据点检"八定"的基本原则，点检模块（或系统）至少包括如图 17.12 所示的点检功能。

在标准没有被批准之前，可以作为临时标准使用，其内容包括设备标准的基本信息、参数设置、维修标准和周期设置等。

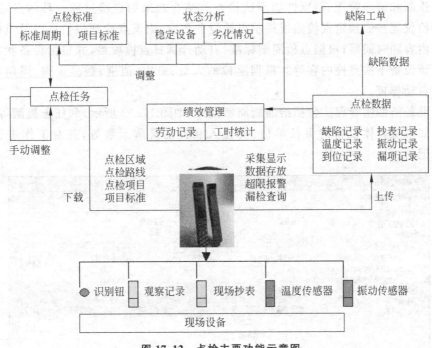

图 17.12　点检主要功能示意图

2. 点检工作管理

点检工作管理包括点检路线管理、点检计划管理、计划和标准下载、点检过程管理、点检数据上报等功能。具体功能说明如下：

- 点检路线管理。按不乱、不漏、优化、省时的原则，根据点检员的平均体力和能力合理设置点检路线，在不遗漏点检点的前提下，设计相对最短的路径。减少同一名点检员的重复走动和爬高上梯，防止员工疲劳，减少危险操作机会，提高工作效率。如果生产线上的工艺流程较长，设备繁多，可将其划分成若干工段，然后按照工段设定的区域来划分点检区域，并设计点检保养路线。系统可检查同一路线或多条路线上的重复点及点检内容，点检点、时点及点检内容一致的信息可实现共享，减少重复操作。

- 点检计划管理。根据点检标准编制点检作业表、计划表等。计划表中的点检内容包括：定义计划部位、检查内容、周期、计划类型、对应的设备标示位置、判定标准（如：上、下限）以及数据采样类型等属性；然后进行点检计划排程，即对制订好的计划内容根据工作量进行日程排定，用于实现日常点检、周点检、月点检和长期点检的计划安排和日历管理（即排除法定节假日）。而当日常点检与其他点检计划重叠时，自动执行最多内容的点检计划。

- 计划和标准下载。支持各种点检计划和标准下载，以及标准修改或网络异常时的重复下载。支持辅助的、非标准观察类的自定义词组下载，以及汉字输入方法下载等。

- 点检过程管理。管理运行岗位日常点检、点检员定期点检、专业精密点检、技术诊断和倾向管理、精度性能测试检查等结合起来的点检过程。具体点检时,点检仪能按照预定点检路线提示点检设备名称,记录点检到位信息以及点检结果内容和时间等;根据点检周期标准,自动计算日点检项目,并根据设备状态确定该设备下次点检内容等。根据巡检的人员、班次、值别、翻班规则、周期等实现自动排班。

- 设备给油脂管理。包括给油脂周期设置(如图 17.13 所示)和任务提醒等功能。如设置具体设备的责任单位、责任人和提前提醒天数等,并对工作进行事项记录。

图 17.13　给油脂周期设置示意图

- 点检数据的上报。实现通过点检仪将点检、巡检数据上传到上位机,并自动保存到数据库。同时完成缺陷报警过程(缺陷与抄表自动识别)。严重和危急缺陷自动或人工选择写入到缺陷报表。

3. 点检员绩效考核与点检统计功能

点检员绩效考核主要用于衡量点检人员的工作质量,看其是否按计划、按标准来完成点检的各项工作。考评标准由考评项目、考评计量单位、考评周期、考评周期内应得(减)分等组成。在每个考评周期内,各项考评项目若符合规定考评标准即得考评分,若不符合规定标准则应扣减相应分值。其中考评项目包括到位管理、工时、工作记录、漏检、点检计划与计划质量等。其中,漏检情况可以按部门、专业、计划、值别、点检员(巡检员)等统计。通过统计对比可以发现部门、点检员/巡检员对点检/巡检工作的认真程度,及时发现工作中存在的问题和漏洞并加以更正。

另外,点检模块要提供各种灵活的管理、查询和统计功能,将人员、时间、地点、设备状况(设备运行、停备等状况以及运行参数等信息)有机地结合起来,提供设备改进记录、异常统计、结果趋势分析、重点设备劣化趋势分析、多点比较图、月度查询、事故分析报告、点检日志、点检周报、点检月报及年度报告等图表分析功能。其中,漏检统计如图 17.14 所示,点检计划与计划质量分析如图 17.15 所示。

通过点检质量分析、多点比较,确定参数间的相关性,发现设备劣化趋势,及时采取有

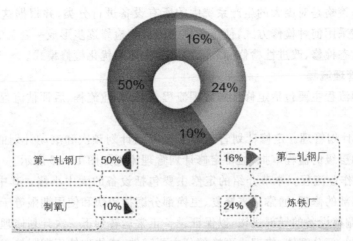

图 17.14　2016 年某集团企业存在漏检的四个厂（车间）统计分析

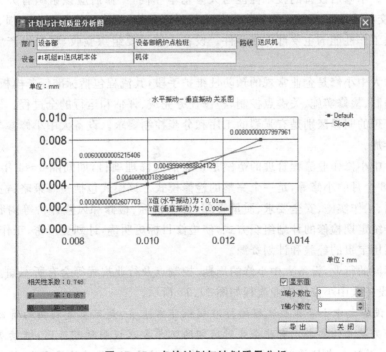

图 17.15　点检计划与计划质量分析

针对性的维修策略,可防止缺陷的频发,提高设备的可控、在控能力及健康状况。

17.3.2　定修管理

设备定修是指在推行设备点检管理的基础上,根据预防维修的原则,按照设备的状态,确定设备的检修周期和检修项目。在确保检修间隔内的设备能稳定、可靠运行的基础上,做到使连续生产系统的设备停修时间最短,物流、能源和劳动力消耗最少,是使设备的可靠性和经济性得到最佳配合的一种检修方式。

设备定修策略是对庞大的生产系统中的所有设备进行分类,并根据这些分类来确定这些设备应该采用何种检修方式,使企业集团的设备检修逐步形成一套融定期检修(也称项目检修)、状态检修、改进性检修和故障检修为一体的优化检修模式。

1. 定修管理流程

定修管理流程主要包括定修计划管理流程、定修作业流程、后评估流程以及进度网络图等。

(1)定修计划管理。定修计划管理要支持不同计划频次和滚动计划的管理,同时支持跨组织机构层级的流程审批,通常定修计划管理流程如图 17.16 所示。

(2)定修作业流程。本节介绍的定修主要包括设备的大中小修。其中,设备小修是对设备进行局部的修理,通常只需修复、更换部分磨损较快和使用期限等于或小于修理间隔期的零件,调整设备的局部机构,以保证设备正常运转到下一次计划修理时间。设备中修是对设备进行部分解体、修理或更换部分主要零件,或修理使用期限等于或小于修理间隔期的零件。中修后设备的技术性能与大修基本相同,中修后应该组织有关人员进行验收,并办理交接手续。设备大修需将设备全部拆开分解,更换或修复所有磨损、腐蚀、老化等已经丧失工作性能的主要部件或零件。设备大修后要组织验收,移交生产后应有一定的保修期。

设备的大中小修是企业常规的预防性维护手段,其流程包括标准任务模板定制、大中小修计划编制、检修实施、关键点控制、检修任务完成、评估和运行的全过程。设备大中小修与缺陷管理的明显区别是有强烈的工序和分步控制要求。设备大中小修参与的角色几乎是全员参加。

设备大中小修作业流程管理的范围是企业的大修理项目,如间隔 3～4 年的大修,或间隔为 4～8 个月的小修等,是一个完整的检修模式。该模式包括检修策略、检修组织、检修过程控制、工作实施、安全要求、质量管理、考核指标、检修和风险评价等内容。这已完全不同于传统定期检修的计划组织方式,使检修目标更明确,计划更严密,工作更有效,而且可重复利用宝贵的经验和计划资源。

针对不同的行业,设备大中小修的周期、控制点及行业规程等会有所不同。综合考虑各种因素,设备大中小修的作业流程如图 17.17 所示。

注意:设备大中小修作业流程的标准模板非常重要,是可重复利用的资源。另外要注意工序和关键点的要求。有些企业对延期的工单要求说明延期原因,继续工作的要主管部门批准,并纳入考核管理。大中小修工作结束时要注意修改检修台账、检修策略和故障体系等信息。

EAM 功能至少要满足定修管理流程的使用要求。

2. 定修管理功能

设备定修是在设备点检、预防检修的条件下进行的,其目的是为了消除设备的劣化倾向,即经过一次定修使设备的状态恢复到应有的性能,从而保证设备可连续不间断、稳定、可靠运行,达到预防维修的目的。同时在设备点检管理的基础上,要求尽量避免"过维修"和"欠维修",做到该修的设备安排定修,不该修的设备则要避免过度检修,逐步向状态检修过渡。

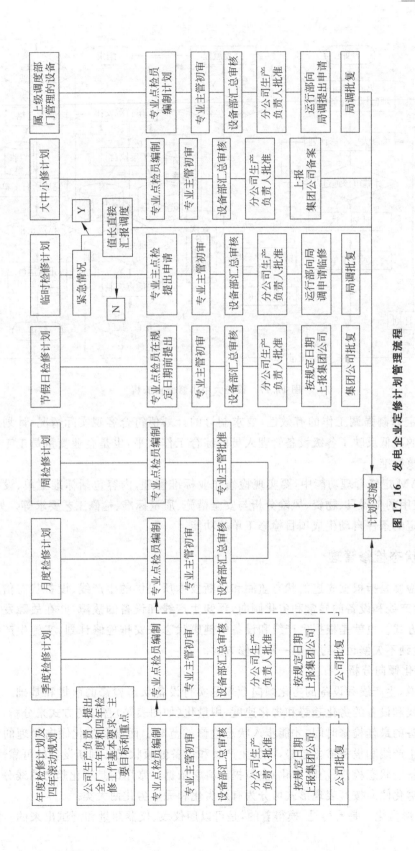

图 17.16　发电企业定修计划管理流程

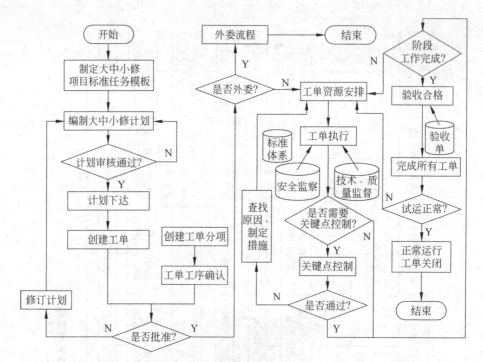

图 17.17　设备大中小修作业流程

点检定修制强调工作的有效性,要求制订的计划值符合客观实际情况,计划命中率(准确率)的高低反映了各级设备管理人员的综合工作水平,也是企业衡量员工工作的一个绩效考核标准。

在 EAM 定修管理功能中,要实现检修作业标准管理,内容包括标准工单、设备与工单挂接、使用的工器具、物资、风险分析与安全措施、质量标准、检修工艺要求等。另外,还要有按设定的条件自动生成项目检修工单等功能。

17.3.3　状态检修管理

状态检修是指根据先进的状态监测和诊断技术所提供的生产线、设备状态信息来分析、判断生产线和设备的异常和劣化倾向,预知生产线和设备的故障,并在故障发生前进行检修的方式。也就是根据生产线和设备的健康状态来安排检修计划,实施生产线和设备检修,达到不欠修也不过修的一种检修方式。

1. 劣化倾向分析

应该说,生产线和设备的劣化倾向管理是实行设备状态检修的前提和基础。只有掌握了生产线和设备的劣化趋势和劣化速度,用量化(如图表等)管理的方式来分析、判断生产线和设备的最佳检修时间,才能步入状态检修的范畴。而设备劣化倾向管理的目的就在于跟踪生产线和设备劣化趋势,评估生产线和设备健康状况和判断设备的可靠性,为生产线和设备的状态检修(消除劣化)决策提出科学依据。常用的是劣化趋势曲线分析。

设备劣化倾向按其表现形式可分为有形劣化和无形劣化两大类。

• 有形劣化。是看得见、摸得着的,是可以用仪表、仪器测量和测试出来的。机械设备的劣化通常是由于物质磨损或材料性质变化而引起的。有形劣化按其引起磨损和劣化的原因分为设备的使用劣化、设备的自然劣化和灾害性劣化三种。

- 无形劣化。是指由于技术进步,出现了性能更好、效率更高的设备,而使原有设备相形见绌,从而使企业在竞争中处于不利地位,例如消耗大、成本高,或由于国家的政策规定使设备被淘汰。

设备劣化倾向的主要表现形式包括机械磨损,金属组织和性质变化、蠕变、高温腐蚀、疲劳裂纹、腐蚀和绝缘损坏等。针对这些设备、部件的状态监测和诊断技术发展十分迅速,特别是辅机部件(电动机和转动部件等)状态监测技术已成熟,主要技术如下:

- 振动诊断技术。
- 油液分析技术。
- 红外线设备诊断技术。
- 超声波泄漏监听技术。

2. 状态检修流程

状态检修流程主要是在通过生产线、设备的状态监测和诊断技术获取信息后,结合同类生产线和设备的出厂参数、运行历史信息、缺陷和检修信息等进行状态评估、劣化倾向和风险分析等,并依据分析结果制定实施策略。状态检修流程如图 17.18 所示。

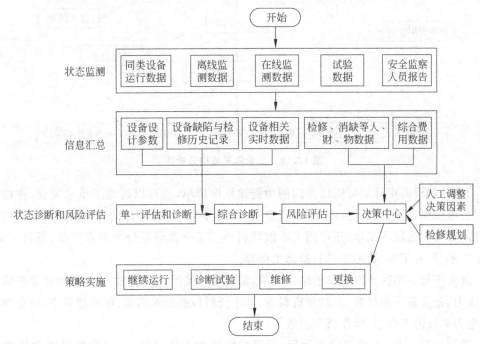

图 17.18　状态检修流程

3. 工单体系结构

工单是 EAM 功能模块中最核心的部分,不论采用何种检修策略和消缺方式等,最终都要在工单中得到体现。它包含缺陷工单、点检工单(周期性工作任务)、服务工单、预防性维护工单(定修工单、状态检修工单)等,如图 17.19 所示。触发工单的条件如下:

- 工单申请。
- 点检数据超标。
- 满足预测性预防性维修条件。
- 周期性工作任务。
- 物资需用计划等。
- 紧急工单。

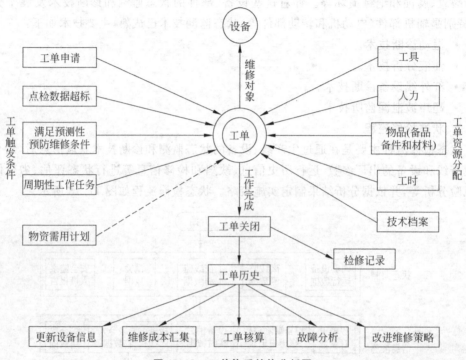

图 17.19　工单体系结构分析图

其中,物资需用计划可以用专门的物资预算申请单,也可以借助工单来完成,在做方案时要考虑哪种更合理。除此之外,新设备的安装调试、可修复件的修理及检修部门的自查缺陷等可直接填入工单,还可用工单做领料单。工单类型可分为预算工单、领料工单、外委工单、服务工单、缺陷工单和检修工单等。

其实不管是哪种条件触发的维修工单,都可能要使用一些资源,这些资源通常包括工具、人力、备品备件和材料、工时和资料等,其中资料包括技术档案、作业指导书、行业规范(如电力系统的工作票、操作票和验收单)等。

需要注意的是,工单完成关闭后,要形成完整的检修记录,记录检修过程和检修后的设备状况(性能)等信息,同时形成工单历史。根据新生成的工单历史更新设备的相关信息(设备性能参数、资产折旧和维修历史等),完成工单的成本核算及按项目、部门和设备类的成本汇集,并通过这次维修活动来完善故障分析体系,改进和提高企业的维修策略。

17.4　企业安全管理

　　企业本着对人民群众生命财产安全及企业自身健康发展负责的态度,要高度重视企业安全生产和危险源的安全管理,牢固树立安全发展理念,坚持人民利益至上,始终把安全生产放在企业的首要位置,加强安全生产基础能力建设;坚持各类隐患排查,找出危险点,采取有力、有效措施加快薄弱环节整改;形成安全长效机制,坚决遏制重特大安全生产事故发生。

　　企业安全管理的主要功能如下:

- 安全教育培训。
- 安全生产应急救援组织及预案管理。
- 安全检查与隐患排查。
- 事故事件管理。
- 危险源管理。
- 安全评价与环保评价。
- 伤亡管理。
- 危险特种作业管理。
- 消防管理。
- 安全生产重大隐患、风险的超前预警。
- 安全绩效考评。

　　实际上,安全管理渗透到企业生产的各个环节,一些功能也融合在其他管理功能中。例如,安全教育培训、安全绩效考评、伤亡认定、安全防护服装配备等与人力资源有关,安全设施、设备、重大危险源等检查是点检的一部分专题内容。所以,安全是企业所有人的责任和义务。

　　企业安全管理内容较多,但在实现信息化管理方面与财务、人力资源、采购和销售等功能方面还存在一定差距,这应引起企业的高度重视。本节重点讲解重大危险源管理、事故事件管理、安全评价与环保评价。

17.4.1　重大危险源管理

　　重大危险源管理实现对重大危险源信息建档、评级和分级管控等功能。

1. 重大危险源评级

　　重大危险源评估可以量化的方法就是进行重大危险源评级。重大危险源评级一般按危险源在触发因素作用下转化为事故的可能性大小与发生事故后果的严重程度来进行划分。可在给定一个分数的前提下,采用倒扣分方式对危险源进行评价,重大危险源的相对扣分率越低,说明重大危险源的危险程度越高,发生事故的可能性越大,也就表明存在着较多或较严重的危险有害因素。

　　例如,某发电集团重大危险源评估根据安全评估综合值 D 分为四个等级,见表 17.4。

表 17.4　重大危险源分级

等　级	一级重大危险源	二级重大危险源	三级重大危险源	四级重大危险源
受控管理机构	国家和集团公司	分支机构	分支机构	基层企业

其中：

- D≥7000 的重大危险源属一级重大危险源,其危险性属极度危险,受控于国家和集团公司。
- 5000≤D<7000 的重大危险源属二级重大危险源,其危险性属高度危险,受控于分支机构。
- 3000≤D<5000 的重大危险源属三级重大危险源,其危险性属一般危险,受控于分支机构。
- D<3000 的重大危险源属四级重大危险源,其危险性属轻度危险,受控于基层企业。

另外,重大危险源的评级不是固定不变的,一般两年内发生过重大以上事故的应按提高一个等级进行评定。

2. 重大危险源分级管控

重大危险源分级管控一共有四级,一般以目录的形式划分,如国家管控目录、集团公司管控目录、分公司管控目录和基层企业管控目录。例如,在表 17.4 所列的重大危险源中,构成国家规定重大危险源和集团公司规定重大危险源目录的内容见表 17.5 和表 17.6。

表 17.5　发电厂构成国家规定重大危险源目录

序号	类　别	名称及场所	国家规定临界值
1	锅炉	锅炉	蒸汽锅炉压力>2.5MPa 且额定容量≥10t/h;热水锅炉额定出水温度≥120℃,且额定功率≥14MW
2	压力容器	压力容器	介质毒性为极度、高度或中度危害的三类压力容器;易燃介质,最高工作压力≥0.1MP,且 PV≥100MPa·m^3 的压力容器(群)
3	可燃液体	汽油罐及加油站	生产场所2t;贮存区 20t
		0 号柴油罐及油区	生产场所 10t;贮存区 100t
		乙醇	生产场所 2t;贮存区 20t
4	可燃气体	制氢站及罐区	生产场所1t;贮存区 10t
		石油气	生产场所 1t;贮存区 10t
		乙炔	生产场所 1t;贮存区 10t
		氨	生产场所 2t;贮存区 20t

续表

序号	类　别	名称及场所	国家规定临界值
5	有毒危险品	化学实验室	剧毒品 1kg
		氯罐及加氯间	生产场所 10t；贮存区 25t
		放射源	生产、医疗用等（钴 60、铯 137 等）
6	民用爆破器材	起爆器材	1t（雷管、导爆管）
		工业炸药	50t（铵梯炸药、乳化炸药）
		爆炸危险原材料	250t（硝酸铵等）
7	大坝	水电厂大坝	可能造成下游重大人身伤亡事故
		火电厂灰坝	可能造成下游重大人身伤亡和重大环境污染

表 17.6　发电厂构成集团公司规定重大危险源目录

序号	类　别	名称及场所	危害后果
1	电气设备	升压站	可能引发电网大面积停电事故
		主变	可能造成发电机组较长时间停运
2	生产防火	汽轮机油系统	可能造成重大火灾和机组较长时间停运
		电缆夹层及沟道	可能造成重大火灾和多台机组较长时间停运
		危险品仓库	可能造成重大火灾、爆炸事故
3	起重机械	炉内检修平台	可能造成重大人身伤亡事故
		客货两用电梯	可能造成重大人身伤亡事故
		斗轮堆取料机	可能造成人身伤亡、设备损坏、机组停运
		汽（水）轮机车间桥式起重机械	可能造成人身伤亡、设备损坏，可能影响生产机组较长时期运行
		大型施工机械	可能造成重大人身伤亡、设备损坏
		临时吊栏	可能造成人员伤亡事故
4	压力容器	压力容器 热交换器	存储燃料压力容器可能造成火灾和爆炸；热交换器、压力容器可能发生爆炸，造成重大人身伤亡事故
5	非生产防火	招待所	可能发生重大火灾事故，造成重大人身伤亡事故
		礼堂	
		俱乐部	
		歌舞厅	
		商场	
6	交通安全	通勤车辆	可能造成重大人身伤亡事故
		通勤船只	
7	水源	生活水厂	可能造成饮用水源污染、人员中毒

17.4.2   安全事故事件管理

1. 基本概念

在对事故、事件进行管理之前,首先要清楚以下几个基本概念:

- 事故。造成死亡、疾病、伤害、损坏或其他财产损失的意外情况,且构成一定经济损失及影响。
- 事件。造成伤害或财产损失的意外情况,且直接损失较小,影响较小。
- 事故报告。是指在规定时间内,以书面形式向主管部门报送的表述事故发生信息的文件。报告内容包括:①事故发生单位概况;②事故发生的时间、地点以及事故现场情况;③事故的简要经过;④事故已经造成或者可能造成的伤亡人数(包括下落不明的人数)和初步估计的直接经济损失;⑤已经采取的措施;⑥其他应当报告的情况。同时通知公安、劳动保障、工会、人民检察院等相关部门。

自事故发生之日起 30 日内,事故造成的伤亡人数发生变化的,应当及时补报。事故单位发生迟报、漏报、谎报和瞒报行为,经查证属实的,应立即上报事故情况。

- 事故调查。主要任务包括:①查明事故发生的经过、原因、人员伤亡情况及直接经济损失;②认定事故的性质和事故责任;③提出对事故责任者的处理建议;④总结事故教训,提出防范和整改措施;⑤提出事故调查报告。
- 事故处理。主要是根据事故调查的结论,对照国家有关法律、法规,对事故责任人进行处理,落实防范重复事故发生的措施,贯彻"四不放过"原则的要求。
- 事故结案。按照政府批复的事故调查报告,有关机关和事故发生单位应当及时将处理结果报调查组牵头单位,事故调查组及时予以结案,出具结案通知书。事故结案应归档的资料有:①职工伤亡事故登记表;②事故调查报告及批复;③现场调查记录、图纸、照片;④技术鉴定或试验报告;⑤物证、人证材料;⑥直接和间接经济损失材料;⑦医疗部门对伤亡人员的诊断书;⑧发生事故的工艺条件、操作情况和设计资料;⑨处理结果和受处分人员的检查材料;⑩有关事故通报、简报及文件。
- 未遂事故。是指因严重违反规定,造成不可接受的危险程度,且未发生事故。
- 直接经济损失。是指因事故、事件造成物料等财产损失价值及人身伤害发生的医疗及医疗相关费用,包括医药费、诊查费、住院费、护理费、误工费等。
- 间接损失。是指因事故、事件造成产品返工费用及停产损失或造成为平息外部社会影响发生的应酬费用等。
- 相关责任者。是指事故、事件中经确认的非主要责任者,且在事故、事件中具有一定责任。
- 管理责任者。是指在事故、事件中负有隶属管理或职能管理责任的相应领导。
- 主要责任者。是指对造成事故、事件负有直接责任或大部分责任的具体人员。

2. 事故事件安全管理

企业事故事件安全管理一般包括事故事件安全预防、事故事件记录、事故事件处理、事故结案后事故事件统计分析和典型案例预警功能。其中事故事件安全预防包括制订年度/月度安全计划、应急管理(如事前预防、准备、事发应对、事中处置和善后恢复)等;事故事件记录包括事故报告、事故报告伤亡情况、设施/装置影响、事故材料(包括图片、录音、影像等)、生态损失、资产(设备)损失等直接损失,间接损失需要评估和认定;事故事件处理包括责任单位处理,如罚款、赔偿、停产整顿和吊销营业执照等,责任人(含直接责任人和间接责任人)处理,如罚款、停职教育、行政处分、开除、承担刑事责任等。

企业事故事件安全管理流程通常如图 17.20 所示。

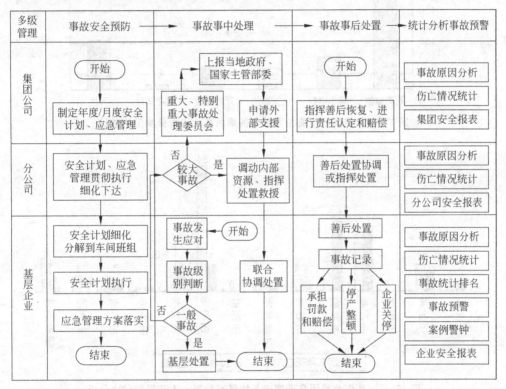

图 17.20　企业事故事件安全管理流程

3. 事故事件统计分析

事故分析包括定性分析和定量分析两部分。定性分析一般采用事件树(故障树的一个分支)形式,即根据事件的客观条件和事件的特征作出符合科学性的逻辑推理,用与事件有关的技术知识确认事件可能状态,然后找出发生事故的连锁、途径和类型以及预防事故的对策。其中事故连锁中包含的初始事件和安全功能故障的后续事件之间具有"逻辑与"的关系,因此事故连锁越多,发生几率越高;事故连锁中事件树越少,发生几率越高。事件树中最终达到安全的途径指导企业如何采取措施预防事故。在达到安全的途径中,发挥安全功能的事件构成事件树的成功连锁。如果能保证这些安全功能发挥作用,则可以防止事故。

事件树定量分析是指根据每一事件的发生概率,计算各种途径的事故发生概率,比较各个途径概率值的大小,作出事故发生可能性序列,确定最易发生事故的途径。一般地,当各事件之间相互统计独立时,其定量分析比较简单。当事件之间相互统计不独立时(如共同原因故障、顺序运行等），则定量分析变得非常复杂。

　　除上述分析外，还包括事故事件的统计分析。例如，死亡事故统计分析如图 17.21 至图 17.23 所示。

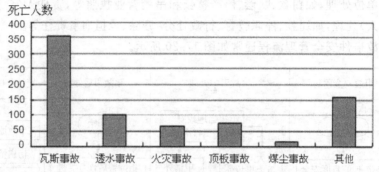

图 17.21　某煤矿企业集团某年的事故死亡人数分类汇总统计

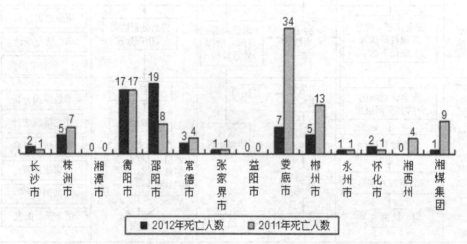

图 17.22　某煤业集团在湖南省各地区事故死亡人数同期对比分析

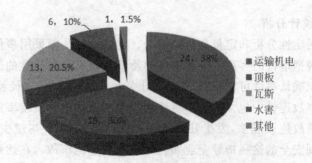

图 17.23　2012 年某煤企集团事故死亡人数分类汇总分析

　　不安全事件统计分为年度统计、月度统计和实时统计三类，其中年度分类总表如表 17.7 所示，月度明细统计如表 17.8 所示。

表 17.7　不安全事件统计年度分类总表格式

类别	级别	当月次数	同比	年度累计	同比
人身	死亡				
	重伤				
	轻伤				
	未遂				
设备	事故				
	一类障碍				
	二类障碍				
	异常				

说明：单击当月的每类次数后可以向下钻取，列出各类不安全事件明细。

表 17.8　当月不安全事件明细统计表格式

序号	发生单位	简要经过	原因	责任人及处理情况	人员受教育情况	防范措施落实情况

17.4.3　安全评价功能

企业安全评价涉及作业环境安全评价、外包工程安全评价、安全管理评价和安全督导评价等。主要功能包括安全评价计划编制与下达、现场查评数据录入、整改计划及实施、统计分析、监督与问题库闭环管理等功能，支持三线值评价方法。三线值评价的方法如下：

- 确定安全评价得分率，如查评得分率×40％＋查评问题整改率×60％。
- 三线评价根据基准、目标、创新值确定。例如，初评三线值为 85、88、100，复评三线值为 93、95、100；既有初评又有复评的区域公司三线值取初评与复评的平均值为 89、91.5、100。
- 企业自查与上级单位审查结果记录，差异分析、原因分析。
- 按查评意见、查评扣分制订整改计划，整改时间从安全评价整改计划下达的下一个月开始计，系统要及时提醒。新问题纳入问题库管理。
- 查评结果统计分析，包括查评发现的问题（如各基层企业当月、月度累计，一年期安评问题统计）、问题整改率（如当月、月度累计，一年期的安评问题整改率）、安评综合得分率以及前三月管理问题整改率进行排序，并进行三线值认定。对于要排序的各关键指标，系统要实现环比功能，能反映各关键指标的变化趋势（上升、下降）以及各企业综合排名变化情况。常用表格式如表 17.9 至表 17.11 所示。

表 17.9　当月安全性评价问题整改率报表格式

单位	本年度安评查评得分率	整改时间	本月安评问题应整改数	本月安评问题实际整改数	本月安评问题整改率	本月安评综合得分率	三线评价
基层单位 1	92.6	第一个月					
		第二个月					
		第三个月					
		第四个月					
		第五个月					
		⋮					

表 17.10　月度累计安全性评价报表格式

单位	本年度安评查评得分率	前三月管理问题整改率	截至当月安评问题应整改数	截至当月安评问题实际整改数	截至当月安评问题整改率	截至当月安评综合得分率	三线评价
基层单位 1	92.6						
基层单位 2							
⋮							

表 17.11　全年安全性评价报表格式

单位	本年度安评查评得分率	一年期安评问题应整改数	一年期安评问题实际整改数	一年期安评问题整改率	一年期安评综合得分率	三线评价
基层单位 1	92.6					
基层单位 2						
⋮						

第 18 章

电 子 商 城

　　企业集团电子商城和市场上流行的电子商城(如京东、淘宝、国美在线等)最大的区别是企业既是买家又是卖家,并且还是制造商和运营商。电子商城的主要业务包括两大部分,一是签订长协的供应商物资采购,二是企业产品、闲置物资和报废物资的销售,主要功能包括电子商城系统管理、采购、产品销售、闲置物资和报废物资的销售、客服以及图表分析等功能。本章重点介绍电子商城系统管理、产品销售管理、闲置物资和报废物资拍卖、业务图表分析等功能。

18.1　电子商城系统管理

　　电子商城系统管理包括各类用户管理、前台功能管理、后台功能管理、主要功能界面等内容。

18.1.1　电子商城用户管理

　　企业电子商城系统用户包括企业用户、供应商、回收商、客户、电子商城系统管理员和客服用户(含座席用户)六大类。其中企业用户有三个子类:采购用户、销售用户和监督/查询用户,每个子类用户有三个层级:集团公司级、分/子公司级和基层企业级。

1. 用户注册管理

　　电子商城的各类用户只有在商城注册成功,才能使用被赋予的功能。各类用户中最简单的是客户注册,只要按要求录入所需有效信息,被批准后即可使用。比较复杂的注册是供应商、回收商用户,其中供应商用户注册流程如图 18.1 所示。

　　供应商用户注册流程是:在供应商资质等基本信息审核通过后,还要进行 CA 认证,即得到审核机构发放的数字证书,才算完成注册。如果在使用过程中相关人员辞职,接替人员无法获知密码或密码遗忘等,供应商要填写供应商重置密码申请表(如表 18.1 所示),以保证双方的利益。

2. 用户权限管理

　　应该说,企业电子商城的用户管理还是比较复杂的,要分类分级进行管理。

　　(1) 企业用户

　　前已述及,企业用户包括采购用户、销售用户和监督/查询用户,各用户的权限管理一般如下:

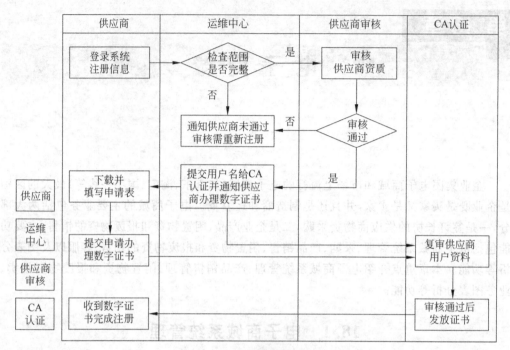

图 18.1 供应商用户注册流程

表 18.1 电子商城供应商重置密码申请表

供应商名称：					
□重置密码		□供应商信息修改			□其他
供应商公司名称	联系人	手机号码	传真	电子邮箱	组织机构代码证号
注：重置密码——供应商均已自注册并被采购方接受；供应商对申请业务信息的合法性、准确性负责，并如实填写申请说明					
申请原因：					
供应商单位	申请人签字(公司公章)： 　　　　　年　月　日				
平台负责人	签字： 　　　　　年　月　日				

- 采购用户分为三级管理。
  - ◆ 集团公司级的普通采购用户用于采购集团公司本部的办公用品和劳保用品，该级用户拥有的权限一般为自用模板、风格、背景等设置，以及支付方式选择、商品浏览、购物车使用、订单下单、到货接收、收货地址管理、退货和报表等；集团

公司采购业务管理用户具有物资分类管理和一级集中采购目录、长协采购目录管理等功能。

♦ 分/子公司普通采购用户用于采购分/子公司本部的办公用品和劳保用品,该级用户拥有的权限一般为自用模板、风格、背景等设置,以及支付方式选择、商品浏览、购物车使用、订单下单、到货接收、收货地址管理、退货和报表等;分/子公司采购业务管理用户除上述常用功能外,还要具有二级集中采购目录的管理功能。

♦ 基层企业用户用于采购本企业所需的零星生产物资、备品配件、办公用品和劳保用品,该级用户拥有的权限一般为自用模板、风格、背景等设置,以及支付方式选择、商品浏览、购物车使用、订单下单、到货接收、收货地址管理、退货和本企业使用的报表等,不能浏览与本企业无关的内容。

• 销售用户也分三级管理。

♦ 集团公司销售用户为一级用户,拥有的权限包括集团公司统一的产品销售目录管理、跨分公司的内销规则管理、销售价格总策略、大客户管理优惠和折扣策略、闲置物资和报废物资的销售业务管理、集团公司所用的销售图表等功能。

♦ 分/子公司拥有的权限包括分/子公司内的内销规则、外销价格策略分解、销售纠纷处理流程、分公司的销售图表分析等功能。

♦ 基层企业用户拥有的权限包括销售模板、风格、背景等设置,销售流程制定、自己的销售订单管理、促销管理、销售图表分析等功能。

• 监督/查询。监督用户的职能赋予企业集团各级的监察部门,每级监察部门用户负责自己所辖范围的业务监察,包括监察业务流程的合规性、业务信息的真实性、价格异常波动原因等;查询用户是给企业集团各级分管领导和管理人员使用的,权限是查询管辖范围内的采购和销售业务活动及统计分析等功能。

(2) 系统管理员。

系统管理员可分级也可不分级,分级管理主要取决于软件系统的支持和管理需要。分级管理时,集团级系统管理员主要管理权限如下:

• 一级集中采购和长协采购目录物资的供应商用户权限管理。
• 一级采购用户权限管理。
• 一级销售用户权限管理。
• 一级客服用户权限管理。

分/子公司系统管理员主要管理权限如下:

• 二级集中采购和长协采购目录物资的供应商用户权限管理。
• 二级、三级采购用户权限管理。
• 二级、三级销售用户权限管理。
• 二级、三级客服用户权限管理。

总之,系统要满足因为体制或精简等因素形成的企业用户一人多角色的管理需求,实现依据职位体系和业务管理范围的权限多重组合,即实现用户和角色多对多权限分配的矩阵式管理。例如,在系统中,每个用户的所有功能都在左侧和上面的菜单项中列出,顺序可根据自己的业务和操作习惯很方便地来配置("所需即所得")。而对于在一个系统中一用户多角色时就要配置多个用户的做法是不提倡的(法律法规和企业管理制度要求的除外),实际上也是很低级的,这样的软件系统其寿命也不会长久。

另外,企业针对一些用户的特殊要求,如供应商用户无权修改长协的商品价格,只能按约定价格录入;如果录入错误,系统管理员可以按长协合同约定的价格进行修改,并进行审批;但批准后的价格有误时,要走审批流程进行修改,并按责任进行处罚。如果是供应商的有意行为,可按合同中止其长协采购业务。

18.1.2　前台、后台功能管理

电子商城系统对用户而言有前台、后台两种功能。前台功能是直接面向企业用户、供应商和客户的网站,用于发布采购和销售的商品信息,接收各类用户需求;后台功能主要是处理采购订单、销售订单、图表分析以及接口等功能。与前台相比,后台的构成和处理要复杂得多。

1. 前台功能管理

前台功能主要包括用户注册、商品信息查询、购物车、支付方式等。例如,企业采购用户的前台功能一般如表 18.2 所示。

表 18.2　企业采购用户前台功能

功　能	说　明
采购用户注册	用户注册信息包括用户名、工作单位、用户级别、邮箱等信息
采购用户登录	用户在注册后可登录电子商城,进行商品购买、退货等操作,同时可选中"自动登录",用户下次访问商城时无须再次登录电子商城,就可在电子商城购买商品
密码找回	用户忘记密码时,可通过注册时填写的邮箱进行找回密码
商品搜索/浏览	用户可在搜索框内输入商品关键词进行模糊搜索及浏览
二维码购买	用户可在商品页面扫描二维码,直接下单支付完成购物
购物车功能	用户可以将挑选的商品放入购物车里,接着挑选商品或直接购买(支持多件商品同时购买)
在线咨询	用户可通过网站在线客服进行商品有关问题咨询(后台开启在线客服才可使用)
收货地址	用户可以填写并保存自己的常用收货地址,用于快递并收货
订单管理	用户可以管理自己的订单,例如支付、退款、退货、关闭订单等操作
商品支付	用户在下单后,长协的商品按合同规定方式付款,其他商品可通过在线支付或线下付款等方式进行购买
商品评价	用户在收到购买的商品后,可在电子商城对此商品发表自己的评论
供应商评价	采购单次评价,包括价格、产品质量、交期、配送和服务等,以及年度评价和长期评价
退货换货	用户对收到的商品不满意时,可通过退换货功能进行退换
投诉功能	用户对收到的商品及服务不满意时,可通过投诉功能进行投诉

企业客户的前台功能与采购用户的功能基本相似,只不过对象不同。客户采购的是企业产品,企业采购用户是在网站上向供应商采购原材料、半成品、备品备件及劳保和办公用品等。而销售用户的功能主要集中在后台,是客户的供应商。

2. 后台功能管理

后台功能主要包括基础设置、用户管理、产品管理、订单处理、图表分析和资金管理等。产品销售的后台功能如表 18.3 所示。

表 18.3　产品销售主要后台功能

模　块	功　能	说　明
基础设置 (通用部分)	基本信息展示	展示电子商城运营的基本信息,如可用余额、产品数量、订单量、短信条数、相册空间、域名列表等
	在线客服设置	设置在线客服类型,如企业 QQ、微信等在线客服系统
	物流设置	设置合作的物流公司,例如中铁、中邮、申通、圆通、德邦物流等,或使用自己组建的物流公司
	运费设置	设置电子商城运费,可设置固定运费和满多少钱免运费两种形式,长协销售的运费按合同执行
	发货人信息	设置发货人信息,包括公司名、地址、姓名、手机号等,用于填写快递单
	快递模板设置	设置快递单模板,包括发货、收货信息,可根据每个不同快递公司设计不同样式的快递单模板
	发票信息设置	设置开票模板、税率及发票内容
	支付通道设置	设置支付通道,包括线下付款、支付宝收款、易宝收款、银行网上转账、银行卡收款等多种收款通道
	邮件设置	设置邮件信息,包括邮件地址、密码、SMTP 服务器地址、账号等,用于促销邮件和发货通知
	注册协议设置	设置用户在电子商城的注册协议
产品管理	产品分类管理	采购和销售产品分类一起管理,共三级分类,具有查看、增加、修改、删除等功能
	产品目录管理	产品目录维护,包括添加、修改、删除等功能
	产品管理	产品的批量添加、修改、删除,包括产品名称、价格、编码、库存、分类、搜索标签、计量单位、属性、图片、内容等
	产品绑定	将多种产品捆绑推荐,访问其中一个产品时也推荐其他产品。提供图片、文字等多种推荐样式
	产品查询	查询全部或部分产品的信息,可根据产品名称、状态、分类、价格区间进行查询
	相册管理	管理电子商城相册,可为每次采购、产品销售、废旧物资销售等创建单独的相册文件夹,上传、删除图片,升级空间等

模　块	功　能	说　明
订单管理	订单明细	查看订单明细,包括订单号、下单时间、订单金额、付款状态、订单状态、收货人信息等,支持订单退款等
	订单提醒	客户在电子商城购买产品,并支付成功后,系统会向绑定的微信账号自动发送一条订单提示消息或短信,让客户随时掌握电子商城的订单状态
	订单查询	查询全部或部分订单的信息,可根据产品名称、订单状态、下单时间、收货人信息等方面进行查询,支持显示手机端和 PC 端的订单
	订单处理	可以对单个或多个订单进行订单价格修改、运费修改、发货确认、订单导出、订单关闭等操作
	快递单打印	可以对单个或多个订单进行相应的快递单打印操作
	发票信息查询	可以对单个或多个订单进行发票信息查询操作
	投诉管理	查看并处理客户的投诉,可按照投诉时间、投诉产品、投诉状态等进行查询
	退款退货	查看并处理客户的退换货、退款等要求,采用线上确认、线下沟通的方式
	评论管理	查看并处理客户对产品的评论,包括评论会员、时间、评论产品、评论内容等,可查询和删除评论
销售报表	商城访客统计	统计查看商城的访问人数、访问时间、浏览时间、浏览地域等信息
	银行收款报表	可以按时间段、收款通道等查看银行收款报表,并支持报表统计图查看,清晰直观
	产品销售报表	可以按时间段、产品类别、产品名称、组织机构等信息查看产品销售报表,轻松掌握产品销售情况
	销售地区报表	可以按时间段、产品类别、省份等查看产品销售地区报表,清晰掌握各地区销售情况
	销售报表导出	支持报表导出功能,导出文本可支持 Word、Excel、CSV 等格式
资金管理	资金变动明细	查看包括资金变动时间、收入、支出、锁定、解锁、余额等方面的信息,方便掌握资金流动情况
	资金变动查询	可按照时间段、资金变动方式(收入、支出、锁定、解锁)查询资金流动情况,支持显示手机端和 PC 端的资金变动情况
	订单收款	查看收款单据信息,并根据单据状态进行收款确认等操作,可按付款时间段、单号、状态等查询单据
	订单退款	查看退款单据信息,并根据单据信息进行退款操作

除此之外,还有各类业务流程管理,如请购单审批流程、采购订单处理流程(包括手工输入、成批导入、与 ERP 自动接口等方式)、销售订单处理流程、闲置/废旧物资上架审批流程、企业对供应商的评价流程、供应商对企业的评价流程以及电子目录的维护流程等。其中采购员手工填写采购订单处理流程如图 18.2 所示,采购员成批导入采购订单处理流程如图 18.3 所示。

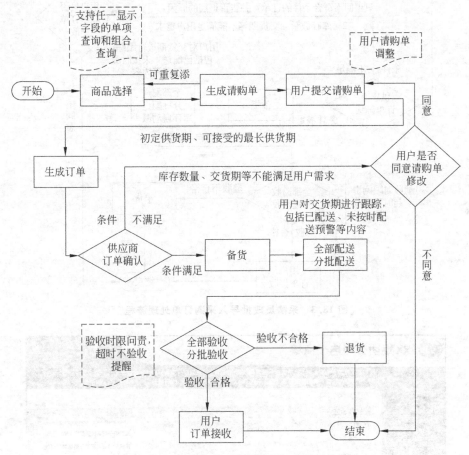

图 18.2　采购员手工填写采购订单处理流程

18.1.3　主要功能界面管理

电子商城系统根据使用的用户角色和级别不同,有企业用户、供应商、客户、电子商城系统管理员和客服用户五大类用户功能界面。其中,最复杂的是电子商城系统管理员用户界面,包括基本设置、物资采购、产品销售、闲置/报废物资拍卖、订单管理、图表分析和客服管理 7 项功能设置,是保证系统正常运作的基础和关键,如图 18.4 所示。

客户使用的管理界面如图 18.5 所示,包括查看订单、付款设置、账户设置、地址簿管理、消息中心管理和个性化设置等。

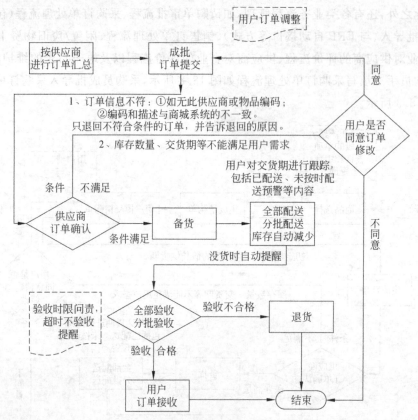

图 18.3　采购员成批导入采购订单处理流程

图 18.4　企业电子商城系统管理员用户界面示意图

图 18.5　客户自己管理界面内容的示意图

18.2　产品销售管理

产品销售管理包括产品目录维护、产品管理、产品规格管理、销售订单管理、批量处理、销售排行、销售报表等功能。其中,产品目录架构的顶级节点由系统管理员维护,即采购物资、生产产品、闲置/报废物资等,在每个顶级节点下面最多有 4 级目录结构,由相应的管理人员维护。例如,销售人员负责销售产品目录的维护。

本节重点讲解产品管理、销售订单管理和批量处理。

18.2.1　产品管理

1. 企业集团总店产品管理

企业集团总店产品管理包括产品展示、产品动态管理两部分。产品展示由产品浏览、退货浏览和下架产品三部分组成,其中产品浏览是指当前正在网站上销售的自己负责上架的产品浏览;退货浏览是指自己管辖的售出产品退货明细、原因及处理结果展示;下架产品是指针对自己负责产品的下架明细及原因。

产品动态管理包括产品上架、状态管理、折扣管理、内销管理、促销管理、长协销售管理和团购(集采)管理等。其中与市场上流行的电子商城在销售功能方面的主要区别是产品的内销和外部的长协销售。此处的内销是指产品在企业集团内部的销售,如一汽大众的发动机传动器厂将产品销售给成都发动机厂,成都发动机厂的发动机销售给一汽大众的轿车一厂和轿车二厂等。这种内销的折扣及结算方式会与外销的折扣及结算方式有所区别。长协销售主要是针对购买企业没有建立电子商城系统,购买产品的企业客户直接按协议价从电子商城系统选择产品进行购买,协议价格由购买企业监督审核。

除此之外,还有新产品发布、移动客户端、Flash展示和百度收录等功能。

2. 分/子公司和直属企业分店产品管理

分/子公司和直属企业在电子商城上的产品销售一般有三种方式,一是属于一级销售的产品由企业集团总店负责;二是自己不建分店,所有产品委托企业集团总店代售,适合产品种类少的企业;三是分/子公司和直属企业建立自己的分店,属于电子商城系统内的子站点,适用于产品种类多的企业,一般采用入驻方式。

分/子公司和直属企业分店的功能与主站点功能大致一样,主要包括基本设置、产品管理、订单管理、在线客服、物流运费、投诉管理、评价管理、管理咨询、查询、订单收款、订单退款、入驻产品促销、子站图表分析、操作日志等功能。

除企业集团内分/子公司和直属企业的产品入驻外,如果有实力管理,且服务器资源充足,电子商城系统能稳定、高效运行,也可开拓企业集团外的产品入驻商城的业务,作为企业集团创收的一个增长点。

各类企业(商家)入驻电子商城销售后,要支持多种结算和服务方式,主要结算流程有三种。一是企业集团内分/子公司和直属企业入驻电子商城后由主商城和客户结算的流程。二是企业集团外的企业入驻电子商城的结算流程。以上这两类企业的结算流程主要节点基本一致,如图18.6所示,即客户将购买产品款项支付给主商城(网银、汇票、支付宝余额付款等),主商城按约定方式给入驻商家结算。三是企业集团内分/子公司和直属企业销售产品后直接与客户结算,并按交易额定期向主商城支付交易佣金。

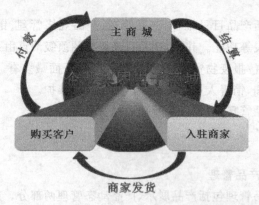

图 18.6　主商城代入驻商家和客户结算的流程示意图

主商城要监管入驻商家信息的真实性和诚信度,对客户投诉集中的入驻商家,应采取降低评价等级或撤销入驻资格等措施。

另外电子商城要实现多重分类和入驻商户的交叉隶属,可按地区、商圈、行业等进行分类,实现既可按地区或行业搜索到入驻商户,也可将入驻商户交叉应用在多个分类下面,方便分类统计和多种方式下的模糊查询。以下是几种分类的例子:

- 地区型分类,如东北—黑龙江—哈尔滨。
- 行业型分类,如电力—火电—发电机组轴承。
- 地区加行业,如黑龙江—火电—发电机组轴承。

18.2.2　订单管理

1. 订单功能

电子商城销售订单管理(如图 18.7 所示)主要包括订单处理、退换管理、订单查询和客户评价等功能。其中订单处理是核心功能,包括订单确认、发货处理、签收管理、收款处理和交易完成处理,涉及的订单状态为确认(含等待确认和已经确认)、发货(含等待发货和已经发货)、签收(含等待签收和已经签收)、收款(含等待收款和已经收款)、交易完成、取消(订单取消)、交易失败等节点状态,能实现根据需要以多种方式组合查询订单和打印。

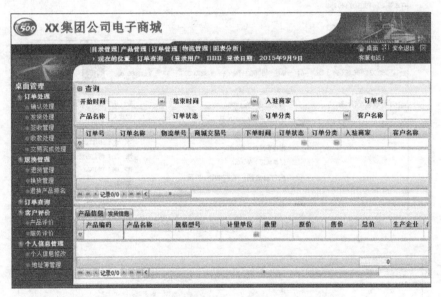

图 18.7　电子商城销售订单管理功能示意图

在客户方的提交订单页面中,当客户确认提交后,系统要支持以下功能:

- 客户能实时查看自己获得的积分和兑换礼品记录。
- 客户可选择是否开发票、税点、运费计算方式、会员折扣等,这些情况与产品价格组成最终的付款价格。
- 支持多种优惠方式,如折扣卡、会员积分折扣、批量采购折扣等,并实现优惠方式的互斥规则,即满足多项优惠政策时,客户最多选择两项优惠进行组合。
- 付款页面支持汇票、银行卡、信用卡、支付宝余额、二维码支付方式,网上银行付款的会自动显示付款结果。同时支持线下转账、货到付款等处理方式。
- 客户在下单之后,对于交易完成的订单可以评价,电子商城系统管理员可以在后台进行管理,如将产品评论整理发送给对应的研发组和生产车间,或删除非正常评价言论等。另外,客户对已经付款的订单可以投诉,后台会看到相应的投诉单,根据投诉内容发送给干系人。

主商城可以看到入驻商家的所有订单,订单由入驻商家自行处理,主商城只负责监管。

2. 凭证管理

订单处理过程中会产生一些凭证(单据),包括配货单、发货单、收款单、退款单和退货单等,凭证要符合财务政策、税务政策的要求。常见的配货单、发货单格式如图 18.8 和图 18.9 所示。

图 18.8　销售配货单示意图

图 18.9　销售发货单示意图

18.2.3　批量处理

电子商城中的用户、产品目录/分类、采购订单、供应商、回收商、采购商品和销售产品的价格调整、商品/产品和闲置/报废物资的上架及下架等都要支持批量操作,以减轻操作人员的工作量和降低出错率。

用户、采购订单、商品及产品、目录等批量导入要支持通过接口的自动批量导入和手工批量导入两种方式。批量导入时,要对相关信息进行标准化,信息不满足要求的剔除到退回列表重新规范,满足要求的一次性导入。不能发生批量信息中因个别条目信息不准确而致使大量规范信息无法导入的现象。而批量导出要支持目前流行的多种格式文本。

当分类和目录进行非首次批量导入时要有严格的规则,只要信息发生变化,就要有对应措施。新增加的较简单,只要查重就行;减少的只能停用和不显示(隐藏),交易历史信息不能更改;信息变化时要看是否是主键值,是主键的编码等不能修改,只能新增,然后与旧码做映射处理,如果码值不变,只是描述发生变化,主表的描述更改后会自动同步。

批量调价/价格锁定要明确约定新价格的开始时间,批量调价的功能界面如图 18.10 所示。

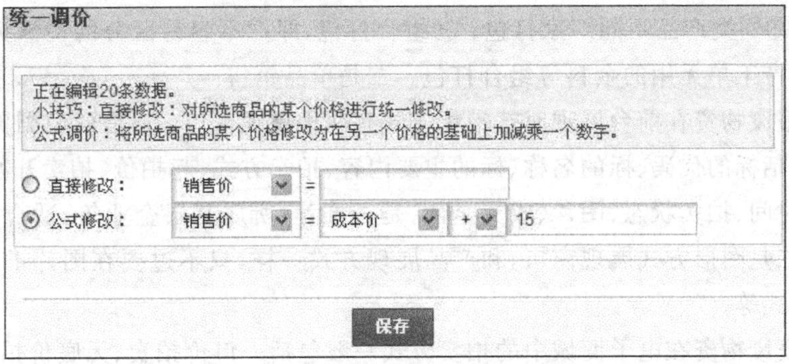

图 18.10　批量调价功能界面示意图

批量处理功能一般包含在系统管理、采购和销售等对应的功能模块中,在每个模块中处理相应的批量作业。例如,在产品的动态管理中有上架和下架功能,进入上架管理功能后即可选择单品上架还是成批上架。上架操作方式包括立即上架、定时上架等。成批上架时,可选择是否强制上传,上传前是否进行违规检查、盗图检查以及品牌产品发布提醒等选项。在完成成批定时上架物品的价格检查后,保存上传,即完成上架工作。

18.3　闲置/报废物资展现与拍卖

由于历史积累、国家政策和企业集团产业结构调整、市场预判不准确、工艺水平落后、仓库重复建设、信息无法共享和管理不善等原因,可能会形成关停的小容量发电机组、退役轮船和飞机、更新换代的生产线和设备、滞销产品、残次品、工单余料等大量的闲置/报废物资,严重时甚至能影响到企业的正常运转。所以为了盘活企业资金,要防止产生新的闲置物资,并加快处置已形成的闲置/报废物资。

本章开始已经讲过,企业电子商城包括采购、销售、闲置/报废物资拍卖等功能,所以在电子商城主页上应包括采购、销售、闲置/报废物资拍卖通知发布、租赁和置换清单、用户注册、登录、服务管理等功能。在闲置/报废物资拍卖功能中,重点实现闲置/报废物资展现与拍卖。

18.3.1　闲置/报废物资展现管理

为防止国有资产流失,非上市央企的大宗资产拍卖目前基本上在北京产权交易所进行,如"丰满水电站全面治理(重建)工程原一、二期电站拟拆除资产(电气系统包2)"拍卖等。其他物资按15.4.4节和15.4.5节中讲过的,要通过闲置和报废物资的认定流程,并经过基层企业、分公司和集团公司物资、品管、纪检、审计和财务多方审定批准后,需要和能够进行交易的物资进入电子商城闲置/报废物资展现与拍卖,由电子竞价取代击槌成交,完成闲置/报废物资所有权的出让。

闲置/报废物资在电子商城中的销售方式有两种。一是捆绑销售,指不同的闲置/报废物资打包出售,打包的形式包括以下三种:①按工艺系统打包,如闲置的生产线、关停的机组等;②同类产品不同厂家打包;③组合打包,即把不容易区分的检修拆卸的废料、剩料以及生产工单无用的余料等组合打包。二是单品销售。

闲置/报废物资在前台展现时按销售方式有两种展现窗口:一是列表浏览展现窗口,主要信息包括标的代码、标的名称、标的主要内容、拍卖方式、起拍价、拍卖开始时间、结束时间、剩余时间、拍卖状态、图片、成交金额、是否推荐、所属基层企业等,适合捆绑销售的内容展现;二是图形方式展现窗口,和产品展现方式一样,只不过要在图片下面标示起拍价和拍卖方式等。

闲置/报废物资在电子商城中的拍卖方式一般包括一口价拍卖、无底价拍卖和有底价拍卖三种。电子商城除支持这些主流的拍卖方式外,在非一口价拍卖活动中还要支持多次报价、一次报价、权重报价等竞价方式。

在企业单品销售的电子拍卖之前最基本的工作就是先设置一口价拍卖、无底价拍卖和有底价拍卖的展现模板,然后才能进行闲置/报废物资的上架和展现。其中单品有底价拍卖需要设置的信息如图18.11所示。

企业单品的闲置/报废物资在窗口内的展现要支持按物资分类和拍卖方式的组合展现。例如,单品上架后按物资分类顺序展现,同一分类中按拍卖方式排序;二是先按拍卖方式排序,再按物资分类排序。当然要支持多种组合方式的模糊查询。

在单品展现时,所有基层企业的同规格、同型号闲置物资可汇总放在一起,客户购买时直接和电子商城一级代理结账,电子商城一级代理再集中和基层企业按约定方式和约定时间定期结账。一些废旧物资无法明确表述规格型号的,按主要材料合并在一起展现,出售最小单位按吨计算。

在以捆绑销售方式拍卖时,因标的物的总价有可能很高,所以加价幅度有两种选择:一是按常规约定默认幅度,二是根据标的物价值和市场预判自定义加价幅度,如图18.12所示。需要强调的是,不论哪种拍卖方式,加价幅度一旦确认,在拍卖开始后即不允许更改,要自动锁定。

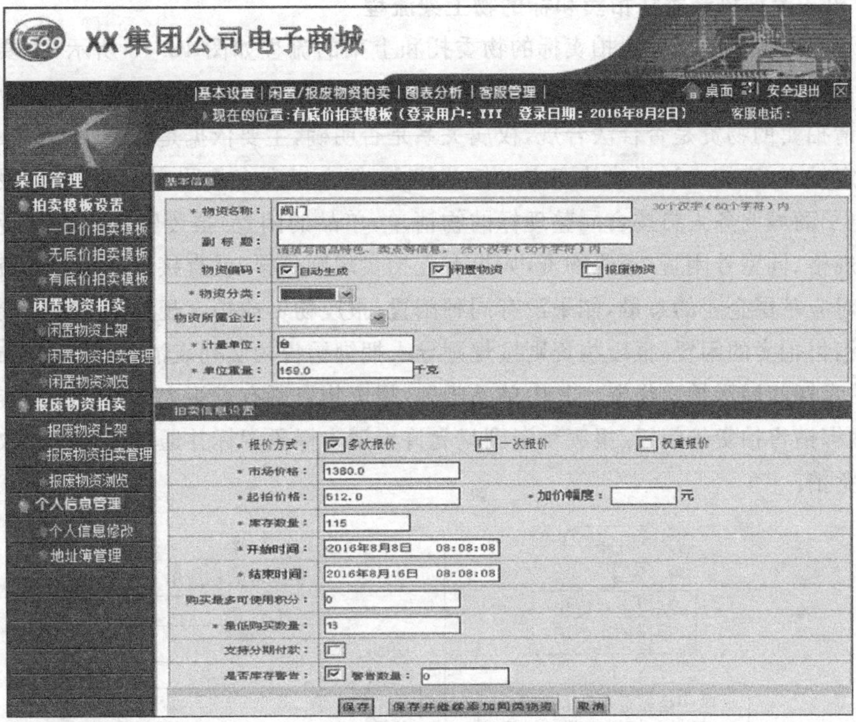

图 18.11　单品有底价拍卖信息设置示意图

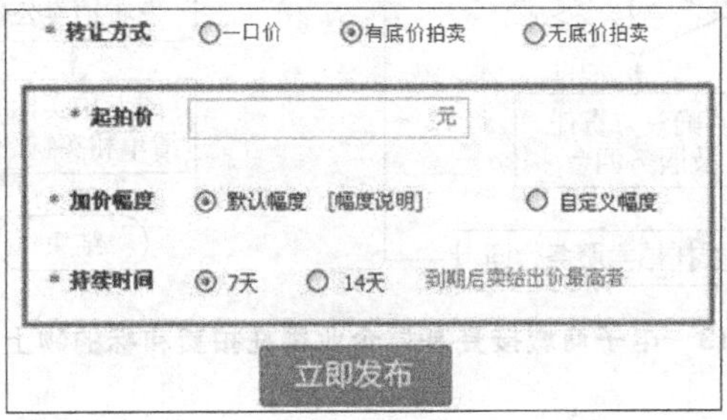

图 18.12　捆绑销售方式拍卖时加价幅度管理

18.3.2　闲置/报废物资拍卖流程管理

　　闲置/报废物资拍卖管理包括流程管理和业务操作管理。需要说明的是,竞买人可以是回收商,也可以是普通客户。原则上回收商能购买捆绑销售拍卖方式和单品拍卖方式的所有物资,而个体客户只能购买单品拍卖方式的物资,以便降低拍卖风险。

　　闲置/报废物资拍卖管理流程包括回收商注册流程、电子商城接受委托和标的物上架流程、标的物拍卖流程和异常处理流程等。其中,回收商注册流程和供应商注册流程基本一致,只不过供应商是卖物资,回收商是买物资,所以这里不再赘述。本节重点讲解电子商城接受委托拍卖以及标的物上架流程、拍卖流程。

1. 电子商城接受委托拍卖和标的物上架流程

电子商城接受基层企业拍卖标的物委托和上架的流程如图 18.13 所示,主要流程节点包括:基层企业先向电子商城提出委托拍卖闲置/报废物资的申请;电子商城业务人员审查申请拍卖的物资是否合法合规,权属关系是否明确,主要依据是 ERP 中闲置/报废物资的认定批文;审核通过后确认双方责任及佣金,佣金标准在集团内一致,签订服务拍卖合同;电子商城业务人员按合同整理标的物清单,单品的闲置/报废物资先查询货架上是否有同规格、同型号闲置/报废物资,如果有且拍卖规则一样,就直接增加单品物资的库存总量和对应基层企业的总量,如果没有同种闲置/报废物资或拍卖规则不一致,上新货架;而捆绑销售拍卖的闲置/报废物资则按规则导入捆绑销售拍卖列表清单;然后发布拍卖公告,在拍卖期间展示拍卖物资。其中单品闲置/报废物资所有竞买人都可以浏览查看和竞拍,而捆绑销售拍卖的闲置/报废物资则只允许申请本标段竞标并通过批准的回收商浏览查看和竞拍。

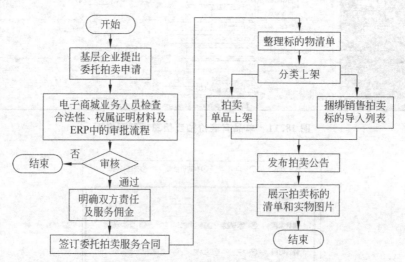

图 18.13 电子商城接受基层企业委托拍卖和标的物上架流程

拍卖公告的内容一般包括拍卖内容、拍卖文件获得方式、投标保证金、标的物报价方式和付款方式等。而对于单品一口价拍卖方式基本上和产品销售一样,售价由企业和电子商城依据市场需求共同制定,不需要保证金,也没有售后服务。

2. 闲置/报废物资拍卖流程

采用非一口价拍卖方式的,要针对每个拍卖标的制定拍卖规则,包括起拍价格、价格阶梯、保留价格以及拍卖时段等。例如,捆绑销售拍卖基本流程通常如图 18.14 所示。

在拍卖过程中采用加价方式,即后面的报价一定高于前面的报价,否则提交不成功。同时实现拍卖实时监控,有异常时暂停拍卖,并根据实际情况对拍卖进程进行调整,详细情况及原因要告知各方,例如网络中断、病毒侵入、人为恶意攻击等。

电子商城拍卖模块要支持多业务员管理,可以按区域或标的业务量由系统管理员或主管领导分配给某个业务员,分配完成后,一旦进入拍卖就不能再更改。业务员要接受在

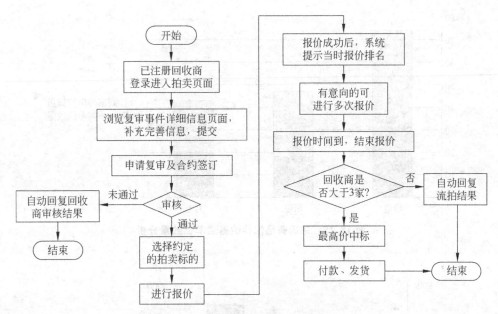

图 18.14 捆绑销售拍卖方式基本流程

线质疑和答疑以及付款后发货的调度管理。例如,标的物是由多个基层企业打包组成的,要通知相关基层企业确定何时发货、发货数量和发送地址等,并协同财务人员对竞拍保证金进行管理。

发货调度要有规则,比如就近原则、轮询原则等,以最低的物流成本和最短的发货时间按时发送给回收商。要在拍卖公告中声明运费由谁负担,拍卖物资的运费一般由购买方负担。

另外,竞买人要能实时看到自己参拍标的的最新报价以及报价曲线,有效模拟拍卖现场,形成强烈竞争气氛,促进交易成交。

18.4 电子商城图表分析功能

电子商城的图表分析按业务划分为五部分,即采购图表分析、销售图表分析、闲置/报废物资拍卖图表分析、商城业务综合分析和客服中心业务量图表分析。本节重点讲解前四部分内容。

18.4.1 电子商城采购图表分析

电子商城采购图表很多,包括采购量、采购产品种类、采购频度等,其中采购量又可分为供应商采购量、产品采购量、采购员采购量、区域采购量、分公司采购量、基层单位采购量和时间段采购量等。

企业集团电子商城的图表分为固定格式和固定周期的统计分析、随机抽取及格式可自己定制的图表两种。常用的图表如图 18.15 至图 18.20 所示。

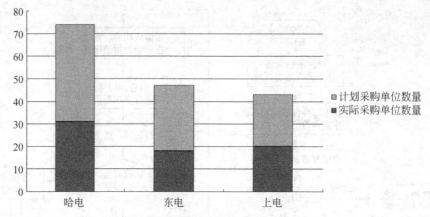

图 18.15　采购备品配件的基层单位数量分析

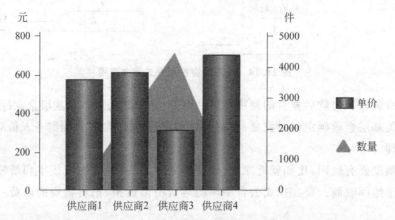

图 18.16　工作服采购单价、采购量分析

18.4.2　电子商城销售图表分析

　　销售图表分析包括销售报表、收款分析、盈利分析、销售订单统计分析、客户业务量统计、销售客户群体分析和访客报表等。

　　其中销售报表是企业常规的报表，包括按组织、按产品的销售日报、月报、季报和年报，以及任意时段的临时报表等，并实现按年、季、月、周、日对比和趋势分析；收款分析包括销售未收款和销售已收款统计分析，欠款客户预警提示等；盈利分析包括各级企业盈利分析、区域盈利分析、产品盈利分析、重点客户盈利分析、主站和各级网店的盈利分析等；销售订单统计分析包括按主站和各级网店的订单量统计、发货订单统计、待发货订单统计、退款和退货订单统计以及差评订单统计等。

　　企业常用的报表网上都可以搜到，这里不再赘述。但图形分析功能很少，下面介绍几种企业需要的典型图形分析形式，如图 18.21 至图 18.27 所示。

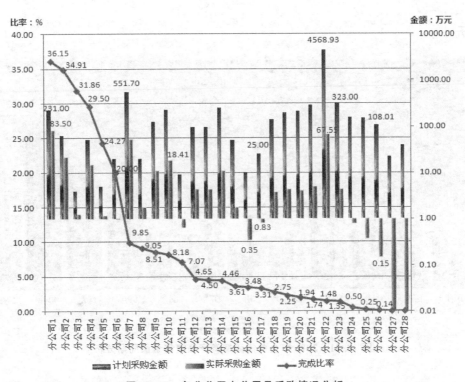

图 18.17 各分公司办公用品采购情况分析

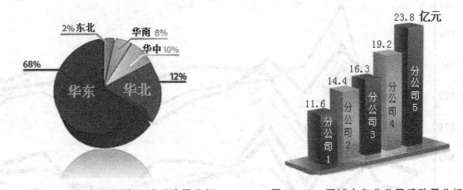

图 18.18 2016 年备品配件区域采购量分析　　　图 18.19 区域内各分公司采购量分析

所属单位：集团公司		日期：2013-04-05 15:37:33								
	月份	1月份		2月份		3月份		总计	
一、二级组织 物资分类		订单数	总金额	订单数	总金额	订单数	总金额	订单数	总金额
分公司1	办公类用品	0	0	0	0	1	200.07	1	200.07
	东电主机备件	0	0	0	0	1	61.4	1	61.4
	哈电主机备件	0	0	0	0	1	1166.68	1	1166.68
	总计：	0	0	0	0	3	1428.15	3	1428.15
分公司2	办公类用品	0	0	2	83249.67	0	0	2	83249.67
	总计：	0	0	2	83249.67	0	0	2	83249.67
分公司3	办公类用品	1	2646.91	0	0	0	0	1	2646.91
	总计：	1	2646.91	0	0	0	0	1	2646.91
分公司4	办公类用品	2	274713.99	0	0	0	0	2	274713.99
	东电主机备件	4	5756593.84	0	0	0	0	4	5756593.84
	总计：	6	6031307.83	0	0	0	0	6	6031307.83
分公司5	办公类用品	4	557487.77	12	250456.06	18	149465675.43	34	150273619.26
	总计：	4	557487.77	12	250456.06	18	149465675.43	34	150273619.26

图 18.20 集团公司电子商城采购业务汇总分析

百万元

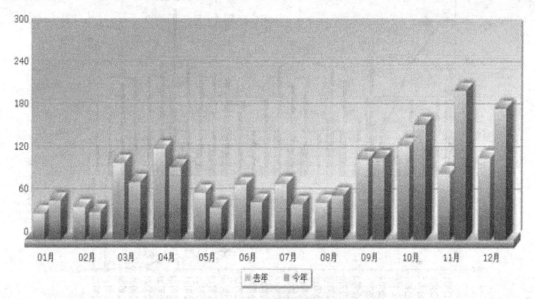

图 18.21 2016 年企业集团某类产品销售金额同期分析

万元

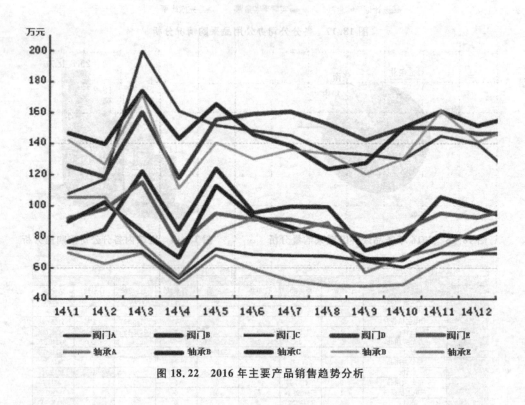

图 18.22 2016 年主要产品销售趋势分析

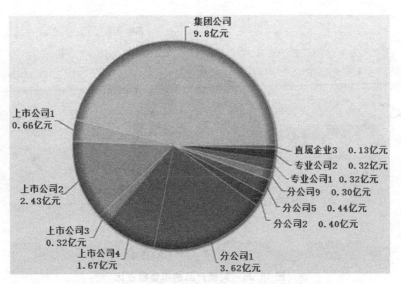

图 18.23 各级企业用户一季度销售业绩

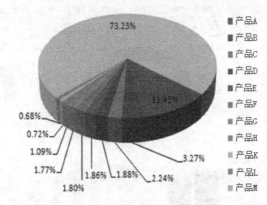

图 18.24 一季度产品销售业绩

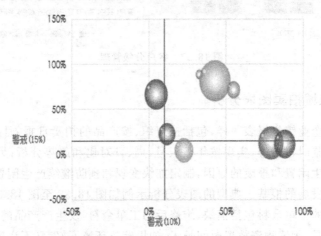

图 18.25 不同类产品的波士顿矩阵分析

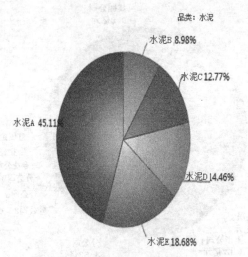

图 18.26　同类产品的销售额占比

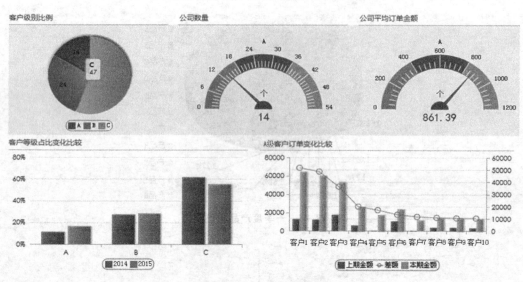

图 18.27　客户分级管理

18.4.3　电子商城拍卖图表分析

拍卖报表和企业销售报表一样,包括按组织、按产品的拍卖日报、月报、季报和年报,以及任意时段的临时报表等,实现按年、季、月、周、日对比和趋势分析;另外,在此基础上还要深入分析产生闲置和报废的原因,制定加快变现和预防继续产生闲置和报废的策略,打好企业可持续发展的根基。典型的图表分析示例如图 18.28 至图 18.31 所示。

图 18.29 中的工单余料包括消缺、维修后的工单余料,及生产产品的工单余料。

需要说明的是,闲置物资放置时间长了,如果储放环境不好,又不注意保养,也会变成报废物资,所以闲置/报废物资也要精心管理,否则会损失很多价值。

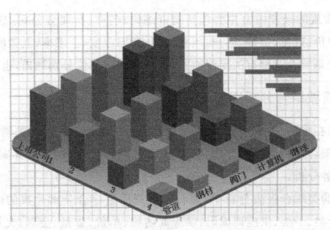

图 18.28　企业集团内上市公司报废物资前 5 类图形分析示意图

图 18.29　企业集团电子商城上架报废物资构成分析

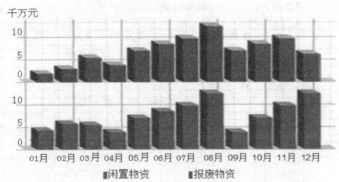

图 18.30　电子商城主站闲置/报废物资一年销售趋势

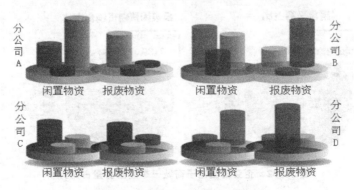

图 18.31　企业集团内各分公司前 4 类闲置/报废物资上架量（资金额）分析

闲置物资常规的报表内容主要包括物资编码、名称、所属分公司/基层企业、物资分类、子类、拍卖单价、数量、金额、客户、闲置时间、新旧程度、上架率、上架库存量、实际库存量等。针对多家基层企业都有的闲置物资,既可按基层单位分别列出,也可汇总报表。

18.4.4　电子商城综合分析图表

综合分析是在采购、销售、拍卖和客服单项分析的基础上进行相关项目综合指标的分析,包括综合日报、月报、季报和年报,以及任意时段的临时报表等,并实现按年、季、月、周、日对比和趋势分析。

例如,在采购类综合报表分析中,原材料供货质量综合分析月报的内容包括物资编码、描述、物资分类、子类、供应商编码、供应商名称、单价、数量、金额、交期、采购时间、因质量原因的退货比率、次品/废品率等。维修用物资(含设备、备件和材料等)供货质量综合分析月报的内容包括物资编码、描述、物资分类、子类、供应商编码、供应商名称、单价、数量、金额、交期、采购时间、投运时间、报废时间、因质量原因的退货比率、报废周期、报废量、故障率、维修费用等。

采购、销售、拍卖等综合分析示例如表 18.4 和图 18.32 至图 18.36 所示。

表 18.4　企业集团电子商城交易规模综合分析

统计部门:　　　　开始时间:　　　　结束时间:　　　　　　　　　　金额单位:亿元

	1 月	2 月	3 月	4 月	5 月	6 月	…
电子商城交易规模(亿元)	0.63						
同比增长(%)	11.4						
交易规模占比(%)	27.9						
交易规模预测值(亿元)	1.07						
⋮	⋮						

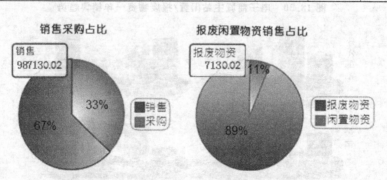

图 18.32　企业集团电子商城一季度业务量占比分析

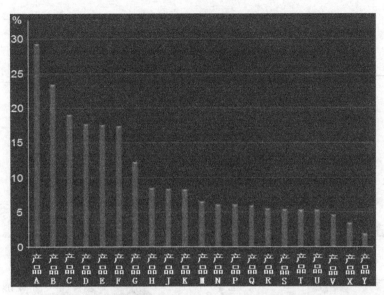

图 18.33　企业集团电子商城产品销售盈利能力分析

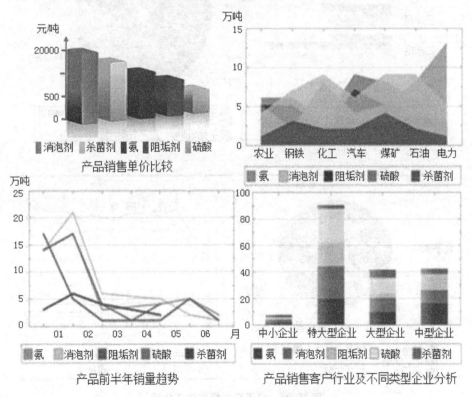

产品销售单价比较

产品前半年销量趋势

产品销售客户行业及不同类型企业分析

图 18.34　电子商城化学产品销售综合分析

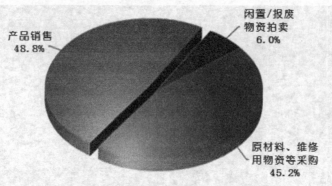

图 18.35 采购、销售和闲置/拍卖占比分析图例

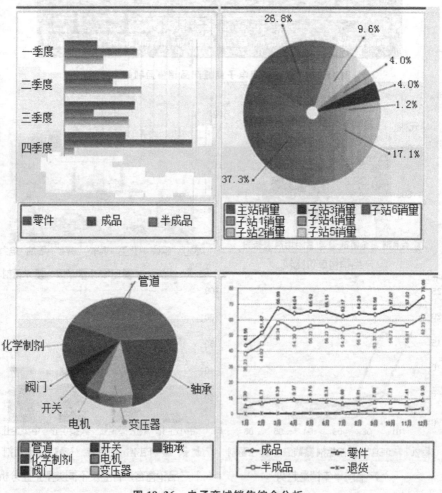

图 18.36 电子商城销售综合分析

第 19 章

安全保障体系

《中华人民共和国国家安全法》(以下简称《安全法》)于 2015 年 7 月 1 日正式发布，《安全法》第二十五条规定：国家要建设网络与信息安全保障体系，提升网络与信息安全保护能力，加强网络和信息技术的创新研究和开发应用，实行网络和信息核心技术、关键基础设施和重要领域信息系统及数据的安全可控；加强网络管理，防范、制止和依法惩治网络攻击、网络入侵、网络窃密、散布违法有害信息等网络违法犯罪行为，维护国家网络空间主权、安全和发展利益。

《安全法》的制定和发布说明"没有网络安全就没有国家安全"，同样也没有企业安全。因此，企业(集团)的信息化安全保障体系依据《安全法》至少应包括安全保障体系规划与建设、网络运行安全保障体系、网络信息安全保障体系、应用系统安全保障体系以及监测预警与应急处置等内容。

19.1　安全保障体系规划

目前，国际和国内网络的信息安全形势日趋严峻。借助相关技术的发展，网络漏洞和网络攻击增长速度非常快，而且无所不在的互联互通意味着处处都可能存在安全漏洞、软件漏洞。国内的网络和信息安全现状主要表现为以下几点：

- 计算机系统遭受病毒感染和破坏的情况相当严重。2015 年共发现 10.5 万个木马和僵尸网络控制端，控制了我国境内 1978 万台主机。
- 电脑黑客活动已形成重要威胁。2015 年境内有 24 550 个网站被篡改，其中政府网站被篡改的数量为 898 个。
- 信息基础设施安全面临挑战。我国的网络安全系统在预测、反应、防范和恢复能力方面存在许多薄弱环节。在信息防护能力方面的一些技术也逊于美国、俄罗斯和以色列等国。
- 国内外网络政治颠覆活动频繁。国内外反华势力利用互联网进行针对我国的非法组织和串联活动，尤其是一些非法组织有计划地通过网络渠道宣传异教邪说，妄图扰乱人心，扰乱社会秩序。
- 网络空间安全意识比较薄弱，不知道如何防护。

当然，作为国家经济建设支柱的企业，特别是央企和国企，是科技转化为生产力的主体，其网络和信息是企业核心竞争力的基础，所以网络和信息安全尤为重要。随着企业开展双边、多边贸易，使用的网络不断延伸、信息急速扩展，安全保障问题也迫在眉睫。为保障企业网络和信息安全,首先要做好安全保障体系规划。

19.1.1　安全保障体系的规划原则、基本框架和安全策略

1. 安全保障体系规划原则

企业网络、信息安全保障体系规划原则如下:

- 管理落地。企业要建立安全保障体系组织机构,建全规章制度、从业人员安全管理规范、安全意识教育和培训等管理措施,提高网络安全和信息化人才队伍素质,从管理层面保证安全保障体系落地及实施。
- 实用性。采用具备多层次、多角度、全方位、立体化的安全保护功能(如访问控制、信息系统完整性保护、系统与通信保护、物理与环境保护、检测与响应、备份与恢复等功能)。当某一种或某一层安全保护失效时,其他功能可起到保护作用。
- 先进性。采用先进的网络架构、识别技术、存取控制、密码、低辐射、容错、防病毒及相关的安全产品等,提高攻击防御能力。
- 标准化。企业网络建设、应用系统建设/使用、信息收集、整理、传输和利用等必须依据相应的国际标准、国家标准和行业标准,确保企业网络和信息的安全与保密。
- 可靠性和稳定性。应保证在高负荷状态下企业网络、服务器、存储设备、系统软件、应用系统和接口等能提供不间断的可靠服务,系统运行稳定;在容量达到及超出规定的极限时,系统不能因为崩溃、异常退出等原因而导致数据错误或丢失。
- 容错性。提供数据有效性检验功能,对无效数据给出简洁、准确的提示信息;提供数据一致性校验机制;能识别和屏蔽可能引起系统崩溃、异常退出的用户输入或用户误操作,并给出提示。

2. 安全保障体系基本框架

为满足企业在物理、网络、网络设备、服务器、主机、系统软件、中间件、应用软件和数据的安全性技术要求,应规划和建立企业的安全保障体系。企业安全保障体系的基本框架通常包括技术框架、管理框架和运维框架三部分。

其中,技术框架包括网络基础设施域、支撑基础设施域、本地计算环境域、区域边界域等,但各域之间不是简单的相交或隔离关系,而是在网络和管理上有不同的层次,如图 19.1 所示。

说明:

- 网络基础设施域是所有域的基础,包括所有的网络设备和网络通信支撑设施域,分为骨干区、汇集区和接入区。
- 支撑基础设施域是其他上层域需要使用的部分,包括安全系统、网管系统和其他支撑系统等。
- 本地计算环境域包括各类服务器、客户端及其上的应用、操作系统、数据库、基于主机的监控组件(病毒检测、入侵检测)等,主要分为核心区、重要服务区和一般服务区。
- 区域边界域是指在单一安全策略管理下、通过网络连接起来的计算设备集合,是区域与外部网络发生信息交互的部分。按照接入类型分为互联网接入区、外联网

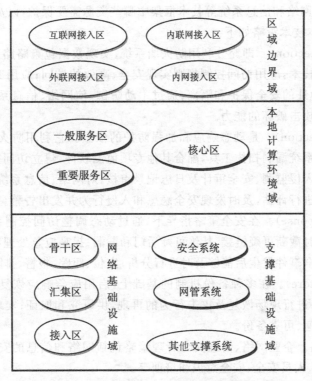

图 19.1　企业网络、信息安全保障体系技术框架

接入区、内联网接入区和内网接入区。其中,互联网是指各个组织网站之间的连接,对于无交易的企业,消费者是它的业务范围;外联网是指企业集团内各组织与外部企业的连接,业务范围包括交易伙伴、合作对象、经销商以及主要客户等;内联网是企业集团内各组织之间的互连;内网是指企业集团内各独立组织内部的部门之间的连接,业务范围仅限于独立组织(如集团公司和分公司本部、基层企业等)。总之,区域边界要确保进入的信息不会影响区域内资源的安全,而离开的信息是经过合法授权的。

技术框架的目标是通过使用安全产品和技术,支撑和实现安全策略,达到网络运行和信息传输/使用的可靠、保密、完整、可用等安全目标。主要技术框架基于 P2DR2(Policy,Protection,Detection,Response,Restore)动态安全模型结构,它是一种基于闭环控制、主动防御的动态安全模型,通过区域网络的路由及安全策略分析与制定,在网络内部及边界建立实时检测、监测和审计机制,应用多样性系统灾难备份恢复、关键系统冗余设计等方法,构造多层次、全方位和立体的区域网络安全环境。

3. 安全策略

相对于企业安全保障体系的基本框架的三个组成部分,安全策略也包括技术策略、管理策略和运维策略三部分。

(1)技术策略。企业网络、信息安全技术策略(Policy,即 P2DR2 的核心)就是定义系统的监控周期,确立系统恢复机制,制定网络访问控制策略,明确系统的总体安全规划和

原则;它描述企业网络和信息系统等技术框架中哪些资源需要保护,以及如何实现对它们的保护等等。基本技术策略如下:

- 防护(Protection)。即充分利用防火墙系统,实现数据包策略路由、路由策略和数据包过滤技术,应用访问控制规则实现安全、高效的访问;应用 NAT 及映射技术实现 IP 地址的安全保护和隔离;通过主动防御,使网络、信息系统等具备比较完善的抵抗攻击破坏的能力。

- 检测(Detection)。是动态响应和加强防护的依据。它利用防火墙系统的入侵检测技术及系统漏洞扫描工具,配合其他专项监测软件,建立访问控制系统,实现网络系统的入侵监测、安全审计及日志记录审核,对网络、信息系统等脆弱性以及面临的威胁进行评估,及时发现安全隐患和入侵行为并发出告警。

- 响应(Response)。在安全策略指导下,通过动态调整访问控制系统的控制规则,发现并及时截断可疑链接,杜绝可疑后门和漏洞;提高应急处理和事件响应能力,保证在安全事件发生后能够及时进行分析、定位、跟踪、报警、排除和取证。

- 恢复(Restore)。在多种备份机制的基础上,启用应急响应恢复机制实现系统的瞬时还原;进行现场恢复及攻击行为的再现,供研究和取证;实现异构存储、异构环境的高速、可靠备份。

(2)管理策略。企业网络、信息安全管理策略包括网络和信息的安全标准、法规、规章制度、组织机构、人员安全、安全意识和培训等。

网络、信息安全标准包括国际标准、国内标准、行业和企业标准。以下是非常重要的里程碑式国际标准:TCSE(《可信计算机系统评估准则》)、ITSEC(欧洲的《IT 安全评估准则》)、BS7799(《信息安全管理实施规范》)、ISO 15408(《信息技术安全评估通用准则》,简称 CC 标准)等。国内标准包括 GB/T 17859—1999《计算机信息系统安全防护等级划分准则》(基本等同于 TCSEC)、GB/T 18336—2008《信息技术 安全技术 信息技术安全性评估准则》、GB/T 19717—2005《基于多用途互联网邮件扩展(MIME)的安全报文交换》等。

企业要根据自己的实际情况补充细化关于组织、人员、环境、设备、网络等方面的安全标准和管理办法,如网络布线、接线标准、软件系统实施标准、安全组织岗位标准、机房出入管理办法等。基层企业具体的管理制度一般包括以下内容:

- 人员安全管理制度。
- 操作安全管理制度。
- 信息安全风险评估管理办法。
- 信息安全等级保护管理办法。
- 场地与设施安全管理制度。
- 设备安全使用管理制度。
- 操作系统和数据库安全管理制度。
- 运行日志安全管理。
- 备份安全管理。
- 异常情况管理。

- 系统安全恢复管理。
- 安全软件版本管理制度。
- 技术文档安全管理制度。
- 应急管理制度。
- 审计管理制度。
- 运行维护安全规定。
- 第三方服务商的安全管理。
- 对系统安全状况的定期评估策略。
- 技术文档媒体报废管理制度。

国家支持并鼓励企业参与网络安全国家标准、行业标准的制定,并鼓励企业制定严于国家标准、行业标准的企业标准。

组织机构、人员安全、安全意识和培训的内容将在 19.4 节详细介绍。

(3) 运维策略。企业网络、信息运维管理策略包括流程管理、安全分级、风险管理、采购与实施过程管理、日常维护、应急预案与应急处理等。其中日常维护等要借助运维管理系统,运维管理系统的功能一般包括故障诊断、故障恢复、事件管理、问题管理、配置管理、变更管理、发布管理、服务级别管理和服务持续性管理等。

总结上述内容,企业网络、信息安全策略如图 19.2 所示,而与安全保障体系技术框架结合的细化策略如图 19.3 所示。

图 19.2 企业网络、信息安全策略示意图

19.1.2 安全风险管理

企业网络、信息安全保障体系的建设目标是从企业集团公司面临的物理、网络、系统、应用和管理等层面的安全风险入手,建立综合安全防范体系,有效提高整个信息系统的安全防护、检测、响应和恢复能力,以抵御不断出现的安全威胁与风险,保障企业系统业务的

运维 流程管理、安全分级、风险管理、采购与实施过程管理、 日常维护、应急预案与应急处理						
管理 安全标准、法规、规章制度、组织机构、人员安全、安全意识和培训						

图中表格结构：

通信网络	网络冗余	计算环境	综合审计查询	可信数据	数据加密与解密	网络安全域划分与隔离	区域边界
	网络流量管理				数据签名与验签		
	可信网络传输				数据备份与恢复	网络入侵检测与防护	
	可信网络节点			可信应用	可信身份认证		
					统一用户管理	可信边界接入	
	网络设备安全监测与加固				可信访问授权		
					应用评估加固	边界内容控制	
				可信主机	主机安全认证		
					可信主机管理	安全设备配置及策略优化	
					主机安全防护		
					主机评估加固		

安全支撑	安全基础设施		检测响应支撑体系	检测 → 防护加固 → 监控响应 → 审计追查
	PKI/PMI	KMI		

图 19.3　企业网络、信息安全细化策略示意图

安全、有效、稳定运行,保护系统中重要及敏感数据的安全性和可用性。

企业网络、信息安全风险管理流程主要包括风险识别、风险评估、风险应对、监测预警、风险管理评价和持续改进等,如图 19.4 所示。

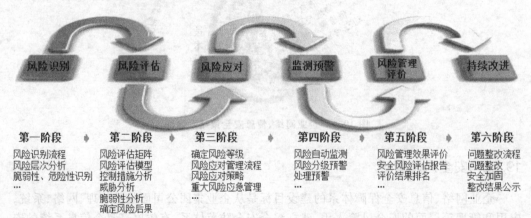

风险识别　风险评估　风险应对　监测预警　风险管理评价　持续改进

第一阶段	第二阶段	第三阶段	第四阶段	第五阶段	第六阶段
风险识别流程 风险层次分析 脆弱性、危险性识别 …	风险评估矩阵 风险评估模型 控制措施分析 威胁分析 脆弱性分析 确定风险后果 …	确定风险等级 风险应对管理流程 风险应对策略 重大风险应急管理 …	风险自动监测 风险分级预警 处理预警 …	风险管理效果评价 安全风险评估报告 评价结果排名 …	问题整改流程 问题整改 安全加固 整改结果公示 …

图 19.4　企业网络、信息安全风险管理流程

结合网络、信息以及其他财务、生产等风险识别活动,互动地进行风险属性设置、风险分类、指标体系、内部控制和风险应对措施以及制定相关风险管理标准等工作。确定风险防控目标,如一级目标、二级目标、三级目标、四级目标、关键管理指标、计量单位、目标值、风险承受度等。

制定影响程度的每项关键管理指标风险(影响程度)评估标准。影响程度是指风险发生后会对企业的经营目标和发展目标产生影响的大小。每项风险防控目标及其关键管理指标对应的风险(影响程度)评估标准按照风险发生后有可能导致关键管理指标实际完成值与目标值的偏离程度从低到高提出轻微、较小、中等、严重和非常严重 5 个等级的标准。每个等级分别赋予 1~5 分。影响程度越大,分值越高。风险(影响程度)评估标准原则上按照目标值的百分比的方式描述,以便于保持标准描述在较长一段时间内相对稳定。

制定发生可能性评估标准,发生可能性是指风险发生概率的大小或者发生的频繁程度。根据被评风险的特征设计为年内发生的概率、年内发生的可能性、发生的频率等 6 类描述方式,每类描述方式按照发生可能性从低到高,对应极低、较低、中等、较高和极高 5 个等级提出了相应的衡量标准。

制定重大风险判断标准,根据对风险发生可能性与影响程度的评价结果,确定为是重大风险、重要风险、还是一般风险。当多个人对同一个风险进行评估时,将多人的发生可能性评价值和影响程度评价值分别按照"简单平均、四舍五入"的方式确定综合评价结果。

进行风险识别、确定风险防控目标及制定相关评估、评判标准后,进行风险评估。相对于各级风险防控目标,风险评估的项目包括目标偏离可能性、目标偏离程度、目标偏离等级、风险综合等级、导致目标可能偏离的主要成因、风险源及影响等。风险评估表格式如图 19.5 所示,重大和重要风险管理策略和防控措施改进方案内容如图 19.6 所示。

风险防控目标								风险评估					风险描述分析部门	业务牵头管理部门
一级目标	二级目标	三级目标	四级目标	关键管理指标	计量单位	目标值	风险承受度	目标偏离可能性	目标偏离程度	目标偏离程度等级	风险综合等级	导致目标可能偏离的关键风险源、成因、发生可能性及影响		
经营	成本费用	主要成本费用	网络	自定义	自定义	年度目标值	高于目标值*%(确定的偏离百分比值应与利润总额的偏离值相协调)						科信部、物资部、财务部	科信部
			应用系统	自定义	自定义	年度目标值	高于目标值*%(确定的偏离百分比值应与利润总额的偏离值相协调)						科信部、物资部、燃管部、煤炭部、财务部	

图 19.5 风险评估表格式

除网络、信息在成本和招标等管理方面的风险指标内容外,还存在如下项目的指标风险评估。

1. 物理环境安全风险评估

物理安全风险主要指由于网络、信息系统等周边环境和物理特性引起的计算机网络设备和线路的故障而造成系统不能够正常使用。通常物理安全是整个网络系统安全的前提。主要体现在以下几个方面:

- 设备被盗,被毁坏。
- 线路老化或被有意或者无意地破坏。

风险名称	风险防控目标					主要风险源及成因 W:外部风险源、N:内部风险源	风险管理策略		风险管理解决方案					
	关键管理指标	单位	目标值	风险承受度	风险监测部门		策略	预警指标	防控现状	改进措施或专项防控措施	改进责任主体	完成时间	措施制定部门	协作部门
外部合法合规风险-网络、信息招标采购管理	重大违反外部法规事件数	次	0	不发生	物资部	W1、投标人串标、围标，哄抬投标报价；N2.应公开招标未公开招标；N3、未尽责编制招标文件，造成文件要求与实际需要不一致；N4.采购过程中发生信息泄露；N5.在投标人资格审查、评标专家选择、评标等环节，违反国家相关法律法规；N6.签订的合同主要条款与招、投标文件内容不一致；N7.在签订合同之外，同时订立背离合同实质性内容的协议	双降低	1.预防（控制）措施：a.加强对评标结果的审核，对存疑标的进行严格审查。b.印发《集团公司采购管理规定》。c.重要设备招标文件的技术规范书由科研院审查后方可招标。d.加强对评标现场和评标人员的管理，避免信息泄露。e.严格按国家相关法律法规、集团公司相关管	1、进一步加强网络、信息供应商管理与评价；2、推进集团物资网络、信息采购规范本标准化工作，各项采购按标准模板编制招标文件，提高招标文件质量。	物资部	2015年12月	物资部	科信部

图 19.6　重大和重要风险管理策略和防控措施改进方案内容

- 因电子辐射造成信息泄露。
- 电磁干扰造成网络、服务器等相关设施无法正常运行。
- 设备意外故障、停电造成的系统损坏。
- 通风不良及地震、火灾、水灾等自然灾害的威胁。
- 机房和工作场地的出入控制、区域保护、灾难保护、管理制度不完善等。

通常物理层的安全隐患多数是由人为因素或自然灾害造成的，对于该层次的安全问题，可通过对网络设施及周边环境进行合理的规划和科学的管理来有效解决。

2. 网络安全风险评估

企业集团使用互联网、外联网、内联网和内网的多应用和多连接平台网络，不可避免地存在如下风险：

- 网络结构风险。不合理、无计划的网络结构将会导致企业对网络层次安全防护无从下手，由于企业集团网络的多业务、多平台和多种接入访问需求，因此要在网络规划、实施阶段对网络进行合理的安全区域划分，避免将重要网段部署在网络边界处且直接连接外部信息系统，重要网段与其他网段之间采取可靠的技术隔离手段，不同区域之间根据业务特点实施不同的安全隔离策略，外网办公区与内网生产区域要进行物理隔离。
- 区域边界的安全风险。由于企业业务直接关系到每个用户的切身利益，因此，其网络势必会受到攻击者关注和攻击，来自网络边界的攻击将会试图通过节点对外开放的通道进入节点内部。通过应用服务中存在的安全漏洞非法获取信息，取得系统的控制权，危害整个系统的稳定运行。或者通过拒绝服务攻击，堵塞节点对外的通信接口，影响分布式系统的数据通信，影响整个系统的稳定运行。
- 网络设备可用性风险。企业对网络设备的可用性和不间断性有着较高的要求，如主要网络设备的业务处理能力能否具备冗余空间，网络各个部分的带宽能否满足业务高峰期需求，主要的网络设备是否实现了备份机制等，这些都是影响业务系统正常运行的网络设备风险。

3. 主机系统的安全风险评估

主机系统的安全风险主要表现在三个方面：

（1）登录风险。对于主机系统来说，所有的操作主机，包括应用服务器系统、存储备份服务器系统、数据库服务器系统、终端办公计算机，其系统登录都需要进行身份鉴别和权限的控制。

普通的办公用户登录计算机应该有密码验证，而应用服务器和数据库服务器则应该采用两种或两种以上组合的鉴别技术对管理用户进行身份鉴别。同时，不同的用户登录服务器主机后，对其也应进行严格的操作权限控制，混乱的权限控制或者没有控制将直接导致重要数据的泄密，也有可能由于登录系统人员的无意操作而对系统造成严重损害。

（2）用户操作行为风险。系统内部的办公主机用户有良好的网络使用习惯和安全上网意识也是非常重要的。

对于办公区可以访问 Internet 的用户应该对其访问网站、网络操作行为进行一定的限制和审计，避免由于用户登录非法网站而使计算机感染病毒，进而使得整个办公内网受到影响；规范办公用户网络应用软件的使用，P2P、PPlive 等对网络和带宽占用较大的软件会造成整个网络的可用性下降；对于生产网络的主机用户来说，应严格限定接入主机的权限，禁止移动用户的接入，同时监控固定主机的非法外联行为，杜绝重要数据库系统直接对公共网络开放的情况。主机系统的用户操作风险管理除了通过技术手段进行限制，在很大程度上还要通过管理制度的规范来保障。

（3）系统漏洞风险。系统中使用主机数量众多，且主机操作系统类型也是种类繁多，这无疑为系统的安全管理带来了更大的难度。目前，无论是 Windows 操作系统还是其他任何商用 UNIX 操作系统以及其他厂商开发的操作系统，必然有开发厂商为调试或其他目的而设置的后门，系统本身也必定存在各种安全漏洞。这些"后门"或安全漏洞所引发的安全隐患对业务系统的安全将造成巨大的影响。

从实际应用上，系统的安全程度与安全配置及系统的应用面有很大关系，操作系统如果没有采用相应的安全配置，则一定是漏洞百出，掌握一般攻击技术的人就可能入侵得手。利用后门和系统漏洞，攻击者可以非法控制主机系统，造成系统崩溃，影响信息系统的正常运行，严重影响信息系统的可用性、完整性和私密性。

非法控制系统的恶意行为也造成了信息系统可追究能力的降低。如果进行合理的安全配置，比如，填补安全漏洞，关闭一些不常用的服务，禁止开放一些不常用而又比较敏感的端口，严格网络访问的控制等，那么入侵者要成功入侵内部网是非常困难的。

4. 应用系统的安全风险评估

应用系统安全主要是对网络应用系统的有效性进行控制，管理和控制各类用户对应用系统功能具有哪些权限。应用系统存在的安全风险主要有以下几方面：

（1）用户身份假冒。非法用户利用合法用户的用户身份（用户名、口令）访问系统资源。其风险来源主要有两点：一是应用系统的身份认证机制比较薄弱，如把用户信息（用户名、口令）在网上明文传输，造成用户信息泄漏；二是用户自身安全意识不强，如使用简单的口令，或把口令记在计算机旁边。

（2）非授权访问。非法用户或者合法用户访问在其权限之外的系统资源。其风险来源有两点：一是应用系统没有正确设置访问权限，使合法用户通过正常手段就可以访问到不在权限范围之内的资源；二是应用系统中存在一些后门、隐蔽通道、陷阱等，使非法用户（特别是系统开发人员）可以通过非法的途径进入应用系统。

（3）数据窃取。攻击者利用网络窃听工具窃取经由网络传输的数据包，通过分析获得重要的信息。

（4）数据篡改。攻击者篡改网络上传输的数据包，使信息的接收方接收到不正确的信息。

（5）数据重放攻击。攻击者抓获网络上传输的数据包，再发送到目的地。

（6）抵赖。信息发送方或接收方否认曾经发送过或接收到了信息。

5. 数据资源的安全风险评估

数据中心存放着重要的数据资源，涉及广大用户的各类资产、身份等信息，有义务和责任保障用户资料和数据的安全、稳定、可用。保障重要用户数据资源的安全也是整个信息系统安全建设和服务的重点，一旦发生数据丢失、泄露和损坏的现象，将直接影响到广大用户的切身利益。

因此，信息管理部门在考虑数据资源安全的时候必须整体考虑数据资源在其整个生命周期中的安全风险，目前的安全风险主要表现在以下几方面：

（1）信息加工处理风险。数据在加工处理过程中出现的信息丢失、来源可信性不高、内容失真等风险，对基础库整体的数据可用性、完整性和可追究性造成影响。

（2）信息传输风险。数据在传递过程中，存在由于外部因素或恶意行为而造成的数据失真、数据丢失以及数据被窃取等安全风险，对基础库的数据完整性、私密性和可用性造成影响。

（3）信息使用风险。数据在使用过程中，存在由于恶意使用而造成的数据信息被非法获取或伪造、删除、窃取、窜改等处理，造成数据资源的泄密和数据的失真。对基础库的数据可用性和私密性造成严重的影响。

（4）数据存储风险。在网络系统中数据的安全存储面临着硬件故障、人为误操作和恶意攻击等风险，因此，如何保证数据的安全，在出现故障的时候能够进行快速的数据恢复是安全系统需要考虑的重点。

6. 运维管理的安全风险评估

信息系统的信息安全要依靠网络安全技术的保护，同时也离不开合理、科学的管理。再安全的网络设备离不开人的管理，再好的安全策略最终也要靠人来实现，因此管理是整个网络安全中最为重要的一环，对于一个比较庞大和复杂的网络更是如此。因此有必要认真分析管理中的安全风险，并采取相应的安全措施。

责权不明，管理混乱、安全管理制度不健全及缺乏可操作性等都可能引起管理安全的风险。责权不明，管理混乱，使得一些员工或管理员随便让一些非本地员工甚至外来人员进入机房重地，或者员工有意无意泄漏他们所知道的一些重要信息，而管理上却没有相应制度来约束。

当网络出现攻击行为或网络受到其他一些安全威胁时（如内部人员的违规操作等），要能进行实时的检测、监控、报告与预警。另外，当事故发生后，如果无法提供黑客攻击行为的追踪线索及破案依据,会对网络的可控性与可审查性造成影响。因此,要求必须对站点的访问活动进行多层次的记录,及时发现非法入侵行为。结合管理制度和管理解决方案,建立完整的网络安全机制。

19.2 物理与网络安全保障

物理与网络安全是应用、数据等其他项目安全的基础和前提条件,所以企业要非常重视。企业在物理与网络安全保障方面除了要注意性能外,还要注意安全、可靠、易维护等问题。

19.2.1 物理安全保障

GB/T 21052—2007《信息安全技术 信息系统物理安全技术要求》阐明:信息系统的物理安全涉及整个系统的配套部件、设备和设施的安全性能、所处的环境安全以及整个系统可靠运行等方面,是信息系统安全运行的基本保障。该标准提出的技术要求包括三方面:

(1) 信息系统的配套部件、设备安全技术要求。

(2) 信息系统所处物理环境的安全技术要求。

(3) 保障信息系统可靠运行的物理安全技术要求。

1. 设备安全

设备安全的技术要素包括设备的标志和标记、防止电磁信息泄露、抗电磁干扰、电源保护以及设备振动、碰撞、冲击适应性等方面。GB/T 21052—2007 中设备物理安全技术第 4 级要求内容条目如下:

- 标志。
- 标记和外观。
- 静电放电。
- 电磁辐射骚扰。
- 电磁传导骚扰。
- 电磁辐射抗扰。
- 电磁传导抗扰。
- 浪涌(冲击)抗扰。
- 电源电快速瞬变脉冲群抗扰。
- 电压暂降、短时中断、电压变化抗扰。
- 工频磁场抗扰。
- 脉冲磁场抗扰。
- 电源适应能力。
- 抗电强度。
- 泄漏电流。
- 电源线。

- 绝缘电阻。
- 防过热。
- 防火。
- 防爆裂。
- 温度、湿度适应性。
- 振动适应性。
- 冲击适应性。
- 碰撞适应性。
- 可靠性。

需要强调的是，采用平均无故障时间衡量系统设备的可靠性水平。系统中硬件设备的平均无故障时间不得低于 4000h。

按照上述条目的技术要求，企业应该注意采购设备的安全特性、运输和存放的安全要求以及设备的运行使用安全，至少应采取以下措施：

（1）设备应进行适当安置，以尽量减少对工作区域不必要的访问。

（2）应把处理敏感数据的信息处理设施放在能够限制观测的适当位置，以减少在其使用期间信息被窥视、盗窃和破坏的风险，还应保护存储设施以防止未授权访问。

（3）实现设备部件状态监视，如核心设备的关键硬件，包括电源、风扇、机箱、磁盘控制等应具备可管理接口，通过该接口及相关协议收集硬件的运行状态，如处理器工作温度、风扇转速、系统核心电压等，并对其进行实时监控，当所监测数值超过预先设定的故障阈值时提供报警。

（4）应采取控制措施以减小潜在的物理威胁的风险，例如偷窃、火灾、爆炸、烟雾、水（或供水故障）、尘埃、振动、化学影响、电源干扰、通信干扰、电磁辐射和故意破坏。

（5）应建立在信息处理设施附近禁止进食、喝饮料和抽烟的制度。

（6）对于可能对信息处理设施运行状态产生负面影响的环境条件（例如温度和湿度）要予以监视。

（7）所有建筑物都应采用避雷保护，所有进入的电源和通信线路都应装配雷电保护过滤器。

（8）对于工业环境中的设备，要考虑使用专门的保护方法，例如键盘保护膜。

（9）保护处理敏感信息的设备，以减少由于辐射而导致信息泄露的风险；极其重要的设备应部署在不同的地理位置。

（10）设计和实现设备标识功能。一般以设备名和设备标识符来标识一个设备。

（11）设备要进行接入前鉴别，不可伪造鉴别和鉴别信息，设计和实现标识设备的鉴别功能，按要求进行鉴别失败的处理。鉴别应确保设备身份的真实性。在设备接入时，采用由密码系统支持的鉴别信息，对接入设备身份的真实性进行鉴别。鉴别信息应是不可见的，并在存储和传输时按 GB/T 20271—2006 中"4.3.10　密码支持"的要求进行保护。

（12）进行物理设备访问控制，包括策略控制下的主体、客体及有策略覆盖的被控制的主体与客体间的操作。客体应包括物理设备及设备物理端口。应控制的操作包括物理设备的配置、启动、关机、故障恢复（重启、冗余切换）等以及设备物理端口的配置、读、写等。

（13）提供对物理设备正确操作的自测试能力。这些测试可在启动时进行，或周期性地进行，或在授权用户要求时进行，或当某种条件满足时进行。

（14）进行设备运行状态监视，即提供设备管理接口，通过该接口及相关协议收集设备的运行状态，如 CPU 利用率、内存利用率等，支持设备运行状态的远程监视，当所监测数值超过预先设定的故障阈值时提供报警。

2. 环境安全

环境安全的技术要素包括机房场地选择、机房屏蔽，防水、防火、防雷、防台风、冰雪等恶劣天气，防盗、防毁，以及供配电系统、空调系统、综合布线等区域防护。具体内容如下：

- 场地选择。
- 机房防火，配备足够数量的消防器材。
- 防火通道畅通。
- 电磁辐射卫生防护，包括频率范围、电场强度和磁场强度。
- 机房屏蔽。
- 供电系统。
- 静电防护。
- 防雷电。
- 接地。
- 温湿度控制。
- 防虫鼠害。
- 防盗防毁。
- 出入口控制。
- 安全防范中心。
- 机房综合布线。
- 通信线路安全。

3. 系统物理安全

系统物理安全包括灾难备份与恢复、介质自身安全以及介质数据的安全。主要内容如下：

- 建立数据处理系统的异地备份中心，以便在灾难故障发生时能在规定的时间范围内将数据处理系统转移到异地备份中心，使业务系统继续运行。
- 建立网络路径备份。通过对网络路径的备份，确保网络的某些部位发生灾难性故障时，能在规定的时间间隔内恢复网络的通信功能。
- 进行完全数据备份。
- 在灾难故障发生时，在规定的时间范围内根据预先定义的流程，将业务应用系统人工转移至异地备份中心。
- 建立数据容灾与恢复机制，保障在系统出现故障的时候能够进行快速的数据恢复。
- 采用加密或其他保护措施实现鉴别信息存储的保密性及重要数据存储的保密性，

并对重要数据存储过程中的完整性进行检测,在检测到完整性错误时,应提示用户采取相应的措施。

- 确保记录介质安全。
  - ◆ 设置记录介质库,对出入介质库的人员实施记录,无关人员不得入内。
  - ◆ 对有用数据、重要数据、使用价值高的数据、秘密程度很高的数据以及对系统运行和应用起关键作用的数据记录介质实施分类标记、登记并保存。
  - ◆ 记录介质库应具备防盗、防火措施,对于磁性介质应该有防止介质被磁化的措施。
  - ◆ 记录介质的借用应规定审批权限,对于系统中有很高使用价值或很高秘密程度的数据,应采用加密等方法进行保护。
  - ◆ 对于应该删除和销毁的重要数据,要有严格的管理和审批手续,并采取有效措施,防止被非法复制。

19.2.2　网络安全保障

因历史原因,企业集团的网络设备和网络安全设备品种繁多,规划时要注意如何分批淘汰过时的、不合格的产品,产品选择要在集团范围内统一规划,且重点企业一定选用国内有资质和认证的网络安全产品,不允许使用进口产品,国家批准的进口设备除外,这是国家经济安全需要。

为实现系统的集中管理,提高整个系统的安全联动能力,企业需要有单独用于管理的安全区域,部署集中安全管理平台,通过集中安全管理平台产品对网络系统进行实时的检测、监控、报告、预警、反应等一系列处理,充分体现网络整体安全防范的优势。集中安全管理平台产品应包括日志审计、设备管理、策略分发、实时监控等功能模块。

1. 网络安全保障

企业集团使用互联网、外联网、内联网和内网的网络互联结构。对于互联网、外联网、内联网的安全,企业的职责主要是保证接口安全,以及与网络运营商约定网络的安全、可靠性条款等;而对于内网则包括网络拓扑结构、综合布线、协议、网络设备等整个系统的安全。具体的安全保障措施包括以下6个方面:

(1) 结构安全保障。

- 保障主要网络设备的业务处理能力具备冗余空间,满足业务高峰需求。
- 保障网络每个部分的带宽满足业务高峰期的需求。
- 要在业务端与业务服务器之间进行路由控制,建立安全访问路径。
- 支持网络拓扑发现技术,提供网络拓扑结构显示功能,实现网络的物理布局、逻辑布局及电气布局的网络布局显示及拓扑结构的版本控制。
- 根据企业内网各职能域的重要性、所涉及信息的重要程度以及对生产控制系统的安全等级要求等因素,划分子网或网段以及利用 VLAN 实现 QoS,并按照企业集团的统一要求以及方便管理和控制的原则为各子网、网段等分配地址段。
  - ◆ 严格按照集团公司 IP 地址的统一规划,设置本单位网络系统的总体布局、局域网段和下属单位的 IP 地址的划分,各单位需将本单位和所辖单位的网段分配情况报送上一级单位备案。

◆ 有关路由表、网络 IP 地址的变更,要做好记录,同时需报上级主管部门备案。

- 避免将重要网段部署在网络边界处且直接连接外部信息系统,重要网段与其他网段之间采取可靠的技术隔离,如隔离器等。
- 要按照业务服务的主要次序来指定带宽,分配优先级,保证在网络发生拥堵时优先保护主要主机。
- 在条件允许范围内运用负载均衡,不能人为设置,以免造成忙、闲不均。

(2) 访问控制保障。

- 要在网络边界、应用服务器入口处等部署访问控制设备(如防火墙或 UTM),并启用访问控制功能。
- 根据会话状态信息为数据流提供明确的允许/拒绝访问的能力,控制粒度为端口级。
- 要对进出网络的信息内容进行过滤,实现对应层 HTTP、FTP、TELNET、SMTP、POP3 等协议命令级的控制。
- 要在会话处于异常活跃一定时间或会话结束后终止网络连接。
- 限制网络最大流数及网络连接数。
- 重要网段要采取技术手段防止地址欺骗。
- 按用户和系统之间的允许访问规则,决定允许或拒绝用户对受控系统进行资源访问,控制粒度为单个用户。

(3) 安全审计保障。

- 对网络系统中的网络设备运行状况、网络流量、用户行为等进行日志记录。
- 审计记录应包括事件的日期和时间、用户、事件类型、事件结果及其他与审计相关的信息。
- 根据审计记录数据进行全方位分析,生成审计报表。
- 对审计记录进行保护,避免受到未预期的删除、修改或覆盖等。

(4) 性能管理。

- 提供对网络性能数据的连续采集,实现对有效性、响应时间、差错率等面向服务质量的指标和吞吐率、利用率等面向网络效率的指标的网络性能监测功能。
- 设置性能分析策略,对收集到的性能数据进行分析,形成网络、设备、部件性能特征报告和系统运行异常报告。

(5) 故障管理。

- 设置告警策略,定义告警事件指标、优先级,并收集设备、部件及网络运行过程中的告警信息,生成告警日志,定期产生告警报告。
- 设置故障定位策略,明确故障定位范围,并结合来自性能监控、告警监控等各方面产生的相关故障信息,对系统故障进行自动定位。
- 在故障发生时,按照预先设定的故障恢复方案,用热备份单元自动替代故障单元,实现故障的自动恢复。

(6) 网络设备防护。

- 对登录网络设备的用户进行身份鉴别。
- 对网络设备的管理员登录地址进行限制。
- 网络设备用户的标识应是唯一的。
- 主要网络设备要对同一用户选择两种或两种以上组合的鉴别技术来进行身份鉴别。
- 身份鉴别信息应具有不易被冒用的特点，口令要有复杂度要求并定期更换。
- 具备登录失败处理功能，可采取结束会话、限制非法登录次数和请求超时时自动退出等措施。
- 对网络设备进行远程管理时，要采取措施防止鉴别信息在网络传输过程中被窃听。
- 实现设备特权用户的权限分离。
- 在安装网络加密物理设备的地点，有条件的应安装监控设备。
- 广域网通信设备、拨号服务器、互联网出口等与外界连接的设备需设立防火墙、代理服务器、网关等防护措施。
- 计算机及网络的安全产品（防病毒软件、防火墙、安全隔离产品、安全监控产品等）必须使用经过公安部、国家保密局等有关部门鉴定批准销售的产品，并及时更新版本。

2. 区域边界安全保障

明确企业集团网络的安全区域之后，应该对不同的安全区域之间采用相应的安全策略、访问控制、安全审计等，以此保障安全区之间的边界安全，进而实现安全区域的保护。具体措施如下：

（1）防止非法设备接入。

- 设备接入网络前按规则要求对物理设备进行鉴别。发现非法接入事件应进行报警。
- 非法接入阻断。发现非法接入事件后，确定位置，阻断非法接入端口并报警。

（2）防止设备非法外联。

- 非法外联探测。应对设备联网状态进行探测，发现非法外联事件应报警。
- 非法外联阻断。发现非法外联事件后应阻断非法外联端口并报警。

（3）入侵防范保障。

- 在网络边界处监视攻击行为，如端口扫描、强力攻击、木马后门攻击、拒绝服务攻击、缓冲区溢出攻击、IP 碎片攻击和网络蠕虫攻击等。
- 当检测到攻击行为时，记录攻击源 IP、攻击类型、攻击目的、攻击时间，在发生严重入侵事件时应报警。
- 针对重要的应用服务器或门户网站接入区域部署入侵检测或入侵防御系统。

（4）恶意代码防护。

- 在网络边界处部署病毒过滤网关或防火墙，对恶意代码进行检测和清除。
- 维护恶意代码库的升级和检测系统的更新。

总之,网络边界的安全策略主要是采用物理隔离和逻辑隔离的方法,采用的边界安全技术包括防火墙、入侵检测和防病毒网关等。企业互联网、外联网等外网出口网络安全解决方案如图 19.7 所示,企业网络安全解决方案如图 19.8 所示。

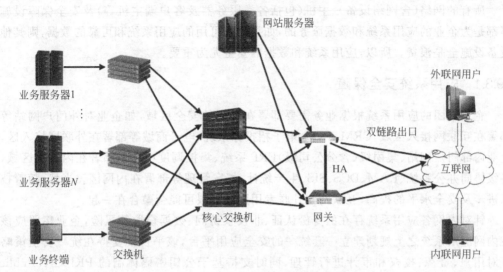

图 19.7　企业外网出口网络安全解决方案

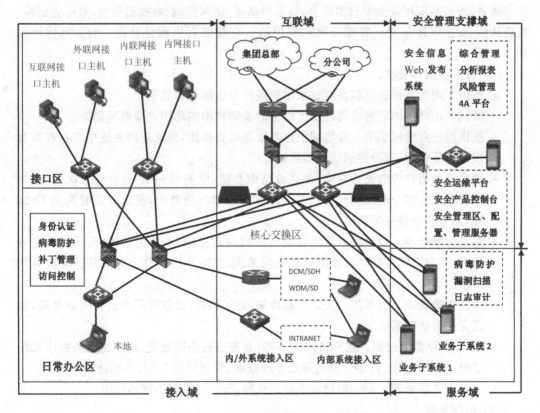

图 19.8　企业网络安全解决方案示意图

19.3 应用系统和数据安全保障

所有的网络(含网络设备)、主机(包括各类服务器及客户端主机等)及安全保障设施等都是为企业的应用系统和数据服务的,如果没有可用的应用系统和可靠的数据,则其他设备设施全是浪费。所以,应用系统和数据的安全尤为重要。

19.3.1 应用系统安全保障

企业集团的应用系统根据业务需要部署在不同的安全区域,如企业对外门户网站等部署在互联网接入区域,CRM、SRM、电子招投标系统、电子商城等部署在外联网接入区,企业内部门户网站、集团级(含分公司级)ERP 系统、集控调度中心等部署在内联网区域,各级协同办公系统、EAM、DCS、SIS、生产统计、档案管理等部署在内网区。当然,随着技术进步及安全水平的提高,互联网与外联专用网的界限可能会融合在一起。

针对内网各应用系统存在的身份认证、非授权访问、数据窃取等风险,企业集团应该在内网应用系统之上规划建立一套统一的安全应用平台,该平台要支持在统一安全策略下对用户、资源、授权和审计进行管理,同时支持基于公钥密码体制的 PKI/CA(Public Key Infrastructure / Certificate Authority)数字证书,可以兼容企业集团网络系统内部的证书体系,通过与应用安全平台的结合,将身份认证、访问控制、数据机密性、数据完整性、抗否认性、安全审计和安全管理等面向应用的安全功能有机地整合在一起。具体措施如下:

(1) 身份鉴别和管理。
- 提供专用的登录控制模块对登录用户进行身份标识和鉴别。
- 对同一用户采用两种或两种以上组合的鉴别技术实现用户身份鉴别。
- 提供用户身份标识唯一和鉴别信息复杂度检查功能,保证应用系统中不存在重复用户身份标识,身份鉴别信息不易被冒用。
- 提供登录用户失败处理功能,如采取结束会话,限制同一 IP 地址登录次数,以及主要系统在多个地点同时登录时的冲突提示和自动退出,显示登录时间和 IP 地址,防止非法登录等措施。
- 登录失效处理。登录用户在系统设定时间内无操作,不使用系统,系统实施失效处理,用户必须重新登录才能再次访问系统,以防止用户登录后离开计算机导致失密。
- 用户失效管理。提供用户失效处理模块,对于调离、退休等用户进行失效处理,使其无法再访问系统。
- URL 程序资源控制。用户访问的 URL 首先进行隐藏处理,用户在地址栏中无法获得完整的 URL 链接。同时采用令牌技术,复制后的 URL 不能访问系统。
- 一人多身份处理。同一用户在不同的机构、部门可设定不同的权限。

(2) 访问控制。
- 依据安全策略控制用户对文件、数据库表等客体的访问,未采取技术安全保密措施的系统不得联网。

- 访问控制的覆盖范围应包括与资源访问相关的主体、客体及它们之间的操作。
- 要由授权主体配置访问控制策略，并严格限制默认账户的访问权限。
- 授予不同账户为完成各自承担任务所需的最小权限，并在它们之间形成相互制约的关系。实施系统开发权、系统管理权和业务权的责任人相互分离、相互监控，以及系统自动警示超权限异常操作的功能。
- 具有对重要信息资源设置敏感标记的功能。
- 依据安全策略严格控制用户对有敏感标记的重要信息资源进行操作。
- 针对应用系统的访问控制措施定期进行检查和评估。
- 保证使用移动设备和其他联机服务时的信息安全，实现敏感信息系统的隔离。
- 信息传输、信息交换与信息共享要在采取保护措施的系统内网进行，不得留有与外界传输信息的通道与接口。当信息安全受到威胁时，应暂停系统的运行。

（3）安全审计。

- 提供覆盖到每个用户的安全审计功能，对应用系统重要安全事件进行审计。如登录日志管理，系统提供用户登录日志，可追溯登录用户登录事件、登录时间、IP 地址等；操作日志管理，提供登录用户的操作日志，如关键数据变更等，追溯用户非法操作。
- 保证无法单独中断审计进程，无法删除、修改或覆盖审计记录。
- 审计记录的内容至少要包括事件的日期和时间、发起者信息、事件类型、事件描述、事件结果及其他与审计相关的信息。
- 提供根据审计记录数据进行统计、查询及全方位分析，生成审计报表等功能。
- 安全审计人员不能同时兼任系统管理员。
- 安全审计系统设备宜独立部署，以确保数据不被篡改。
- 适时邀请具有安全测评资质的第三方安全测评单位进行测评，依据测评结果进行改进。

（4）剩余信息保护。

- 保证用户鉴别信息所在的存储空间被释放或再分配给其他用户前原有信息得到完全清除，无论这些信息是存放在硬盘上还是在内存中。
- 保证系统内的文件、目录和数据库记录等资源所在的存储空间被释放或重新分配给其他用户前原有信息得到完全清除。
- 要求应用系统、中间件、数据库和操作系统等具备上述的剩余信息保护功能。

（5）通信完整性保护。

采用密码技术保证通信过程中数据的完整性。

（6）抗抵赖。

- 具有在请求的情况下为数据原发者或接收者提供数据原发证据的功能。
- 具有在请求的情况下为数据原发者或接收者提供数据接收证据的功能。
- 重要的应用系统（如电子招标系统、SRM、CRM 等）在通过门户作为入口时，要统一通过 PKI/CA 认证方式进行身份认证，电子交易和公文的处理过程等也要进行电子签名。主要通过电子签名来确保数据电文的完整性和不可抵赖性,电子签名应用的数字证书应采用合法的电子认证服务机构颁发的 CA 证书。电子交易需要使用电子签名的数据电文包括招标公告(资格预审公告)、投标邀请书、资格预审文件(澄清和修改)、资格预审申请文件(澄清和修改)、资格审查报告、招标文件(澄清和修改)、投标文件(补充、修改、撤回、澄清)、开标记录、评标报告、中标通知书、合同(协议书)及相关文件的签收回执等具有法律约束力的文件。

(7)软件容错。

- 提供数据有效性检验功能,保证通过人机接口或通信接口输入的数据格式或长度符合系统设定要求。
- 提供自动保护功能,当故障发生时自动保护当前所有状态,保证系统能够进行恢复。
- 对系统定期进行测试,并进行定期的信息化评估和加固。

(8)资源控制。

- 对单个账户的多重并发会话进行限制,并对系统的最大并发会话连接数进行限制。
- 对一个时间段内可能的并发会话连接数进行限制。
- 应用系统通信双方中的任一方在一段时间内未做任何响应,另一方要能够自动结束会话,这不仅涉及资源的浪费,也涉及系统信息的安全。
- 根据实际的业务需求,能够对一个访问账户或一个请求进程占用的资源分配最大限额和最小限额。
- 对系统服务水平降低到预先规定的最小值进行检测和报警。
- 提供服务优先级设定功能,并在安装后根据安全策略设定访问账户或请求进程的优先级,然后根据优先级分配系统资源。

(9)安全缺陷防范。

- 不能存在可能引起安全缺陷的语句、命令。
- 不能留有方便原厂家技术人员远程调试系统的后门程序和系统致命的安全漏洞等。

除上述安全措施外,还要进行网页防篡改和反垃圾邮件等管理。如对网页内容进行实时监控,发现并阻断恶意攻击行为,同时对重要数据进行备份,自动修复被非法操作的网页文件,从而保障网站运行的真实与安全。而对公共服务器区的邮件服务器部署反垃圾邮件系统,通过反垃圾邮件系统保护邮件服务器,过滤垃圾邮件和病毒邮件,维护正常的企业邮件运作。

19.3.2 操作系统和数据安全保障

信息安全管理是保护国家、组织、个人等各个层面上信息安全的重要基础。只有以有效的信息安全管理体系为基础,完善信息安全管理结构,综合应用信息安全管理策略和信息安全技术产品,才可能建立起一个真正意义上的信息安全防护体系。而信息安全的核心内容是多媒体、文本、数字等各种类型的数据,所以数据安全是最关键的,是企业的宝贵财富。

数据的安全保障涉及操作系统、数据库系统、数据接口和存储备份等很多方面。对于企业集团而言,数据库系统存放着大量的业务信息,保障数据库中数据的安全是整个安全系统建设的重中之重。操作系统和数据库系统面临着黑客入侵、越权篡改、用户误操作等风险,任何违规操作都有可能对数据造成损坏并导致严重后果。因为企业数据的重要程度和安全性要求很高,所以其使用的操作系统和数据系统的重要性和安全性也随之增高。

1. 操作系统和数据安全保障

(1) 身份鉴别。

- 对登录操作系统和数据库系统的用户进行身份标识和鉴别。
- 操作系统和数据库系统管理员用户身份标识要具有不易被冒用的特点,口令复杂程度高,并进行定期更换。
- 启用登录用户失败处理功能,如采取结束会话、限制非法登录次数和自动退出等措施。
- 为操作系统和数据库系统的不同用户分配不同的用户名,确保用户名具有唯一性。
- 要采用两种或两种以上组合的鉴别技术对管理用户进行身份鉴别。

(2) 数据完整性。

- 能够检测到系统管理数据、鉴别信息和重要业务数据在传输过程中完整性受到破坏的错误,并在检测到完整性错误时采取必要的恢复措施。
- 能够检测到系统管理数据、鉴别信息和重要业务数据在存储过程中完整性受到破坏的错误,并在检测到完整性错误时采取必要的恢复措施。

(3) 数据保密性。

- 采用加密或其他有效措施实现系统管理数据、鉴别信息和重要业务数据传输保密性。
- 采用加密或其他有效措施实现系统管理数据、鉴别信息和重要业务数据存储保密性。

(4) 访问控制。

- 启用访问控制功能,依据安全策略控制用户对资源的访问。
- 根据用户角色分配权限,实现管理用户的权限分离,仅授予用户所需的最小权限。
- 实现操作系统和数据库系统特权用户的权限分离。
- 严格限制默认账户的访问权限,重命名系统默认账户,修改这些账户的默认口令。
- 及时删除多余的、过期的账户,避免共享账户的存在。
- 对重要信息资源设置敏感标记。
- 依据安全策略严格控制用户对有敏感标记的重要信息资源进行操作。
- 涉密计算机严禁访问互联网,涉密数据的存储和传输应当按照国家保密局和公安部的保密规定配有相应的加密措施。

(5) 安全审计。

- 建立一套基于审计技术的数据库安全审计机制,只有超级系统管理员才能经过认证进入数据库,并能对用户的数据库访问行为进行审计、追查与稽核,构建数据库安全、稳定运行的必要条件。

- 审计范围要覆盖到服务器和重要客户端上的每个操作系统优化和数据库用户。
- 审计内容包括重要用户行为、系统资源的异常使用和重要系统命令的使用等系统内与安全相关的重要事件。
- 审计记录包括事件的日期、时间、类型、主体标识、客体标识和结果等。
- 能根据记录进行分析,自动生成审计报表。
- 要保护审计进程,避免受到未预期的中断。
- 保护审计记录,避免其受到未预期的删除、修改或覆盖等。

(6)剩余信息防护。

- 保证操作系统和数据库系统用户的鉴别信息所在的存储空间被释放或再分配给其他用户前原有信息得到完全清除,无论这些信息是存放在硬盘上还是在内存中。
- 保证系统内的文件、目录和数据库记录等资源所在的存储空间被释放或重新分配给其他用户前原有信息得到完全清除。
- 涉密计算机设备的维修应确保密级数据不被泄露。对报废计算机,应将硬盘拆除后,由专人负责集中销毁。

(7)入侵防范。

- 要检测到对重要服务器进行入侵的行为,记录入侵的源 IP、攻击类型、攻击目的、攻击时间,并在发生严重入侵事件时报警。
- 对重要程序的完整性进行检测,并在检测到完整性受到破坏后具有恢复的措施。
- 操作系统要遵循最小安装的原则,仅安装需要的组件和应用程序,通过设置升级服务器等方式保证及时更新系统补丁。

(8)恶意代码防护。

- 安装防恶意代码软件,及时更新防恶意代码软件版本和恶意代码库。
- 主机防恶意代码产品应具有与网络防恶意代码产品不同的防恶意代码库。
- 支持防恶意代码的统一管理。

(9)资源控制。

- 通过设定终端接入方式、网络地址范围等条件限制终端登录。
- 根据安全策略设置登录终端的操作超时锁定。
- 限制单个用户对系统资源的最大或最小使用限度。
- 要能对系统的服务水平进行检测,当系统服务水平降低到预先规定的最小值时报警。
- 建立软件和数据备份措施。对于重要的软件和数据,其备份应至少存放在两个不同的建筑物中。对需要长期保存的数据磁带、磁盘,应在质量保证期内(一般为一年)进行转储,以防止数据失效。
- 对计算机信息系统的所有资料、文档、软硬件进行分类登记,建立系统档案。详细记录资料的分类、名称、用途、借阅情况等。

2. 数据接口保障

企业集团的主要应用系统与其他系统间存在着大量业务数据需要共享,这些跨系统共享的数据极大地支持了业务应用的资源整合和业务决策,但同时也增加了数据暴露的风险。需要制定相应安全措施,以规范指导业务应用系统建设和运行的数据接口安全要求。从技术角度来看,认证和加密是保障数据接口安全的有效手段。

对数据接口的安全防护分为域内数据接口安全防护和域间数据接口安全防护。域内数据接口是指数据交换发生在一个安全域的内部,由于不同应用系统之间需要通过网络共享数据而设置的数据接口;域间数据接口是指发生在不同的安全域间,由于跨安全域的不同应用系统间需要共享数据而设置的数据接口。各种数据接口的安全保障措施如下:

(1) 安全认证。

- 通过接口实现技术上的安全控制,做到对安全事件的可知、可控、可预测。
- 制定专门的安全技术实施策略,保证接口的数据传输和数据处理的安全性。
- 系统在接入点的网络边界实施接口安全控制。
- 数据接口安全防护的安全措施。接口数据连接建立之前进行接口认证,认证方式可采用共享口令、用户名/口令等方式,并对口令长度、复杂度、生存周期等进行强制要求,在认证过程中经网络传输的口令信息应当禁止明文传送,可通过哈希(hash)单向运算、SSL 加密、SSH 加密等方式实现,也可通过专用的安全认证芯片来实现。
- 数据接口访问应进行双方身份安全认证,确保接口访问的安全性。

(2) 通信接口。

- 数据传输要具备可控制性,提供数据重发功能。
- 数据传输要具备可靠性,确保数据不会丢失,并进行充分的数据校验。
- 大数据传输要具备断点续传的功能。

(3) 传输控制。利用高速数据通道技术实现将前端的大数据量并发请求分发到后端,从而保证应用系统在大量客户端同时请求服务时能够保持快速、稳定的工作状态。

- 系统应采用传输控制手段降低接口网络负担,提高接口吞吐能力,保证系统的整体处理能力。
- 确保接口服务吞吐量最大时接口能自动地在系统中完成动态负载均衡调度。
- 系统要提供自动伸缩管理方式或动态配置管理方式实现队列管理、存取资源管理以及接口应用的恢复处理等。
- 在双方接口之间要设置多个网络通道,实现接口的多数据通道和容错性,保证在出现一个网络通道通信失败时自动切换,实现接口连接的自动恢复。

目前企业集团主要应用系统的数据接口多采用系统之间的直接互联,这样会过分依赖于接口程序提供商,存在人为和技术方面的安全风险。从发展的角度看,企业集团主要应用系统数据接口方式应该如图 19.9 所示。即每个应用系统不使用独立的数据库,将数据存储在数据中心,这样企业只需要两个大的数据中心:实时数据中心和管理数据中心。其中,实时数据中心可以和集团的集控中心部署在一起,但管理需要的实时数据要传递到管理数据中心。这种观点虽然提出了很多年,但因企业未建数据中心,软件提供商和实施商不积极支持等因素,真正能实现的微乎其微。当然,从安全角度出发,数据中心的安全级别更高。

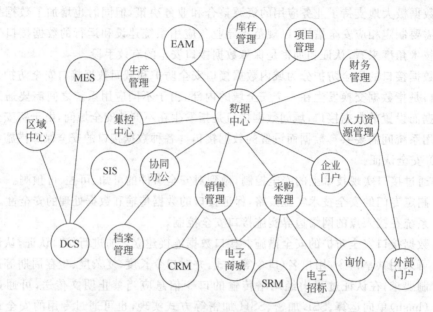

图 19.9　企业集团主要应用系统数据接口的发展方向

说明: 图中生产管理、项目管理、财务管理、EAM、人力资源管理、采购管理和销售管理属于 ERP 的功能管理模块(或称子系统),企业门户、协同办公属于独立的管理系统,MES、集控中心、SIS、DCS 等属于实时系统。

19.3.3　主机安全保障

对于不同区域的主机系统可以采用不同级别的安全策略。外网办公系统用户主要进行病毒的防范和补丁的管理,即在主机上安装杀毒软件并进行杀毒软件升级和操作系统补丁的升级;同时,对外网用户的互联网访问行为进行网址的过滤与控制,以避免由于内部员工访问非法网站资源而导致感染病毒或为企业带来不良影响的风险。而对于办公内网的计算机,除了进行相应的杀毒软件安装和操作系统补丁升级以外,还要采用相应的安全策略,保障主机登录身份认证、权限分配。同时,根据安全整体安全策略的需求,内网办公用户不进行互联网的接入访问,要进行非法外联的访问控制。具体措施如下:

(1) 身份鉴别。

- 在企业内网部署网络认证系统,解决在网络环境下主机登录人员的身份鉴别与授权、计算机的身份鉴别与授权问题。
- 启用登录用户失败处理功能,如采取结束会话、限制同一 IP 地址登录次数和自动退出等措施。
- 在对服务器进行远程管理时,采取安全措施对管理用户进行身份鉴别。

(2) 访问控制。

- 启用访问控制功能,依据安全策略控制用户对资源的访问。

- 进行用户名的识别与验证以及用户口令的识别与验证。
- 进行用户账号的默认限制检查。

(3) 病毒防范。

- 所有主机都要部署杀毒软件,实现对主机系统进行病毒查杀的目的。
- 企业可通过在办公内网和办公外网部署企业级防病毒软件实现杀毒软件的分发安装和病毒库的统一自动升级。
- 主机及时更新最新、最全的补丁。

(4) 非法外联监控。企业内部办公网络要避免与互联网的直接连接,同时也要对接入内部网络的主机进行控制,非法外联监控要实现以下功能:

- 实时检测内部网络用户通过调制解调器、网卡、无线网卡等设备非法外联互联网的行为,并远程告警或阻断。
- 对移动设备接入进行监控,对本单位移动设备进行特征标志,禁止外单位的移动设备接入本单位计算机。

(5) 漏洞扫描。

- 通过加载安全插件对服务器、主机系统等进行漏洞扫描,自动生成扫描报告。
- 发现漏洞要立即进行修复,并发出预警。

(6) 资源控制。

- 删除不必要的软件,如服务器上的 Flash、Silverlight、Java 等,以及不用的应用软件等。
- 停止不必要的服务,如 Windows 系统中的 Messenger、IISAdmin、SMTP、任务调度器、Telnet、远程桌面服务等,企业可以视自己的需要而定。
- 对重要服务器进行监视,包括服务器的 CPU、硬盘、内存、网络等资源的使用性,以及双机热备的可用性等。
- 对于特定的组或个人用户使用 NTFS 安全特性限制针对服务器文件和文件夹的访问。

除此之外,还要采用双机热备、多地点备份以及磁盘阵列技术等提高服务器的安全性和可靠性,而且要根据服务器的重要程度和业务范围将其部署在不同的网段,并对服务器进行长期的监控、评估、加固、维护。

19.4 运维安全保障

运维安全保障与管理安全保障和技术安全保障是密不可分的,因为运维需要管理团队,而服务对象就是技术层面的网络、设备、主机、操作系统、数据库和应用系统等。因篇幅有限,本节运维管理应规划的主要内容介绍如下。

19.4.1 运维人员安全管理

企业集团网络、信息的安全是一个动态发展的系统工程和社会工程,需要长期、持久的巨大的财力、物力、人力的投入,需要从组织、管理等方面采取强有力的措施,才能确保信息网络的稳定发展。

1. 安全管理机构建设

随着国民经济和社会信息化进程的全面加快,信息安全管理工作面临着越来越严峻的形势和挑战。从总体上看,我国企业的信息安全管理工作尚处于起步阶段,基础薄弱,水平不高,存在许多亟待解决的问题。所以要引起企业的高度重视,要从国家安全的角度出发,以全局性的眼光加强企业网络、信息安全的组织管理工作。

(1) 安全组织。

- 建立集团公司集中统一、分工协作、各司其职的网络、信息安全管理机制,即企业网络、信息安全委员会,作为企业网络、信息化领导小组的常设委员会,以改变目前在维护企业网络、信息安全中各部门条块分割、职责不清、多头管理、协调不力和政出多门的现状。
- 企业各个职能部门要形成一个分工明确、责任落实、相互衔接、有机配合的组织管理体系,按照"谁主管谁负责"的原则,共同履行网络、信息安全管理的职责。
- 建立集团公司网络、信息安全领导管理体系,即建立集团公司、分/子公司和基层企业的多级安全组织,以便有能力调动各种资源主动配合和协调网络、信息安全保障工作,形成纵横结合的网络、信息安全协调与网络、信息共享机制。
- 调动集团公司、分/子公司、基层企业和个人的积极性,并争取当地政府的支持,实现有机联动,形成合力,共同构筑企业网络、信息安全保障体系。
- 健全和完善网络、信息安全责任体系,要求集团本部各部门和所属各级企业明确网络、信息安全工作负责人,按照"谁主管谁负责,谁运行谁负责"的原则,负责本单位网络、信息的安全管理。
- 建立独立的网络、信息安全风险评估和审核机制。

(2) 人员配备。

- 集团公司各级企业计算机使用具有一定规模的,均应成立网络、信息安全小组;条件不够成熟的(如新成立的项目部),可指定计算机信息系统安全管理员具体负责相应的网络、信息安全工作,把网络、信息安全责任真正落实到人。
- 网络、信息安全小组由各级保密委员会办公室、信息管理部门和安全保卫部门等共同负责组建,并吸收具有专业技术水平和实践工作经验的计算机技术人员参加,认真履行安全管理职责。
- 安全小组的主要职责如下。
  - 全面负责本单位网络、信息的安全管理、监督检查和指导网络安全运行。
  - 负责制定具体的安全管理办法和规章制度,检查规章制度的执行落实情况。
  - 面向企业集团内用户和所属单位通报计算机病毒情况,提供防治计算机病毒的技术服务。
  - 负责向当地公安部门办理有关备案手续,协助安全管理方面的其他工作和事故查处。

2. 人员安全管理

（1）企业内部人员安全管理。

- 建立集团公司集中统一、分工协作、各司其职的网络、信息安全管理机制，对与网络相关的人员进行分类、分级管理，针对不同类别与不同级别的人授予不同的权限。
- 对企业所有员工要定期进行网络与信息安全意识教育，对网络、信息从业人员进行岗位技能培训和相关安全技术培训。
- 实现信息及相关人员的绩效考核，对安全责任和惩戒措施进行书面规定并告知相关人员，对违反、违背安全策略和规定的人员进行惩戒，例如，规范办公人员上网行为，不得进行 BT 下载、网上看电影等行为，不得访问非法反动网站等。
- 对第三方存取进行风险鉴别。

（2）企业外部人员安全管理。

- 应确保在外部人员访问受控区域前先提出书面申请，经批准后由专人全程陪同或监督，并登记备案。
- 对外部人员允许访问的区域、系统、设备、信息等内容应进行书面的规定，并按照规定执行。
- 针对第三方存取组织，要在合同中对第三方操作和信息的安全有非常明确的要求，规定保密义务及风险承担。

（3）委外资源安全管理。

委外服务、加工时，相关信息的安全管理要在合同中有明确规定。

3. 用户安全管理

用户安全管理包括用户分类、分级管理，用户命名管理、用户密码管理、用户行为管理、用户建立与注销、用户黑名单管理等。企业各信息系统相关的用户分为内部用户、外部用户两大类别。

（1）企业内部用户分类分级管理。

内部用户分类管理的内容如下：

- 企业内部用户包括审批用户、业务用户、浏览用户、网络和信息管理用户等类。
- 每类用户可继续细分。例如，业务用户包括生产用户、采购用户、仓储保管用户、人事管理用户、销售用户、项目用户、协同办公用户、客服用户和物流用户等，网络和信息管理用户包括系统管理员、维护管理员、安全管理员等。
- 用户分类标准要统一，层数最多不要超过四层。

内部用户分级管理内容如下：

- 企业集团内部用户可分为集团公司级、分/子公司级和基层企业级三个等级。
- 分类和分级可以交叉管理，如统计分/子公司销售用户的销售能力等。

（2）企业外部用户分类分级管理。

外部用户分类管理内容如下：

- 外部用户包括业务用户和浏览用户，其中业务用户包括供应商、服务商、招标代理机构、客户、应聘人员和企业外部门户浏览人员等。

- 支持业务用户的细分。例如客户可细分为关键客户（A 类客户，包括大客户和关系到国家安全、民生的客户）、主要客户（B 类客户）、普通客户（C 类客户）、一次性客户（D 类客户）四类。

外部用户分级管理是对供应商、服务商、招标代理机构和客户等外部用户进行分级管理。如供应商和服务商可分为一级、二级、三级供应商和服务商，其中一级供应商和服务商用于集团公司一级集中的物资招标和施工服务采购，二级供应商和服务商用于分/子公司二级集中的物资招标和施工服务采购，三级供应商和服务商用于基层单位物资的零星采购和小型基建、零星土建等。

（3）用户安全过程管理。用户安全过程管理包括用户命名管理、用户密码管理、用户行为管理、用户建立与注销等过程管理，是用户的全生命周期管理。

用户命名管理内容如下：

- 内部用户命名包括用户编码、用户名称两部分，其中，用户编码可采用在集团范围内唯一的工资号或岗位名称缩写加序列号的方式，名称为本人姓名。
- 外部用户命名比较复杂，可统一制定编码和命名规则，如供应商、服务商等使用企业制定的命名规则；也可由用户自己命名，如客户，但要做唯一性检查。

用户密码管理内容如下：

- 提高企业用户密码强度和密码设置复杂度。要求密码有最短和最长位数限制，同时采用大小写字母、数字和符号混编的密码结构。不要使用常用电话号码和生日等。
- 使用过程中要强制定期更换密码，不得将账户或者密码透露给他人，并确保密码的复杂性控制。
- 退休人员、调离人员和辞职人员等必须移交全部技术资料和有关文档，由系统管理员删除或修改相关的用户名和密码。
- 擅自将密码透露给他人的要进行绩效考核并调离岗位，造成严重后果的要按企业管理制度、相关法律条款接受企业和司法机关的惩处。

19.4.2　日常维护安全管理

日常维护安全管理包括设施及环境安全管理、设备安全管理、主机管理、介质安全管理、监控管理和安全管理中心、网络安全管理、系统安全管理、恶意代码防范管理、密码和密码变更管理、备份与恢复管理、安全处置管理、应急预案管理、安全评估和持续改进以及监督检查等。

信息维护人员的分工一般包括网络维护、主机维护和应用系统维护三部分，人员少的也可分为硬件和软件两部分。因篇幅有限，下面只介绍硬件和软件两部分维护的方式。

1. 硬件维护安全

硬件维护包括设施、环境、设备、主机、介质、网络等相关产品的维护。网管和主机维护人员的主要工作内容如下：按巡检路线和巡检周期进行检查、诊断、修复或报维修中心、产品服务中心进行售后服务等。

（1）机房区域巡检维护工作。

- 检查机房及其附近有无吸烟、焚烧物品、燃放鞭炮等危险，发现吸烟等行为要立即制止，不听劝阻的按管理条例进行处罚。
- 检查《机房出入登记表》，记录姓名、出入时间、事由等，巡检人员自己也要进行登记和工作内容记录。
- 检查因工作需要使用的易燃物品是否严格执行操作规程，监督其用后必须置于安全状态，妥善保管。
- 观察机房用电量是否超负荷运行，要禁止在机房使用电炉、取暖炉等非计算机设备。
- 对允许在机房作业的施工和服务人员进行监护。
- 负责机房及内部设施卫生和网络设备的清洁及维护。
- 定期对机房供电线路及照明器具进行检查，防止因线路老化短路造成火灾。
- 定期对机房进行除尘，在除尘时应确保计算机设备的安全。
- 检查机房温度和空调等设施的运行是否正常。
- 定期进行紧急事故演练，熟悉设备电源和照明用电以及其他电气设备总开关位置，掌握切断电源的方法和步骤，发现火情及时报告，沉着判断，切断电源及通风系统，采取有效措施及时灭火。

（2）网络及设备工作间维护工作。

- 按规定的巡检路线和巡检周期对网络进行巡检，发现问题及时处理。
- 编制与信息系统相关的设备资产清单，包括资产责任部门、重要程度和所处位置等内容等。
- 采用冗余技术设计网络拓扑结构，避免关键节点存在单点故障，影响系统的运行、备份等。
- 维护网络的安全拓扑，确保交换、路由、虚网的正常运行。
- 编制网络及设备更换需求申请及采购计划。
- 负责安全产品的配置、升级及更新。
- 负责网络设备工作间的环境卫生、设备清洁和保养。
- 负责维护终端、交换机、路由器、边界设备、安全设备等信息。
- 负责维护设备之间的直达物理连接线路，包括中继线、用户线等器材信息。
- 负责维护端点设备之间的逻辑连接线路，可能包含多条物理线路等电路信息。
- 网络及设备的应急处置。
- 内外网分离设置。
- 保存网络及设备的维护、维修和服务记录。
- 配置网络的安全策略，设置网络边界安全设备的访问控制规则和数据包加解密处理方式。
- 提供主要网络设备、通信线路和数据处理系统的硬件冗余，保证系统的高可用性。
- 利用安全管理系统定期对内网进行安全漏洞扫描，企业内网安全漏洞扫描架构如图 19.10 所示。

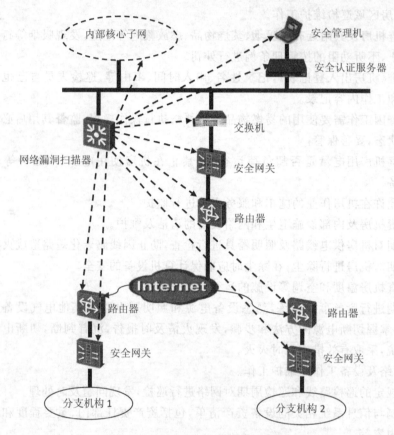

图 19.10 企业内网安全漏洞扫描架构

（3）主机维护工作。

- 客户机远程巡检，进行远程故障诊断、故障恢复、事件管理等。
- 杀毒软件、补丁等安装和升级。
- 客户机、硬盘和网卡等更换。
- 新职员的主机安装。
- 定时检查服务器的网络连接状况。
- 定时检查服务器操作系统运行状况。
- 定时检查服务器系统日志。
- 定时检查磁盘剩余空间及服务器工作负荷，工作负荷超限时查找原因并及时处理。
- 检查集群服务器负载是否失衡，发现失衡时，调整配置。
- 检查集群服务器高负荷时平衡器是否有溢出，发生问题时，查看进入集群服务器的网络流量，找到对策，进行处理。
- 利用系统查看被管设备、主机、服务的身份，防止非法设备、主机、服务的接入，防止设备、主机、服务之间的非法操作。
- 利用系统监视被管设备、主机、服务的运行，浏览报警记录，按报警级别安排处理。

- 维护被管设备、主机、服务的配置信息，防止非授权修改，保证在配置遭到破坏时可自动恢复。
- 对网络安全事件日志进行审计、分析，形成安全决策报告。

总之，网络设备、主机等硬件的安全保障架构如图 19.11 所示。

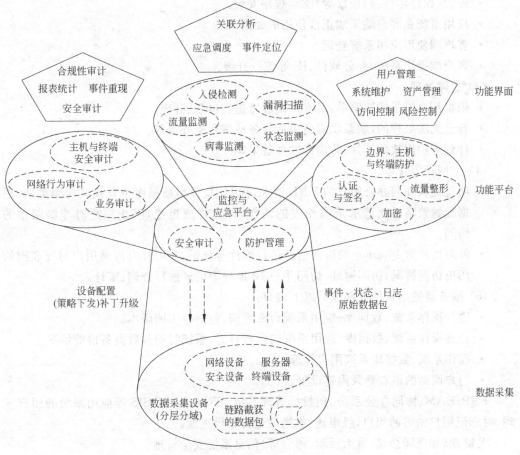

图 19.11 网络、主机等硬件的安全保障架构

2. 软件维护安全

软件运维的工作范围包括操作系统、数据库、中间件和应用系统等，这部分的运维很复杂，涉及不同的业务领域，一是系统软件本身运转的运维，二是应用系统业务的运维。按软件安装的位置可分为服务器运行软件、客户端固定设备（如台式机）软件、客户端移动设备软件（如手机办公软件、现场点检软件、移动条码扫描软件等）。

客户端固定设备和移动设备的软件管理包括以下内容：

（1）运行环境管理。

- 远程监督客户端是否安装了与使用的应用软件相冲突的其他系统，限制与工作无关的系统安装。
- 防病毒软件、补丁、应用系统的控件等升级、新增恶意代码补充。

- 安全漏洞扫描,病毒定期查杀。
- 安全运行环境设置,如 Internet 选项中的安全设置等。

（2）运行系统管理。

- 重新安装操作系统等。
- 外设（如打印机、扫描仪等）驱动程序安装。
- 应用系统在客户端无法正常使用的处理。
- 客户端使用应用系统登记。
- 客户端操作系统、办公软件、IE 等统一升级。

（3）故障处理。

- 依据用户填报的缺陷单,对客户端故障进行诊断、处理。
- 自己无法处理的,联系供应商售后服务或进行委外修理。
- 计划维护用软件工具、防病毒软件等采购。

（4）上网行为管理。

- 通过捕获外网办公用户的 URL 请求,在 URL 分类数据库中查找其所属类别,根据配置策略对此请求采取相应的动作,即允许或拒绝,阻止用户对非法网站的访问。
- 针对用户对 Internet 的访问情况进行统计与分析,并可针对内网用户对互联网的历史访问情况、访问网址、访问用户 IP 地址等信息进行查询、审计。

（5）服务器使用软件管理包括以下内容:

- 进行操作系统、数据库、应用系统台账管理,包括补丁的版本。
- 检查操作系统、数据库、应用系统的运行日志、系统漏洞和数据备份等情况。
- 操作系统、数据库系统用户管理。
- 门户网站的单点登录内容设置。

ERP、EAM、协同办公系统、招投标管理系统、SRM、CRM、SIS 等应用系统的用户管理,对忘记用户密码的用户,经申请、批准后进行密码重置。

关键期（如国际会议、重大活动、两会等）信息系统安全管理。

（6）应用系统、数据的备份与恢复包括以下内容:

- 进行本地数据备份。完全数据备份至少每天一次,备份介质场外存放。
- 进行异地数据备份。利用通信网络将使用的最新版本应用系统和数据定时批量传送至异地备份服务器。即将业务应用需要的所有相关系统和数据进行完整的备份,并将备份数据通过专用网络传送到异地备份中心保存。确定备份数据的间隔时间,确保在系统恢复后,在允许的数据丢失范围内,支持业务应用系统正常运行。
- 检查数据库服务器和数据库的容错能力。
- 进行系统和数据的恢复,按照故障后先从运行主服务器进行恢复,不成功时使用备份系统恢复。

（7）硬件和软件的报废处置与重新使用包括以下内容:

- 设备报废处置时,存有敏感信息的存储设备要作物理销毁,或用安全方式对信息加以覆盖,而不能采用常用的标准删除功能来删除。

- 所有带有硬盘等储存媒介的设备在报废前都要进行检查,以确保其内存储的敏感信息和授权专用软件已被清除或覆盖。存有敏感数据的、已损坏的存储设备要对其进行风险评估,以决定是否对其销毁、修理或遗弃。
- 软件系统介质及其安装后的运行环境要进行销毁和清除,内部的数据按规定备份一份交档案室或迁移到新系统中后,将原存储空间的数据销毁。
- 为保证信息安全,必须在硬件重新使用前擦除有关的敏感信息。

除上述安全保障外,企业信息安全管理员要负责定期进行安全检查,检查内容包括系统日常运行和安全策略落实情况,并负责制定安全审核和安全检查制度规范,定期按照程序进行安全审核和安全检查。

另外,企业集团每年要定期进行运维培训,让企业的运维人员学习新漏洞和病毒的防护技术,交流容易发生问题的防护措施和防护技术,提高运维人员的专业技能,减少不安全事件的发生。

总之,企业信息化规划、建设及深化应用都不是高不可攀的工作,但也不是容易开展的工作,需要所有干系人共同努力,特别是企业高层的理解和支持,才能在真正意义上实现信息化与企业的深度融合,使企业制造及管理更加智能,从而提升企业的竞争力和可持续发展能力。